中小学图书馆国际标准解读及其中国情境研究

张　靖　杨乃一　陆思晓　编著

中山大学出版社
·广州·

版权所有　翻印必究

图书在版编目（CIP）数据

中小学图书馆国际标准解读及其中国情境研究 / 张靖，杨乃一，陆思晓编著. -- 广州：中山大学出版社，2025.8. -- ISBN 978-7-306-08405-7

Ⅰ.G258.69

中国国家版本馆 CIP 数据核字第 2025R3E020 号

出 版 人：	王天琪
策划编辑：	李海东
责任编辑：	李海东
封面设计：	林绵华
责任校对：	刘　丽
责任技编：	靳晓虹
出版发行：	中山大学出版社
电　　话：	编辑部 020 - 84111946，84113349，84111997，84110779，84110776
	发行部 020 - 84111998，84111981，84111160
地　　址：	广州市新港西路 135 号
邮　　编：	510275　传　真：020 - 84036565
网　　址：	http://www.zsup.com.cn　E-mail：zdcbs@mail.sysu.edu.cn
印 刷 者：	佛山家联印刷有限公司
规　　格：	787mm×1092mm　1/16　18.75 印张　460 千字
版次印次：	2025 年 8 月第 1 版　2025 年 8 月第 1 次印刷
定　　价：	88.00 元

如发现本书因印装质量影响阅读，请与出版社发行部联系调换

自 序

2015年,教育部、文化部、新闻出版广电总局联合发布《关于加强新时期中小学图书馆建设与应用工作的意见》,明确提出"到2020年,绝大部分中小学要按照国家规定标准建有图书馆"的工作目标。① 截至2021年底,我国共拥有15.43万所小学、5.29万所初中、1.46万所普通高中②,大部分建立了图书馆或图书室③。同时,国务院义务教育均衡发展督导数据显示,截至2021年底,全国已有31个省(区、市)、2895个县实现县域义务教育基本均衡发展,其中包括初中和小学阶段生均图书册数达标。④

中小学图书馆(室)不仅是学校教育教学的保障性设施,还是学校基础教育体系的重要组成部分。随着新时代我国基础教育改革的不断深入,一系列旨在提升教学质量的政策相继出台,中小学图书馆(室)作为实施素质教育、全面深化课程改革、实现基础教育现代化的重要阵地,也被纳入系列政策举措当中。如在2021年教育部等六部门联合印发的《义务教育质量评价指南》中,图书配备、书香校园建设、学生阅读习惯养成被列入义务教育质量评价的重要内容。⑤ 在各级政府和学校的共同努力下,我国中小学图书馆的硬件条件得到明显改善。

尽管如此,数量众多的中小学图书馆在我国图书馆事业发展、图书馆专业化发展、图书馆学教育中一直未受到足够重视。中小学图书馆虽然数量多,但规模小,在学校机构中处于弱势;同时,相对于高校图书馆和公共图书馆而言,我国中小学图书馆建设起步晚,发展速度整体较慢。在专业化发展方面,专业队伍的匮乏仍是中小学图书馆普遍存在的问题。一方面,图书馆员编制短缺,专职专业馆员有限;另一方面,图书馆员的在职培训明显不足。此外,中小学图书馆专业图书馆员的培养需要依托专业教育,而在现有图书馆学教育中仍缺乏针对中小学图书馆专门设计的培养方案和课程体系。

2002年,IFLA/UNESCO《学校图书馆指南》(*IFLA/UNESCO School Library Guidelines*)出版,结束了世界各国学校图书馆没有统一指导方针的局面,但这一国际标准并没有在我国产生影响。2015年,IFLA《学校图书馆指南(第二版)》(*IFLA School Libraries Guidelines, 2nd edition*),为各国中小学图书馆提供更为全面均衡的指导性意见。

---

① 教育部,文化部,新闻出版广电总局. 关于加强新时期中小学图书馆建设与应用工作的意见[EB/OL]. [2024-10-06]. https://www.gov.cn/gongbao/content/2015/content_2916960.htm.

② 教育部发展规划司. 2021年全国教育事业统计主要结果[EB/OL]. [2024-10-06]. http://www.moe.gov.cn/jyb_xwfb/gzdt_gzdt/s5987/202203/t20220301_603262.html.

③ 李玉海,冯玉娇,贺宇航,等. 让图书馆走向学校办学的舞台中心:我国中小学图书馆的发展现状、困境剖析及应对策略[J]. 中小学管理,2024(4):9-12.

④ 教育部教育督导局. 全国县域义务教育均衡发展 国家督导评估认定有关情况介绍[EB/OL]. [2024-10-06]. http://www.moe.gov.cn/fbh/live/2022/54598/sfcl/202206/t20220621_639114.html.

⑤ 教育部,等. 义务教育质量评价指南[EB/OL]. [2024-10-06]. http://www.moe.gov.cn/srcsite/A06/s3321/202103/t20210317_520238.html.

同年，我在美国德雷可塞尔大学（Drexel University）访学，在 Denise Agosto 教授的指导下从事面向儿童的公共图书馆和中小学图书馆服务研究，开始关注《学校图书馆指南（第二版）》。2016 年夏天，我参加了在美国哥伦布举行的 World Library and Information Congress：82nd IFLA General Conference and Assembly，并在会上作 "A Pilot Survey on the Applicability of the IFLA School Library Guidelines in South China：Eight School Libraries Cases in Guangdong Province" 的主题演讲，与 IFLA 的学校图书馆专业组结缘，接受委托完成了《学校图书馆指南（第二版）》中译工作。2017 年，我同时当选 IFLA 标准委员会（IFLA Committee on Standards）委员和 IFLA 学校图书馆专业组常务委员会（IFLA Standing Committee of School Libraries Section）委员，并先后于 2019 年和 2021 年①连任。2018 年，我参与了由 B. A. Schultz-Jones 和 D. Berlin Oberg 主编的《关于学校图书馆指南的全球行动》（Global Action on School Library Guidelines）一书的撰写，投入《学校图书馆指南（第二版）》的全球推广工作中。2019 年 4 月，我作为会议主席在中山大学广州校区主办了"未成年人阅读、学习与赋能国际研讨会：面向合作的专业化与标准化"（International Symposium of Children Reading, Learning and Empowering：Professional, Standards and Collaboration, ISC 2019），邀请了 IFLA 标准委员会时任主席 Diane Beattie 女士、IFLA 学校图书馆专业组常务委员会时任主席 Joanne Plante 女士、《学校图书馆指南（第二版）》的执笔人 Karen Gavigan 教授以及《国际图联 0～18 岁儿童图书馆服务指南》的执笔人 Carolynn Rankin 女士等国际同行，与国内学者一道反思和探讨主要形成于西方话语体系和西方专业语境下的儿童国际专业标准在非西方区域中的适用性问题。本书正是这一标准的国际推广和适用性反思两项工作的进一步推进。

本书的撰写工作开始得很早，但由于我个人的时间和精力有限而几度中断。2023 年，我完成了 IFLA 标准委员会的第二届任期，通过全球竞选，转到 IFLA 信息获取与表达自由咨询委员会（Advisory Committee on Freedom of Access to Information and Freedom of Expression，FAIFE）担任委员；明年，我也将完成在 IFLA 学校图书馆专业组常务委员会的第二届任期，根据规则，不能继续连任。本书的完成和出版，于我个人而言，期望能为这一段难忘的经历画下圆满的句号；于图书馆学和图书馆事业而言，期望能够为我国的中小学图书馆事业建设略尽绵薄之力。

全书由我负责策划和组织，由我、杨乃一博士和陆思晓博士生负责统稿。除我们三人外，林芊里、李思雨、程靖淇、刘璐、徐晓莹等研究生参加了书稿的资料收集和初稿撰写工作，广州大学附属中学图书馆杨长军馆长、珠海市第三中学图书馆王鸿飞馆长完成了全书的"馆长之见"栏目。中山大学出版社为本书的出版提供了大力支持和帮助。在此，一并表示衷心的感谢！

由于时间仓促，书中难免有错漏，恳请读者和同行不吝批评指正。

张　靖
2024 年 10 月于广州中山大学

---

① 两个委员会任期不同，标准委员会一个任期为 2 年，学校图书馆专业组常务委员会一个任期为 4 年。

目　录

第一章　绪论 ··· 1
　　第一节　研究背景 ·· 1
　　第二节　研究现状 ·· 2
　　第三节　本书框架 ·· 5

第二章　学校图书馆国际标准基本情况 ··· 6
　　第一节　图书馆标准的制定与管理 ·· 6
　　第二节　IFLA 相关标准 ·· 9
　　第三节　主要国家相关标准 ·· 12
　　第四节　其他相关政策 ·· 19

第三章　IFLA/UNESCO《学校图书馆指南》的制定和修订 ············ 22
　　第一节　IFLA 学校图书馆组 ·· 22
　　第二节　IFLA 专业标准 ·· 23
　　第三节　两版《学校图书馆指南》 ·· 25
　　第四节　《学校图书馆指南（第二版）》的总体架构 ······················· 25

第四章　《学校图书馆指南》解读之学校图书馆的使命和目的 ········· 28
　　第一节　关于引言 ··· 28
　　第二节　关于背景 ··· 30
　　第三节　关于定义 ··· 33
　　第四节　关于学校图书馆在学校中的角色 ···································· 37
　　第五节　关于有效的学校图书馆项目之条件 ································· 40
　　第六节　关于学校图书馆的愿景声明 ··· 43
　　第七节　关于学校图书馆的使命声明 ··· 45
　　第八节　关于学校图书馆服务 ·· 48
　　第九节　关于学校图书馆服务与活动的评估 ································· 51

第五章　《学校图书馆指南》解读之学校图书馆的法律和经济框架 ··· 55
　　第一节　关于引言 ··· 55
　　第二节　关于法律依据和法律问题 ·· 58
　　第三节　关于道德依据和道德问题 ·· 60
　　第四节　关于学校图书馆发展的基础设施支持 ······························ 64

第五节　关于政策 …………………………………………………… 67
　　第六节　关于计划 …………………………………………………… 69
　　第七节　关于资金 …………………………………………………… 73

第六章　《学校图书馆指南》解读之学校图书馆人力资源 ………… 77
　　第一节　关于引言 …………………………………………………… 77
　　第二节　关于人员职责和基本原理 ………………………………… 81
　　第三节　关于学校图书馆员的定义 ………………………………… 84
　　第四节　关于学校图书馆活动提供所需的能力 …………………… 87
　　第五节　关于专业图书馆员的职责 ………………………………… 91
　　第六节　关于管理的职责 …………………………………………… 93
　　第七节　关于领导和协作的职责 …………………………………… 96
　　第八节　关于社群参与的职责 ……………………………………… 99
　　第九节　关于推广图书馆活动和服务的职责 ……………………… 103
　　第十节　关于学校图书馆辅助人员的职责与资质要求 …………… 106
　　第十一节　关于学校图书馆志愿者的职责与资质要求 …………… 108
　　第十二节　关于道德标准 …………………………………………… 110

第七章　《学校图书馆指南》解读之学校图书馆的实体和数字资源 … 113
　　第一节　关于引言 …………………………………………………… 113
　　第二节　关于设施 …………………………………………………… 116
　　第三节　关于位置和空间 …………………………………………… 119
　　第四节　关于空间组织 ……………………………………………… 121
　　第五节　关于实体和数字获取 ……………………………………… 124
　　第六节　关于馆藏建设和管理 ……………………………………… 126
　　第七节　关于馆藏管理政策和流程 ………………………………… 129
　　第八节　关于数字资源相关问题 …………………………………… 132
　　第九节　关于馆藏标准 ……………………………………………… 135
　　第十节　关于资源共享 ……………………………………………… 137

第八章　《学校图书馆指南》解读之学校图书馆活动 ………………… 140
　　第一节　关于引言 …………………………………………………… 140
　　第二节　关于活动 …………………………………………………… 143
　　第三节　关于基本素养教育和阅读推广 …………………………… 146
　　第四节　关于媒体和信息素养教育 ………………………………… 150
　　第五节　关于探究式学习 …………………………………………… 153
　　第六节　关于技术集成 ……………………………………………… 157
　　第七节　关于教师的专业发展 ……………………………………… 160

第八节　关于学校图书馆员的教导职责 ………………………………………… 163

第九章　《学校图书馆指南》解读之学校图书馆评估和公共关系 … 167
　　第一节　关于引言 ……………………………………………………………… 167
　　第二节　关于学校图书馆评估与循证实践 …………………………………… 170
　　第三节　关于学校图书馆评估的方法 ………………………………………… 173
　　第四节　关于活动质量 ………………………………………………………… 176
　　第五节　关于利益相关方意见 ………………………………………………… 178
　　第六节　关于活动内容 ………………………………………………………… 180
　　第七节　关于活动影响 ………………………………………………………… 182
　　第八节　关于循证实践 ………………………………………………………… 186
　　第九节　关于学校图书馆评估的影响 ………………………………………… 188
　　第十节　关于学校图书馆的公共关系 ………………………………………… 190
　　第十一节　关于推广和市场营销 ……………………………………………… 192
　　第十二节　关于宣传 …………………………………………………………… 195

第十章　学校图书馆国际标准的适用性 ………………………………………… 198
　　第一节　《学校图书馆指南》在中国的适用性调查 ………………………… 198
　　第二节　《学校图书馆指南》在西方和非西方语境的适用性比较 ………… 209
　　第三节　基于标准中译实践的 IFLA 标准的本地适用性问题讨论 ………… 215
　　第四节　图书馆国际标准制定的中国声音 …………………………………… 222

附录一　IFLA/UNESCO 学校图书馆宣言（1999） ……………………………… 224
附录二　IFLA/UNESCO 学校图书馆宣言（2025） ……………………………… 227
附录三　IFLA 学校图书馆指南（第二版） ……………………………………… 231
　　附录 A　IFLA/UNESCO 学校图书馆宣言（1999） …………………………… 279
　　附录 B　学校图书馆预算方案 ………………………………………………… 280
　　附录 C　探究式学习教学模型 ………………………………………………… 281
　　附录 D　学校图书馆评估清单示例（加拿大） ……………………………… 282
　　附录 E　学校图书馆评估清单——校长用 …………………………………… 285

图表目录

表 2.1　国际未成年人图书馆标准管理机构 ·· 6
图 2.1　国际未成年人图书馆与信息服务标准规范内容范畴 ··············· 7
图 2.2　国际未成年人图书馆与信息服务标准化一般流程 ··················· 9
表 2.2　IFLA 未成年人图书馆与信息服务标准 ··································· 9
图 3.1　IFLA 管理结构 ··· 22
图 3.2　IFLA 图书馆标准规范体系 ··· 24
图 3.3　《指南（第二版）》结构 ·· 26
表 10.1　研究案例分组 ··· 199
表 10.2　调查表结构说明 ··· 200
表 10.3　调查实施情况 ··· 200
表 10.4　《指南（第二版）》一级指标的总体适用性 ······························· 207
图 10.1　调查评估表基本结构 ··· 216
表 10.5　翻译效果评估调查对象基本情况 ··· 216
表 10.6　《指南（第二版）》前言至引言部分调查情况 ··························· 217
表 10.7　第一部分调查情况 ··· 218
表 10.8　第二部分调查情况 ··· 219
表 10.9　第三部分调查情况 ··· 219
表 10.10　第四部分调查情况 ··· 220
表 10.11　第五部分调查情况 ··· 220
表 10.12　第六部分调查情况 ··· 221
表 10.13　第七部分调查情况 ··· 221

第一章 绪 论

学校图书馆（school library），或称中小学图书馆[①]、学校媒体中心、文献信息中心、图书馆资源中心、图书馆共享学习空间等，是基础教育中的小学教育和普通中等教育的重要组成部分。国际图书馆协会与机构联合会（国际图联，International Federation of Library Associations and Institutions，IFLA）在《学校图书馆指南（第二版）》中指出，学校图书馆是"一个学校的实体和数字学习空间，在这一空间里，借由阅读、查询、研究、思考、想象和创造，学生实现信息到知识的转化，并获得个人的、社会的和文化的成长"[②]。

本书研究中小学图书馆的国际标准，从与中小学图书馆有关的国际标准基本情况入手，进而选择IFLA《学校图书馆指南（第二版）》这一全球性指南类标准文件，从专业角度和中国情境对之进行解读。并通过调查该指南在中国中小学图书馆的适用情况，以及比较其在西方和非西方语境中的适用性，探讨如何在国际标准的制定中发出中国声音。

第一节 研究背景

一、新时期中小学图书馆发展的要求

标准是规范事物有序进行的前提和依据。中小学图书馆标准规范的研究对促进该领域相关标准的制定与完善以及中小学图书馆事业的健康可持续发展有着重要意义。2015年颁布的《关于加强新时期中小学图书馆建设与应用工作的意见》[③]（简称教基一〔2015〕2号《意见》）中提到，虽然近年来实施的一系列基础教育重大建设工程全面提高了中小学图书馆保障水平，但依然存在"管理服务水平不高，与教育教学融合不够，信息化基础薄弱，专业化队伍匮乏"等问题，直接影响了中小学图书馆育人功能和综合效益的发挥。针对这一情况，教基一〔2015〕2号《意见》指出要完善相关的评估标准和实施细则，加强行业标准和业务规范的研制和执行工作，不断推进图书馆建设管理的制度化、规范化和专业化，强调了因地制宜制定相关标准规范的重要性和紧迫

[①] 一般而言，在中国语境下，较常使用"中小学图书馆"。如无特别说明，本书中"学校图书馆"与"中小学图书馆"同义。

[②] IFLA. IFLA School Library Guidelines（2nd ed）[EB/OL]. [2017-06-07]. https://www.ifla.org/files/assets/school-libraries-resource-centers/publications/ifla-school-library-guidelines.pdf.

[③] 教育部、文化部、国家新闻出版广电总局. 关于加强新时期中小学图书馆建设与应用工作的意见[EB/OL]. [2017-02-20]. http://www.moe.gov.cn/srcsite/A06/jcys_jyzb/201505/t20150520_189496.html.

性。2016年教育部出台的《关于新形势下进一步做好普通中小学装备工作的意见》[①]（简称教基一〔2016〕3号《意见》）的工作原则中也提出要"标准引领、专业支撑"，"充分发挥全国教育装备标准化技术委员会及其分委会等相关专业机构的作用，加快标准制定步伐，形成规范完整的国家装备标准体系"。借鉴中小学图书馆国际标准是制定符合国情的标准规范的重要途径，而借鉴必须建立在对国际标准的专业解读及对中国情境的正确认识的基础之上。

二、IFLA《学校图书馆指南》的修订及全球行动

IFLA成立于1927年，是联合各国图书馆协会、学会共同组成的一个机构，截至2024年9月已有来自约150个国家的会员加入，其愿景是建立强大而联合的图书馆界，建设信息互通的文明参与型社群（a strong and united global library field powering literate, informed and participatory societies）。[②] 2002年，IFLA联合联合国教科文组织（United Nations Educational, Scientific, and Cultural Organization, UNESCO）出版了《学校图书馆指南》（*IFLA/UNESCO School Library Guidelines*，简称《指南（第一版）》），结束了世界各国学校图书馆没有统一指导方针的局面。随着信息社会的快速发展以及各国间政治经济文化的差异性，原有的指南已不再适用于指导现今中小学图书馆的运行和发展。因此，IFLA于2015年6月批准通过了《学校图书馆指南（第二版）》（*IFLA School Libraries Guidelines*, 2nd edition，简称《指南（第二版）》），取代《指南（第一版）》，为各国中小学图书馆提供更为全面均衡的指导性意见。随后IFLA学校图书馆部（School Libraries Section, IFLA-SLS）编辑出版了《关于学校图书馆指南的全球行动》（*Global Action on School Library Guidelines*）一书，介绍如何使用该指南以改善学校图书馆的服务。书中多个章节描述了制定、实施和促进《指南（第二版）》的创新举措，为各国制定中小学图书馆标准，以及通过标准促进中小学图书馆的实践发展、发挥中小学图书馆员的教学作用、指导中小学图书馆员的专业发展提供了指导。[③]

第二节 研究现状

学校图书馆当前相关研究主要涉及三个方面：具体标准的解读、评介与适用性调查研究，学校图书馆定位研究，学校图书馆政策保障研究。

（一）具体标准的解读、评介与适用性调查研究

随着学校图书馆领域相关标准的颁布，有关标准解读及适用性调查的研究开始出

---

① 教育部.关于新形势下进一步做好普通中小学装备工作的意见[EB/OL].[2017-02-20].https://hudong.moe.gov.cn/srcsite/A06/jcys_jyzb/201607/t20160725_272874.html.
② IFLA. Our Vision and Mission [EB/OL]. [2017-02-20]. https://www.ifla.org/vision-mission/.
③ SCHULTZ-JONES B, OBERG D. Global action on school library guidelines [M]. Hague, Netherlands: De Gruyter Saur, 2015.

现。我国学者主要以《指南（第二版）》和美国图书馆协会（American Library Association，ALA）、美国学校图书馆员协会（American Association of School Librarians，AASL）联合颁布的《学校图书馆员初级能力标准（2010）》（*Standards for Initial Preparation of School Librarians*，简称 ALA/AASL《标准（2010）》）两份文本为基础开展相关研究。廖兰在对《指南（第二版）》的各章内容做详细介绍的基础上将其与《指南（第一版）》进行了对比，认为《指南（第二版）》具有较强的专业性、针对性和时代特征，内容的丰富程度和章节编排较《指南（第一版）》有了很大改进；指出《指南（第二版）》因应中小学图书馆发展的新趋势而制定，旨在解决当前世界各国中小学图书馆发展中存在的问题。① 张靖等在《指南（第二版）》内容的基础上，综合采用问卷调查法及访谈法，选取广东 8 所中小学图书馆作为调查对象，试图回答在西方话语体系和西方专业语境主导下形成的 IFLA 标准，在以中国为代表的非西方区域中的适用性问题。② 马晓玲从作用、内涵及特征等方面，对 ALA/AASL《标准（2010）》做了详尽的解读，并将其与 2003 年版的《学校图书馆媒体专家初级能力标准》（*Standards for School Library Media Specialist Preparation*）在内涵上进行对比分析，指出"学习与创新"是 ALA/AASL《标准（2010）》的灵魂。③

国外研究方面，Mitchell 对澳大利亚学校图书馆协会（Australian School Library Association，ASLA）颁布的《教师馆员专业素养标准》（*Standards of Professional Excellence for Teacher Librarians*）进行了适用性分析，认为该文件为教师馆员在日常教学和学校图书馆教育中的明确定位提供了极大的帮助。④ 与此同时，Ahart 等详细解读了 AASL 颁布的《21 世纪学习者标准》（*AASL's Standards for the 21ˢᵗ Century Learner*），深度挖掘文本的内涵，并提出《21 世纪学习者标准》所倡导的思维模式将为图书馆员和学生在终身探索和发现的道路上提供良好的服务。⑤

（二）学校图书馆定位研究

学校图书馆是学校教育的有机组成部分，其重要作用是支持学校的课程教学，协助教师培养学生的逻辑性、批判性和创造性思维能力。因此，关于学校图书馆定位的学理探讨对学校图书馆可持续性发展至关重要。国外学者在这方面成果较为丰富，相关研究论及学校图书馆如何将学习者信息素养标准嵌入学校教育标准、学校图书馆员的角色定位，以及其如何协助支持学校的课程教学以提高学生的信息素养等。

2010 年美国《各州共同核心标准》（*Common Core State Standards*，*CCSS*）的出台，

---

① 廖兰.《国际图书馆协会联合会学校图书馆指南（第二版）》评介 [J]. 图书馆论坛，2005（5）：117-120.
② 张靖，林琳，张盈. IFLA 国际标准的中国适用性调查——以《学校图书馆指南》为例 [J]. 图书情报知识，2017（1）：29-39.
③ 马晓玲. 美国学校图书馆员能力标准（2010）解读 [J]. 现代教育技术，2011，21（12）：33-37.
④ MITCHELL P. Australia's professional excellence policy: empowering school libraries [J]. School libraries worldwide，2006（12）：39-49.
⑤ AHART M, et al. Linking up L4L: web sites to support the new AASL standards in your Library [J]. Teacher librarian，2011，3（3）：12-17.

标志着美国已逐渐形成了完整的学校图书馆政策保障体系。与此同时，美国中小学教育不断自我改革与创新，2012 年，《K-12 年级自然科学教育框架》（*A Framework for K-12 Science Education*）正式发布，文本从自然科学课程要求出发，对学校图书馆的专业性发展提出了新的要求。此外，为更好地服务学校课程教学，培养拥有更高信息素养的学习者，2015 年，AASL 在众多教育管理者、课程开发者和各学科教师的协助下开始尝试将《21 世纪学习者标准》嵌入美国学校教育标准中。[1]

Heindel 等从内容角度分析 AASL 的 Learning 4 Life（L4L）网站中关于学校图书馆员在支持和指导教师和学生方面的实质措施，进一步探究 CCSS 与 AASL 的相关性，研究结果突出了学校图书馆员在服务教学方面的重要作用，为学校图书馆定位与功能的明确提供可行建议。[2] Lewis 等提出了一系列将学校图书馆转变为学校学习中心的活动设想，探讨了学校图书馆在支持 CCSS 得以有效实施的重要作用。[3] Donham 罗列了学校图书馆课程设置的整体情况，结合 AASL 制定的相关标准，从阐述图书馆教学思路出发，突出当前图书馆课程的核心任务即鼓励培养学生的信息素养。[4] Rebecca 研究了 CCSS 中英语语言艺术的要求，详细论述学校图书馆的发展定位问题和学校图书馆员的职责。[5]

（三）学校图书馆政策保障研究

学校图书馆政策的顶层设计对学校图书馆的良性发展至关重要，对某个国家或地区的学校图书馆标准化进程进行梳理也是对学校图书馆政策保障研究的一项重要内容，其中不乏涉及不同国家、地区之间的标准比较研究。吴惠如对中国大陆和台湾中小学图书馆建设标准化进程进行了梳理和比较，从适应范围、规范形式、内容特征、量化标准四个方面对中国大陆和台湾中小学图书馆建设专门性标准的内容和特点进行了比较分析，提出要切合地区需求，探索符合地区情况的标准体系，详述细化标准内容，突出可操作性，加强研究与实践，充分发挥图书馆员的作用，以及适时修订和调整标准等。[6] 杨乃一等运用内容分析法，从馆藏建设、馆舍建设、人员配置、业务管理及利用教育等方面对台湾地区与江苏省中小学图书馆建设标准进行了详细对比，研究得出江苏省未能从宏观角度对中小学图书馆进行定位，标准指标的确定缺少实际数据参考、具有一定盲目性，忽视了青少年发展过程中不同阶段的不同需求等结论。[7] 王乙竹对中日中小学图书馆建设的标准进行了比较分析，指出与日本《学校图书馆法》相比，我国的《中小学

---

[1] 邱雅静. 学习者信息素养标准与学校教育标准的匹配研究［J］. 图书馆论坛，2016（4）：113-119.

[2] HEINDEL M C, et al. Demonstrating the essential role of the school librarian［J］. Knowledge quest，2014，42（3）：74-76.

[3] LEWIS K R, LOERTSCHER D V. The possible is now［J］. Teacher librarian，2014，41（3）：48-52.

[4] DONHAM J. Enduring understandings：where are they in the library's curriculum?［J］. Teacher librarian，2010，38（1）：15-19.

[5] REBECCA M. Find where you fit in the common core, or the time i forgot about librarians and reading［J］. Teacher librarian，2012，39（5）：8-12.

[6] 吴惠如. 大陆与台湾地区中小学图书馆建设标准比较分析与思考［J］. 图书情报工作，2015，59（20）：54-59.

[7] 杨乃一，高俊宽. 海峡两岸中小学图书馆建设标准研究［J］. 新世纪图书馆，2016（8）：13-16.

图书馆（室）规程（修订）》在保障性和利用率上相对欠缺，执行性也较差，呼吁我国应尽快出台关于中小学图书馆的相关法律，在法律的约束下更好地推动我国中小学图书馆事业的发展。① 美国自 20 世纪 20 年代开始制定学校图书馆服务相关标准，ALA、AASL 等行业协会发挥了重要作用。柴会明②借由这些标准的制定和实施情况梳理了美国中小学图书馆服务发展的脉络，指出其具有建设标准和服务标准统一、定量评价和定性评价相结合，并与行业协会的成熟和馆员专业化发展相辅相成等特征，呼吁国内的研究者和教育管理部门关注中小学图书馆服务标准的确立，重视中小学图书馆服务对素质教育的影响和作用。

国外研究方面，Midland 通过介绍美国 1918—2007 年发布的中小学图书馆标准，挖掘技术变革与中小学图书馆标准之间的历史关系。③ Cassandra 梳理了自 1915 年以来美国中小学图书馆标准的颁布历程，以及中小学图书馆力求为学生提供各种形式的信息，让学生成为高效的图书馆用户并培养其阅读兴趣这一目标的演变情况。④ 此外，Peng 关注新加坡学校图书馆政策保障体系，对 1946—2010 年新加坡图书馆协会（Library Association of Singapore）和教育部（Ministry of Education）所制定和颁布的中小学图书馆标准进行了梳理。⑤

第三节　本书框架

本书分为十章。

第一章为绪论。第二章对与学校图书馆有关的国际专业组织标准的整体情况进行分类研究。

以前两章为基础，第三至九章转入《指南（第二版）》这一全球性指南类标准文件的解读。第三章首先呈现《指南（第二版）》的制定和修订情况。第四至九章则分别对应《指南（第二版）》正文的学校图书馆的使命和目的、学校图书馆的法律和经济框架、学校图书馆人力资源、学校图书馆的实体和数字资源、学校图书馆活动，以及学校图书馆评估和公共关系六个部分，沿用《指南（第二版）》的内容框架，对之逐部分进行解读。解读以《指南（第二版）》的二级标题所涵盖内容为单元，涉及专业视角和中国情境视角。

第十章对以《指南（第二版）》为代表的国际标准在中国的适用性进行研究。

---

① 王乙竹. 中日中小学图书馆比较研究［D］. 长春：东北师范大学，2012.
② 柴会明. 美国学校图书馆服务标准化进程述评［J］. 中国图书馆学报，2015（1）：112-122.
③ MIDLAND S. From stereopticon to google：technology and school library Standards［J］. Teacher librarian，2008，35（4）：30-33.
④ CASSANDRA B. The more things change the more they stay the same［J］. Knowledge quest，2015，43（4）：30-38.
⑤ PENG H L. The changing role of school/media resource libraries in secondary schools in Singapore and the need to implement mandatory standards，1946-2010：issues，challenges and opportunities［J］. International information & library review，2011，43（4）：250-256.

第二章 学校图书馆国际标准基本情况

第一节 图书馆标准的制定与管理

一、专业标准化范畴

(一) 专业标准责任机构

在未成年人图书馆与信息服务领域，专业标准（指南）制定与管理主要由行业协会负责。笔者对国际重要的图书馆标准制定机构进行整理，具体情况如表2.1所示。以期总结未成年人图书馆标准制定的相关特点，为我国未成年人图书馆标准化机构完善工作机制与管理架构提供借鉴。

表2.1 国际未成年人图书馆标准管理机构

序号	组织名称	管理机构	管理范围
1	International Organization for Standardization (ISO)	TC 46 Information and Documentation	全球
2		TC 171 Document Management Applications	全球
3	IFLA	Committee on Standards	全球
4	IASL	Executive Officers	全球
5	ALA	ALSC	美国
6		YASLA	
7		AASL	
8	CILIP	YLG	英国
9		SLG	
10	SLA	SLA Board	英国

总体而言，部分行业协会选择专门成立负责标准化的下属机构负责标准的制定与管理；部分协会选择由其下属的各专业机构直接负责，而后由最高执行机构进行审议。

标准责任机构的职责一般由以下五部分构成：①重点关注未成年人图书馆标准工作以提高协会标准在本国以及国际范围的影响力；②对未成年人图书馆专业领域的标准制定/修订过程进行战略规划设计并实施；③按照本国或国际标准制定/修订的一般程序，就某一具体标准的批准和生效向图书馆行业协会提出建议并监督其实施；④即时地就未成年人图书馆专门或相关标准的制定/修订情况进行发布和宣传；⑤加强其他标准化组织之间的联系等，并定期对标准的适用性、时效性进行调研与分析，以及时对标准进行修订。

（二）专业标准内容范畴

未成年人图书馆与信息服务隶属于社会管理与公共文化领域，其主要提供的为公共文化服务产品，具有公共物品的非竞争性等特点。参考 IFLA、ALA 等重要国际未成人图书馆标准责任机构的标准主题可以发现：这些机构在制定标准时，形成较为一致的标准化范畴边界。笔者对标准主题进行分类后，绘制了国际未成年人图书馆与信息服务标准规范内容范畴的边界框架，具体情况如图 2.1 所示。

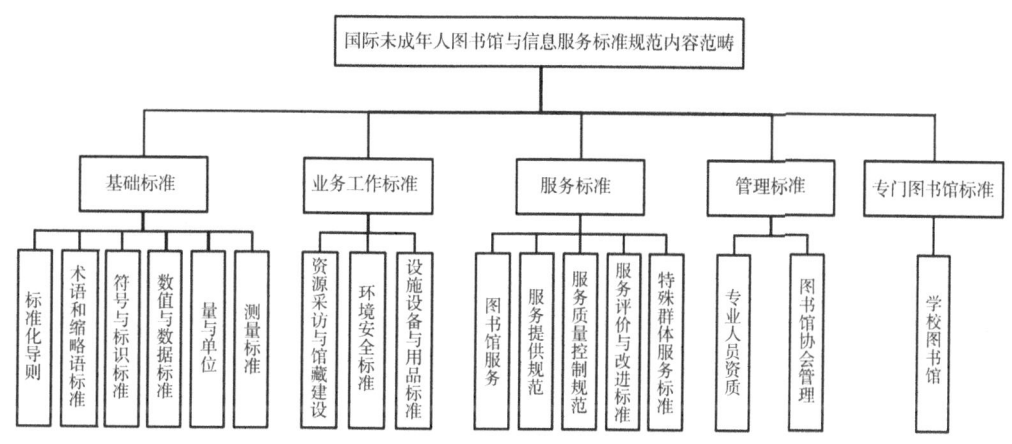

图 2.1　国际未成年人图书馆与信息服务标准规范内容范畴①

参考国外相关未成年人标准研究论文可以发现，目前国际图书馆界在未成年人方面的标准化理论研究较为匮乏，主要是针对实践领域的切实需要而建立相关标准。因而学界与业界主要集中关注标准的分类、管理和设计以及标准体系的模型、有效性与必要性研究。②

二、标准制定原则

目前，国际图书馆界在未成年人图书馆与信息服务标准的制定方面，主要遵循以下四大原则，以保证未成年人图书馆标准化流程科学规范。

---

① 刘兹恒，孟晨霞. ISO 和 IFLA 的图书馆标准规范体系对我国图书馆标准化工作的启示 [J]. 图书情报研究，2015（1）：4－11.
② 柯平，申晓娟. 文化行业标准化研究 [M]. 北京：国家图书馆出版社，2015：21－22.

（一）公益性发展原则

公益性是提供面向未成年人服务的图书馆的重要特征之一。制定和实施未成年人图书馆与信息服务标准的目的是规范图书馆工作流程、促进资源共享、提升面向未成年人服务能力以及带动整个图书馆行业的协调发展，使图书馆服务效益达到最大化。因此，国际图书馆界在未成年人图书馆与信息服务标准体系建设中着重体现社会效益，以社会整体利益最大化为目标。

（二）公开透明原则

《ISO 道德规范》（ISO Code of Ethics）是国际上普遍认可并采用的标准制定原则，公开透明是其中的核心原则，国际图书馆界亦秉持这一理念。标准制定全流程均是公开、公平与透明的，以促进未成年人图书馆与信息服务标准可以获得相关利益方的广泛认可。国际图书馆界关于未成年人标准立项、项目进展以及项目成果信息均可在其协会官网上浏览，突出表现了公开透明的原则。

（三）持续更新原则

近年来，国际图书馆界面向未成年人图书馆的服务规模、服务能力、服务水平等都在不断进步。然而，随着公民信息需求的不断改变与提升，对图书馆的期望与要求也在逐步提高。因此，国际图书馆界根据社会环境以及当地的经济发展情况、各国未成年人图书馆事业发展情况以及各地区公民的信息需求对未成年人图书馆与信息服务的标准进行不断修订，以使标准能够准确、全面地指导标准适用区域的未成年人图书馆与信息服务健康、可持续发展。

（四）逐步推进原则

标准制定与管理是一个连续的、从局部到整体的复杂过程。在此过程中，不可能一步到位、一次性完成未成年人图书馆与信息服务标准规范建设的全部工作。因此，国际图书馆界在制定与修订未成年人图书馆与信息服务标准规范时，采用先易后难、由点到面的发展思路，优先解决各区域、各类型未成年人图书馆发展中面临的关键问题，通过循序渐进的方式，在实践中进行自我评价与持续改进，不断提高图书馆标准体系的科学性和实用性。结合标准体系建设，自上而下，逐步填补未成年人图书馆与信息服务标准的阙如。

三、标准化流程

重要的国际与国家标准化组织或机构均结合实际，设计适合本组织的标准化流程。笔者根据 ISO、IFLA 等组织的标准化流程，结合标准的生命周期规定，绘制了国际未成年人图书馆与信息服务标准化的一般流程，具体如图 2.2 所示。值得注意的是，在标准化流程中，若标准内容完全采纳国际标准或其他国家标准，一般都会设置快速通道机制,以减少不必要的标准制定环节,提高标准制定与管理效率。

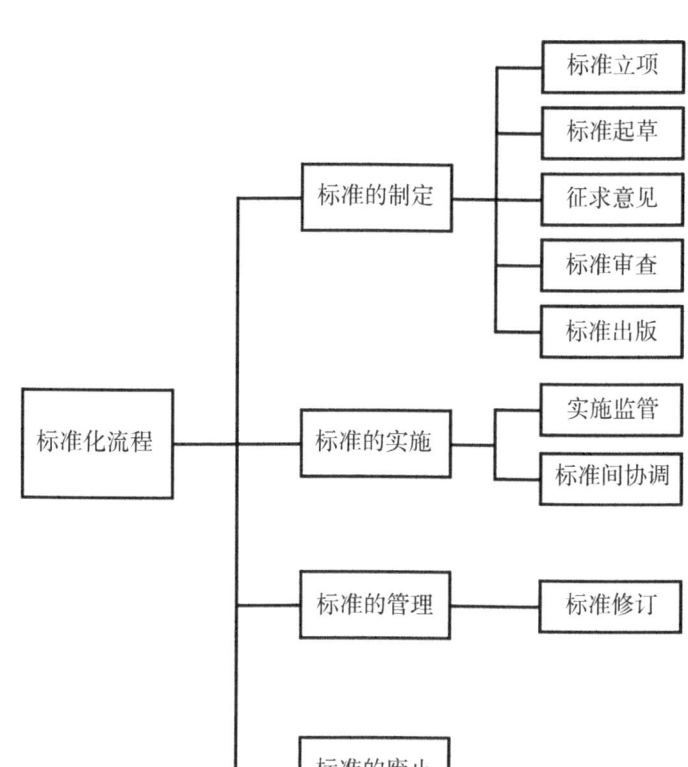

图 2.2 国际未成年人图书馆与信息服务标准化一般流程

第二节 IFLA 相关标准

以促进未成年人图书馆与信息服务可持续发展为原则,IFLA 相关委员会制定了一系列指南(标准)类规范性文件。[①] 这些文件属于推荐性标准,不具备强制性,只为世界范围内的图书馆服务提供参考与借鉴。截至目前,IFLA 标准委员会共审议通过五份专门针对未成年人图书馆服务的指南,基本情况具体如表 2.2 所示。

表 2.2 IFLA 未成年人图书馆与信息服务标准

序号	名称	制定部门	制定年份	修订情况
1	青少年图书馆服务指南	IFLA-LCYAS[1)]	1996	2008 年修订
2	儿童图书馆服务指南	IFLA-LCYAS	1991	2003 年修订

---

① 范并思,吕梅,胡海荣. 公共图书馆未成年人服务[M]. 北京:北京师范大学出版社,2015:43.

续表

序号	名称	制定部门	制定年份	修订情况
3	婴幼儿图书馆服务指南	IFLA-LCYAS	2007	无
4	0～18岁儿童图书馆服务指南	IFLA-LCYAS	2018	无
5	学校图书馆指南	IFLA-SLS	2002	2015年修订

1）IFLA 儿童与青少年图书馆部（Libraries for Children and Young Adults Section）。

一、《青少年图书馆服务指南》

IFLA-LCYAS 于 1996 年制定《青少年图书馆服务指南》，并于 2008 年进行修订。目前修订版本已被翻译成 13 种语言，均可通过 IFLA 网站获取全文。

该指南秉持《公共图书馆宣言》精神，旨在为儿童图书馆员、决策制定者（图书馆管理者）、政策制定者、图书馆学专业学生以及相关利益者提供青少年图书馆服务参考框架。指南起草团队在 2008 年修订版本中，从理论与实践两方面出发，对青少年图书馆与信息服务提出可行的专业性提升建议。为提升指南的可操作性（促进指南应用），特增加"最佳实践"（Best Practice）部分，选取全球范围内青少年图书馆服务实践的优秀案例。

该指南修订版正文部分主要由六部分组成：第一部分为指南引言；第二部分为目标服务群体的界定、青少年需求描述、服务资源建议与实例、图书馆服务建议与实例、图书馆活动项目建议与实例和人员资质要求；第三部分为图书馆对外合作与交流建议；第四部分为图书馆服务规划与评估；第五部分为宣传与推广；第六部分为最佳实践介绍，选取来自丹麦、德国、法国、克罗地亚和美国等国的 9 个优秀实践案例。此外，附录 A 提供了图书馆自我评测的清单，附录 B 为青少年图书馆服务发展的 40 个条件。[①]

二、《儿童图书馆服务指南》

IFLA-LCYAS 于 1991 年制定《儿童图书馆服务指南》，并于 2003 年发布修订版本。目前修订版本已被翻译成 21 种语言，均可通过 IFLA 网站获取全文。

该指南旨在成为世界范围内不同规模与不同经济状况的儿童图书馆员、图书馆的管理者和决策者及图书馆学专业学生和教师的重要参考资料。信息时代与全球化背景下，图书馆事业发展亟待转型。在此背景下，指南鼓励将技术因素引入儿童图书馆服务专业性提升，以期为儿童图书馆服务效能提升提供参考。

该指南修订版主要由三部分组成，面向 13 岁以下的儿童以及与这一群体密切相关

---

① IFLA. Guidelines for library services for youngadults（Revised）[EB/OL]. [2018-10-18]. https://www.ifla.org/publications/guidelines-for-library-services-for-young-adults-revised-?og=51.

的周边群体（如儿童家长、教师等）；第一部分为儿童服务使命，第二部分为满足儿童的需要、目标群体、目标、经费、馆藏资源建设、馆舍、服务、对外合作与交流、宣传、人员资质、图书馆管理与评估，第三部分为指南意见征集。①

三、《婴幼儿图书馆服务指南》

《婴幼儿图书馆服务指南》是 IFLA 第三部即图书馆服务大众专业部（IFLA Division Ⅲ.—Libraries Serving the General Public）下属所有专业组 2006—2007 年联合项目的重要成果，主要由 IFLA-LCYAS 负责起草，于 2007 年以 IFLA 专业报告的形式发布。目前指南已被翻译成 16 种语言，均可通过 IFLA 网站获取全文。

该指南秉持联合国《儿童权利公约》文件精神，基于脑科学研究领域关于阅读服务对低幼儿童语言能力有正面积极影响的研究结果制定。旨在拓宽图书馆员、图书馆管理者和决策者、图书馆与信息科学专业的学生及科研人员的发展思路，以期规范 1～3 岁的婴儿和幼儿图书馆服务并向婴幼儿家庭和从事早期启蒙教育的机构组织提供阅读服务参考。

该指南主要由四部分组成：第一部分为引言，明确指南目标与适用范围；第二部分为婴幼儿图书馆服务任务、婴幼儿及其家庭需求、目标受众、婴幼儿图书馆服务目标、服务、馆藏建设与发展、馆舍、对外交流与合作、宣传与推广、馆员资质、图书馆管理、图书馆评估与经费；第三部分为婴幼儿图书馆服务自我评测清单；第四部分为最佳实践，选取来自美国、克罗地亚、俄罗斯、丹麦、西班牙、瑞典、荷兰、加拿大、韩国、挪威、芬兰、英国、意大利、古巴、德国和法国等国的 26 个优秀实践案例。②

四、《0～18 岁儿童图书馆服务指南》

IFLA-LCYAS 基于《儿童图书馆服务指南》（2003）文本进行拓展与延伸，于 2018 年正式发布《0～18 岁儿童图书馆服务指南》，已由 IFLA 管理委员会批准，指南全文可通过 IFLA 官网获取。

许多国家图书馆在应用《儿童图书馆服务指南》（2003）时，发现其在不同的社会、文化与经济环境下适用性有待改善。IFLA-LCYAS 在调研的基础上，结合联合国《改变我们的世界：2030 可持续发展议程》（Transforming our world: the 2030 Agenda for Sustainable Development）中对可持续发展的要求，立足联合国《儿童权利公约》，起草覆盖不同年龄阶段的未成年人图书馆服务指南，旨在以赋能为导向，提升未成年人图书馆与信息服务专业性。

---

① IFLA. Guidelines for children's library services[EB/OL].[2018-10-18]. https://www.ifla.org/publications/guidelines-for-children-s-library-services?og=51.

② IFLA. Guidelines for library services to babies and toddlers[EB/OL].[2018-10-18]. https://www.ifla.org/public ations/ifla-professional-reports-100?og=8708.

该指南主要由九部分组成：第一部分为引言，对指南目标群体进行说明；第二部分为儿童图书馆使命与目标以及图书馆管理；第三部分为人力资源，包含儿童图书馆员的教育、职业伦理与道德、图书馆经费与管理以及图书馆协作；第四部分为图书馆馆藏建设与管理；第五部分为儿童图书馆项目与社区延伸活动；第六部分为儿童图书馆服务空间设计，包含年龄功能分区、馆舍布置、采光、图书馆空间可及性、健康与安全等；第七部分为宣传与推广；第八部分为图书馆评估与影响；第九部分为参考文献。[①]

五、《学校图书馆指南》

IFLA-SLS（时称学校图书馆和资源中心部）于 2002 年发布《学校图书馆指南》，并于 2015 年发布修订版本。目前修订版本已被翻译成 12 种语言，均可通过 IFLA 网站获取全文。

该指南旨在协助学校图书馆专业人员和教育决策者致力于保障所有师生都能受惠于由符合资质的学校图书馆工作人员所提供的、有效的学校图书馆活动和服务。同时，该指南将 IFLA/UNESCO《学校图书馆宣言》中所宣明的关于学校图书馆发展的基本原则作为指南起草的核心原则，基于联合国《儿童权利宣言》《儿童权利公约》《土著人民权利宣言》等文件精神以及 IFLA 协会发展核心价值制定具体条款。

该指南修订版由八部分组成：第一部分为指南绪论，包括目录、前言、概要、建议与引言；第二部分为学校图书馆使命与目标，包括学校图书馆角色与定位、愿景、使命、服务及评估；第三部分为学校图书馆的法律和经济框架，包括学校图书馆法律依据与法律问题、道德依据与道德问题，学校图书馆发展的基础设施支持、政策、计划、资金；第四部分为学校图书馆人力资源，涉及学校图书馆员、专业馆员、辅助人员以及志愿者的资质要求与道德标准；第五部分为学校图书馆的实体和数字资源；第六部分为学校图书馆活动，涉及素养培育与阅读推广、信息素养教育、教师专业发展以及学校图书馆员的教导职责；第七部分为学校图书馆评估和公共关系；附录部分为《学校图书馆宣言》、学校图书馆预算方案、探究式学习教学模型、学校图书馆评估清单示例。[②]

第三节 主要国家相关标准

早在 19 世纪中叶，美、英等国家图书馆就已开展未成年人服务，并逐步建立较为完善的未成年人图书馆服务体系。在此背景下，各国立足本国社会经济发展情况和基础教育改革要求，积极推进学校图书馆服务法治建设，由此产生了大量制度性保障文件。本节在美洲、欧洲、亚洲和大洋洲范围内分别选取了学校图书馆法治建设体系发展较为

---

① 张靖，等.《0～18 岁儿童图书馆服务指南》中译本[EB/OL]. [2019-05-01]. https://www.ifla.org/files/assets/libraries-for-children-and-ya/publications/ifla-guidelines-for-library-services-to-children_aged-0-18-zh.pdf.

② 张靖，等.《学校图书馆指南（第二版）》中译本[EB/OL]. [2019-05-01]. https://www.ifla.org/files/assets/school-libraries-resource-centers/publications/ifla-school-library-guidelines-zh.pdf.

成熟的美国、英国、日本和澳大利亚，梳理其学校图书馆相关标准建设情况，并对我国中小学图书馆相关政策规范制定情况进行整理。

一、美国

美国图书馆法治建设始于1848年第一部公共图书馆法案的颁布①，至今已形成了以图书馆专门法为核心的成熟的法规体系。学校图书馆法规建设作为图书馆法律体系的子部分，受图书馆专门法及配套法规政策的制约，基础教育改革浪潮亦对学校图书馆法规制度演进历史影响巨大。经过多年持续不断的努力，美国以宪法为基础，围绕联邦与各州图书馆专门法，参照《中小学教育法》（Elementary and Secondary Education Act，1965）等教育法案，加上陆续出台的学校图书馆建设行业标准以及相关政策，中小学图书馆法规体系已逐步形成。

美国图书馆协会（ALA）下属学校图书馆员协会（AASL）是美国唯一以学校图书馆员和学校图书馆社区为中心的全国性专业会员组织。②1920年《不同规模中学图书馆组织与装备标准》（Standard Library Organization and Equipment for Secondary School Libraries of Different Sizes）的发布③，标志着美国学校图书馆标准化进程开始。而后AASL一直着力于推进学校图书馆标准化建设，发布了一系列标准，主要有《面向未来的学校图书馆媒体中心设计》（Designing a School Library Media Center for the Future，2007）、《学习者赋能：学校图书馆媒介项目指南》（Empowering Learners: Guidelines for School Library Media Programs，2009）、《21世纪学习者标准》、《学校图书馆员初步培养标准》（Standards for Initial Preparation of School Librarians，2010）、《全国学校图书馆标准》（National School Library Standards，2018）。

二、英国

英国是世界上最早提供未成年人图书馆服务的国家，亦是最早推进图书馆法制体系建设的国家。1870年，英国《初等教育法》（Elementary Education）的颁布直接促进了英国学校图书馆发展的进程。在英国，学校图书馆服务是教育服务的重要组成部分。在英国图书馆与信息专家协会（Chartered Institute of Library and Information Professionals，CILIP）的帮助下，成立了专业机构学校图书馆服务（School Library Service UK，SLS UK）。学校图书馆与SLS UK的监管单位为英国各级教育当局，由其拟订基础教育的基本制度规范文件，指导学校图书馆运营工作。

英国学校图书馆行业标准主要由CILIP下属学校图书馆组（School Library Group）、

---

① 盛小平，张旭. 美国图书馆法律制度体系及其作用分析［J］. 图书情报工作，2014，58（10）：35-41.
② AASL. About AASL[EB/OL]. [2019-01-14]. http://www.ala.org/aasl/about.
③ AASL. A historical timeline of the evolution of AASL standards and guidelines[EB/OL]. [2019-01-14]. https://standards.aasl.org/development/.

SLS UK 和英国教育部等机构制定与管理。标准包括综合性推荐性标准（指南）和专门标准，主要有以下 8 份标准：《建筑公告 90：学校采光设计》（Building Bulletin 90: Lighting Design for Schools，1999）、《建筑公告 99：小学建筑设计总体框架》（Building Bulletin 99: Briefing Framework for Primary School Projects，1999）、《建筑公告 98：中学建筑设计总体框架》（Building Bulletin 98: Briefing Framework for Secondary School Projects，2004）、《建筑公告 93：学校声环境设计》（Building Bulletin 93: Acoustic Design for Schools，2015）、《小学图书馆指南》（Primary School Library Guidelines，2014）、《中学图书馆标准》（Standards for Secondary School Libraries，2015）、《中学图书馆设计指南》（Design Guidelines for a Secondary School Library，2014）、《学校图书馆员薪酬指南》（Salary Guide: Schools，分年度发布）。

三、日本

日本学校图书馆法治建设滥觞于"二战"后的基础教育改革。1947 年，《教育基本法》和《学校教育法》的颁布与教育改革观念的不断深入，促使学校图书馆的作用被重新认识。① 日本是世界上唯一一个制定了学校图书馆专门法的国家，日本《学校图书馆法》于 1953 年 8 月颁布（法律第 185 号），1954 年 4 月 1 日起正式施行。该法至今共修订十余次，最新版于 2015 年 6 月发布（法律第 46 号）。该法以法律形式把学校图书馆服务内容法定化并确立"学校图书馆的义务设置制"②。法律旨在明确政府责任，保障中小学图书馆的建设与可持续运营。

《学校图书馆法》的颁布促使日本学校图书馆行业标准化发展进入新阶段，日本文部科学省（2001 年以前称文部省）、日本图书馆协会与全国学校图书馆协议会以法律为依归，结合日本学校图书馆实际情况制定并发布了配套的学校图书馆发展事务的标准，现行标准主要有③：《学校图书馆标准》（1959 年 1 月颁布）、《全国学校图书馆协议会绘本选定标准》（1972 年制定）、《学校图书馆数量标准》（1978 年 1 月颁布）、《全国学校图书馆协议会图书选定标准》（1980 年 9 月颁布，1988 年、2008 年修订）、《学校图书馆设施设备标准》（1990 年 8 月颁布，1999 年修订）、《学校图书馆宪章》（1991 年 5 月通过）、《学校图书馆图书剔旧标准》（1993 年 1 月制定，2021 年修订）、《学校图书馆藏书标准》（1993 年 3 月颁布）、《学校图书馆多媒体标准》（2000 年 3 月制定，2021 年修订）、《学校图书馆评价标准》（2008 年 12 月制定）、《学校图书馆员教师培训讲义指南》（2009 年发布，2019 年修订）。

---

① 张丽. 英国学校图书馆服务研究：以诺丁汉郡的教育机构图书馆服务为例［J］. 图书馆理论与实践，2017（9）：88 – 93.
② 日本図書館協会学校図書館部会. 学校司書法制化についての見解[EB/OL]. [2019 – 01 – 09]. http://www.jla.or.jp/Portals/0/data/bukai/%E5%AD%A6%E6%A0%A1%E5%9B%B3%E6%9B%B8%E9%A4%A8E9%83%A8%E4%BC%9A/Kenkai_Gakkousisho_Houseika_201210.pdf.
③ 全国学校図書館協議会. 図書館に役立つ資料[EB/OL]. [2019 – 01 – 14]. http://www.j-sla.or.jp/material/index.html.

四、澳大利亚

澳大利亚中小学图书馆事业发展较为成熟，是第一个建立国家中小学图书馆书目数据库的国家。① 对照基础教育改革中对未成年人素养教育的核心指标，澳大利亚图书馆与信息协会（Australian Library and Information Association，ALIA）与澳大利亚学校图书馆协会（Australian School Library Association，ASLA）联合发布制度性文本，对学校图书馆员教育、信息资源建设以及服务环境创设等基本问题进行规范。

ALIA 与 ASLA 以境内学校图书馆发展建设数据为基础，联合发布学校图书馆系列标准，推进澳大利亚学校图书馆行业标准化进程。两大协会以联邦法律为依归，参照各州中小学教育实际情况，制定并发布了配套标准。现行标准针对涉及学校教师馆员的职业资格准入问题、职业规划与继续教育等问题，主要有以下 3 部：《教师图书馆员专业卓越标准》（Standards of Professional Excellence for Teacher Librarians，2004 年）、《教师图书馆员职业发展卓越阶段指南》（Evidence Guide for Teacher Librarians in the Highly Accomplished Career Stage，2014 年）、《学校图书馆资源中心自我省察与评估指南》（School Library Resource Centre Guidelines for Self-Reflection and Evaluation，2014 年）。

与此同时，ALIA 与 ASLA 还联合发布学校图书馆建设发展配套政策，主题覆盖了资源建设、经费、人员资质与信息技术等学校图书馆建设重要方面，主要为以下 6 项政策：《学校图书馆资源提供政策》（Policy on School Library Resource Provision，1994 年通过，2009 年、2016 年修订）、《学校图书馆资源中心经费资助政策》（Policy on School Library Resource Centre Funding，1994 年通过，2009 年、2016 年修订）、《信息素养政策》（Policy on Information Literacy，1994 年通过，2009 年、2016 年修订）、《澳大利亚教师图书馆员声明》（Statement on Teacher Librarians in Australia，1994 年通过，2009 年、2016 年修订）、《教师图书馆员资格声明》（Statement on Teacher Librarians Qulifications，1994 年通过，2009 年、2016 年修订）、《学校图书馆和信息通信技术政策》（Policy on School Libraries and Information and Communication Technologies，2009 年通过，2016 年修订）。

五、中国

当前，我国中小学图书馆工作规范主要依据教育部发布的相关规章以及文化和旅游部等部门发布的相关政策文件。现阶段，我国中小学图书馆建设的专门规章是 2018 年教育部颁布的《中小学图书馆（室）规程》。该文件是新时代中小学图书馆（室）建设的纲领性文件，对中小学图书馆的建设与发展有着重要作用，指导中小学图书馆工作

---

① 徐英杰. 澳大利亚图书馆管理的理论与实践［D］. 上海：华东师范大学，2016.

适应社会经济和教育形势的发展和当前教育改革的需要。[①]

1991年8月29日,国家教育委员会首次颁布《中小学图书馆(室)规程》(6章26条)。而后,为贯彻落实《国务院关于基础教育改革与发展的决定》,全面推进素质教育,教育部修订了原国家教委发布的《中小学图书馆(室)规程》,并于2003年3月25日发布《中小学图书馆(室)规程(修订)》(5章21条)。此后,为贯彻落实党的十九大精神并具体落实立德树人的根本任务[②],教育部基础教育司参照中小学图书馆发展实际情况,对2003年版的规程条款进行修订。2018年6月,新版《中小学图书馆(室)规程》正式施行。《中小学图书馆(室)规程》主要由总则、体制与机构、图书馆配备与馆藏文献信息建设、图书馆与文献信息管理、应用与服务、条件与保障、负责等七部分组成。

在我国现行标准体系中,尚无中小学图书馆国家标准。值得关注的是,由全国图书馆标准化技术委员会研制的《中小学图书馆评估指标》已进入标准编制的审查阶段。[③]现阶段,中小学图书馆建设主要参照儿童公共服务相关国家标准、图书馆建筑与安全相关国家标准与地方中小学图书馆标准。

(一)儿童公共服务相关标准

(1)《儿童社会工作服务指南》(MZ/T 058—2014)发布于2014年12月,由民政部归口管理。该标准规定了儿童社会工作服务原则、服务的范围和类别、服务流程、服务技巧、督导、服务管理和人员要求等。[④]

(2)《青少年社会工作服务指南》(GB/T 36967—2018)发布于2018年12月,由民政部归口管理。该标准明确指出以青少年为对象,运用社会工作专业价值、理论、方法和技巧帮助其解决现实问题、促进其全面发展的社会服务活动即青少年社会工作服务。[⑤]

(3)《公共图书馆评估指标 第3部分:省、市、县级少年儿童图书馆》(WH/T 70.3)发布于2015年1月,于2020年9月发布修订版,由文化和旅游部归口管理。该标准建立了一套面向省、市、县级少年儿童图书馆评估的指标体系,主要对指标定义、方法等内容做出了规定,旨在为全国少年儿童图书馆的评估提供指标依据。

(4)《公共图书馆少年儿童服务规范》(GB/T 36720—2018)发布于2018年9月,由文化和旅游部归口管理。该标准规定了公共图书馆对0～18岁少年儿童服务的服务

---

① 教育部. 关于政协十二届全国委员会第五次会议第3285号(教育类326号)提案答复的函[EB/OL]. [2019-01-01]. http://www.moe.gov.cn/jyb_xxgk/xxgk_jyta/jyta_jijiaosi/201803/t20180306_328962.html.
② 中小学图书馆(室)规程[EB/OL]. [2019-01-01]. http://www.moe.gov.cn/srcsite/A06/jcys_jyzb/201806/t20180607_338712.html.
③ 中小学图书馆评估指标[EB/OL]. [2024-09-26]. https://std.samr.gov.cn/gb/search/gbDetailed?id=E116673E9552A3B7E05397BE0A0AC6BF.
④ 儿童社会工作服务指南[EB/OL]. [2019-01-03]. http://laws.swchina.org/regulation/2014/1230/19927_2.shtml.
⑤ 王勇.《青少年社会工作服务指南》即将出台[EB/OL]. [2019-01-12]. http://www.gongyishibao.com/html/zhengcefagui/14200.html.

资源、服务政策、服务内容和要求、服务宣传、合作共享、服务绩效评价等内容,适用于县级以上公共图书馆(包括少年儿童图书馆)。①

(二)图书馆建筑与安全相关标准

(1)《公共图书馆建筑防火安全技术标准》(WH 0502—1996)于1996年2月发布,由文化和旅游部归口管理。该标准适用于各类综合性公共图书馆的新建、改建和扩建工程及其附属设备和专用设备的防火安全技术,学校图书馆、科研及各种专业图书馆(室)、其他各类型图书馆(室)均可参照标准的条文。②

(2)《图书馆、博物馆、美术馆、展览馆卫生标准》(GB9669—1996)于1996年1月发布,后由《公共场所卫生管理规范》(GB 37487—2019)、《公共场所卫生指标及限值要求》(GB 37488—2019)、《公共场所设计卫生规范 第1部分:总则》(GB 37489.1—2019)部分代替,由国家疾病预防控制局归口管理。相关标准规定了图书馆、博物馆、美术馆和展览馆的微小气候、空气质量、噪声、照度等标准值及其卫生要求。③

(3)《公共图书馆建设标准》(建标108—2008)于2008年8月发布,由文化和旅游部归口管理。该标准是公共图书馆建设项目科学决策和合理确定项目建设、投资水平的全国性统一标准,是编制、评估和审批公共图书馆建设项目建议书及可行性研究报告的依据,是有关部门审查公共图书馆建设项目初步设计和检查工程建设全过程的尺度。④

(4)《中小学校设计规范》(GB 50099—2011)自2012年1月起实施,由住房和城乡建设部归口管理。该标准旨在辅助中小学校建设满足国家规定的办学标准,创设安全、适用、经济、绿色、美观的教育环境,明确中小学校图书室应包括学生阅览室、教师阅览室、图书杂志及报刊阅览室、视听阅览室、检录及借书空间、书库以及登录、编目及整修工作室,并可附设会议室和交流空间。⑤

(5)《图书馆建筑设计规范》(JGJ 38—2015)自2016年5月起实施,由住房和城乡建设部归口管理。该标准在1999年发布的《图书馆建筑设计规范》基础上,结合图书馆发展的实际需求,补充了图书馆功能空间设计标准与智能化发展规范。⑥

(6)《建筑采光设计标准》(GB/T 50033—2001)于2001年7月发布,2012年发

---

① 公共图书馆少年儿童服务规范[EB/OL].[2019-01-12].http://www.gb688.cn/bzgk/gb/newGbInfo?hcno=745658E2CF579538DE274FE931E5DC93.
② 公共图书馆建筑防火安全技术标准[EB/OL].[2019-01-13].http://www.chinalawedu.com/falvfagui/fg22016/51441.shtml.
③ 公共场所卫生管理规范[EB/OL].[2025-07-28].https://www.ndcpa.gov.cn/jbkzzx/c100201/common/content/content_1666354983960645632.html;公共场所卫生指标及限值要求[EB/OL].[2025-07-28].https://www.ndcpa.gov.cn/jbkzzx/c100201/common/content/content_1666355091527766016.html;公共场所设计卫生规范 第1部分:总则[EB/OL].[2025-07-28].https://www.ndcpa.gov.cn/jbkzzx/c100201/common/content/content_1666355153054011392.html.
④ 公共图书馆建设标准[EB/OL].[2019-01-13].http://www.mohurd.gov.cn/wjfb/200902/t20090226_186362.html.
⑤ 中小学校设计规范[EB/OL].[2019-01-13].http://www.soujianzhu.cn/Norm/JzzyXq.aspx?id=215.
⑥ 图书馆建筑设计规范[EB/OL].[2019-01-03].http://www.zhaojianzhu.com/guojiaguifan/52749.html.

布修订版《建筑采光设计标准》(GB 50033—2013)（自 2013 年 5 月 1 日起实施），由住房和城乡建设部归口管理。该标准对建筑采光标准值、采光质量、采光计算、采光节能等进行规定，为中小学图书馆空间采光设计提供依据。①

（7）《绿色建筑评价标准》(GB/T 50378—2006) 于 2006 年 1 月发布，由住房和城乡建设部归口管理。2014 年、2019 年先后对该标准进行了修订，2024 年对《绿色建筑评价标准》(GB/T 50378—2019) 进行局部修订，自 2024 年 10 月 1 日起实施。该标准为图书馆建筑绿色性能建设提供指导，明确了图书馆建筑建设中需要节约资源、保护环境、减少污染，为师生提供健康、适用、高效的使用空间，最大限度地实现人与自然和谐共生的高性能建筑。②

（8）《建筑照明设计标准》(GB 50034—2013) 于 2013 年 11 月发布，2024 年 4 月新版《建筑照明设计标准》(GB/T 50034—2024) 公布，原强制性国家标准转变为推荐性国家标准，由住房和城乡建设部归口管理。该标准对照明数量和质量、照明标准值、照明节能、照明配电及控制等进行了规定，并细化了图书馆、教育建筑、博览建筑等公共建筑的照明标准值和照明功率密度限值。③

（9）《建筑设计防火规范》(GB 50016—2014) 于 2014 年 8 月发布，由住房和城乡建设部归口管理。2018 年对该标准进行局部修订。2022 年 12 月 27 日，住房和城乡建设部发布了《建筑防火通用规范》(GB 55037—2022)，废止了《建筑设计防火规范》的部分条款。该标准对图书馆建筑设置救援场地、消防车道、消防电梯等设施的基本要求、图书馆建筑防火要求以及消防用电设备的电源与配电线路要求等方面进行了明确规定。④

（10）《建筑内部装修设计防火规范》(GB 50222—2017) 于 2017 年 7 月发布，由住房和城乡建设部归口管理。2022 年 12 月 27 日，住房和城乡建设部发布《建筑防火通用规范》(GB 55037—2022)，废止了《建筑内部装修设计防火规范》的部分条款。该标准适用于图书馆建筑的内部装修防火设计，强调建筑内部装修设计应积极采用不燃性材料和难燃性材料，避免采用燃烧时产生大量浓烟或有毒气体的材料，做到安全适用，技术先进，经济合理。⑤

---

① 建筑采光设计标准[EB/OL].[2025 – 07 – 28]. https://www.mohurd.gov.cn/gongkai/zc/wjk/art/2015/art_17339_224720.html.

② 绿色建筑评价标准[EB/OL].[2025 – 07 – 28]. https://www.mohurd.gov.cn/gongkai/zc/wjk/art/2024/art_17339_779172.html.

③ 建筑照明设计标准[EB/OL].[2025 – 07 – 28]. https://www.mohurd.gov.cn/gongkai/zc/wjk/art/2024/art_17339_777466.html.

④ 建筑设计防火规范[EB/OL].[2019 – 06 – 14]. http://www.bjhxcz.com/uploadfiles/files/20170426203406_4687.pdf；建筑防火通用规范[EB/OL].[2025 – 07 – 28]. https://www.mohurd.gov.cn/gongkai/zc/wjk/art/2023/art_17339_770016.html.

⑤ 建筑内部装修设计防火规范[EB/OL].[2019 – 06 – 14]. http://www.tj98119.com/xinwen/26dfbda0-bf6c-8ec6-c8b0-35e62712badf.shtml；建筑防火通用规范[EB/OL].[2025 – 07 – 28]. https://www.mohurd.gov.cn/gongkai/zc/wjk/art/2023/art_17339_770016.html.

（三）地方中小学图书馆标准

《中小学图书馆（室）规程》（2003年）发布后，多个省、市教育管理部门结合文件要求，牵头制定了适合本区域的中小学图书馆标准，如《广东省中小学图书馆（室）建设标准》（2004年）、《安徽省中小学图书馆（室）建设标准》（2009年）、《河北省中小学评估细则》（2009年）、《江苏省小学图书馆装备标准》（2011年）、《江苏省初级中学图书馆装备标准》（2011年）与《江苏省高级中学图书馆装备标准》（2011年）、《四川省中小学图书馆装备标准》（2011年）、《四川省中小学数字图书馆建设规范》（2012年）、《中小学图书馆（室）图书剔旧更新管理规范》（2017年）、《广州市中学图书馆等级评估标准》（2003年）、《佛山市学校图书馆建设与应用绩效评价标准（试行）》（2018年）。

六、其他国家学校图书馆相关标准

当前，美国、英国、日本与澳大利亚已形成各自的学校图书馆制度保障体系。全球范围内许多国家（地区）主张通过中小学图书馆标准（指南）等制度文件，保障本国（地区）学校图书馆建设。一般由其教育管理部门牵头，依照本国图书馆法与国家教育基本法，委托图书馆专业协会推进学校图书馆建设的行业标准等制度文件编制。相关国家学校图书馆制度文件建设情况如下：

新西兰：《信息视域中的学校图书馆与学习：新西兰学校指南》（*The School Library and Learning in the Information Landscape：Guidelines for New Zealand Schools*），2002年；

芬兰：《一个好的学校图书馆》（*A Good School Library*），2002年；

加拿大：《提升信息素养：加拿大学校图书馆活动标准》（*Achieving Information Literacy：Standards for School Library Programs in Canada*），2003年；

加拿大：《引领学习：加拿大学校图书馆学习空间实践标准》（*Leading Learning：Standards of Practice for School Library Learning Commons in Canada*），2010年；

南非：《学校图书馆与信息服务国家指南》（*National Guidelines for School Library and Information Services*），2012年；

瑞士：《理想的图书馆：学校发展指南》（*Ideal Libraries：A Guide for Schools*），2018年。

第四节 其他相关政策

联合国发布的多项文件都提及未成年人权利保障问题，其中有与学校图书馆发展关系十分密切的，具体包括《公民权利和政治权利国际公约》（*International Covenant on Civil and Political Rights*）、《儿童权利公约》（*Convention on the Rights of the Child*）和《变革我们的世界：2030年可持续发展议程》（*Transforming Our World：The 2030 Agenda for Sustainable Development*）。

一、《公民权利和政治权利国际公约》

联合国以《联合国宪章》(Charter of the United Nations) 与《世界人权宣言》(The Universal Declaration of Human Rights) 为基础，于1966年联合国大会上通过《公民权利和政治权利国际公约》，该公约于1976年正式生效。[①] 公约以法律的形式推进世界对人的权利和自由的普遍尊重和遵行，我国于1998年正式签署该公约。[②]

公约共有6部分53条，其中第24条是针对未成年人的，明确提出："所有儿童有权享受家庭、社会及国家为其未成年身份给予之必需保护措施，不因种族、肤色、性别、语言、宗教、民族本源或社会阶级、财产或出生而受歧视。"[③]

公约明确规定应为儿童提供必要的保护，对世界范围内的未成年人发展政策的制定与实施影响深远，亦是中小学图书馆服务师生时必须遵循的基本规范。中小学校图书馆建设须以该公约作为依据，支持学生智识发展。

二、《儿童权利公约》

《儿童权利公约》是全球第一部专门针对未成年人权利保障的国际法律文件。联合国大会在《日内瓦儿童权利宣言》《儿童权利宣言》《世界人权宣言》和《公民权利和政治权利国际公约》等国际文件的基础上，起草《儿童权利公约》。公约于1989年11月20日由联合国大会决议通过，于1990年9月生效。[④] 我国第七届全国人民代表大会常务委员会第二十三次会议决定，批准了《儿童权利公约》，同时声明根据《中华人民共和国未成年人保护法》第二条的规定，履行公约第六条所规定的义务。[⑤]

《儿童权利公约》共有3部分54条，明确规定了未成年人的4种基本权利，即生存权、受保护权、发展权与参与权。其中与学校图书馆发展最为相关的条款为第27、29、31条，强调了每一民族的传统及文化价值对儿童的保护及和谐发展的重要性，践行不歧视原则和儿童的最大利益原则，为儿童发展提供支持。

学校图书馆应结合《儿童权利公约》的内容，支持学生平等获取各类资源，为师生提供培育参与信息社会所需素养的公平机会，并积极参与学生身心健康发展教育。学校图书馆在建设中可以将公约精神作为服务判别以及维护图书馆基本发展的重要依据。

[①] 范并思，吕梅，胡海荣. 公共图书馆未成年人服务[M]. 北京：北京师范大学出版社，2015：41-42.
[②] 联合国. 人权事务[EB/OL]. [2019-01-04]. http://www.un.org/chinese/hr/issue/index.html.
[③] 联合国. 公民权利和政治权利国际公约[EB/OL]. [2019-01-04]. http://www.un.org/chinese/hr/issue/ccpr.htm.
[④] 联合国. 儿童权利公约[EB/OL]. [2019-01-04]. http://www.un.org/zh/documents/treaty/files/A-RES-44-25.shtml.
[⑤] 全国人大. 儿童权利公约[EB/OL]. [2019-01-04]. http://www.law-lib.com/law/law_view.asp?id=95706&_t_t_t=0.3266317225061357.

三、《变革我们的世界：2030年可持续发展议程》

联合国于2015年9月25日正式通过由193个会员国共同达成的成果性文件《变革我们的世界：2030年可持续发展议程》，该议程是为人类、地球与繁荣制定的行动计划，并旨在加强世界和平与自由，兼顾经济、社会和环境三个方面。① 2014年，国际图联参与议程文本的谈判过程，并通过《里昂宣言》（*The Lyon Declaration*）以表明国际图书馆界的立场。②

议程文本确立了17个可持续发展目标和169个具体目标③，与学校图书馆关系紧密的主要为目标4（确保包容和公平的优质教育，让全民终身享有学习机会）和目标16（创建和平、包容的社会以促进可持续发展，让所有人都能诉诸司法，在各级建立有效、负责和包容的机构）。④

中国图书馆界积极响应《变革我们的世界：2030年可持续发展议程》，结合公共文化服务制度保障建设进程，以阅读推广助力可持续发展。⑤ 学校图书馆应紧跟图书馆行业发展前沿，明确在学校中的角色，践行图书馆使命，提升图书馆服务效能。

---

① 联合国. 2030年可持续发展议程[EB/OL]. [2019-01-04]. https://www.un.org/sustainabledevelopment/zh/2015/09/sdg-agenda-approval/.
② 中国图书馆学会. 变革我们的世界：联合国2030议程解读[EB/OL]. [2019-01-04]. http://www.lsc.org.cn/d/2017-08/02/201708021606392.pdf.
③ 中国图书馆学会. 国际宣传项目IAP[EB/OL]. [2019-01-04]. http://www.lsc.org.cn/contents/1367/9894.html.
④ 联合国. 2030年可持续发展议程[EB/OL]. [2019-01-04]. https://www.un.org/sustainabledevelopment/zh/2015/09/sdg-agenda-approval/.
⑤ 中国图书馆学会. 支持联合国2030议程：中国图书馆界的行动[EB/OL]. [2019-01-04]. http://www.lsc.org.cn/d/2017-08/02/201708021528001.pdf.

第三章 IFLA/UNESCO《学校图书馆指南》的制定和修订

第二章对国际及主要国家学校图书馆相关国际标准进行了概括性的梳理。其中，IFLA/UNESCO《学校图书馆指南》是直接面向学校图书馆的全球性指南类标准文件。本章将对该标准的制定和修订情况进行总体介绍，为后续第四章至第九章的深入解读作一铺垫。

第一节 IFLA 学校图书馆组

IFLA 成立于1927年，并于1971年在荷兰海牙正式注册，总部设在荷兰国家图书馆，它是独立的、非政府的、非营利性的国际组织，代表全世界图书馆协会、信息协会、图书馆和信息服务机构的利益。[①]当前，IFLA 的组织架构包含全体大会（General Assembly）、管理委员会（Governing Board）以及理事会、分会和单位（Councils, Divisions & Units）三个层面，具体如图3.1所示。

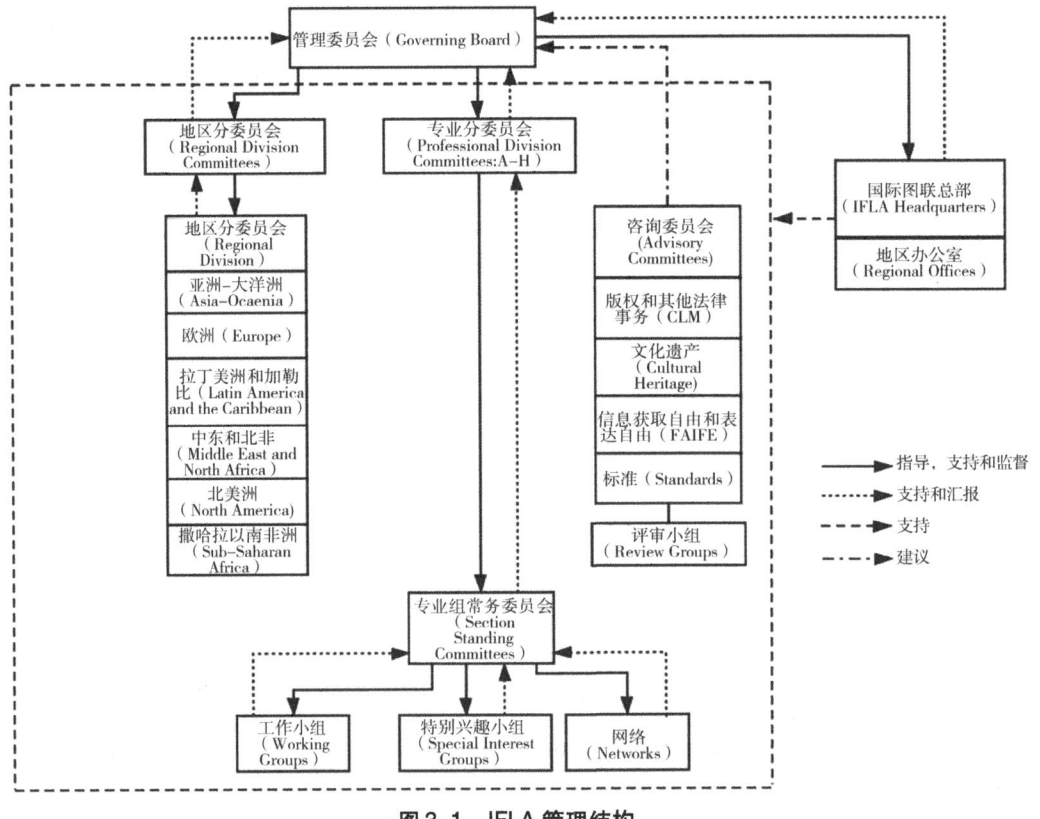

图 3.1 IFLA 管理结构

---

① IFLA. About Us[EB/OL]. [2024-09-26]. https://www.ifla.org/about-us/.

全体大会是 IFLA 的最高管理层，其主要职责包括确定 IFLA 的目标和价值；修改章程；制定会员资格条件；接收和审批年度财务报告和账目；每年召开一次会议，通常与一年一度的世界图书馆和信息大会同时举行。会员参与每年的全体大会，有机会对主席、司库（Treasurer）和秘书长根据 IFLA 战略开展的活动报告发表意见，也可通过会议议程提出项目表达观点，是 IFLA 活动和方向的最终决策者。[1] 管理委员会负责 IFLA 的管理工作，负责管理、财务和专业事务，确保可持续发展，发展和监督战略方向。专业分委员会（Professional Division）负责专业活动、政策和项目以及各单位的工作协调。地区理事会（Regional Council）在地区层面加强宣传和支持 IFLA 的各项工作，确保工作的可见性、一致性和有效性。专业理事会和地区理事会就与其职权范围和活动有关的问题向理事会报告并提出建议。[2]

学校图书馆组成立于 1977 年，隶属于 IFLA 分委员会 E（Division E）。该组关注世界各地学校图书馆的完善和发展，提倡学校图书馆需要足以胜任的人员，并认可学校图书馆在促进学生成就方面的转变作用。20 世纪 80—90 年代，学校图书馆组的工作重点为制定标准，出版了一系列指南文件，内容涵盖学校图书馆管理、学校图书馆发展以及学校图书馆员的教育和培训。20 世纪 90 年代，学校图书馆组改名为学校图书馆和资源中心组。2013 年复名为学校图书馆组。[3] 2013—2015 年，学校图书馆组的核心工作是修订《指南》。随着《指南（第二版）》的公布，2015—2017 年，该组的核心工作是《指南（第二版）》的宣传推广。

上届常务委员会由以下成员组成：Valérie Glass, Luisa Marquardt, Teresa Quick, Ivanka Stricevic, Albert K Boekhorst, Alejandro Oscar Micalucci, Beatrice Eleuteri, Darryl Toerien, Fumie Niwai, Hans-Petter Storemyr, Irina Nehme, Jing Zhang（本书第一作者），Joanne Plante Liselott Drejstam, Marios Zervas, Mayasari Abdul Majid, Melissa Johnston, Svetlana Chazova, Valerie Byrd Fort, Vanja Jurilj。

当前的常务委员会由以下成员组成：Luisa Marquardt, Abha Singh, Valerie Byrd Fort, Lisa Thiesing, Jacqueline Lucas, Inger Nilsson, Esther Ndapewa Tobias, Catherine Barnes, Elizabeth A. Burns, Ceire Hopley, Everton Da Silva Camillo, Jerry Mathema, Grace Onyebuchi, Khalid Elsaid, Svetlana Chazova, Mayasari Abdul Majid, Fumie Niwai, Beatrice Eleuteri, Alejandro Oscar Micalucci, Melissa Johnston, Hans-Petter Storemyr, Jing Zhang（本书第一作者）。

第二节 IFLA 专业标准

2012 年，IFLA 成立了标准委员会，负责协调 IFLA 内外的标准制定工作，并为

---

[1] IFLA. General assembly[EB/OL]. [2024-09-26]. https://www.ifla.org/units/general-assembly/.
[2] IFLA. Overview of governance structure[EB/OL]. [2024-09-26]. https://www.ifla.org/governance-structure/.
[3] SCHULTZ-JONES B, OBERG D. Global action on *School Library Guidelines* [M]. The Hague, Netherlands: De Gruyter Saur, 2015: 3.

IFLA专业组的标准制定和宣传推广等相关活动提供支持。在此之前，IFLA 并没有一个专门的负责协调管理 IFLA 图书馆标准化工作的部门。随着 IFLA 标准化工作的发展，成立专门部门的必要性和重要性越加凸显。为了更好地对内协调各相关机构，对外即时宣传，更好地与其他组织联系，标准委员会成立，直接向管理委员会汇报，对推动整个 IFLA 的标准化发展有积极作用。

标准委员会的主要职责包括：重点关注标准工作以提高 IFLA 标准在 IFLA 内部及其他组织中的影响力，明确标准制定/修订的一般程序，就相关标准的批准和生效向 IFLA 管理委员会提出建议并监督其实施，支持 IFLA 的各类战略优先事项、倡议行动及正在开展的其他活动，对 IFLA 各专业机构的标准制定/修订过程给予支持，实施标准化工作的战略规划，为 IFLA 总部开展与标准问题有关的专业活动、制定相关政策或为组织交流提供支持，即时地对 IFLA 相关标准的制定/修订情况进行发布和宣传，加强 IFLA 与国际标准化组织及法国标准化协会等其他标准化组织之间的联系，等等。①

截至目前，IFLA 已在图书馆工作的多个领域制定了百余项标准，其中大部分都对国际图书馆界产生了深远影响。综合 IFLA 标准委员会的相关文件以及各专业组发布的关于标准的指南，IFLA 专业标准规范的分类可分为 5 个大类、31 个小类，涉及图书馆的微观工作体系如资源采访、编目、分类与标引、资源保存与保护等，用户服务如教育与培训、参考咨询与信息服务等，专门图书馆的标准如公共图书馆、学校图书馆等的标准规范。IFLA 图书馆标准规范体系如图 3.2 所示。

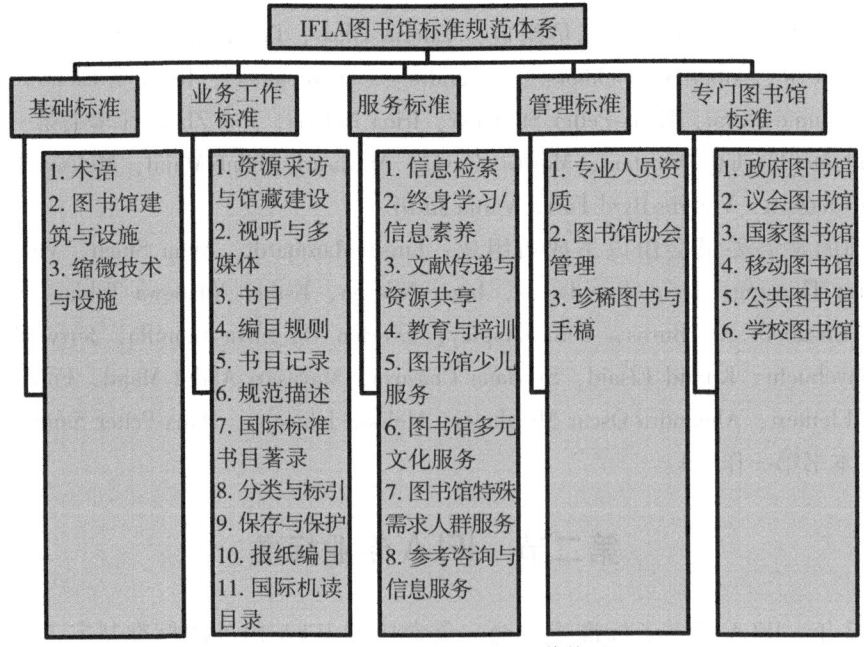

图 3.2　IFLA 图书馆标准规范体系

资料来源：刘兹恒，孟晨霞. ISO 和 IFLA 的图书馆标准规范体系对我国图书馆标准化工作的启示 [J]. 图书情报研究，2015（1）：4－11.

---

① 刘兹恒. ISO IFLA 图书馆标准规范体系研究 [M]. 北京：国家图书馆出版社，2016：101.

IFLA 所制定的标准规范中,有一部分是针对某种类型图书馆的专门性指南,通常包括该类型图书馆的设施设备要求、资源采访、工作管理与评估、财务管理、人员管理、图书馆营销等方面的内容。《学校图书馆指南》即属于专门图书馆标准。

第三节 两版《学校图书馆指南》

在制定国际性学校图书馆指南之前,各国(地区)已有图书馆协会和教育管理部门着手拟定各自的学校图书馆指南。例如,ALA 早在 1925 年即制定了《小学图书馆标准》(*Elementary School Library Standards*),并在随后的几十年中陆续对其进行修订。1971 年国际学校图书馆员协会(Intenational Association of School Librarianship,IASL)成立,1977 年 IFLA 学校图书馆组成立,学校图书馆领域的实践和研究人员开始有了较为正式的国际层面的交流。国际社会逐渐认同学校图书馆是保证学校对儿童和青少年进行卓有成效的教育的一项必不可少的事业,是保证学校取得教育成就的基本条件,也是整个图书馆事业不可缺少的组成部分。1980 年,IFLA 在马尼拉中小学图书馆会议上通过《学校图书馆宣言》,同年 12 月 UNESCO 正式公布。至此,学校图书馆的重要性已完全受到肯定。1999 年 11 月,IFLA 和 UNESCO 为了适应科技进步和社会发展的需要以及教育信息化的要求,共同批准发表了《学校图书馆宣言》(*IFLA/UNESCO School Library Manifesto*,简称《宣言》)。

《宣言》指出:"敦促政府通过其教育职能部门制定战略、政策和计划以落实本宣言中各项原则的实施。"在《学校图书馆指南》颁布之前,世界各国的学校图书馆或无相关政策或使用各自的政策,没有统一的标准。2002 年,IFLA 和 UNESCO 出版了《学校图书馆指南》(简称《指南(第一版)》)。《指南(第一版)》的产生为世界范围内的国家决策者和地方决策者提供了明确的信息,为各地的图书馆界提供了支持和指导。同时,《指南(第一版)》的制定还帮助各个学校落实宣言中所述的原则。由于各国间政治经济文化的差异性,以及信息社会的快速发展,诞生于十余年前的《指南(第一版)》显然已不再适用于指导现今中小学图书馆的运行和发展。根据世界各国学校图书馆事业发展的经验,IFLA 针对《指南(第一版)》的修订工作于 2013 年提上日程。或借由 IFLA 年会和年中工作会议期间的研讨会,或通过持续的个人形式及在线形式的笔谈和评论,来自许多国家的诸多人士就修订指南条款的起草进行了讨论、争论和磋商。《指南》修订稿历经 2 年 5 次修改,最终获得 IFLA 专业委员会批准通过。2015 年 6 月,《学校图书馆指南(第二版)》正式问世,旨在为全球国家及地方层面的决策者提供资讯,为学校图书馆社群提供支持和指导,为学校领导者落实《学校图书馆宣言》之原则提供帮助。

第四节 《学校图书馆指南(第二版)》的总体架构

作为一份标准性文件,《指南(第二版)》由前言、概要、建议、引言、正文、术语表、参考文献及附录组成。正文包含六章:第 1 章为学校图书馆的使命和目的,第 2

章为学校图书馆的法律和经济框架，第 3 章为学校图书馆人力资源，第 4 章为学校图书馆的实体和数字资源，第 5 章为学校图书馆活动，第 6 章为学校图书馆评估和公共关系。《指南（第二版）》行文的主线有两条，其一为 16 条建议，其二为 6 章内容。这两条主线自成体系，同时相互关联。《指南（第二版）》的结构如图 3.3 所示。

前言
概要
建议（16 条）
引言

正文（6 章） → 第 1 章 学校图书馆的使命和目的
第 2 章 学校图书馆的法律和经济框架
第 3 章 学校图书馆人力资源
第 4 章 学校图书馆的实体和数字资源
第 5 章 学校图书馆活动
第 6 章 学校图书馆评估和公共关系

术语表
参考文献
附录

图 3.3　《指南（第二版）》结构

"前言"部分申明了学校图书馆的重要性以及《指南（第二版）》作为指导性文件发挥的作用，简述了修订的过程以及列出参与修订的人员名单，并表明《指南（第二版）》是各国成员共同努力的成果。

"概要"部分简要说明了学校图书馆的目标、学校图书馆所属框架、学校图书馆人事、学校图书馆馆藏、学校图书馆的教育活动、学校图书馆评估及其重要意义，并重申《指南（第二版）》的指导作用。

"建议"部分列出了 16 条建议，这些建议由 IFLA 邀请世界中小学图书馆专家和教育决策者提出，以确保实现学校图书馆促进教与学的职能。每条建议后都标注其在《指南（第二版）》正文的具体章节段落，以便读者查找。

"引言"部分强调《指南（第二版）》中的所有指南条款均是在贯彻《宣言》原则下在理想追求与合理预期之间的权衡，指出了面向全球思考、立足当地实践的挑战。

"正文"部分第 1 章阐明了学校图书馆的使命和目的，其内容主要包括学校图书馆的定义、学校图书馆在学校中的角色、有效的学校图书馆项目之条件、学校图书馆的愿景声明、学校图书馆的使命声明、学校图书馆服务、学校图书馆服务与活动的评估。《指南（第二版）》指出，学校图书馆是一个学校的实体和数字学习空间，在这一空间里，借由阅读、查询、研究、思考、想象和创造，学生实现信息到知识的转化，并获得个人的、社会的和文化的成长。

"正文"部分第 2 章提出了学校图书馆的法律和经济框架，其内容主要包括法律依据和法律问题、道德依据和道德问题、学校图书馆发展的基础设施支持、政策、计划、资金。《指南（第二版）》指出，为了维持和持续回应不断变化的教育和文化环境，学校图书馆需要得到立法和持续资金的支持。

"正文"部分第 3 章论及学校图书馆人力资源，其内容主要包括人员职责和基本原理、学校图书馆员的定义、学校图书馆活动提供所需的能力、专业图书馆员的职责、学校图书馆辅助人员的职责与资质要求、学校图书馆志愿者的职责与资质要求、道德标准。《指南（第二版）》强调为了满足学校社群的教学需求，拥有一名训练有素且积极性高的工作人员是至关重要的，同时还应配备与学校规模及其独特需求相适应的充足的支持人员。学校图书馆的每位工作人员都应该对图书馆服务及政策、明确的职责、适当的从业条件以及能够反映岗位预期职责的薪酬等，有清楚的认识。

"正文"部分第 4 章涉及学校图书馆的实体和数字资源，其内容主要包括设施、馆藏建设和管理。《指南（第二版）》认为借由技术，学校图书馆日益延伸至学校的每一个角落，也延伸至社群。技术也促成了学校图书馆资源的全天候获取，超越了教学日和校历的限制。应不断完善学校图书馆的设施、设备和馆藏以适应学生和教师不断变化的教学需求。

"正文"部分第 5 章论述学校图书馆活动，其内容主要包括活动、基本素养培育和阅读推广、媒体和信息素养教育、探究式学习、技术集成、教师的专业发展、学校图书馆员的教导职责。《指南（第二版）》指出，学校图书馆服务和活动必须由符合资质的学校图书馆员与学校的校长或首席教师、与部门主任和其他学习专家、与课堂教师、与后勤人员以及与学生密切合作，一道制定。应侧重于基本素养和阅读推广、信息素养、探究式学习、技术集成、教师的专业发展以及文学和文化鉴赏等核心活动。

"正文"部分第 6 章阐述学校图书馆评估和公共关系，其内容主要包括学校图书馆评估与循证实践、学校图书馆评估的方法、学校图书馆评估的影响、学校图书馆的公共关系。《指南（第二版）》认为评估是实施学校图书馆活动和服务的重要环节。评估可以帮助决策或问题解决（关注问责），也可以影响人们对学校图书馆的看法和发起人们对学校图书馆的支持（关注转变）。宣传对于增强和维护学校图书馆的发展同样至关重要。宣传和评估均有助于建立对能够改进学校所有人教与学的工作的理解和支持。

本书以下第四至第九章将分别对应《指南（第二版）》正文的学校图书馆的使命和目的、学校图书馆的法律和经济框架、学校图书馆人力资源、学校图书馆的实体和数字资源、学校图书馆活动，以及学校图书馆评估和公共关系六个部分，沿用《指南（第二版）》的内容框架，对之逐部分进行解读。

第四章 《学校图书馆指南》解读之学校图书馆的使命和目的

本章从专业角度和中国情境出发，对《指南（第二版）》的第1章"学校图书馆的使命和目的"进行解读。《指南（第二版）》第1章共计9节，分别是：1.1 引言，1.2 背景，1.3 学校图书馆的定义，1.4 学校图书馆在学校中的角色，1.5 有效的学校图书馆项目之条件，1.6 学校图书馆的愿景声明，1.7 学校图书馆的使命声明，1.8 学校图书馆服务，1.9 学校图书馆服务与活动的评估。

本章及以下各章按政策译文（星号框内文字）—解读—参阅—中国情境—进一步阅读之框架展开。参阅部分选列其他相关标准中的相关条文。中国情境部分从基本情况、相关政策法规条文以及馆长之见反映与所解读文本有关的中国情况。

第一节 关于引言

* *

"学校图书馆提供信息和思想，它们是人们在当今信息和知识社会中成功运作的基础。学校图书馆培育学生终身学习的技能、开发他们的想象力、使得他们能够成为具有责任感的公民。"（《学校图书馆宣言》）

1.1 引言

本章节主要阐述学校图书馆的使命和目的，国际图联/联合国教科文组织《学校图书馆宣言》（1999）中定义了学校图书馆。在那份文件中，学校图书馆被视作惠及教育者和学生的促进整个学校社群教学水平的力量。后续章节将详细阐明《宣言》所明确的关键因素。

* *

☆ **解读**

本条是对《指南（第二版）》的第1章相关内容的概述及解释。

《指南（第二版）》第1章以引用《学校图书馆宣言》（简称《宣言》）的第一段文字开篇，进而明确后续章节将对《宣言》相关内容进行阐述，充分说明了 IFLA 关于学校图书馆的两份最重要文件之间的密切关系。

1980年，IFLA 在马尼拉中小学图书馆会议上通过初版《学校图书馆宣言》，同年12月 UNESCO 正式公布。至此，学校图书馆的重要性已完全受到肯定。1999年11月，IFLA 和 UNESCO 为了适应科技进步和社会发展的需要以及教育信息化的要求，共同批准发布了修订版《学校图书馆宣言》（简称《宣言》）。当前，《宣言》已被翻译成 35 种语言，均可通过 IFLA 网站获取全文。

《宣言》阐述了学校图书馆发展的基本原则，也指出："敦促政府通过其教育职能部门制定战略、政策和计划以落实本宣言中各项原则的实施。"《指南（第二版）》则为这些基本原则的践行指明了方向，其条款为全球国家及地方层面的决策者提供资讯，为学校图书馆社群提供支持和指导，为学校领导者落实《宣言》之原则提供帮助。

代表全球图书馆专业意见，IFLA 通过两份文件，将学校图书馆定位为以培育学生终身学习的技能、开发他们的想象力、使得他们能够成为具有责任感的公民为使命的惠及教育者和学生的促进整个学校社群教学水平的力量。学校图书馆的使命和目的决定了学校图书馆的建设和发展方向。

☆ 参阅

□ **IFLA/UNESCO**, *School Library Manifesto*, **1999**

■ The school library offers learning services, books and resources that enable all members of the school community to become critical thinkers and effective users of information in all formats and media. School Libraries link to the wider library and information network in accord with the principles in the UNESCO Public Library Manifesto.

☆ 中国情境

□ 基本情况

■《宣言》发布后，《中国图书馆学报》于 2001 年第 5 期刊发了中文译文（翻译者为华南师范大学图书馆徐斌）。当前，国内学校图书馆相关研究均会援引《宣言》作为研究论据。

■ 国内出台的中小学图书馆相关政策，国家层面的主要有《中小学图书馆（室）规程》（教育部，2018 年）、《关于进一步加强中小学图书馆（室）图书配备和管理工作的通知》（教育部、新闻出版总署，2011 年）、《关于加强新时期中小学图书馆建设与应用工作的意见》（教育部、文化部、国家新闻出版广电总局，2015 年）等，地方层面的如《广东省中小学图书馆（室）建设规程》（广东省教育厅，2000 年）、《广东省中小学图书馆（室）建设标准》（广东省教育厅，2004 年）等。

■ 虽然《宣言》"敦促政府通过其教育职能部门制定战略、政策和计划以落实本宣言中各项原则的实施"，但上述相关政策，其制定背景和文本内容均以中国基础教育事业、中小学图书馆事业建设为出发点和落脚点，并未参照以《宣言》和《指南（第二版）》为代表的国际政策和标准。

□ 相关政策法规条文

■《中华人民共和国教育法》（2021 年 4 月 29 日，全国人大常委会）第二十七条第三款：设立学校及其他教育机构，必须具备"有符合规定标准的教学场所及设施、设备等"。

□ 馆长之见

■ 杨长军馆长①：1999 年发布了《学校图书馆宣言》，到 2017 年，学校图书馆的使命与宗旨仍然不变，目的是改变与促进社区教育者和学生的教育与学习。

■ 王鸿飞馆长②：学校图书馆为校内所有师生的教学和学习而存在这一点是不容置疑的。《指南（第二版）》对于学校图书馆使命和宗旨的概括，比《中小学图书馆（室）规程（修订）》认为的"中小学图书馆是为学校教育、教学和教育科学研究服务的机构"更为直接，更为贴切，所有的学校图书馆都需要为加强和完善学校社区内所有教育者和学生的教学和学习而努力奋斗。

☆ 进一步阅读

■ IFLA/UNESCO. Public library manifesto[EB/OL].(1994). https://www.ifla.org/publications/ifla-unesco-public-library-manifesto-1994.

第二节 关于背景

* *

1.2 背景

全球各地的学校图书馆均是一种学习环境，通过提供实体和数字空间，提供资源、活动和服务，以鼓励和支持学生、教师和社群的学习。学校图书馆和教育协同发展，以使学生具备知识，从而既能适应社会还能改良社会。虽然学校图书馆的设施和运作在世界各地不尽相同，但它们都专注于支持和促进学生的学习。学校图书馆为个人、小规模群体和大规模群体提供一系列的学习机会，尤其关注智识内容、信息素养以及文化和社会发展等方面。学校图书馆以学习者为中心，支持、拓展并个性化学校的课程教学。

* *

☆ 解读

本条描绘学校图书馆在全球各地存在和发展之相同背景，为下文定义学校图书馆做铺垫。

全球各地学校图书馆的设施和运作不尽相同，但它们均与教育密切相关、协同发展，学校图书馆作为一种学习环境，为学习者提供学习机会，支持学校的课程教学。

《宣言》明确指出："学校图书馆是教育过程中不可或缺的一部分。"相关研究显示，当学校教育模式从简单的知识传授向能力培养（即素质教育）转变时，图书馆就

---

① 广州大学附属中学图书馆馆长。
② 珠海市第三中学图书馆馆长。

成为中小学教育中不可或缺的组成部分。① 学校图书馆不仅是学校教育教学的保障性设施，还应该是学校基础教育体系的重要组成部分；学校图书馆作为学校教育中课程建设与师生素养发展的重要资源，其所提供的所有服务，除能体现一般图书馆文献资源服务特征外，还能体现出直接介入学校基础教育教学活动中的特征。这意味着学校图书馆的功能不仅在于传播优秀的人类科学文化成果、开发智力资源，更在于参与和介入学校课程教学改革和学习方式变革的推进过程，具有重要的基础教育价值。②

社会教育是由社会文化机构对社会全体成员进行的教育活动，它与学校教育、家庭教育并列。图书馆是社会教育的主要承担者，尽管学校图书馆主要服务对象为学生和教育者，但并不意味着其服务范围局限于学校内。学校图书馆的服务已不局限于馆舍本身，突破了时间和空间的局限，使学校图书馆用户可以随时随地获取需要的信息资源。《宣言》提出："向整个学校社群及更广范围推广阅读以及学校图书馆的资源和服务"，"服务必须为学校社群所有成员所获得，并在当地社群的情境下实施"。这意味着学校图书馆的资源和服务除了面向学校社群外，也倡导更广泛的推广。与此同时，在终身学习的社会背景下，学校图书馆作为一种学习环境，不只是支持学习者某一阶段的学习，更是强调对学习者有生之年对于图书馆的使用的影响。

☆ 参阅

☐ IFLA/UNESCO, *School Library Manifesto*, 1999

- The school library provides information and ideas that are fundamental to functioning successfully in today's information and knowledge-based society. The school library equips students with life-long learning skills and develops the imagination, enabling them to live as responsible citizens.
- The school library is integral to the educational process.

☆ 中国情境

☐ 基本情况

- 学校图书馆作为中小学校的附属机构，其功能自然与学校教育相关。但在中国的基础教育理念中，对学校图书馆的重视不够。因此，在中国的基础教育体系中，学校图书馆也并未占有重要的地位。
- 在应试教育向素质教育转型过程中，很多基础教育工作者还没有深刻地认识到学校图书馆在育人中的重要性。当前，很多学校管理者和教师仍较少关注图书馆对青少年学生成长的作用，即使关注并组织学生参加了图书馆的相关活动，但因活动的成效不会立竿见影，可参考借鉴的经验案例不多，导致活动往往缺

---

① Chernik B E. Introduction to library services for library technicians [M]. Colorado: Libraries Unlimited, 1982: 94-103.

② 李玉海,冯玉娇,贺宇航,等. 让图书馆走向学校办学的舞台中心: 我国中小学图书馆的发展现状、困境剖析及应对策略 [J]. 中小学管理, 2024 (4): 9-12.

乏有效性和持续性。在上级教育主管部门年度考核的"硬杠杠"作用下，中小学图书馆的发展很大程度上取决于校长的认识和决策。而目前多数校长普遍更重视教学管理，对图书馆的育人价值认识不足，往往会有意识或无意识地忽视中小学图书馆在基础教育中的作用，导致图书馆在学校可有可无。[①]

- 无论是中小学自身层面，还是包括教育主管部门、中小学学校领导、家长和学生等层面，在现实中更关注中小学图书馆的一般职业价值，将其弱化为满足师生课外阅读需求、提供简单借阅服务的附属设施，忽视其作为基础教育教学体系重要组成部分的地位，剥夺或自愿放弃中小学图书馆介入学校教学过程和活动的权利及能力[②]，中小学图书馆在基础教育体系中处于较为边缘的地位。与此同时，中国的中小学图书馆自身的建设发展仍面临较大挑战。藏书建设方面，藏书数量与种类不足、藏书质量与结构科学合理性缺乏、信息化基础较为薄弱等问题较为突出；使用情况方面，中小学图书馆开放时间普遍较短，访问次数和借阅量整体偏低；人才队伍建设方面，管理员人数不足、专业化水平低。[③] 整体而言，中小学图书馆无法兼顾不同年级学生借阅实际和教师教学需求，更无法满足当前学生个性化学习的需要。

□ 相关政策法规条文

- 《中小学图书馆（室）规程》（2018年5月31日，教育部）第三条规定："图书馆是中小学校的文献信息中心，是学校教育教学和教育科学研究的重要场所，是学校文化建设和课程资源建设的重要载体，是促进学生全面发展和推动教师专业成长的重要平台，是基础教育现代化的重要体现，也是社会主义公共文化服务体系的有机组成部分。"

- 《国务院关于基础教育改革与发展的决定》（2001年5月29日，国务院）第二十六条规定："各级人民政府和教育行政部门要重视常规实验教学，因地制宜地加强中小学实验室、图书馆（室）及体育、艺术、劳动技术等教育设施的建设，并充分向学生开放，提高教学仪器设备、图书的使用效益。鼓励各地乡（镇）中小学建立中心实验室、图书馆等，辐射周边学校。"

□ 馆长之见

- 杨长军馆长：学校图书馆的发展不能与学校教育脱节，而应该是学校教育的一部分。学校图书馆应关注教师专业成长、教师教育教学、学生成长，促进学生学习，提升其学习能力。同时，学校图书馆作为学生的第二课堂，是学校课堂的延伸，应针对不同读者群体制定相对应的政策。

---

① 李玉海，冯玉娇，贺宇航，等. 让图书馆走向学校办学的舞台中心：我国中小学图书馆的发展现状、困境剖析及应对策略［J］. 中小学管理，2024（4）：9-12.

② 杨玉麟，郭武，熊伟霖. 论中小学图书馆的"基础教育价值"和"图书馆职业价值"［J］. 图书馆论坛，2020，40（12）：102-106.

③ 刘强，陈晓晨，杜艳，等. 中小学图书馆（室）建设与使用现状及改善策略：基于全国169所中小学校的调研［J］. 中国教育学刊，2018（2）：57-63.

- 王鸿飞馆长：这里强调了学校图书馆的全球性与必要性。作为专注于支持与促进学生学习的学习环境，学校图书馆存在于全球范围内。在中国，中小学图书馆作为服务教育教学、教育科学研究的重要办学条件，是基本实现教育现代化的重要体现，是均衡合理配置教育资源的重要内容，是广大学生、教师获取信息资源不可或缺的重要途径，是落实立德树人根本任务、全面深化课程改革的重要阵地。另外，教育部印发的《基础教育课程改革纲要（试行）》中明确规定图书馆是重要的课程资源，是为实施课程改革提供课程资源保障的地方。可见，中小学图书馆的发展与教育的发展是相符的，人们对中小学图书馆的地位和作用是有共识的。

☆ **进一步阅读**

- AASL. School library programs improve student learning[EB/OL]. (2011). https://www.mdek12.org/sites/default/files/aasl_teacher_intro-color.pdf.
- AASL. Strong school libraries build strong students[EB/OL]. (2013). https://www.ala.org/sites/default/files/2024-04/AASL_infographic.pdf.

第三节　关于定义

* *

1.3　定义

学校图书馆是一个学校的实体和数字学习空间，在这一空间里，借由阅读、查询、研究、思考、想象和创造，学生实现信息到知识的转化，并获得个人的、社会的和文化的成长。这一实体和数字场所有许多不同的名称（例如，学校媒体中心、文献信息中心、图书馆资源中心、图书馆共享学习空间），但"学校图书馆"是最为常用的术语，适用于与之相关的设施和功能。

超过 50 年的国际研究［如 Haycock, 1992, in LRS (2015) *School Libraries Impact Studies* in the USA (www.lrs.org/data-tools/school-libraries/impact-studies/) and Williams, Wavell, C., 又如 Morrison (2013) in the United Kingdom (www.scottishlibraries.org/storage/sectors/schools/SLIC_RGU_Impact_of_School_Libraries_2013.pdf)］共同表明，学校图书馆具有以下特征：

· 拥有一名符合资质的学校图书馆员，他/她接受过正规的学校图书馆学和课堂教学教育，具备专业知识，能够胜任集教导、阅读与基本素养培育、学校图书馆管理、协同教职人员工作、教育社群参与等于一身的复杂角色。

· 提供有针对性、高质量、多样化的馆藏（包括印刷、多媒体、数字馆藏），以支持学校正式的和非正式的课程教学，包括个人计划和个人发展类的课程教学。

· 制定有详细的可持续发展政策和计划。

如同教育系统的其他部门，学校图书馆也经历了成长和发展的阶段。然而，学校图书馆的这三个特征对于其使命和目的的实现而言是不可或缺的。研究表明，一个学校图书馆对学生学习所能产生的影响力正是取决于这三个特征的体现度。

学校图书馆是：

· 学校里专门的实体和数字空间，它向全体成员开放，能为所有人使用；

· 信息空间，其间提供覆盖印刷、多媒体和数字馆藏等多种媒介的高质量的信息源；

· 安全空间，它能够鼓励和支持个人的好奇心、创造力和学习意向，学生能在其间秘密地、安全地探究包括争议性话题在内的各种问题；

· 教学空间，学生能够在其间培育信息交流和知识创造相关的能力和性情；

· 技术空间，其间提供一系列用于知识创造、表达和分享的技术工具、软件和专门知识；

· 文化中心，学校社群得以在其间进行一切形式的阅读推广和基本素养培育；

· 数字公民中心，学习社群在其间可以学习如何以恰当的、道德的和安全的方式使用数字化工具，学习保护身份和个人信息的策略；

· 信息环境，为社群中所有成员提供平等利用的、他们在家中无法获得的资源和技术以及信息技能发展的机会；

· 社会空间，其间为整体社群提供文化的、专业的和教育的活动，活动形式可能是事件、会议、展览或资源等。

****

☆ **解读**

本条是对学校图书馆的内涵、特征和功能的解释。

学校图书馆是为学校教学和学生学习服务的图书馆，担负着为教学提供图书资料、对学生进行思想道德教育和丰富学生的文化科学知识等重要任务。[①] 因为它的服务对象是师生，所以它的藏书侧重于学习参考书、科普读物、自学丛书以及适合青少年阅读的文艺书刊等。20世纪60年代末，美国、加拿大等国家的学校图书馆因其作用与服务范围不断扩大，馆藏类型日益丰富多样，已纷纷改称为"知识传播媒体中心"（或"教学资料中心""知识资源中心"），除了收藏印刷型书籍和报刊以外，还收藏影片、电影胶片、幻灯片、透明软片、唱片、录音带以及供教室内分组教学使用或供学生个别使用的各种资料和设备。

在传统的定义下，学校图书馆以及图书馆员的主要作用是培养和提高学生的阅读能力，确保图书馆馆藏在质量和数量上能满足师生的教学和休闲阅读的需求。随着信息时代的到来，如今的学校图书馆员更多地把关注点放在如何提高学校图书馆用户的信息素养上，其角色身份逐渐从信息管理者向信息提供者过渡和转化。在美国，中小学图书馆员还到课堂上讲解如何利用书籍和图书馆。学校图书馆作为学校内部的服务场所，其服

---

① 张小宁. 中小学图书馆管理现状与对策分析 [D]. 石河子：石河子大学，2015.

务对象也从仅限于本校师生扩大到整个社区成员。

☆ **参阅**

☐ **IASL，*Policy Statement on School Libraries***

■ The school library is central to the fulfillment of the instructional goals and objectives of the school and promotes this through a planned program of acquisition and organization of information technology and dissemination of materials to expand the learning environment of all students. A planned program of teaching information skills in partnership with classroom teachers and other educators is an essential part of the school library program.

☐ **ALA/AASL，*Standards for the 21st-Century Learner***

■ School libraries provide equitable physical and intellectual access to the resources and tools required for learning in a warm, stimulating, and safe environment.

☆ **中国情境**

☐ 基本情况

■ 较之于"学校图书馆"，"中小学图书馆"这一名称在中国图书馆学界和业界使用更为普遍，相关的政策法规中也多用这一名称进行表述。教育部于2003年颁布的《中小学图书馆（室）规程（修订）》中即对中小学图书馆的设立主体进行规定："本规程所指的图书馆是指由政府、企事业单位、社会团体、其他社会组织及公民个人依法举办的全日制中小学校的图书馆。"

■ 我国中小学图书馆的发展始于1884年在北京创办的汇文学校图书馆。20世纪初，清政府兴办中小学堂，相应设有藏书室。在1902年颁发的《钦定学堂章程》中，《钦定小学堂章程》和《钦定中学堂章程》两部分对中小学堂应配置图书室做了明确规定。1910年建立的上海工部局立华童公学图书馆、1911年建立的上海市立万竹小学图书馆和1912年建立的北平公立第一中学图书馆，均是该时期有代表性的中小学校图书馆。到了1936年，据不完全统计，我国已建成162所中小学校图书馆。中华人民共和国成立后，政府在发展教育、创办大批中小学校的同时，也大力推动学校图书馆（室）的建设。[①] 20世纪80年代至今，中小学图书馆一直以服务教学为工作重点，致力于打造学生的"第二课堂"为发展任务，但是因为应试教育等实际因素的制约，中小学图书馆发展情况并不乐观。

☐ 相关政策法规条文

■《关于加强新时期中小学图书馆建设与应用工作的意见》（2015年5月20日，

---

① 中小学校图书馆[EB/OL]．[2017-06-07]．http://baike.baidu.com/item/中小学校图书馆．

教育部、文化部、国家新闻出版广电总局)"一、总体要求"之"（一）重要意义"规定："中小学图书馆作为服务教育教学、教育科学研究的重要办学条件，是基本实现教育现代化的重要体现，是均衡合理配置教育资源的重要内容，是广大学生、教师获取信息资源不可或缺的重要途径，是落实立德树人根本任务、全面深化课程改革的重要阵地，对于保障教学、服务教学、改善教学，提高学生自主学习能力和终身学习能力，促进教师专业成长和学生全面发展具有重要作用。中小学图书馆作为国家图书馆服务体系的重要组成，对于服务学习型社会和书香社会建设，完善公共文化服务体系，丰富群众精神文化生活具有深远意义。"

■《中小学图书馆（室）规程》第二条规定："本规程适用于公办、民办全日制普通中小学校的图书馆。"第三条规定："图书馆是中小学校的文献信息中心，是学校教育教学和教育科学研究的重要场所，是学校文化建设和课程资源建设的重要载体，是促进学生全面发展和推动教师专业成长的重要平台，是基础教育现代化的重要体现，也是社会主义公共文化服务体系的有机组成部分。"第四条规定："图书馆的主要任务是：贯彻党的教育方针，培育社会主义核心价值观，弘扬中华优秀传统文化，促进学生德智体美全面发展；建立健全学校文献信息和服务体系，协助教师开展教学教研活动，指导学生掌握检索与利用文献信息的知识与技能；组织学生阅读活动，培养学生的阅读兴趣和阅读习惯。"

□ 馆长之见

■ 杨长军馆长：目前，学校图书馆人员由图书馆专业技术人员、教师转岗、临聘人员或合同工组成，大部分学校图书馆以上述一种或几种人员组成，有全职也有兼职，小学图书馆兼职馆员的情况比较突出。图书馆专业技术人员一般接受过图书馆学教育（高等教育或进修教育），教师转岗人员有正规课堂教育教学的经验，因某种原因离开教学岗位到图书馆岗，临聘或合同工的人员流动较大。同时具备图书馆学专业背景和课堂教学教育的专业图书馆员少之又少。从馆藏资源比重来看，印刷型文本资源比重远大于数字资源，从每年的资源采购经费来看，其大致比例为 7∶3。因经费与观念的原因，数字资源采购为零的学校图书馆也不在少数。学校图书馆是学校的实体和数字空间。实体的概念容易明白，建设设施很容易让读者理解；数字空间方面，由于数字资源以及图书馆馆藏结构原因，数字空间尚未能得到读者认可。随着信息技术的不断更新变革，数字资源获取方式的日益快捷，学校图书馆数字资源建设的重要性日益凸显。以广州大学附属中学（以下简称"广附"）为例，学校图书馆已在实体和数字空间、信息空间、文化中心、数字居民中心、信息环境等方面取得一定的成绩，但是在安全空间、教学空间、技术空间和社会空间方面有待加强。

■ 王鸿飞馆长：关于学校图书馆的定义很值得我国中小学图书馆界以及上级主管部门借鉴与思考。该定义给我们传递了一些信息。首先，不管用什么术语、什么名字，学校图书馆或者我们所习惯的中小学图书馆，这个实体与数字空间的功能是大同小异的。其次，学校图书馆的成功依赖于三个必要条件：一位具备专业资格并具有专业知识的图书馆员,一个能够支持学校课程教学的馆藏,一份详细的可持续发展计划。最后,学校图书馆作为实体和数字空间、信息空间、安全空间、教学空间、技术空间、文化中心、数字居民中心、信息环境、社会空间等,应发挥出应有的功能。当然,这个定义在中国来说,也还存在表述不同或者部分适用的地方。例如,第二个特征认为"用以支持学校正式的和非正式的课程"与国内的表述并不一致。另外,技术空间、安全空间、数字居民中心、社会空间等在我国中小学图书馆的功能与业务上暂时不完全适用,在现有的条件下无法实现以上功能。也许这个定义可以给我国中小学图书馆事业指引发展的方向。

☆ 进一步阅读

■ CLA. Position statement on young adult services in public libraries [EB/OL]. (1987). http://cla.ca/wp-content/uploads/Young-Adult-Services-in-Public-Libraries-Position-Statement-March-1987.pdf.

第四节 关于学校图书馆在学校中的角色

* *

1.4 学校图书馆在学校中的角色

作为校内的教学和学习中心,学校图书馆提供与课程内容接轨的有效的教学项目,特别注重:

· 以资源为基础的能力:与查询、获取、评估各种载录格式的资源(此处资源包括人或文化产品)有关的能力和性情。这些能力也包括能使用信息技术工具搜寻、获取和评估资源,以及数字和印刷环境下各类素养的培育。

· 以思考为基础的能力:在研究和调查的过程中聚焦数据和信息的实质性应用的能力和性情,这些高级思维、批判分析的研究和探究过程导向体现了深层知识和深刻理解的表达性创造和产品类创造。

· 以知识为基础的能力:侧重于创造、建构和共用知识产品的关于研究和调查的能力和性情,其中体现了深层知识和深刻理解。

· 阅读和语文能力:与享受阅读有关的能力和性情,此处的阅读可能以休闲为目的,可能以跨平台学习为目的,而文本在其多种形式和模式间的转换、交流和传播,促成了意义、促进了理解。

· 个人和人际能力:作为研究者、信息使用者、知识创造者和负责任的公民,自己或他人在以资源为基础的探究和学习中进行社会参与和文化参与的能力和性情。

· 学习管理能力:使得学生能够准备、计划和成功完成一项基于课程的探究单元的能力和性情。

学校图书馆员在上述能力的发展过程中扮演领导角色,他/她通过独立的或合作的教学和指引,将上述能力与课程的内容和目标明确关联。

****

☆ **解读**

本条是对学校图书馆和学校图书馆员的角色定位及其对学生的具体能力培养的阐释。

基础教育是一个接受全面教育的基础阶段,一般含小学、初中、高中阶段的教育;素质教育则是以全面提高人的基本素质为根本目的,以尊重人的主体性和主动精神,以人的性格为基础,注重开发人的智慧潜能,注重形成人的健全个性为根本特征的教育。素质教育在目标及内在要求上与中小学图书馆的使命及现实功能具有高度的一致性,即以能力培养为目标的教育注重学生的自主学习、探究型学习、参与式学习,强调全面学习、终身学习,强调培养学生的品德、价值观及责任感、良好的学习态度及生动的创造实践力等。[①] 2000 年以来,美国以科罗拉多州为代表的十几个州相继开展了中小学图书馆影响力调查,调查发现中小学的总体学业水平与其图书馆的质量呈正相关关系。[②]

美国 21 世纪劳动委员会经过研究断言,美国未来经济能否健康发展将直接取决于美国年青一代在什么样的广度和深度上达到 21 世纪能力素质的要求。美国教育技术 CEO 论坛第四年度(2001 年)报告则明确指出,21 世纪能力素质应包括以下 5 个方面:基本学习技能,信息素养,创新思维能力,人际交往与合作精神,实践能力。[③] 这在一定程度上与《宣言》中强调的学校图书馆和学校图书馆员应通过相关的教学项目使学生具备的能力相匹配。

☆ **参阅**

□ **IASL**,*Policy Statement on School Libraries*

■ The school library functions as a vital instrument in the educational process, not as a separate entity isolated from the total school program but involved in the teaching and learning process.

☆ **中国情境**

□ 基本情况

■ 我国一直在进行中小学教育素质教育改革,但在发展中却很少真正关注到中小学图书馆对学生素质能力的实际效果。1993 年 2 月 13 日,中共中央、国务院印发《中国教育改革和发展纲要》,其中提出:"在城镇建设中,要注意兴建科学馆、博物馆、图书馆、体育馆和青少年之家等设施。要制定和完善公共文化设

---

① 于斌斌. 国外中小学图书馆对学生学业表现的影响研究综述 [J]. 中国图书馆学报,2013(5):98-108.
② 张丽. 推动美国中小学图书馆发展的两部教育法 [J]. 国家图书馆学刊,2010(3):89-94.
③ e-Learning 的内涵及其核心要素[EB/OL] [2017-05-16]. http://www.etc.edu.cn/articledigest11/EL-1.htm.

施对学生开放和减免收费的制度。"2010 年，国家颁布《国家中长期教育改革和发展规划纲要（2010—2020 年)》，要求"建立开放灵活的教育资源公共服务平台，促进优质教育资源普及共享。创新网络教学模式，开展高质量高水平远程学历教育。继续推进农村中小学远程教育，使农村和边远地区师生能够享受优质教育资源"。但以上政策并没有对中小学图书馆的角色以及需要承担的责任做出明确界定。

■ 2016 年 9 月，备受关注的《中国学生发展核心素养》正式发布，素养框架包括文化基础、自主发展、社会参与 3 个方面，综合表现为人文底蕴、科学精神、学会学习、健康生活、责任担当、实践创新 6 大素养，具体细化为国家认同等 18 个基本要点。但是，中小学图书馆在发展中未将此份文本与自身信息素养教育的任务相融合，其发展一直处于孤立的状态。

□ 相关政策法规条文

■《中小学图书馆（室）规程》第三条规定："图书馆是中小学校的文献信息中心，是学校教育教学和教育科学研究的重要场所，是学校文化建设和课程资源建设的重要载体，是促进学生全面发展和推动教师专业成长的重要平台，是基础教育现代化的重要体现，也是社会主义公共文化服务体系的有机组成部分。"

■《基础教育课程改革纲要（试行）》（2001 年 6 月 8 日，教育部）第十二条规定："学校应充分发挥图书馆、实验室、专用教室及各类教学设施和实践基地的作用；广泛利用校外的图书馆、博物馆、展览馆、科技馆、工厂、农村、部队和科研院所等各种社会资源以及丰富的自然资源；积极利用并开发信息化课程资源。"

□ 馆长之见

■ 杨长军馆长：现阶段学校图书馆的角色更多的在于作为学校文献信息中心和为学校教育教学提供保障，作为学校的教学辅助部门，远未达到学校教育教学中心的地位。广大附中图书馆有条件地配合教学计划，尝试参与学校课堂建设，但大多以创新课堂或者选修课的形式存在，运用现代化的手段尝试进行课程资源整合。

■ 王鸿飞馆长：对于图书馆在学校中的角色或任务，《指南（第二版)》对图书馆的要求很高，描述也很具体。例如，认为图书馆在学校内部是教学和学习的中心，提供有效的教学计划以整合课程内容。国内的中小学图书馆还远远达不到这一点。又如，认为图书馆在发展读者基于资源的能力、基于思考的能力、基于知识的能力、基于知识的能力、读写能力、个人和人际交往的能力、学习管理能力等能力的过程中扮演着领导者的角色，角色定位更加全面、更加具体。《中小学图书馆（室）规程》第四条规定："图书馆的主要任务是：贯彻党的教育方针，培育社会主义核心价值观，弘扬中华优秀传统文化，促进学生德智体美全面发展；建立健全学校文献信息和服务体系，协助教师开展教学教研活动，指导学生掌握检索与利用文献信息的知识与技能；组织学生阅读活动，培养学生的阅读兴趣和阅读习惯。"可见，角色定位方面，IFLA 学校图书馆指南也只是部分适用的。国内中小学图书馆偏重资源导读、读写能力、学习管理能力、素质教育等方面。

☆ **进一步阅读**
■ CILIP. Policy statement on libraries and learning[EB/OL]. (2008). https://www.cilip. org. uk/sites/default/files/media/document/2017/cilip_ policy_ statement_ on_ libraries_ and_ learning. pdf.

第五节　关于有效的学校图书馆项目之条件

* *

1.5　有效的学校图书馆项目之条件

研究表明，一个有效的学校图书馆项目最为关键的条件便是拥有一名符合资质的学校图书馆专业人员。一个没有教学计划（例如广泛提供教学和学习活动的计划）的学校图书馆不可能实现研究所证明的对于教学和学习的影响，这种影响的实现依赖于以一名符合资质的学校图书馆专业人员对于下文 3.4 中所罗列的职责的承担。

学校图书馆的管理应在一个结构明确的政策框架中进行，在这一框架中，图书馆被视作阅读、探究和协同生产的中心。图书馆政策设计时应考虑学校的整体政策和需求，应体现其精神、使命、目的和目标以及实际情况。通过图书馆政策为学校图书馆职责提供行政管理支持，对于实现学校图书馆最大效益是至关重要的。关于一个有效的学校图书馆项目所需的设施、实体和数字资源以及人力资源，将在后文讨论。

* *

☆ **解读**

本条是对学校图书馆有效开展与完成项目所需的基础条件的解释。

学校图书馆项目的实施需要可行且有效的政策框架支持。美国学校图书馆初期发展的推动，要归功于 1958 年颁布的《国防教育法》（*National Defense Education Act of 1958*）和 1965 年通过的《初等与中等教育法》（*Elementary and Secondary Education Act of 1965*）。《国防教育法》使联邦政府开始将学校图书馆纳入联邦财政预算中，其保障机制的一个突出特点就是通过大规模拨款予以保障。这是联邦政府以空前的规模对高等教育、初等教育和职业教育予以的巨大资助，尤其重视对中学教育的扶持。[1] 学校图书馆作为学校的信息基地，在中小学教育中的地位逐渐受到重视。该法案的第三部分主要

---

① 胡光喜，陆华. 中美两国《国防教育法》比较 [J]. 比较教育研究，2007，203 (4)：9-12.

是对教学资源和设备的经费保障，一定程度上促进了学校图书馆的发展。① 《初等与中等教育法》主要规定了联邦经费的使用问题，制定伊始就拨款10亿美元作为图书馆购买资料和开展活动的专项经费，并设立了1亿美元的学校图书馆发展专项经费。② 这两部教育法对美国中小学图书馆发展的推动原因有：经费保障写入法规，基础教育项目的诞生，公众认识到学校图书馆和教育的重要关系。③

学校图书馆是教育事业不可缺少的部分，是学校教育的补充和延伸，理所当然应与学校家庭共同承担素质教育之重任，学校图书馆员因此也在某种程度上承担着教师的职责。行之有效的图书馆项目离不开一名符合资质的学校图书馆专业人员，如同一个好的教学项目离不开专业的授课教师。

☆ **参阅**

□ **IASL, *Policy Statement on School Libraries***

■ The school library is central to the fulfillment of the instructional goals and objectives of the school and promotes this through a planned program of acquisition and organization of information technology and dissemination of materials to expand the learning environment of all students. A planned program of teaching information skills in partnership with classroom teachers and other educators is an essential part of the school library program.

☆ **中国情境**

□ 基本情况

■ 在我国，中小学图书馆项目的建设以图书馆基础设施建设为核心。就其硬件保障方面，国家倾向于由地方先行制定相关政策并设立政策试点示范区，进而根据试点的经验与教训，制定相关指导意见等行政政策。例如，2004年广东省教育厅发布《广东省中小学图书馆（室）建设标准》，2010年江苏省教育厅按照小学、初中与高中三个主体分别设置《江苏省中小学图书馆装备标准》等，从而使当地的学校图书馆建设有标准可依。基于此，2015年，教育部、文化部、国家新闻出版广电总局联合颁布的《关于加强新时期中小学图书馆建设与应用工作的意见》指出，中小学校图书馆建设与发展的措施包括落实经费保障、强化队伍建设、纳入督导评估、加强组织领导。

■ 为了使全国中小学校图书馆同步发展，中国图书馆学会组织中小学推荐图书书目的编制研讨，为学校图书馆的图书购买订立了一个明确的目标。2016年9月28日，中国图书馆学会中小学图书馆分会在北京召开"实践基地图书配备目录

---

① 张丽. 推动美国中小学图书馆发展的两部教育法 [J]. 国家图书馆学刊，2010 (3)：89-94.
② National defense education act of 1958[EB/OL]. [2017-3-7]. http://aect.site-ym.com/?page=national_defense_edu.
③ 张丽. 推动美国中小学图书馆发展的两部教育法 [J]. 国家图书馆学刊，2010 (3)：89-94.

编制研讨会"。此项工作是中小学图书馆分会2016年重点工作之一。按照工作计划，2017年初，分会向全国210家出版社发函征集相关书目。截至函件要求期限，共计收到180多家出版社报送的图书目录1.6万余种。在遵循基地书目编写原则的前提下，综合考虑图书出版年限、印刷质量、内容以及是否获奖等因素的基础上，经过初选和看样筛选，最终确定样书5000余种。

■ 相较于《指南（第二版）》中强调专业人员对中小学图书馆发展的重要意义。我国早在2003年教育部发布的《中小学图书馆（室）规程（修订）》中，在图书馆工作人员的待遇和培训方面就已提出明确要求："进一步加强中小学图书馆管理队伍的建设。一方面要采取切实措施解决好图书馆（室）工作人员的待遇、专业技术职务聘任等问题，保证队伍的稳定；另一方面要重视和加强队伍的培训提高工作。"但目前国内的学校图书馆依然存在缺乏专业化人才和人手不足的问题。

□ 相关政策法规条文

■《关于新形势下进一步做好普通中小学装备工作的意见》（2016年7月13日，教育部）"四、保障措施"规定："（三）建好管理队伍。各地教育行政部门、中小学要配好装备专业工作人员，为其提供有利工作和发展环境。"

■《关于加强新时期中小学图书馆建设与应用工作的意见》"三、保障措施"之"（十）强化队伍建设"规定："逐步建成由专（兼）职人员、志愿者等组成的中小学图书馆管理人员队伍，有条件的地方或学校要配备专职管理人员。探索设立中小学图书馆图书资料系列专业技术岗位，其编制在本校教职工编制总数内合理确定，建立完善资格准入、岗位聘用和定期考核制度。不断提高图书馆专业人员比例。通过多种方式吸纳优秀人才进入中小学图书馆管理人员队伍。对从事图书馆工作的兼职教师进行图书馆业务培训，在职务（称）评聘、晋升、评优评先、待遇等方面，给予图书馆管理人员与教师同等机会。创新培训机制，建立分层分级培训体系，制定培训计划，提倡利用网络资源平台开展远程培训。鼓励各地充分利用高等院校图书馆及学术团体、行业组织专业优势，开展形式多样的中小学图书馆专（兼）职管理人员培训。加大高等学校培养中小学图书馆专门人才的力度。"

□ 馆长之见

■ 杨长军馆长：学校图书馆作为学校的教辅部门，隶属于学校教务处。在《关于加强新时期中小学图书馆建设与应用工作的意见》中，强调学校图书馆应该成为学校的文化中心、资源中心和活动中心，是现阶段最高层次文件对学校图书馆发展的顶层设计，应该成为学校图书馆制定学校发展计划的重要政策依据。

■ 王鸿飞馆长：这里列出高效的学校图书馆所需要的一些条件，其中最重要的是拥有合格的学校图书馆专业人员，并且合格的学校图书馆专业人员能够完成一些特定的任务才能够产生这样的影响。这对国内中小学图书馆也是适用的。目前，国内的中小学图书馆缺乏专业化人才并且普遍存在人手不足问题，主要体现在：中小学校图书馆员编制少或者没有编制、没有专业人才（专业馆员）；一些学校的图书馆只有临退休教师或临聘人员兼职，没有专职图书馆员。而且，国内中小学图书馆一般只有服务或者阅读推广的计划，并没有教学计划，这是有所不同的。另外，图书馆政策支持、图书馆设施、图书馆资源以及图书馆人力资源等也是一个高效的学校图书馆所需的条件。当然，除了以上这些，我觉得图书馆管理理念、图书馆先进技术的使用、图书馆宣传以及阅读推广等也是高效的学校图书馆需要考虑的。

☆ 进一步阅读

■ KACHEL D E, LANCE K C. Latest study：a full-time school librarian makes a critical difference in boosting student achievement [J]. School library journal, 2013, 59 (3)：28.

第六节　关于学校图书馆的愿景声明

* *

1.6　学校图书馆的愿景声明

愿景声明描绘了学校图书馆渴望实现的未来景象。起点不同，世界各地的愿景也不尽相同。根本而言，一个"学校图书馆构跨越当前种种限制、在教育中扮演中心角色"的当前愿景建构，有助于"学校图书馆提供多功能的学习空间"这一未来志向之实现。

愿景应体现《国际图联2013趋势报告》（trends. IFLA. org）中所指出的五项核心趋势：

1）新技术将扩大也将限制能够获取信息的人群；
2）在线教育将使全球学习大众化，也将使其陷入混乱；
3）隐私和数据保护的界限将被重新定义；
4）超链接的社会将倾听并赋予新的声音和群体；
5）全球信息经济将被新技术改变。

* *

☆ 解读

本条是对学校图书馆未来发展趋势的阐述。

《宣言》认为学校图书馆的目标是成为教育过程的组成部分，其对于读写能力、信息素养、教育、学习和文化的发展都是必不可少的。

2013年8月，初版《国际图联趋势报告》（*IFLA Trend Report*）在新加坡召开的世界图书馆与信息大会上发布，明确了全球信息环境变革中的五个高水平趋势。这些不断变化的发展涉及信息获取、教育、隐私、新形式的数字参与和技术改造。《国际图联趋势报告》并非只是对可预见趋势的被动反馈，其主旨在于引发国际图书馆界更广泛的讨论、分析和行动，主要有以下两个目的：首先，这一趋势报告进程会有目的地延伸到图书馆领域的传统视野之外，以发现影响全球信息环境的不断变化的发展；其次，该趋势报告将不再囿于对探测到的趋势做静态反映，相反地，它会呈现一系列动态的、演变的在线资源，以促进全球图书馆界的持续讨论和辩论。[①]

2016年8月13—19日，国际图联大会在美国俄亥俄州哥伦布市举行。会议期间发布了《国际图联趋势报告——2016新进展》，旨在明确、强调和分享初版趋势报告引发的国家和地区性讨论中出现的关键议题。

☆ **参阅**

□ CLA, *Achieving Information Literacy Standards for School Library Programs in Canada*

■ This vision of school libraries in Canada highlights the role of school libraries in providing resources to support student development of their Canadian identity, and teaching lifelong learning to ensure students develop as information literate citizens. The tools for realizing this vision are learning activities designed around information literacy outcomes, active learning environments, access to information sources, and the use of resource-based teaching and learning, and collaborative teaching and learning.

☆ **中国情境**

□ 基本情况

■ 图书馆愿景的相关表述，我国图书馆学家刘国钧、李景新等在早期的图书馆学论著已经明确图书馆的目的是人和书之间建立有机联系，图书馆具有独立的教育价值，不是教育的附属物。[②]

■ 2015年，教育部、文化部、国家新闻出版广电总局联合颁布《关于加强新时期中小学图书馆建设与应用工作的意见》，强调加强中小学图书馆建设与应用工作的必要性与迫切性，指出中小学图书馆辅助中小学校全面贯彻教育方针和实施素质教育的愿景与使命。同时，中小学图书馆进一步发展有助于提升学校的教育服务水平、教育质量和教育效益，形成学习与阅读氛围浓厚的校园，并以此为动力发展全民阅读，推动学习型社会与书香社会的建设。

□ 相关政策法规条文

■《关于加强新时期中小学图书馆建设与应用工作的意见》"一、总体要求"之"（二）工作目标"规定："到2018年，结合全面改善贫困地区义务教育薄弱学

---

① IFLA. 国际图联趋势报告：2016新进展[EB/OL]. [2017-05-16]. https://trends.ifla.org/files/trends/assets/trend-report-2016-update-zh.pdf.

② 蒋永福. 图书馆学通论［M］. 哈尔滨：黑龙江大学出版社，2009.

校基本办学条件、中西部农村初中校舍改造工程等重大项目实施，有条件地区要按照学校建设标准补充新建图书馆，改善不达标图书馆，不具备条件的农村中小学、教学点要建有图书柜、图书角。到2020年，绝大部分中小学要按照国家规定标准建有图书馆。"

□ 馆长之见
- 杨长军馆长：未来的学校图书馆是与学校教育发展更加紧密相连的部门，以为师生提供更多的实体及数字空间为依托，激发学生的创造力与探究能力，与教师一道参与课堂教学，为教育教学提供有力支撑。
- 王鸿飞馆长：愿景声明向我们描绘了未来所需要的学校图书馆以及学校图书馆的发展趋势，如以上所列的五项关键性趋势对于未来学校图书馆的发展具有引领作用。用通俗的话来说，愿景声明能让我们在心中构思：我们建设怎么样的学校图书馆？学校图书馆需要提供什么样的阅读环境和服务，发挥什么样的功能与作用？我们图书馆员常挂在嘴边的一句话是"天堂，应该是图书馆的模样"，这也算是一种愿景表现。当然，这里也提到，国情不同、馆情不同，图书馆的愿景也不尽相同，这体现了指南的包容性。总而言之，在制定学校图书馆愿景之前，需要综合考虑图书馆的发展环境与实际情况。

☆ 进一步阅读
- IFLA. IFLA trend report update[EB/OL]. (2016). https://trends.ifla.org/files/trends/assets/trend-report-2016-update-zh.pdf.

第七节　关于学校图书馆的使命声明

＊＊＊＊＊＊＊＊＊＊＊＊＊＊＊＊＊＊＊＊＊＊＊＊＊＊＊＊＊＊＊＊

1.7　学校图书馆的使命声明

　　使命是关于学校图书馆的本质、目的和角色的界定，作为学校的一个组成部分，学校图书馆分担学校的目的和义务。国际图联/联合国教科文组织《宣言》（1999）（附录A）中阐明了世界范围内学校图书馆的使命，具体学校图书馆的使命声明应在符合当地教育背景的情况下呼应《宣言》。通过界定社群成员的需求，界定满足这些需求所需的技能、资源和能力，以及界定助益社群的、与培养学生胜任其未来工作并成为合格公民之教育目的相一致的预期结果，使命声明应为资源之集中、计划之引导以及社群服务意图之沟通指明方向。

＊＊＊＊＊＊＊＊＊＊＊＊＊＊＊＊＊＊＊＊＊＊＊＊＊＊＊＊＊＊＊＊

☆ 解读
　　本条是对学校图书馆所担负使命及其实践的解释。

IFLA/UNESCO 在 1999 年发布的《宣言》中较大篇幅地提到了学校图书馆的使命："学校图书馆提供学习服务、书籍和资源，使得学校社群所有成员都能成为批判性思考者以及各种格式和媒体信息的有效利用者。根据联合国教科文组织《公共图书馆宣言》中所阐明的原则，学校图书馆与更为广泛的图书馆和信息合作网络相连接。图书馆工作人员支持书籍及其他信息资源的现场和远程使用，从小说到纪录片、从印刷载体到电子载体。这些资料完善并丰富教材、教学资料和教学方法。已然证明，当图书馆员和教师共同工作时，学生们能够习得更高水平的基本素养、阅读、学习、问题解决、信息和通信技术（ICT）等技能。学校图书馆服务必须为学校社群所有成员公平提供，不论他们的年龄、种族、性别、宗教、国别、语言、专业和社会地位。特殊服务和资源必须为那些不能使用图书馆主流服务和资料的用户提供。服务和馆藏的获取应以联合国《世界人权宣言》所维护的自由为基础，不应屈从于任何意识形态的、政治的或宗教的审查，或是商业压力。

☆ 参阅

□ IFLA/UNESCO, *School Library Manifesto*, 1999

■ The school library offers learning services, books and resources that enable all members of the school community to become critical thinkers and effective users of information in all formats and media. School Libraries link to the wider library and information network in accord with the principles in the UNESCO Public Library Manifesto.

■ The library staff supports the use of books and other information sources, ranging from the fictional to the documentary, from print to electronic, both on-site and remote. The materials complement and enrich textbooks, teaching materials and methodologies.

■ It has been demonstrated that, when librarians and teachers work together, students achieve higher levels of literacy, reading, learning, problem-solving and information and communication technology skills.

■ School library services must be provided equally to all members of the school community, regardless of age, race, gender, religion, nationality, language, professional or social status. Specific services and materials must be provided for those who are unable to use mainstream library services and materials.

■ Access to services and collections should be based on the United Nations Universal Declaration of Human Rights and Freedoms, and should not be subject to any form of ideological, political or religious censorship, or to commercial pressures.

☆ 中国情境

□ 基本情况

■ 2015 年，教育部、文化部、国家新闻出版广电总局联合下发的《关于加强新时期中小学图书馆建设与应用工作的意见》中明确了中小学图书馆发展使命。目标之一便强调了因地制宜按部就班开展全国学校图书馆的建设工作，目标之二为基本形成中小学图书馆与公共图书馆、高等学校图书馆馆藏资源共享格局，带动全民阅读，助推公共文化服务体系、学习型社会和书香社会建设。
- 在全民阅读向前推进的过程中，中小学图书馆服务未成年人阅读推广的重要使命日益凸显。在 2016 年召开的十二届全国人大四次会议上所做的政府工作报告中提出"全民阅读"，可见，广泛而深入地开展阅读活动已经成了党和政府以及社会各界关注的重点和共识。2016 年 12 月，国家新闻出版广电总局颁布了《全民阅读"十三五"时期发展规划》，与此同时，中国图书馆学会联合全国各级各类图书馆，以"十三五"规划的启动为契机，围绕"阅读推广人培育行动""书香城市（县级）、书香社区评选""我与中华古籍"创客大赛等阅读推广活动，以少儿阅读为抓手，以数字图书馆推广工程为依托，重点主题活动与自主策划相结合的方式开展全民阅读活动。

□ 相关政策法规条文

- 《中小学图书馆（室）规程》第一条规定："为加强中小学图书馆（室）（以下简称图书馆）规范化、科学化、现代化建设，落实立德树人根本任务，提升服务教育教学能力，特制定本规程。"第三条规定："图书馆是中小学校的文献信息中心，是学校教育教学和教育科学研究的重要场所，是学校文化建设和课程资源建设的重要载体，是促进学生全面发展和推动教师专业成长的重要平台，是基础教育现代化的重要体现，也是社会主义公共文化服务体系的有机组成部分。"第四条规定："图书馆的主要任务是：贯彻党的教育方针，培育社会主义核心价值观，弘扬中华优秀传统文化，促进学生德智体美全面发展；建立健全学校文献信息和服务体系，协助教师开展教学教研活动，指导学生掌握检索与利用文献信息的知识与技能；组织学生阅读活动，培养学生的阅读兴趣和阅读习惯。"
- 《关于加强新时期中小学图书馆建设与应用工作的意见》"二、重点任务"之"（八）带动书香社会建设"规定："在每年 4 月 23 日'世界读书日'和 9 月 9 日'国家图书馆日'积极开展形式多样、丰富多彩的中小学生读书专题活动。提倡小学生每天课外阅读半小时、中学生每天课外阅读 1 小时。丰富学生课后生活，特别要为家庭贫困学生、寄宿制学校学生、农村留守儿童提供便利读书条件。"

□ 馆长之见

- 杨长军馆长：学校图书馆与学生心智发育、习惯养成及未来可持续发展及合格社会公民的教育目标相一致。
- 王鸿飞馆长：如果重新翻看 IFLA 以及 UNESCO 的《宣言》，我们会惊讶于其中关于学校图书馆的使命的篇幅比例有点大，而且内容上基本涵盖了学校图书馆的定义、角色、任务、目的以及服务理念等，涉及面非常广。以上内容给了我们制定个人学校图书馆的使命声明的原则与方向。一是使命声明需要反映出《宣言》中使命的组成,二是使命声明需要结合国情馆情,要与学校和学校图书馆所在的教育背景相一致。这两者结合的程度,可能会影响到个体学校图书馆为用户提供的设施环境、资源以及服务是否会获得比较好的服务效果。

☆ **进一步阅读**

■ JACKSON J. Århus public libraries embracing diversity, empowering citizens in Denmark [EB/OL]. (2005). https://www.clir.org/pubs/reports/pub131/.

第八节　关于学校图书馆服务

* *

1.8　学校图书馆服务

为满足学习社群的需求,学校图书馆提供一系列服务。这些服务可能在学校图书馆这一设施内外提供。使用信息和通信技术(ICT)提供服务可以将图书馆延伸至学校的所有区域甚至家庭。一个强大的网络信息技术基础设施提供了获取馆藏、社群资源和数字资源的途径,也提供了从事研究性调查以及知识建构、表达和分享所需的工具。

学校图书馆服务包括:
- 教职人员的专业发展(例如,阅读和语文素养、技术、调查和研究方法);
- 以学术成就、个人享受和提升为目的的充满活力的文学/阅读活动
- 探究式学习与信息素养发展;
- 与其他图书馆的合作(公共的、政府的、社群的资源)。

学校图书馆对于教育社群而言具有重要价值。这些附加价值远不局限于学校图书馆的馆藏资料,它还包括富有活力的学校图书馆活动以及由符合资质的学校图书馆员所提供的服务。

* *

☆ **解读**

本条是对学校图书馆应向学习社群提供的具体服务的阐释。

学校图书馆的服务对象不应局限于本校师生,而应扩大到整个学习社群;同时,学校图书馆的服务方式不应局限于提供实体空间的实体文献资源,而应通过信息技术使馆藏资源数字化虚拟化从而更大范围地增加其受众。《宣言》提到图书馆工作人员应为用户提供服务,帮助用户使用图书和其他信息资源。其核心的服务内容在于:遵循学校的宗旨和课程设计,支持并强化教育目标;发展和培养中小学生享受阅读和形成学习的习惯,从而使他们获得终身学习的技能;提供机会给用户,让他们在享受的状态下体验如何创造和利用信息以获取知识,增强其理解力,丰富其想象力;支持所有的学生获得评

估和利用信息的技能;提供能获取地方、区域、国家和全球的信息资源的途径和机会,向用户展示不同的观念、经验及意见;组织活动,鼓励不同文化和社会背景的人交流;与学生、教师、行政管理人员和学生家长合作完成学校的任务;有义务声明知识自由对于负责任的公民获取信息和参与民主来说是至关重要的;向整个学区的用户推广阅读,倡导利用学校图书馆的资源和服务。

☆ **参阅**

□ IASL, *Policy Statement on School Libraries*

■ The skills learned by the student through the school library provide the child with the means of adapting to a wide variety of situations, enable education to be continued throughout life, even in adverse conditions. The school library promotes literacy through the development and encouragement of reading for instruction and recreation. Reading, viewing and listening activities all stimulate and reinforce the child's interest in reading.

■ In addition, the student is provided with an insight into the full range of information and communication technology, as it is available, is provided with instruction in the utilization of this technology in order to locate and evaluate information to answer educational and recreational needs and interests, thus being able to construct visual, recorded, audio-visual and electronic messages as appropriate for purposes of communication. These skills promote lifelong learning. Acquiring these skills enables the child to continue independent learning even where education is interrupted by natural disasters and social unrest.

■ All education systems should also be encouraged to extend the learning environment beyond textbook and teacher into the school library. School librarians should cooperate with staff in public libraries and other community information centers to enable sharing of the community's information resources.

☆ **中国情境**

□ 基本情况

■ 中小学图书馆服务形式在我国的发展较为单一,以提供书刊借阅等基础服务为主。囿于当前中小学教育以学校课堂教育为主,图书馆服务多样活动开展的情况并不理想。

■ 随着图书馆事业整体向前推进,上海、南京等地已经有较多的中小学尝试将各学科的课程有针对性地放到图书馆去上,让学生在不同的环境下体验新的学习感受。[①] 此外,在图书馆服务效果提升方面,图书馆员应转变工作观念,将图书

---

① 来荣. 中小学图书馆服务教学的探索研究[J]. 亚太教育, 2016(14): 99.

馆服务变被动为主动,只有不断转变服务方式,提高服务意识及能力,才能提升图书馆服务水平和服务效果。①

- 在我国,中小学图书馆的未成年图书馆与信息服务一般与教育信息化的推进相结合。教育部于2012年颁布的《教育信息化十年发展规划(2011—2020年)》中明确指出,"我国教育信息化已经取得显著进展,但与人民群众的需求和世界发达国家水平相比还有明显差距。必须充分认识推进教育信息化的重要性和艰巨性,把教育信息化作为国家信息化的战略重点和优先领域全面部署、加快实施,调动全社会力量积极支持和参与。"学校图书馆作为学校的第二课堂,理应加强自身的信息化建设,助力我国的教育信息化发展。

□ 相关政策法规条文

- 《关于加强新时期中小学图书馆建设与应用工作的意见》"二、重点任务"之"(六)不断提高信息化水平"规定:"各地要将中小学图书馆信息化建设纳入区域和中小学信息化建设整体规划,创造条件积极推进中小学数字图书馆及配套阅览条件建设。要充分发挥教育主干网、城域网、校园网的作用,以县级网络中心为依托推进数字图书馆和信息资源中心建设,辐射县域内学校。逐步建立起县级、地市级、省级中小学数字图书馆网络体系,为中小学图书馆、公共图书馆馆际数字资源共享搭建教育资源公共服务平台。县级以上数字图书资源中心要能够满足区域学校教育教学和广大师生电子阅读需求,确保师生便捷获取数字图书和电子期刊等数字资源。要逐步实现中小学图书馆管理信息化和服务形式网络化,探索动态实现区域内中小学图书馆纸质图书、报刊的联合采编、公共检索、馆际互借等功能。"

- 《教育信息化十年发展规划(2011—2020年)》(2012年3月13日,教育部)"发展目标"规定:"基本形成学习型社会的信息化支撑服务体系。充分发挥政府、学校和社会力量的作用,面向全社会不同群体的学习需求建设便捷灵活和个性化的学习环境,终身学习和学习型社会的信息化支撑服务体系基本形成。"

- 《中小学图书馆(室)规程》第三条规定:"图书馆是中小学校的文献信息中心,是学校教育教学和教育科学研究的重要场所,是学校文化建设和课程资源建设的重要载体,是促进学生全面发展和推动教师专业成长的重要平台,是基础教育现代化的重要体现,也是社会主义公共文化服务体系的有机组成部分。"第十三条规定:"地方教育行政部门要统筹推进区域数字图书馆和文献信息资源中心建设,促进优质数字资源共建共享。"

□ 馆长之见

- 杨长军馆长:现有的学校图书馆服务多停留在传统的文献借阅服务上,大多数服务都是基于文献开展。从教师专业发展角度来看,学校图书馆的服务应以服务教师教育、教学为主,以课堂为主。教师的专业发展另有专业的教师素养提

---

① 杨长军. 广州市中小学图书馆馆藏和服务调查 [J]. 图书馆论坛, 2016 (11): 93-98.

升计划或教研活动。图书馆从教师与学生不同角度出发，推荐不同的书目，开展不同的读书活动，制定阅读计划，对其学习成就提升有一定的影响力。广附图书馆在探究学习方面，主要依托平板阅读开展基于翻转课堂模式下的移动阅读指导课活动，但对学生信息素养的培养主要还是依托学校信息技术老师来开展课堂教学活动。近年来，我们与公共图书馆的合作逐步增加，主要是松散的合作，开展某项活动；同时，参与公共图书馆组织的各级各类专题培训活动。

■ 王鸿飞馆长：关于学校图书馆应该提供什么样的服务，国内中小学图书馆的相关建设依据与标准都没有单列出来，或者说没明确提出中小学图书馆需要提供哪些具体的服务。一般来说，国内学校图书馆提供的服务主要包括在馆阅读、外借服务、阅读指导课、培训教育、电子资源与文献查询服务、文化休闲服务等。所以，对比《指南（第二版）》提出的服务要求，尽管其中有表述习惯的原因，但是差异也是实实在在的。两者的相似点在于都包括实体的设施提供的一系列服务以及由数字空间提供的网络访问；不同点在于，《指南（第二版）》提出了具体的服务内容，如：教师专业能力的发展，设计有活力的阅读/文学计划，探究式学习与信息素养发展，与其他图书馆合作。当然，我觉得《指南（第二版）》提倡的服务应该还包括作为实体和数字空间、信息空间、安全空间、教学空间、技术空间、文化中心、数字居民中心、信息环境、社会空间等涉及的一些服务内容。还有一句话很值得我们思考：如何通过充满活力的学校图书馆计划以及合格的图书馆员来提供服务，实现学校图书馆的附加价值。

☆ **进一步阅读**

■ IFLA. Statement on social media, children and young adults @ the library-safety, privacy and online behavior[EB/OL]. (2015). https://www.ifla.org/node/9962.

第九节 关于学校图书馆服务与活动的评估

****

1.9 学校图书馆服务与活动的评估

评估学校图书馆服务与活动，是学校图书馆发展的重要方面。评估具有效能核定目的：它有助于确定学校图书馆服务和活动是否满足学校社群的需求。评估还通过影响利益相关者对于学校图书馆的认知并提升他们对于学校图书馆的支持，以助益学校图书馆服务和活动的持续转型。对于评估方式或途径的选择，取决于学校社群的需求以及图书馆的发展阶段（例如，活动质量、利益相关者的看法、活动内容以及活动影响）。

一项关注整体活动质量的评估，可以利用国际、国家或地方标准来检查和评判学校图书馆的多个方面（例如，人员、设施、技术、馆藏，以及教学活动）。一项侧重于学校图书馆实践提升的评估，通常被称为循证实践，可以利用诸如学生学习成果、教学模式（按班级、年级或学科区分）、师生或家长调查、图书馆流通和编目系统记录等进行。后文第 6 章将会进一步探讨评估的需求以及评估在管理及公共关系（推广、营销、宣传）方面的用处。

* *

☆ **解读**

本条是对学校图书馆评估工作的重要性及其具体评估策略的解释。

相对于公共图书馆来说，学校图书馆的读者特征相对统一，其服务目标也相对一致，所以推动学校图书馆的服务标准化有着重要的意义。早在 20 世纪 20 年代，美国就开始制定学校图书馆服务和建设标准，有了这些标准，才能对其进行定量和定性的评价。美国的学校图书馆服务标准化可以追溯到基础教育发展和馆员职业意识觉醒时期。1920 年，美国国家教育协会图书馆组织与设备部（Library Organization and Equipment of the National Education Association）和中北部学院暨中等学校协会（North Central Association of Colleges and Secondary Schools）联合委员会发布了题为《不同规模中学图书馆标准组织与设备》（*Standard Library Organization and Equipment for Secondary Schools of Different Sizes*）的报告，标志着美国学校图书馆服务标准化的开始。[①] 1914 年 AASL 建立之初，就是以标准化服务作为其使命，并先后出台了《学校图书馆的现在和未来》（*School Libraries for Today and Tomorrow*）、《学校图书馆计划标准》（*Standards for School Library Programs*）、《学校媒体计划标准》（*Standard for School Media Programs*）、《媒体计划：学区与学校》（*Media Programs：District and School*）、《21 世纪学习者标准》等标准，从而形成了当今美国中小学校图书馆服务标准体系。目前，ALA 和 AASL 也已经有一些关于学校图书馆服务的研究成果可供参考。

在相关标准体系的指导建设下对学校图书馆进行评估，有利于促进中小学图书馆发展的规范化和科学化，深化人才的使用机制，促使图书馆积极探索先进的管理手段，改善学校图书馆的办馆条件，从而提升其整体服务质量。

☆ **参阅**

□ **CILIP**, *Policy Inquiry into School Libraries*

■ The library service should regularly evaluate its performance. Show how your school library service achieves this. It could be that, for instance: The librarian is fully integrated into the school's annual planning and improvement cycle. Evidence of the impact and outcomes of the library service is collected. The librarian has a vehicle for dialogue with stakeholders throughout the whole school community. The librarian has a body of evidence underpinning their professional status.

---

① 柴会明. 美国学校图书馆服务标准化进程述评 [J]. 中国图书馆学报，2015（1）：112-123.

☆ 中国情境

□ 基本情况

- 在我国，中小学图书馆的评估一般纳入中小学校评估，评估主要将中小学图书馆建设纳入基础设施建设的相关指标进行考核，中小学图书馆建设的评估只占整体评估很小的一部分，评估结果对中小学图书馆的可持续性发展未起到重要作用。就中小学图书馆评估的常态化问题直到2015年才具体提出。《关于加强新时期中小学图书馆建设与应用工作的意见》中明确应将中小学图书馆的建设工作纳入督导评估，即教育督导部门要把图书馆建设与应用工作纳入依法治校的内容中。把图书馆建设的成效设定为中小学校综合督导评估和义务教育均衡发展评估认定的项目之一。
- 在中小学图书馆评估内容方面，教育部于1995年颁布的《示范性普通高级中学评估验收标准（试行）》中有涉及图书馆方面的评估内容，但是条文表述并不明晰。目前，一些地方政府也出台图书馆评估指标及其实施办法，如2010年江苏省教育厅颁布《江苏省中小学图书馆装备标准》，对馆藏资源建设提出具体建设指标，成为中小学图书馆馆藏评估方面的重要参考标准。但上述评估标准多是针对学校图书馆人员、馆舍、设备和文献资源等硬性指标的评估，缺少对成果及质量的评估。对于中小学图书馆服务质量的评估，我国目前仍缺少一个全面的符合时代进程的标准。

□ 相关政策法规条文

- 《关于加强新时期中小学图书馆建设与应用工作的意见》"三、保障措施"之"（十一）纳入督导评估"规定："教育督导部门要把图书馆建设与应用工作纳入依法治校，作为中小学校综合督导评估和义务教育均衡发展评估认定的重要内容，完善评估标准和实施细则，定期开展应用管理评估工作，并将评估结果纳入学校管理考核，督促和指导做好相关工作。加强中小学图书馆和相关出版领域的行业标准和业务规范的研制和执行工作，不断推进图书馆建设管理的制度化、规范化和专业化。"
- 《中小学图书馆（室）规程》第五条规定："县级以上教育行政部门负责行政区域内图书馆的规划和管理，指导教育技术装备机构和学校做好图书馆的建设、配备、管理、应用、培训、评估等工作。"第十条规定："图书馆藏书量不得低于《中小学图书馆（室）藏书量》（附表一）的规定标准。建立完善增新剔旧制度。图书馆每年生均新增（更新）纸质图书应当不少于一本。图书复本量应当根据实际需要合理确定"。第三十一条规定："图书馆馆舍建设应当纳入学校建设总体规划。有条件的中小学校设立独立的图书馆舍。图书馆应当有采编、藏书、阅览、教学、读者活动等场所"。第三十二条规定："图书馆应当配备书架、阅览桌椅、借阅台、报刊架、书柜、计算机等必要的设施设备，并有计划地配置文件柜、陈列柜、办公桌椅、借还机、打印机、扫描仪、电子阅读设备、复印设备、文献保护设施设备、装订、安全监测等相关设备。设施、设备应当符合学生年龄使用需要。"第三十七规定条:"地方各级教育行政部门应当建立健全出版物采购廉政风险防控机制,定期组织开展中小学图书馆藏书质量和管理服务的督导评估,推动提高馆藏文献信息质量和服务效能。图书馆建设与管理工作纳入学校和校长考核体系。"

☐ 馆长之见

■ 杨长军馆长:学校图书馆服务计划的评估是对图书馆工作全方面的评估,是确定服务与计划是否满足学校社群需要、满足学校教育教学要求的重要环节。虽然上级行政主管部门定期(通常每年一次)会对学校图书馆人员、设施、技术、馆藏等进行问卷调查,但这种调查不够细致,更缺乏反馈以及与同行业的横向对比数据。基于校区的评估方案或问卷调查,即使能收集各方意见与建议,使服务得以改观,但由于图书馆工作人员自身素养的缘故,在问卷设计、调查分析统计等方面缺乏专业的指导,评估质量相对粗糙。

■ 王鸿飞馆长:根据这些年的所见所闻,我们确信国内中小学图书馆服务评估并没有开展起来。因为图书馆还是处于边缘地位,并没有太多人会去关注图书馆的服务质量如何,所以缺乏整体性、统一性的图书馆服务质量评估。但是,一些中小学图书馆会自行设计问卷,对学校图书馆的设施、环境、藏书以及服务等进行读者调查,或者针对一项服务活动(如读书活动、微博服务、微信服务等)进行调查。了解学校图书馆的发展现状和服务活动效果,以便图书馆能够及时做出应对。所以,《指南(第二版)》提到的学校图书馆服务评估意义重大。希望该指南能够为各国,特别是国内中小学图书馆服务的整体质量服务或改善图书馆实践的评估提供思路以及相关的指标体系、操作指南等,推动我国中小学图书馆评估工作的开展。

☆ 进一步阅读

■ ALA. Access for children and young adults to nonprint materials[EB/OL]. (2004). https://alair.ala.org/server/api/core/bitstreams/0e4130bd-46fa-407d-93d0-4bde648394e6/content.

第五章 《学校图书馆指南》解读之学校图书馆的法律和经济框架

本章从专业角度和中国情境出发,对《指南(第二版)》的第 2 章"学校图书馆的法律和经济框架"进行解读。《指南(第二版)》第 2 章共计 7 节,分别是:2.1 引言,2.2 法律依据和法律问题,2.3 道德依据和道德问题,2.4 学校图书馆发展的基础设施支持,2.5 政策,2.6 计划,2.7 资金。

第一节 关于引言

* *

"学校图书馆得到专门的立法和政策支持,是地方、区域以及国家当局的职责。学校图书馆必须拥有充足且持续的资金,以用于受训人员、资料、技术和设施的支出。学校图书馆必须免费开放。"(《学校图书馆宣言》)

2.1 引言

学校图书馆应满足其所属教育社群的需求,并且服务于社群内的所有成员。学校图书馆在地方、区域以及国家当局的框架下,提供学习以及培育参与知识社会所需能力的公平机会。为了维持和持续回应不断变化的教育和文化环境,学校图书馆需要得到立法和持续资金的支持。

* *

☆ 解读

本条是对《指南(第二版)》第 2 章的相关内容进行解读的依据。

学校图书馆是"中小学信息情报资源的中心,教师专业成长的平台和学生的第二课堂","学校的教学支持中心,学生的学习资源中心",以及"实施素质教育的重要阵地"。[①] 所以,世界各国都非常重视学校图书馆的建设,许多国家都通过立法来保障学校图书馆图书的装备、采购、借阅、利用,以及图书管理人员的资质等。[②]

1852 年,美国通过了首个全国性义务教育法案,将学校图书馆确定为学校的基本组成部分,第一次为学校图书馆的发展提供了法律保障。[③] 美国的学校图书馆法律体系

[①] 杨海花. 近 5 年我国中小学图书馆理论研究综述 [J]. 图书馆学刊,2012,(6):137-139.
[②] 胡月平. 美日学校图书馆法及其对我国的借鉴意义 [J]. 中小学管理,2014 (8):20-23.
[③] ANTHONY B, CHELTON M K, JENKINS C A, et al. Two hundred years of young adult library services:achronology (J). Voice of youth advocates (VOYA), 2005 (6):106-111.

形成，是在《国防教育法》（*National Defense Education Act of* 1958）和《初等和中等教育法》（*Elementary and Secondary Education Act of* 1965）的推动下开始的。1958 年颁布的《国防教育法》和 1965 年颁布的《初等和中等教育法》有力地推动了美国学校图书馆的发展。① 要确保学校图书馆按照其计划和方针来发展，满足学校的需求和保证师生的满意度，法律和财政的支持是不可或缺的。从美国学校图书馆的标准化进程可以看出，从建设标准化过渡到服务标准化，需要稳定的政策支持和法律保障，需要探讨基于一定物质基础的图书馆服务标准。②

1953 年，日本颁布《学校图书馆法》，对中小学图书馆的性质、功能、任务、设置制度、专业职务资格和国家所应承担的责任等都做了具体的规定。③ 事实证明，从 1953 年到 1983 年，《学校图书馆法》颁布之后，日本的学校图书馆覆盖率提高了 50%，几乎 100% 的学校都有图书馆，藏书、馆舍、经费都达到了一定的标准，几乎赶上美国的水平。④

由此可见，学校图书馆的顺利建设与发展，必须有法律作为保障，提供必要的经费，构建合理而明确的馆藏资源框架，拥有专业的图书馆员，进行有效的评估。

☆ 参阅

□ USA，*The National Defense Education Act*

■ The National Science Foundation shall establish, in the Foundation, a Science Information Council consisting of the Librarian of Congress, the director of the National Library of Medicine, the director of the Department of Agriculture library, and the head of the Science Information Service, each of whom shall be ex officio members, and fifteen members appointed by the Director of the National Science Foundation.

☆ 中国情境

□ 基本情况

■ 2017 年，是整个中国图书馆事业发展的关键之年，《中华人民共和国公共图书馆法》于 11 月 4 日颁布（后于 2018 年进行修订）。虽然这部法律适用主体为公共图书馆，但是对中小学图书馆的发展仍有重要的参考意义。其法律条文中鼓励公共图书馆应和中小学展开合作，由此中小学图书馆成为促进合作的关键一环。中小学图书馆与公共图书馆展开合作对于图书馆资源整合、推进公共文化服务均等化有着重要意义，是有效弥合区域之间不平衡与不充分的发展差距问题、实现图书馆与中小学深层次合作的最佳途径之一。

■ 专门针对中小学图书馆发展的法律尚未出台。针对中小学图书馆发展而制定的

---

① 柴会明. 美国学校图书馆服务标准化进程述评 [J]. 中国图书馆学报，2015 (1)：112 - 123.
② 柴会明. 美国学校图书馆服务标准化进程述评 [J]. 中国图书馆学报，2015 (1)：112 - 123.
③ 胡月平. 美日学校图书馆法及其对我国的借鉴意义 [J]. 中小学管理，2014 (8)：20 - 23.
④ 邓华玉. 我国的学校图书馆法研究 [J]. 科技情报开发与经济，2014，(9)：3 - 6.

政策主要为 2011 年教育部、新闻出版部署发布的《关于进一步加强中小学图书馆（室）图书配备和管理工作的通知》，2015 年教育部、文化部、国家新闻出版广电总局联合颁布的《关于加强新时期中小学图书馆建设与应用工作的意见》以及 2018 年教育部颁布的《中小学图书馆（室）规程》。这 3 项政策在我国中小学图书馆政策保障方面起到至关重要的作用。但在整体制度保障的顶层设计方面，我国尚未形成专门针对中小学图书馆建设的制度保障体系。

□ 相关政策法规条文

■《中华人民共和国公共图书馆法》（2018 年 10 月 26 日，全国人大常委会）第四十八条规定："国家支持公共图书馆加强与学校图书馆、科研机构图书馆以及其他类型图书馆的交流与合作，开展联合服务。国家支持学校图书馆、科研机构图书馆以及其他类型图书馆向社会公众开放。"

■《中小学图书馆（室）规程》第三十六条规定："各地教育行政部门和学校应当保障图书馆建设、配备、管理、应用、培训等所需经费，在经费预算和资金保障方面应当向农村学校和薄弱学校倾斜。图书馆应当积极配合企事业单位、社会团体和公民个人以各种方式支持、参与图书馆建设，依法组织捐赠，确保质量。"

□ 馆长之见

■ 杨长军馆长：学校图书馆服务于学区内全部成员，包括学生及教职工，其中学生为主要的服务对象。学校图书馆的发展存在于学校整体运营与发展中，从图书馆章程到各种学校评估、教学督导方案，都对学校图书馆的建设提出相应的指标。但至今为止，仍无相关的法律文本出现。学校图书馆发展的资金来源一般有两种途径：一是学校公共经费支出，二是上级财政专项支持。因无明文确定学校图书馆的发展资金，所以大部分学校图书馆在资源购买上得不到保障，也缺乏资金支持开展相关的活动，导致图书馆员有心而无力。

■ 王鸿飞馆长：我国从 1991 年起出台了多项政策，如《中小学图书馆（室）规程》《关于加强新时期中小学图书馆建设与应用工作的意见》等，以此推动中小学图书馆的发展。然而，与日本等发达国家学校图书馆建设相比，我国的中小学图书馆建设还存在着很大的差距。特别是在法律法规建设方面，日本的学校图书馆法律体系以《学校图书馆法》这一学校图书馆专门法为基础，并配套了多部相关规章，共同构成日本学校图书馆相对完善的法律体系和制度。而我国至今尚未出台一部真正的学校图书馆法。放眼全球，学校图书馆都是在地方、区域以及国家当局体制的框架下进行建设与服务，理应得到法律法规的保障和持续的资金支持。

☆ **进一步阅读**

■ IFLA. Statement on libraries and intellectual freedom[EB/OL]. (1999). https://www.ifla.org/publications/ifla-statement-on-libraries-and-intellectual-freedom.

第二节　关于法律依据和法律问题

* *

2.2　法律依据和法律问题

全球观之，学校图书馆与政府之间的关系存在多种模式。此外，管理学校图书馆活动和经费安排的法律多元且复杂。举例而言，学校图书馆的立法、政策和标准，可能是一个国家教育部或文化部的职责，也有可能由二者共同负责。一些国家将学校图书馆全部或部分的职责交由省或州或市负责。

学校图书馆的实践原则是：在时代变迁中不断适应法律和政治设置，以提供一个学习环境，从而保持学校图书馆作为探究、发现、创新、批判性参与和创新教学方法之中心的定位。学校图书馆需要获得学校系统内外的体系性指导，以保障基础资源水平持续提升，符合相关标准，从而支持学生智识发展和技能进步所需。

* *

☆ **解读**

本条是对《指南（第二版）》第 2 章中学校图书馆与政府之间的法律关系进行解释。

学校图书馆的发展离不开政府的支持，学校图书馆的活动和经费安排都需要完善的法律制度作为保障。日本和美国针对学校图书馆的法律制度已经比较完善，处于世界先进水平。

在日本，学校图书馆的法律体系主要以《学校图书馆法》为基础，配套《儿童阅读活动推进法》和《文字·活字文化振兴法》。《学校图书馆法》确立了国家对学校图书馆的支持，要求国家制定关于学校图书馆发展、充实及司书教谕培训的综合性计划，并就有关学校图书馆的设置及管理提出专业性、技术性的指导与建议，还要实施其他发展、充实学校图书馆的必要措施，为学校图书馆发展提供法律保障。[①] 相关的规章还有全国学校图书馆协议会（Japan School Library Association）制定的相关"基准"，1954 年文部科学省颁布、2007 年修订的《学校图书馆司书教谕讲习规程》，1954 年文部科学省颁布的《学校图书馆法施行令》和《学校图书馆法施行规则》等。可见，日本学校图书馆法律体系相对完善，而且还在不断修订和持续推新。

1925 年，美国教育学会（The National Education Association）与 ALA 联合委员会制定了《小学图书馆标准》（*Elementary School Library Standards*），该标准注重对学校图书馆图书资料、建筑设备、人事经费和组织运营等方面的规定。[②] 1945 年，"二战"结束

[①] 冼君宜,盛小平. 日本图书馆法律制度体系及其作用分析 [J]. 图书情报工作, 2014 (10)：49-54.

[②] 柴会明. 美国学校图书馆服务标准化进程述评 [J]. 中国图书馆学报, 2015 (1)：112-123.

后,在 AASL 推动下,美国图书馆协会出台了《学校图书馆的现在和未来》(*School Libraries for Today and Tomorrow*),也对学校图书馆各项资源,如馆舍、设备、人员、经费、数据等,做出了规定。1969 年,AASL 与美国教育协会联合制定了《学校媒体计划标准》(*Standard for School Media Programs*),也对学校图书馆的资源建设做出了规定。

☆ 参阅

□ CILIP, *Primary School Library Guidelines*

■ The school library policy does not exist in isolation. It should relate to:
· national educational initiatives;
· Local Education Authority plans and initiatives;
· the policies, ethos and aims of the school, e.g. *School Development Plan* (*SDP*);
· local support services;
· the social and cultural environment of the school, the local community and other local initiatives.

☆ 中国情境

□ 基本情况

■ 如前述,我国尚未制定关于中小学图书馆的专门法律。关于中小学图书馆法律依据和法律问题主要依据以下两类政策性文本:其一是行政部门颁布的指导性意见。2015 年教育部、文化部、国家新闻出版广电总局联合颁布的《关于加强新时期中小学图书馆建设与应用工作的意见》对中小学图书馆的发展无疑注入了强劲动力。其二是我国公共图书馆事业发展领域与未成年图书馆和信息服务相关国家与地方公共图书馆法规条文。2017 年《中华人民共和国公共图书馆法》颁布,从信息资源建设、馆舍空间面积等方面保障未成年人图书馆与信息服务有序开展。

□ 相关政策法规条文

■《中华人民共和国公共图书馆法》第三十四条规定:"政府设立的公共图书馆应当设置少年儿童阅览区域,根据少年儿童的特点配备相应的专业人员,开展面向少年儿童的阅读指导和社会教育活动,并为学校开展有关课外活动提供支持。有条件的地区可以单独设立少年儿童图书馆。"

■《中华人民共和国教育法》第五十一条规定:"图书馆、博物馆、科技馆、文化馆、美术馆、体育馆(场)等社会公共文化体育设施,以及历史文化古迹和革命纪念馆(地),应当对教师、学生实行优待,为受教育者接受教育提供便利。"第六十五条规定:"各级人民政府对教科书及教学用图书资料的出版发行,对教学仪器、设备的生产和供应,对用于学校教育教学和科学研究的图书资料、教学仪器、设备的进口,按照国家有关规定实行优先、优惠政策。"

■《中小学图书馆(室)规程》第十一条规定:"图书馆应当建立和完善馆藏资源

采购、配备办法,定期公告资源更新目录,注重听取师生意见,建立意见反馈机制,不断提高资源质量和适宜性。定期开展清理审查,严禁盗版图书等非法出版物及不适合中小学生阅读的出版物进入图书馆。"
- 《全日制普通中等专业学校校舍规划面积定额(试行)》(1987年3月5日,国家教委、国家计委)第二章第二节规定了中等专业学校的图书馆(室)的内容、阅览室的座位和设计定额、书库藏书量及设计定额、图书馆(室)的建筑面积定额。

□ 馆长之见

- 杨长军馆长:现阶段关于学校图书馆建设的文件主要有《中小学图书馆(室)规程》、《关于加强新时期中小学图书馆建设与应用工作的意见》、《广州市阅读提升工程纪要》、《国家示范性普通高级中学评估标准》(含图书馆指标)、《广东省一般高中督导评估方案》(含图书馆指标)、《广东省书香校园评估标准》(含图书馆指标)。
- 王鸿飞馆长:全球学校图书馆无论由什么部门主管,制定有关学校图书馆的法律法规是必要的。但目前,很多国家并没有真正认可学校图书馆的立法。以日本的立法经验为例,构建学校图书馆法律体系不仅需要制定学校图书馆专门法,更需要各种配套的规章制度。专门法通常只是从宏观层面对图书馆的任务、性质、体制等进行规定。要使专门法的各项规定真正落到实处,就必须配套各种规章制度。可喜的是,近年来,《中华人民共和国公共图书馆法》《深圳经济特区公共图书馆管理条例》《广州市图书馆条例》等图书馆法律法规相继出台,为今后中小学校图书馆专门法的制定提供了重要的参考意义。此外,《中小学图书馆(室)规程》和各地制定的相关标准以及原有的中小学图书馆规章制度为我国制定全国性的学校图书馆专门法和各种配套规章制度奠定了基础。同时,中小学图书馆专门法的制定可以借鉴现有的规章制度。

☆ 进一步阅读

- ALA. Library bill of rights [EB/OL]. (1996). www.ala.org/advocacy/intfreedom/librarybill.

第三节 关于道德依据和道德问题

* *

2.3 道德依据和道德问题

学校图书馆存在于一个道德框架之内,这一框架涉及学生和学习社群内其他成员的权利和义务。学校图书馆应采用整体路径以确保对所有文化群体、语言群体、土著群体和其他独特群体一视同仁。平等获取记录性知识和信息以及智识自由的核心价值在

《世界人权宣言》第19条以及国际图联价值观（www.IFLA.org/about/more）中有具体表述。

其他考量包括（但不仅限于）：
· 《图书馆权利法案》
· 信息自由与隐私
· 关于版权、知识产权和剽窃的声明
· 《儿童权利宣言》（www.un.org/cyberschoolbus/humanrights/resources/child.asp）
· 《土著人民权利宣言》（http://undesadspd.org/indigenouspeoples/declarationontherightsofindigenouspeoples.aspx）

学校图书馆通过面向学生和学习社群的教育活动，增进他们成为负责任的公民所需的与信息自由、知识产权和剽窃等道德问题有关的技能和理解。

****

☆ 解读

本条是对《指南（第二版）》第2章中学校图书馆与学校内所有成员的道德问题进行解读。

根据《宣言》的要求，学校图书馆必须为学区内所有的成员提供平等的服务，不论他们的年龄、种族、性别、宗教、国籍、语言、专业和社会地位的差异。必须向那些无法获得图书馆正常服务和资料的用户提供特殊服务。而且，用户获取服务和馆藏资料应以《世界人权宣言》为基础，重要的是，用户不应屈从于任何意识形态的、政治的、宗教的或商业的压力。

美国图书馆协会在1995年公布了《美国图书馆协会的伦理守则》（*ALA Code of Ethics*）。该守则明确指出："图书馆员在信息的选择、组织、保存与传播上，拥有重大的影响和控制力。"这是指导图书馆员、信息服务专家、董事与职员在工作上的伦理原则，该守则提出了八条规定，以此形成伦理原则的基础架构。

英国图书馆协会也发布了《英国图书馆协会专业行为守则》（*The Library Association, Code of Professional Conduct*），该守则表示："专业行为的标准是英国图书馆协会对于会员专业的要求，并指出纪律委员会（Disciplinary Committee）所关注的事务。这包括违反协会的目标、宗旨与利益，或违背图书馆学专业的事务。"

日本图书馆协会在1980年全国图书馆大会上通过了《日本图书馆协会图书馆员伦理纲领》。该纲领是图书馆员认识到《图书馆自由宣言》所昭示的图书馆的社会责任，为履行自身的职责而制定的自律规范。

☆ 参阅

□ **CILIP**, *Primary School Library Guidelines*

■ A lively, welcoming and well resourced school library gives pupils positive experiences of books, computers and other media. It shares the ethos and values of the whole

school, is an effective and economical shared resource and a centre for learning and literacy development. IT is an integral part of this learning environment.
- The school library should promote equality, diversity and inclusion. Its role is to help create confident, enthusiastic readers and engage children in life-long learning. There is a clear link between the quality of a school's library and the general well-being of the pupils and their literacy levels.

☆ 中国情境

□ 基本情况

- 目前，我国中小学图书馆在发展中较为注重基础设施建设，以完成上级行政部门的硬性指标为中心，忽视了图书馆服务效能问题。其实在2008年，中国图书馆学会年会就正式发布了《图书馆服务宣言》，明确各级各类图书馆共同构成图书馆体系，保障全体社会成员普遍均等地享有图书馆服务，图书馆在服务与管理中要体现人文关怀。但由于当时中小学图书馆的建设在我国图书馆事业发展中尚未受到重视，此份文本对中小学图书馆服务理念与意识方面未产生重要影响。
- 2017年《中华人民共和国公共图书馆法》的颁布，对各类型图书馆服务理念的发展都有重要影响，条文中明确公共图书馆应当按照平等、开放、共享的要求向社会公众提供服务。基于此，中小学图书馆在未来的发展过程中，在道德依据与道德问题方面一定会有所改善。

□ 相关政策法规条文

- 《中华人民共和国公共图书馆法》第三十三条规定："公共图书馆应当按照平等、开放、共享的要求向社会公众提供服务。公共图书馆应当免费向社会公众提供下列服务：（一）文献信息查询、借阅；（二）阅览室、自习室等公共空间设施场地开放；（三）公益性讲座、阅读推广、培训、展览；（四）国家规定的其他免费服务项目。"
- 《中国儿童发展纲要（2011—2020年）》（2011年12月15，国务院）第三章"发展领域、主要目标和策略措施"规定："促进基本公共教育服务均等化。坚持基本公共教育的公益性和普惠性，加快建立城乡一体化的教育发展保障机制和基本公共教育服务体系，均衡配置教师、设备、图书、校舍等资源，加快推进义务教育学校标准化建设，完善教师交流制度，缩小办学条件、师资水平、教育质量上的差距。"
- 《图书馆服务宣言》（2023年9月15日，中国图书馆学会）第一条规定："向全社会普遍开放。图书馆是社会的知识和信息中心，各级各类图书馆共同构成图书馆服务体系，面向其服务对象，共同保障全体公民享有充分的图书馆服务。"第二条规定："对全体公民平等服务。图书馆遵循平等服务原则，不分年龄、性别、职业、民族、居住地、个人能力和其他特征，向全体公民提供普遍均等的服务。"第三条规定:"彰显人文关怀。图书馆提供多元、包容、便利的服务,为未成年人、老年人、残疾人等利用图书馆有困难的人群提供特殊的资源和服务。"
- 《北京市图书馆条例》(2016年11月25日,北京市人大常委会)第二十条规定:"图书馆应当根据图书馆事业发展和自身业务要求,定期对业务人员进行培训。"

☐ 馆长之见

- 杨长军馆长:学校图书馆应普及有关信息自由、知识产权以及剽窃等有关道德问题的知识,让未成年人从小养成尊重知识产权的意识及习惯,提升其成为合格公民所需的基本技能。例如,在知识产权月,通过讲座、展览、活动等方式宣传知识产权知识,逐步培养未成年人的知识产权意识。
- 王鸿飞馆长:诚如《指南(第二版)》第二章所述,IFLA曾经颁布多部专门或部分针对未成年人阅读服务的文件。这些文件是各国图书馆开展未成年人阅读服务的主要依据。《宣言》奠定了学校图书馆开展工作的各项基本原则;另外,《婴幼儿图书馆服务指南》《儿童图书馆服务指南》《青少年图书馆服务指南》《IFLA公共图书馆服务指南》等同样是未成年阅读服务的重要指南。当然,为了确保各种文化、各种语言、本土的以及其他特殊人群均可平等使用图书馆,《指南(第二版)》倡导《世界人权宣言》第19条以及国际图联的核心价值观,并且寻找图书馆权利法案、信息自由与隐私权、儿童权利、土著人民权利等道德依据支持。同样,《中华人民共和国未成年人保护法》第三条表明:国家根据未成年人身心发展特点给予特殊、优先保护,保障未成年人的合法权益不受侵犯。《中国儿童发展纲要(2011—2020)》指出:"坚持儿童优先原则,保障儿童生存、发展、受保护和参与的权利。"此外,中共中央办公厅、国务院办公厅《关于加快构建现代公共文化服务体系的意见》(中办发〔2015〕2号)出台,明确要求:"保障特殊群体基本文化权益。将老年人、未成年人、……农村留守妇女儿童、……作为公共文化服务的重点对象。"2010年文化部颁发的《文化部关于进一步加强少年儿童图书馆建设工作的意见》是指导我国图书馆未成人服务工作的纲领性文件,进一步明确了未成年人阅读推广的紧迫性与重要性。当然,涉及未成年人阅读服务的相关法律法规不止这些。以上文件给开展学校图书馆的建设提供了有力的支撑。

☆ **进一步阅读**

- UNICEF. Convention on the rights of the child[EB/OL]. (1989). https://www.unicef.org/child-rights-convention/convention-text.

第四节　关于学校图书馆发展的基础设施支持

* *

2.4　学校图书馆发展的基础设施支持

学校图书馆的实施和发展所需要的支持系统应在国家和（/或）地区/地方层面的教育行政单元内设立。应努力界定学校图书馆服务和活动的基本水平，并加以实施，由此学生和教师能够将学校图书馆作为教学资源加以理解和利用。教育服务中心应关注以下问题：学校图书馆员的初步教育和继续教育；专业咨询；研究；与学校图书馆员群体及相关专业协会合作；制定标准和指南。

学校图书馆服务和活动的性质和范围因国家和学校而异。然而，学生及其家庭流动性的增加，意味着校际间一致性的增加，而对于学校图书馆的利用也增强了教育系统满足学校社群所有成员需求的能力。

* *

☆ **解读**

本条是对《指南（第二版）》第 2 章中学校图书馆的实施与发展进行解读。

学校图书馆的基础设施是体现其教育服务质量的基础。

AASL 在 2007 年出台了《21 世纪学习者标准》。该标准传递的思想有：在这个信息日益全球化的世界，学校图书馆必须教导学生开放性地查找不同观点的信息，自律地收集和使用信息，并且负责任地、安全地使用社交工具；学校图书馆是学习技能发展的关键场所；学校图书馆提供了温暖、安全的学习环境以及学习所需要的信息资源和工具，学生可以公平地使用学校图书馆的馆舍和信息。[①]

在日本，学校图书馆的整体发展有明确的法律基础和完备的政策措施支撑，以至于行业的发展水平较高，并且与其他类型图书馆合作较为密切，还有良好的社会氛围做推动。[②]《学校图书馆法》就中小学图书馆的运营、设置、工作人员、政府责任等方面做了明确规定。该法规定日本所有的小学、初中和高中及相应类型的学校，必须要设置图书馆，强调中小学图书馆是学校教育活动中的基础性设施，并对其功能、人员等重点方面提出了明确要求；指出政府应当不断充实和发展中小学图书馆事业。[③]

☆ **参阅**

□ **ALA, *Standards for the 21st-Century Learner***

■ School libraries are essential to the development of learning skills.

---

① 邸雅静. 学习者信息素养标准与学校教育标准的匹配研究 [J]. 图书馆论坛, 2016 (4): 113 – 119.
② 曹磊. 日本中小学图书馆发展因素探析 [J]. 国家图书馆学刊, 2015 (3): 65 – 71.
③ 学校图书馆法[EB/OL]. [2015 – 02 – 28]. http://law.e-gov.go.jp/htmldata/S28/S28HO185.html.

- School libraries provide equitable physical and intellectual access to the resources and tools required for learning in a warm, stimulating, and safe environment. School librarians collaborate with others to provide instruction, learning strategies, and practice in using the essential learning skills needed in the 21st century.

□ **ALA**, *Standards for Initial Preparation of School Librarians*

- Candidates are effective teachers who demonstrate knowledge of learners andlearningand who model and promote collaborative planning, instruction in multiple literacies, andinquiry-based learning, enabling members of the learning community to become effectiveusers and creators of ideas and information. Candidates design and implement instructionthat engages students' interests and develops their ability to inquire, think critically, gain and share knowledge.

□ **ALIA/ASLA**, *Standards of professional excellence for teacher librarians*

- To ensure that school libraries are staffed by professionals that hold formal qualifications in school librarianship and classroom teaching in order to provide the professional expertise required for the complex roles of teacher librarians.

☆ 中国情境

□ 基本情况

- 《指南（第二版）》中将学校图书馆员继续教育问题纳入学校图书馆基础设施建设。就馆员继续教育问题，我国部分省市积极开展相关实践活动，为我国中小学图书馆员继续教育整体推进提供借鉴。例如，为了提高广东省中小学图书馆管理员的专项素质，广东省教育厅于2014年12月23—26日举办了"2014年广东省中小学图书馆（室）管理员培训班"。为了让全省中小学图书馆管理员开阔视野、丰富知识、了解国内外最新的图书馆管理理论和创新成果，会上邀请专家做了"图书馆区域合作与资源共享""现代中小学图书馆功能、定位与业务拓展""智慧图书馆建设与公共图书资源共享""国内外中小学图书馆事业的比较与思考"等专题讲授。从提高中小学图书馆员的服务意识着手，推动广东省中小学图书馆（室）管理员践行《指南（第二版）》中关于道德依据与道德问题的理念，为我国其他地区中小学图书馆发展提供示范作用。

- 此外，中国期刊协会和中国教育装备行业协会在开展《中小学图书馆（室）配备核心书目》专题研究的基础上，联合实施了《中小学图书馆馆配期刊目录》（中国期刊协会、中国教育装备行业协会，2016年10月13日）的编制工作。该目录收录了各个类别中优秀、权威的期刊，对中小学学生的课外阅读、教师教学具有重要的参考价值和指导意义。① 其目的在于使中小学图书馆能充分利用期刊的独特优势，让中小学图书馆真正成为中小学校的第二课堂，进一步提升中小学图书馆服务的专业性。

□ 相关政策法规条文

- 《关于加强新时期中小学图书馆建设与应用工作的意见》"二、重点任务"规定：要推进基础条件建设，确保馆藏资源质量，规范馆藏采购机制，不断提高信息化水平，充分发挥育人作用，带动书香社会建设。
- 《中小学图书馆（室）规程》第二十条规定："图书馆应当以全开架借阅为主。以学校图书馆为中心，在确保安全的前提下，充分利用走廊、教室等空间，创新书刊借阅方式，优化借阅管理，创建泛在阅读环境。"第二十六条规定："教学期间，图书馆每周开放时间原则上不少于40小时。鼓励课余时间、法定节假日和寒暑假期间对师生有效开放。"第三十二条规定："图书馆应当配备书架、阅览桌椅、借阅台、报刊架、书柜、计算机等必要的设施设备，并有计划地配置文件柜、陈列柜、办公桌椅、借还机、打印机、扫描仪、电子阅读设备、复印设备、文献保护设施设备、装订、安全监测等相关设备。设施、设备应当符合学生年龄使用需要。"

□ 馆长之见

- 杨长军馆长：学校图书馆发展的基础设施主要靠财政专项拨款或者学校办公经费自筹解决。区、市教育装备中心根据相关文件对学校图书馆实施具体指导，同时提供一定范围内的软硬件支持。广州中学教育专业委员会通过举办教研活动、专项培训等为学校图书馆管理员提供再继续教育活动。
- 王鸿飞馆长：学校图书馆的发展不仅需要法律法规以及各种配套的规章制度，还需要有承担教育责任、具体执行这些法律法规以及配套政策的行政机构。《指南（第二版）》认为承担教育职责的国家、地区和/或地方行政机构需要建立支持学校图书馆实施与发展的制度，并且组成能够开展基础服务和活动的联盟机构，为学校图书馆员和管理者提供启蒙和继续教育、专业咨询、与学校图书馆员团队和学校图书馆相关专业协会合作、参与制定标准与指南等服务。不管国情如何，这些必要的基础支持都是学校图书馆发展的重要支撑。然而，实施这些设想并不容易，特别是在我国现有的教育体制以及应试教育背景下，缺乏承担教育责任的行政机构，学校图书馆员也无法参与到有关图书馆发展的决策中。这导致中小学图书馆的各种规程、建设标准的要求不能完全体现在图书馆的建设实践中。

☆ **进一步阅读**

- Council on Library and Information Resources. A survey of digital humanities centers

---

① 中国期刊协会，中国教育装备行业协会. 关于联合印发《中小学图书馆馆配期刊目录》的通知[EB/OL]. [2016-10-13]. http://www.ceiea.com/html/201610/20161027143635896.shtml.

in the United States [EB/OL]. (2008). https://www.clir.org/pubs/reports/pub143/.

第五节 关于政策

* *

2.5 政策

应在结构清晰的政策框架内管理学校图书馆。在这一框架下,图书馆被视作阅读与探究的核心资源和中心。设计学校图书馆政策时应考虑学校的整体政策和需求,应体现学校的精神、使命、目的和目标以及实际情况。

政策中应明确图书馆为所有人服务。政策应由学校图书馆员与教师和行政管理者(例如,校长、学校主管、教务人员)共同制定。政策草案应在学校社群广泛传阅并通过开放讨论加以完善。最终的政策应广泛传播以使其中所体现的实践和发展的哲学、概念和意图能被理解、认同并付诸实践。政策文件和以政策为基础制定的计划应明确图书馆以下相关方面的职责:

- 学校正式和非正式的课程
- 学校的学习方法
- 国家和地方层面的标准和条件
- 学生学习和个人发展的需求
- 教师的需求
- 提升学业成绩水平
- 提高探究技能
- 推广和鼓励阅读
- 开放性思维和公民参与

所有方面对于构建一个切实可行的政策框架以及由此产生的行动计划而言都是至关重要的。行动计划应由目标、任务、策略,以及监督和评估等常规活动组成。政策和行动计划应是现行文件,需对之进行定期审阅。

* *

☆ **解读**

本条是对《指南(第二版)》第 2 章中学校图书馆政策的适用性进行解读。

由于每个国家的不同地区和学校之前的实际情况有所不同,除了国家和地方之间需要制定相关的法律政策来指导规范图书馆的服务之外,学校也应根据其具体情况制定合适的方针和政策来服务本校师生。而且社会发展的速度远快于国家、地方制定相应的学校图书馆政策的速度,学校自身可以根据社会的变化做出即时的反应,使其学校图书馆能按照潮流的发展趋势进行即时的服务方针调整。

美国的《K-12 年级自然科学教育框架》和《21 世纪学习者标准》相互补充，规定了学生在各年级各学科的学习目标和与之相适应的信息素养目标之间的联系，教师可根据学生的学习能力和基础，适当分配教学时间和调整教学计划。学校图书馆也可以根据学生的信息素养水平和学校的课程安排自主规划图书馆的服务内容。[①]

☆ **参阅**

□ **CILIP**, *Primary School Library Guidelines*

■ A good library policy should make reference to: the library's status as a learning environment in the school and its role in raising achievement. The relationship with the school's overall aims as defined in the School Improvement Plans etc. Links to other school polices and support for the curriculum local and national educational initiatives.

☆ **中国情境**

□ 基本情况

■ 我国一线城市和落后地区的中小学之间、重点学校和普通学校之间、职业中学和普通中学间发展程度和发展需求各不相同，学校应该根据其自身情况制定适合学校发展、能满足师生需求的政策。但是，有学者实地调查发现，教师阅览室在乡村中小学难以实现，并且教师教学任务繁重，没有多余时间到专门的教师阅览室进行读书。[②]

■ 目前，由中小学图书馆制定适合其自身发展的政策主要集中于对服务时间等方面进行规定，但是在信息资源建设方面尚未制定相关发展政策。其主要原因在于：中小学图书馆发展定位不明确，导致辅助教学发展、阅读指导以及信息素养教育等功能性服务不能有效展开，陷入发展瓶颈阶段。

□ 相关政策法规条文

■《关于进一步加强中小学图书馆（室）图书配备和管理工作的通知》第一条规定："各地教育行政部门和新闻出版行政部门要站在全面贯彻落实《国家中长期教育改革和发展规划纲要（2010—2020 年）》和《中共中央办公厅 国务院办公厅关于加强公共文化服务体系建设的若干意见》（中办发〔2007〕21 号）的高度，把中小学图书馆（室）图书配备工作作为培养青少年健康成长的一件大事认真抓好，进一步加强中小学图书馆（室）图书配备和管理工作。切实保障中小学图书馆（室）图书配备的经费投入，把均衡配置图书作为全面推进素质教育、促进义务教育均衡发展、全面提高教育质量工作的重要内容。"

■《国务院关于基础教育改革与发展的决定》第二十六条规定："各级人民政府和教育行政部门要重视常规试验教学，因地制宜地加强中小学实验室、图书馆

[①] 邱雅静. 学习者信息素养标准与学校教育标准的匹配研究[J]. 图书馆论坛, 2016 (4)：113-119.
[②] 赵丽芳. 乡村中小学图书馆建设规程修改的若干建议[J]. 内蒙古科技与经济, 2017 (6)：133-134.

（室）及体育、艺术、劳动技术等教育设施的建设，并充分向学生开放，提高教学仪器设备、图书的使用效益。鼓励各地乡（镇）中小学建立中心实验室、图书馆等，辐射周边学校。"

☐ 馆长之见

■ 杨长军馆长：现阶段学校图书馆方针主要在学生进行学习和个性发展的需求、教师需求、学术成果水平的提升及探究技能发展、阅读推广与激励方面有所涉及，但是没有形成系统。对于其他方针、计划，有些不属于学校图书馆职能范畴，一般属于学校教务处或者教科所的职能，如学校课程的设置、教学方法以及规范标准等。

■ 王鸿飞馆长：目前来看，国内只有高校图书馆、公共图书馆、科研图书馆等三大类型的图书馆才有比较好的图书馆战略发展规划或者方针，中小学图书馆基本没有战略发展规划或方针之说。因此，《指南（第二版）》中的这部分内容在我国只是部分适用。考虑到建馆方针能够反映一个图书馆的精神、使命、宗旨、目标，对于中小学图书馆的发展是非常重要的，所以可将之作为未来中小学图书馆发展的指导建议。此外，《指南（第二版）》提到的几点很值得借鉴。一是方针需要由学校图书馆员、教职人员和高级管理人员（即领导层、校长、教育工作者）共同制定。这反映了馆员的地位，也对馆员提出了很高的要求；相反，如果仅仅由馆员来制定，那这份方针就没有权威与说服力。二是方针以及相关的计划应该明确图书馆在学校的课程设置、教学方法、学生进行学习和个性发展的需求、教师的需求、学术成果水平的提升、探究技能的发展、阅读推广与激励、开明思想与公民参与等方面的作用。三是制定方针需要结合学校的实际情况。从我国中小学图书馆的实际出发，也许中小学图书馆在资源建设、学生进行学习和个性发展的需求、教师的需求、阅读推广等方面的作用发挥会更加明显，但在学校的课程设置、教学方法等方面有所不足。

☆ 进一步阅读

■ Council on Library and Information Resources. Policy statement on libraries and learning[EB/OL].（2008）. https://www.cilip.org.uk/sites/default/files/media/document/2017/cilip_policy_statement_on_libraries_and_learning.pdf.

第六节　关于计划

* *

2.6　计划

制定学校图书馆计划需要学校图书馆员的积极参与，他/她应与行政管理者、教师和学生进行磋商，以决定学校图书馆与学校学习社群其他部分的关系。在计划过程中应重点考虑的方面包括：
- 由国内或国际群体开展的以未来为导向的研究所界定的持续发展目标；
- 国家层面和学校层面的教育使命、哲学、目标和目的；
- 描述了学校图书馆之于学校的价值，以及利益相关者、文化合作伙伴和资金资助者在教育过程中之角色的愿景声明；
- 用于明确学校图书馆的当前角色及其未来成为学习中心之愿景的需求评估；
- 通过提供优质资源、设施以及实体和数字学习环境以联结学校社群的计划；
- 包括技术发展预测，以及信息和服务提供的可能变化的技术方案；
- 以学生为中心和以社群为中心的动态行动方案；
- 学校图书馆人员的专业技能发展计划；
- 借由证明了图书馆服务影响学生成功的循证研究以持续改进服务的评估计划。

****

☆ **解读**

本条是对《指南（第二版）》第 2 章中制定学校图书馆计划所需注意事项进行阐述。

由于中小学图书馆的建设工程巨大而复杂，与学校的教育服务和文化建设有着千丝万缕的联系，在建设学校图书馆的时候需要有一份详尽的、考虑周全的规划。这个规划不仅需要涵括图书馆的建设阶段，还需考虑到其发展阶段。规划时，需时刻坚守以学校图书馆的使命为原则、愿景为导向，认识到图书馆需要配合学校教学和学生学习的需求，提升学校的教学水平和学生的学习能力，从而促进学校的教育质量。

世界各地的学校图书馆规划都离不开法律政策作为指导。

在日本，《学校图书馆法》对学校图书馆的功能、人员、设施等提出了明确要求，《关于推进儿童读书活动的法律》和《文字·活字文化振兴法》确立了全社会共同推动阅读发展的体制，《司书教谕讲习规程》规定了司书教谕获取资格的具体方式①，《学校图书馆图书标准》（制定于 1993 年）明确了义务教育阶段中小学图书馆的图书配置标准②。此外，日本文化科学省是具体负责学校图书馆事业的中央政府机关，其关于中小学图书馆的政策措施集中体现在《关于推进儿童读书活动的基本计划》③ 中。该计划是日本开展未成年人阅读推广工作的基本纲领，对中小学图书馆履行职能、提升阅读环境等方面的工作做了具体安排。④ 为促进中小学图书馆发挥其应有的职能，日本政府推出一系列以充实中小学图书馆馆藏、扩充工作人员和提升设施设备为中心的政策。

---

① 学校図書館司書教諭講習規程[EB/OL]. [2017-03-06]. http://www.mext.go.jp/a_menu/shotou/dokusho/link/__icsFiles/afieldfile/2015/06/11/1327076_01_1.pdf.
② 学校図書館図書標準[EB/OL]. [2017-03-06]. http://www.mext.go.jp/a_menu/shotou/dokusho/link/080617/006.pdf.
③ 曹磊. 日本中小学图书馆发展因素探析[J]. 国家图书馆学刊，2015（3）：65-71.
④ 子どもの読書活動の推進に関する基本的な計画[EB/OL]. [2017-03-06]. http://www.mext.go.jp/b_menu/houdou/25/05/__icsFiles/afieldfile/2013/05/17/1335078_01.pdf.

☆ 参阅

□ CILIP, *Policy Inquiry into School Libraries*

■ The librarian should participate in the school's improvement planning process with the same rigor as other academic staff. Show how your school library service engages with policies and planning. It may be that, for instance: The librarian has access to and works closely with all levels of leadership in order to plan library improvements in accordance with whole-school priorities. Planning and evaluation procedures are the same as other school departments, with high expectations of monitoring, consulting and reporting. The library improvement plan is based on the agenda of the whole school, and is not just a reflection of the library policies.

□ IASL, *Policy Statement on School Libraries*

■ The administrator should be aware of the unique librarianship skills which the school librarian needs in addition to professional training as a teacher to effectively coordinate the role of the library program in the school, including the preparation of the budget and arranging for a flexible school schedule so the students can make greater use of the library materials and facilities. The administrator should be aware of the educational benefits of a cooperative planning and teaching program within the school.

☆ 中国情境

□ 基本情况

■ 如上所述，中小学图书馆定位问题致使我国中小学图书馆的发展一直处于静默期。中小学图书馆常常沦为学校发展中的"鸡肋"，有的学校设置图书馆主要是为了应付上级行政部门的基础设施建设指标评估，对如何将图书馆纳入学校教育尚不明确。与此同时，国家颁布的针对中小学图书馆建设的核心政策文件对制定图书馆发展计划也缺乏明确规定。故而中小学图书馆制定适合其自身发展的计划经常被搁置。

■ 一般而言，中小学图书馆发展计划一般纳入学校当年发展计划中，目前我国尚未有中小学图书馆单独发布其发展计划。此外，中小图书馆发展计划一般主要只注重书刊采购等硬件指标的规划，不涉及图书馆活动、信息素养教育等问题。2015年，教育部、文化部、国家新闻出版广电总局颁发的《关于加强新时期中小学图书馆建设与应用工作的意见》阐释了规划学校图书馆的新方向和新要求，提出学校图书馆应该突破传统的管理模式，延伸图书馆的空间，扩大其服务半径，拓展其服务功能，充实其人员队伍。[①] 该意见旨在贯彻党中央关于深化教育

---

① 吴玥. 开放·多元·融合：中小学图书馆未来发展的应然选择：学习《关于加强新时期中小学图书馆建设与应用工作的意见》的几点思考[J]. 新世纪图书馆, 2016 (6): 9-12, 36.

领域综合改革精神,指导中小学校全面贯彻教育方针、实施素质教育,提升学校内涵与品质,对中小学图书馆的发展起到积极的推动作用;但是尚未提及图书馆计划制定的具体开展问题,因此各个学校针对自身图书馆发展的计划仍难以向前推进。

☐ **相关政策法规条文**

■ 《关于加强新时期中小学图书馆建设与应用工作的意见》"二、重点任务"之"(三)推进基础条件建设"规定:"各地要落实要求,将图书馆纳入中小学建设规划,对中小学图书馆的功能定位、馆舍面积、配套设施、馆藏保障、资源利用、队伍建设、管理应用等方面做出合理安排。加快推进中小学图书馆建设。逐步将图书馆建设为设施齐全、功能完备、运转顺畅、服务便捷、使用高效的育人阵地和重要课堂。鼓励有条件的学校利用图书、报刊布置走廊、教室等边角空间,倡导学生自主管理、诚信取阅,形成学校在'图书馆'中的良好氛围,使师生阅读方式广泛多样、阅读选择丰富多元。"

■ 《北京市图书馆条例》第十三条规定:"市文化行政主管部门组织成立图书馆专家委员会,并应当就下列事项征询图书馆专家委员会的意见:(一)图书馆的发展规划;(二)图书馆的网络建设方案;(三)图书馆的业务规程;(四)涉及图书馆事业发展的其他重大事项。"

☐ **馆长之见**

■ 杨长军馆长:学校图书馆的规划缺少教职工及学生的参与,更多的是由学校管理层与图书馆员来进行。学校图书馆员的专业技能发展一般并入教师专业技能发展系列,但也有一些图书馆员专业的培训或讲座。通过循证研究提供持续改进,展示图书馆服务对学生获得成功所产生影响的评估计划是学校图书馆以后开展服务工作的重点所在。

■ 王鸿飞馆长:对于学校图书馆来说战略规划是非常必要的。学校图书馆如果能够制定战略发展规划,即证明这所学校图书馆一定是非常有影响力的示范性图书馆。考虑到国情,或许国内学校图书馆的发展规划不能做到由管理人员、全校教职工以及学生共同讨论、制定的高度。从这个角度看,这一建议也许不适用。此外,根据《指南(第二版)》提到的规划需要包括的内容来看,涉及方方面面,要做好这份规划并不容易。另外,个人觉得,规划中应该重视以下方面:如何提供优质资源、设施以及实体与数字学习环境,如何开展以学生为中心的动态活动,如何做好馆员专业技能发展,如何做好循证研究、评估图书馆服务的价值影响,未来技术发展预测,以及如何继续探索学校图书馆的创新发展。

☆ **进一步阅读**

■ ALIA. Policy on resource based learning and the curriculum[EB/OL]. (2009). https://www.alia.org.au/about-alia/policies-standards-and-guidelines/alia-asla-policyresource-based-learning-and-curriculum.

第七节　关于资金

****

2.7　资金

为了确保学校图书馆教学和信息基础所需的资金及其流动性，图书馆需要根据当地实际情况进行适当的预算分配。预算开支应与学校图书馆的校级政策框架相关，应反映对学生、教师和职员发展的投入。

学校图书馆员与高级管理层合作制定预算，并寻找能为整个学校社群提供优质资源和服务的可靠方案。对学校图书馆的财政支持应有其研究基础：

·学校图书馆的教学/教辅人员以及馆藏的规模和品质，是学校学业成绩的最佳预测变量。

·在不考虑诸如经济条件等其他因素的情况下，在标准测试中得分较高的学生往往来自拥有较多学校图书馆员工、能够获得更多服务和资源（例如书籍、期刊和在线资料）的学校。（相关研究请参阅，国际学校图书馆协会研究摘要［www.iasl-online.org/research/abstracts］；Kachel & Lance，2013.）

应认真规划全年的预算开支并使其符合政策框架。预算方案的组成部分参见附录B。年度报告应阐明图书馆预算被如何使用，以及用于图书馆活动和资源的经费总额是否足够完成其任务并实现政策目标。年度报告还应包括关于学校图书馆服务和活动的质量及其对学校教学产生的影响之证据。后文第6章将更深入地探讨学校图书馆管理中评估的必要性和有效性。

****

☆ **解读**

本条是对《指南（第二版）》第2章中资金对学校图书馆的教学与信息基础的影响进行解释。

在制定学校图书馆预算方案之前，相关人员应该清楚了解学校制定预算的过程、预算周期时间、与预算过程相关的负责人，明确图书馆的需求以及预算问责流程。预算方案应该包括采购新资源、办公用品和行政管理材料所需的金额，举办推广活动及其相关材料所需的经费；如果信息和通信技术（Information and communication technology，ICT）设备、软件和许可证的成本未被包括在学校的一般ICT预算中，也应在图书馆预算中体现。

一般来说，学校图书馆的材料预算应不少于学校生均经费支出的5%，这里的材料预算不包括所有工资、特殊教育费用、交通费和资本改善基金。

人力资源的费用可以包括在图书馆预算中，但是一些学校可能更适合将其列入一般工作人员预算中。无论如何,预估学校图书馆工作人员的费用是学校图书馆员应该参与的工作。那些可用于人员配备的资金与重要问题密切相关,如学校图书馆可开放的时间以及可提供的服务质量和服务范围。如新书架的配备或设施翻新等特殊项目和其他发展,可能需要单独的资金支持。

☆ 参阅

□ CLA,*Achieving Information Literacy Standards for School Library Programs in Canada*

■ Appropriate funding for learning resources is necessary for school libraries to meet curriculum expectations and the individual learning and social needsof their students and teachers. Funding may come from a variety of sources; however, consistence funding must be allocated for the purchase of resources. Funds from fluctuating sources such as parents, book fairs, and/or donations may be used to supplement the school/district budget or may be used for special projects. School/district allocations should not be reduced when funds are received from these supplementary sources.

☆ 中国情境

□ 基本情况

■ 蒋永福在《图书馆学通论》中指出,图书馆从根本性质上看是一种公共物品,具有非排他性、非竞争性等特点,由政府、市场、第三部门提供,但主体上还是由政府提供。中小学图书馆的经费来源主要是财政拨款,因而中小学图书馆的发展与政府的关注、重视程度密切相关。①

■ 教育部在 2018 年 5 月 31 日发布了《中小学图书馆(室)规程》,更新了 2003 年 3 月 25 日发布的《中小学图书馆(室)规程(修订)》,对经费问题提出了相关要求。教育部明确提出县级以上教育行政部门负责行政区域内图书馆的规划和管理,各地教育行政部门和学校应当保障图书馆建设、配备、管理、应用、培训等所需经费。图书馆应当积极配合企事业单位、社会团体和公民个人以各种方式支持、参与图书馆建设,依法组织捐赠,确保质量。图书馆建设与管理工作纳入学校和校长考核体系。不仅教育行政部门对图书馆的建设有责任,学校也有承担筹集图书经费的义务。

■ 2015 年 5 月 20 日,教育部、文化部、国家新闻出版广电总局联合颁布的《关于加强新时期中小学图书馆建设与应用工作的意见》也提出了中小学图书馆建设的保障措施,其中一条就是要落实经费保障。对于中小学图书等馆藏资源购置经费,各地教育部门要在每年教育经费预算中做出安排,并且要照顾和帮助农村学校和薄弱学校。对资金筹划如何安排与分配,要以学校的标准化建设工作

---

① 蒋永福. 图书馆学通论 [M]. 哈尔滨:黑龙江大学出版社,2009:185 – 245.

为原则，中小学图书馆建设工作目标和主要任务为核心。
- 目前，因为经费的落实情况存在差异，我国中小学图书馆的发展和建设水平整体是不平衡、不充分的，在公立学校和私立学校之间、重点学校和非重点学校之间、城市学校和农村学校之间，学校图书馆的建设都存在着很大的差距。根据相关调查，2008 年，上海市普通初中图书馆人均拥有的馆藏册数是西部甘肃省的 5 倍多。[①] 可见，东西部中小学在图书馆在经费的落实方面差距悬殊。为了平衡各地区的发展，国家应该制定中小学图书馆建设标准，为各个地区的学校图书馆提供建设规划指南。而学校也应该在建设图书馆之前制定出符合学校宗旨、符合教师个人发展、符合学生知识发展的建设规划。

☐ 相关政策法规条文

- 《中华人民共和国公共图书馆法》第四条规定："县级以上人民政府应当将公共图书馆事业纳入本级国民经济和社会发展规划，将公共图书馆建设纳入城乡规划和土地利用总体规划，加大对政府设立的公共图书馆的投入，将所需经费列入本级政府预算，并及时、足额拨付。"
- 《关于加强新时期中小学图书馆建设与应用工作的意见》"三、保障措施"之"（九）落实经费保障"规定："各地教育部门要在每年教育经费预算中安排中小学图书等馆藏资源购置经费，并向农村学校和薄弱学校倾斜。要结合学校标准化建设工作，围绕中小学图书馆建设工作目标和主要任务，制定资金筹措计划。积极拓宽办馆渠道，鼓励企事业单位、社会团体和公民个人以各种方式支持中小学图书馆建设，规范捐赠程序，明确责任与义务，确保捐赠馆藏和援建工程质量。"
- 《中小学图书馆（室）规程》第三十六条规定："各地教育行政部门和学校应当保障图书馆建设、配备、管理、应用、培训等所需经费，在经费预算和资金保障方面应当向农村学校和薄弱学校倾斜。图书馆应当积极配合企事业单位、社会团体和公民个人以各种方式支持、参与图书馆建设，依法组织捐赠，确保质量。"
- 《北京市图书馆条例》第七条规定："（本市）其他各类图书馆的举办者应当保障图书馆的正常业务经费。图书馆经费应当专款专用，不得挪作他用。"第十一条："本市鼓励自然人、法人和其他组织兴办图书馆或者以捐赠资金、文献信息资料、设备等形式资助图书馆事业发展。"第十二条："图书馆可以多渠道筹集资金，用于图书馆建设。"

☐ 馆长之见

- 杨长军馆长：学校图书馆预算应根据学校图书馆功能规划、活动开展来设定。学校图书馆无需制定人员工资、福利等预算，主要的预算体现在资源采购和馆舍的修建等。

---

① 宋炜岭. 信息化时代中小学图书馆建设与管理创新 [J]. 中国现代教育装备，2014（6）：18-19.

■ 王鸿飞馆长：据了解，中国大多数中小学图书馆没有经费保障机制，购书经费不稳定，有些学校甚至多年没有图书馆购书经费，所以图书每年人均更新1册以上无法做到。部分学校把图书经费列为专项经费（如教育附加费），图书馆采购新书需要另外进行专项申请。中小学图书馆面临这样的困境：如果图书馆工作人员没有提出申请，那图书馆就有可能永远没有经费买书。与此同时，没有活动经费，很多阅读推广活动也无法顺利开展。由于经费制约，数字资源、电子资源无法采购，自动化、智慧化建设更无从提起。俗话说，巧妇难为无米之炊，以上种种，说明了资金（经费）对学校图书馆的重要性。《指南（第二版）》提出，学校图书馆员与高级管理人员协同为整个学区提供优质的资源与服务而制定预算，根据当地实际情况做出适当的预算分配，而且预算应包括对学生、教师、员工的发展投入等。这些很值得全球学校图书馆思考与借鉴。另外，由于我国中小学图书馆的经费申请以及评估等实际，图书馆的预算制定、预算使用、预算评估等实行起来有一定难度。如何争取资金支持，仍然是我国中小学图书馆建设的大难题。

☆ **进一步阅读**

■ IFLA. Public library service guidelines[EB/OL]. (2010). https://repository.ifla.org/items/83753461-738d-4a36-a18e-60a7ae8e6c64.

第六章 《学校图书馆指南》解读之学校图书馆人力资源

本章从专业角度和中国情境出发,对《指南(第二版)》的第3章"学校图书馆人力资源"进行解读。《指南(第二版)》第3章共计8节,分别是:3.1 引言,3.2 人员职责和基本原理,3.3 学校图书馆员定义,3.4 学校图书馆活动提供所需的能力,3.5 专业图书馆员的职责,3.6 学校图书馆辅助人员的职责与资质要求,3.7 学校图书馆志愿者的职责与资质要求,3.8 道德标准。

第一节 关于引言

****

"学校图书馆员具备专业资质,在尽可能充足的工作人员的支持下,通过与学校社群的所有成员协作,并与公共图书馆等机构保持联系,负责学校图书馆的规划和管理。"(《学校图书馆宣言》)

3.1 引言

学校图书馆的核心功能是提供信息和思想的实体及智识获取。学校图书馆活动的丰富与否和质量高低主要取决于学校图书馆内外可获得的人力资源。为了满足学校社群的教学需求,拥有一名训练有素且积极性高的工作人员是至关重要的,同时还应配备与学校规模及其独特需求相适应的充足的支持人员。学校图书馆的每位工作人员都应该对图书馆服务及政策、明确的职责、适当的从业条件以及能够反映岗位预期职责的薪酬等,有清楚的认识。

****

☆ **解读**

本条说明了图书馆人力资源(特别是学校图书馆员)的质量和数量在实现学校图书馆价值方面的重要性。

图书馆人力资源配置很大程度上决定了图书馆服务和活动的丰富程度及质量,工作人员在学校图书馆工作中扮演着重要的角色。学校图书馆工作人员,尤其是专业馆员,是使学校图书馆价值和影响得以发挥的关键因素。[①] 劳拉·布什(美国前总统布什的夫

[①] 于斌斌. 国外中小学图书馆对学生学业表现的影响研究综述 [J]. 中国图书馆学报,2013,39(5):98-108.

人)是美国中小学图书馆的资助者之一,她曾指出:"图书、信息技术和馆员都是学校专业梯队的组成部分,他们是孩子取得成就的基本要素。"① 学校图书馆的图书资源和信息技术得到了社会较多的关注,而决定图书馆服务质量的馆员等人力资源要素却常常被忽视。

国外已经有许多较为全面的研究,来探究图书馆工作人员与学生成绩之间的相关性。研究发现,专业馆员(经过专业训练、有资格认证的学校图书馆员)以及辅助人员的数量和工作时间是影响学生成绩的显著变量之一。学校图书馆员数量多的学校,考试分数处于平均分及以上的学生比例高于馆员数量少的学校;馆员工作时间长的学校,学生分数情况要优于馆员工作时间短的学校。②

世界各国都日益重视中小学校图书馆员在提高学生信息素养方面的作用,并采取系列措施对其进行保障。美国以法案确立图书馆员的地位。2015年12月10日,美国总统奥巴马签署《K-12每一个学生成功法案》。③ 该法案中一项重要内容是"有效地培养和提高学校图书馆"项目,学校图书馆员的地位也得到相应提升。澳大利亚图书馆和信息协会也呼吁为学校配备专业馆员。2015年,澳大利亚图书馆和信息协会开启了"伟大的学校图书馆项目",每年评选出优秀的学校图书馆和馆员。2016年,澳大利亚《伟大的学校图书馆项目》报告指出,该项目在2015年有超过90%的优秀学校图书馆招聘了专业图书馆员。此外,澳大利亚"获取信息资源自由项目"发布的报告中特别提到,学校图书馆和专业馆员可以对学生阅读、数字素养、批判性思维和研究技能三个方面的素养和能力做出贡献。④ 日本着力推进"团队学校"计划,该计划指出日本中小学设置并配备学校图书管理员,作为在编专业人员与学科教师一同致力于教学质量的提升,并于2020年起全面实施新一期学习指导要领,聚焦开展主体性、协作性学习的"活力型学习"。作为可帮助学生自主探究并学习的图书管理员,其重要性日益凸显。学校图书管理员的职责除了管理图书,还需要提供DVD、报纸等多样化资料信息,为学生们的调查学习提供建言等,因此,对其专业性要求的重要性不言而喻。⑤

☆ 参阅

□ IFLA/UNESCO, *School Library Manifesto* 1999

■ The library staff support the use of books and other information sources, ranging from the fictional to the documentary, from print to electronic, both on-site and remote.

---

① 张丽. 推动美国中小学图书馆发展的两部教育法[J]. 国家图书馆学刊, 2010 (3): 89 – 94.

② TODD R J, KUHLTHAU C C. Student learning through Ohio school libraries [R]. Ohio: Ohio Educational Library MediaAssociation, 2004; LANCE K C, HAMILTON-PENNELL C, RODNEY M J. Information empowered: the school librarian as an agent of academic a-chievement in Alaska schools [R]. Alaska: Alaska State Library, 2000.

③ 赵中建. 美国通过《每一个学生成功法》:将基础教育管理权归还各州 [N/OL]. 中国教育报, 2016 – 01 – 04. [2017 – 03 – 05]. http://www.hlgzx.com/eview/jysy/2016-01-04/14518758492243.html.

④ 王虹. 图书管理员从"幕后"走向"台前" [N/OL]. 现代教育报, 2016 – 12 – 30. [2017 – 03 – 04]. http://www.jyb.cn/world/gjjc/201612/t20161230_691819.html.

⑤ 日本:制定图书管理员示范性教程[EB/OL]. (2017 – 01 – 06) [2017 – 03 – 05]. http://gj.zjgsu.edu.cn/show.asp?cid=812.

The materials complement and enrich textbooks, teaching materials and methodologies.

☐ **IASL,** *Policy Statement on School Libraries*

■ The establishment of good school libraries can demonstrate that public authorities are fulfilling their responsibilities to implement education which will enable children to become useful members of the global society and develop each child's individual potential. A good school library with a qualified school librarian is a major factor in developing quality education.

☐ **CILIP,** *Guidelines for Secondary School Libraries*, **3rd edition**

■ The school recognizes the school library and the librarian as essential in supporting teaching and learning.

■ The school recognizes the essential leadership role of the librarian and seeks to appoint a full-time Chartered.

■ The librarian participates in the school's improvement planning process with the same rigour as other academic staff.

☆ **中国情境**

☐ 基本情况

■ 中国目前普遍存在着中小学图书馆工作人员专业背景知识低、缺乏业务培训、服务意识薄弱、服务质量差等问题[①]，致使中小学图书馆服务质量低、利用率低，无法满足学生和老师对学习和教学等各方面的信息需求。不被认可的图书馆服务和地位导致人们忽略学校图书馆的作用，如此恶性循环，导致中小学图书馆在教育方面长期以来无法发挥应有的作用。

■ 2015年，教育部、文化部、国家新闻出版广电总局联合颁布《关于加强新时期中小学图书馆建设与应用工作的意见》。文本以"基本建成与深化课程改革、实施素质教育相适应的现代化中小学图书馆建设、管理和服务体系，使图书馆与教育教学全面深度融合，成为学校信息资源高地和师生智慧中心、成长中心、活动中心"为核心理念，紧密围绕图书馆建设的五大关键要素，明确了今后一个时期内加强中小学图书馆建设的路径与方法，其中"（十）强化队伍建设"为馆员队伍建设新举措。图书馆员队伍是图书馆建设的决定性要素。抓好图书馆员队伍建设，是贯彻落实好此项政策、做好新时期中小学图书馆建设与应用工作最为关键的要素。文件中明确的相关举措，有利于提高中小学校图书馆员专业化水平，提升其在学校中的工作地位。但因队伍建设涉及的因素条件较为

---

① 全浮. 中小学图书馆建设现状调查：以烟台市为例［D］. 烟台：鲁东大学，2013.

复杂，相关举措如何能够更好地得到落实，还需要加强研究、沟通。[①]

□ 相关政策法规条文

■ 《中华人民共和国公共图书馆法》第三十四条规定："政府设立的公共图书馆应当设置少年儿童阅览区域，根据少年儿童的特点配备相应的专业人员，开展面向少年儿童的阅读指导和社会教育活动，并为学校开展有关课外活动提供支持。有条件的地区可以单独设立少年儿童图书馆。"

■ 《关于进一步加强中小学图书馆工作的指导意见》（2016年1月25日，上海市教育委员会、上海市文化广播影视管理局、上海市新闻出版局）第三条规定："区县教育行政部门要建立与完善中小学图书馆专业人员的资格准入、人才引进、岗位聘用、培训进修、工作考核等管理制度。学校要根据办学规模、教育教学和师生的需求，保证图书馆专业人员的数量和质量，并给予图书馆管理人员在职务（称）评聘、晋升、评优等方面与教师同等机会。"

■ 《中小学图书馆（室）规程》第三十四条规定："图书馆专业人员实行专业技术职务聘任制。图书馆管理人员专业技术职务聘任参照国家有关规定执行，有条件的地区和学校，可设立中小学图书馆图书资料系列专业技术岗位。图书馆管理人员在调资晋级或评奖时，与学科教师同等对待，并按国家相关规定享受相应的福利待遇。"

□ 馆长之见

■ 杨长军馆长：学校图书馆的发展离不开学校图书馆人力资源的发展。学校图书馆需要有专业背景且积极性高、有工作想法的人才。但大多数学校图书馆在岗位设置中并没有相应的专业岗位，更无相应的专业人才，教师转岗、临聘人员、兼职人员现象比较严重，导致在评选专业技术职称或评聘更高一级专业技术职称的时候，没有相应的岗位存在，可以利用的人力资源缺乏。我国学校图书馆人力资源现状中，高中图书馆情况最好，初中次之，小学较差。

■ 王鸿飞馆长：《指南（第二版）》和《宣言》一直都很强调馆员的重要性，认为一个学校图书馆最关键的资源是合格的专业图书馆员，并且认为合格的专业图书馆员应该清楚地了解图书馆的服务和政策，明确义务和责任，同时训练有素且积极性高。作为一名中学图书馆的馆长、专业馆员，过去这些年的所见所闻让本人对此表述深感赞同，拍手叫好。当然，除了具有专业的图书馆员，学校图书馆的服务质量还取决于学校图书馆内外可被利用的人力资源，学校图书馆是否按照相关文件标准或者服务需求配备了足够的人手。学校图书馆人力资源的重要性应该在全球范围内被认可。

---

① 教育部. 努力抓好中小学图书馆建设与应用五大关键要素：学习贯彻《关于加强新时期中小学图书馆建设与应用工作意见》[EB/OL]. (2015-06-01) [2017-03-05]. http://www.jyb.cn/basc/xw/201506/t20150601_624323.html.

☆ 进一步阅读

■ ALIA. The digital economy within everyone's reach[EB/OL].(2017). https://www.alia.org.au/news/16361/new-alia-report-responds-digital-economy-consultation.

第二节　关于人员职责和基本原理

* *

3.2　人员职责和基本原理

为了促进教与学，学校图书馆活动需要在专业人员的指导下进行，这些专业人员应与课堂教师具备同等的教育和训练水平。如果希望学校图书馆员在学校里承担领导角色，那么他们应具备与其他学校领导（如学校行政管理者和学习专家）同等的教育和训练水平。为了确保学校图书馆员有充足的时间承担教导、管理、协作和领导等专业职责，学校图书馆的基本运营最好由经过训练的文职和技术支持人员负责。

* *

☆ 解读

本条明确了学校图书馆员的定位和人员职责。

图书馆员被认为是指导促进教学和学习计划的专业人员，因此对馆员的受教育程度和知识水平也有相应的要求。进一步说，如果馆员担任的是领导角色，则要求其具备领导的相关能力和素养。对学校图书馆员的工作分配应十分明确，不应由其包揽图书馆内所有需要操作的事务，应使馆员能更好地发挥他人不具备的专业技能的作用。

2001年，ALA出版了《员工发展实用指南》（第三版），论述了图书馆员的核心能力。这些能力主要包括12个方面，如分析和解决问题的能力、沟通交流的能力、人际交往能力、领导能力、计划和组织能力、资源管理能力、良好服务的态度和能力等。[①]这份纲领性的文件适用于学校图书馆员的能力要求。再借鉴美国堪萨斯图书馆对馆长的核心能力要求，既体现在行政管理上，也体现在业务管理上，与本条说明的图书馆员应具备领导能力的要求是一致的。

☆ 参阅

□ **CILIP**, *Primary School Library Guidelines*

■ Running a school library is more than day to day operational routines.
■ Time and support is required for management and strategic development.
■ This needs to done by the libraryco-ordinator or librarian and includes:

---

① 杨永生，初景利. 国外对图书馆能力与核心能力的研究评述［J］. 图书馆学研究，2008（3）：79-84.

- policy and development
- overview of resource selection
- organization of library
- overview of use
- creating imaginative and confident readers
- development of skills programme for pupils.

■ It is also necessary to run the library on a day-to-day basis. The library co-ordinator/librarian can share the following tasks with additional helpers:
- preparing stock for use
- shelving books
- keeping the library tidy
- supervising access
- supporting pupil use
- organizing displays, promotions and special events.

□ IASL, *Policy Statement on School Libraries*

■ The administrator should be aware of the unique librarianship skills which the school librarian needs in addition to professional training as a teacher to effectively coordinate the role of the library program in the school, icluding the preparation of the budget and arranging for a flexible school schedule so the students can make greater use of the library materials and facilities. The administrator should be aware of the educational benefits of a cooperative planning and teaching program within the school.

☆ 中国情境

□ 基本情况

■ 就中小学图书馆人员基本职责而言，我国在1997年颁布的《中等专业学校图书馆规程》对图书馆的专业技术人员要求仅为达到中专毕业水平。但是该规程颁布至今已有20多年，其中的学历要求已不能适应新时期学校图书馆建设对馆员的角色定位。

■ 即使中小学具备硬件条件良好的图书馆，若缺少高素质的图书馆管理人员，也无法充分发挥图书馆的功能。目前，我国很多学校仍保持应试教育的态度，学校领导大多将精力集中在课堂教学工作上，图书馆则被视为次要的部门。与之相应造成的问题如下：图书馆的人员编制不合理，任用兼职人员、临时工、临退休人员管理图书馆，等等。图书馆人员教育背景和水平与一般课堂教师不同甚至低于普遍标准，任用图书情报专业人员作为馆员的学校少之又少。一些优秀的重点中学要求课堂教师需要具备硕士研究生的学历背景，但在图书馆人员任用上则罕见高学历高职称的人员。①

□ 相关政策法规条文

■ 《中华人民共和国公共文化服务保障法》（2016年12月25日，全国人大常委会）第五十一条规定："地方各级人民政府应当按照公共文化设施的功能、任务和服务人口规模，合理设置公共文化服务岗位，配备相应专业人员。"

■ 《关于新形势下进一步做好普通中小学装备工作的意见》"四、保障措施"规定："各地教育行政部门、中小学要配好装备专业工作人员，为其提供有利工作和发展环境。鼓励省级教育行政部门制订实施实验室、专用教室管理员专业标准。鼓励创造条件，促进使装备工作人员专业发展，评聘相应的专业技术职务。"

■ 《中等专业学校图书馆规程》（1997年4月7日，国家教委）第十九条规定："中等专业学校图书馆设馆长一人。馆长应由认真执行国家的方针政策，热心图书馆事业，熟悉图书馆业务，具有馆员以上（含馆员）职务或大学本科毕业学历，有较强组织管理能力的人担任。"第二十四条规定："中等专业学校要加强图书馆的专业技术队伍建设，按照合理的结构比例，配备图书馆学和与本校专业相关学科的专业技术人员。专业技术人员的文化程度应是中专毕业以上，其中大专以上文化程度的专业技术人员应达到50%以上。"第二十六条规定："中等专业学校图书馆专业技术人员实行专业技术职务聘任制，其具体办法按照国家有关规定执行。"

□ 馆长之见

■ 杨长军馆长：学校图书馆在促进教学方面需要改变现有的观念以及图书馆员的知识结构，逐步提升图书馆员的课堂教学能力。同时，学校图书馆和馆员也应主动积极参与课堂教学，只有这样才能融入课堂，促进教学。

■ 王鸿飞馆长：《指南（第二版）》认为专业图书馆员应接受过正规的学校图书馆员教育，同时应接受过正规的课堂教学教育。在国内来说，相当于需要具备双学位的学历背景。可见《指南（第二版）》对专业图书馆员的角色定位非常高。考虑到国内教育环境，目前几乎没有馆员可以达到这个标准。因此，当前图书馆员暂时无法兼有上课教师或者学校其他领导人（如学校管理层和教学专家）一样的教育背景和能力。此外，《指南（第二版）》还指出，应由经过培训的工作人员和技术支持人员处理学校图书馆的操作工作，以解放专业馆员去做教学、管理、协作和领导这些专业角色。这些建议在我国进行实施和推广还需要较长的路程。

☆ 进一步阅读

■ ALA. ALA's core competences of librarianship[EB/OL]. (2009). http://www.ala.

---

① 卓毓荣. 中小学图书馆建设存在问题分析与发展策略研究：广州市调研实证数据分析[J]. 图书馆学研究，2012（6）：32-35.

org/educationcareers/sites/ala. org. educationcareers/files/content/careers/corecomp/corecompetences/finalcorecompstat09. pdf.

第三节　关于学校图书馆员的定义

* *

3.3　学校图书馆员的定义

学校图书馆员负责学校的实体和数字学习空间，在这一空间里，阅读、调查、研究、思考、想象和创造是教与学的中心。关于这一角色，有众多的表述（例如，学校图书馆员，学校图书馆媒体专家，教师图书馆员，专业文献资料工作者），但"学校图书馆员"最为常用。虽然全球各地对学校图书馆员的资质要求不尽相同，其中可能包括接受过教师培训的图书馆员、未接受过教师培训的图书馆员、接受图书馆学其他专业方向培训的图书馆员。

全球各地对于学校图书馆的定义也各不相同，有些通过公共图书馆所提供的服务也涵盖于其中。学校图书馆的人力资源模式还受到立法、经济发展水平以及教育基础设施等当地情境的影响。然而，五十多年的国际研究共同表明（参见如 Haycock，1992，in LRS（2015），*School Libraries Impact Studies*，www. lrs. org/data-tools/school-libraries/impact-studies），学校图书馆员需要接受学校图书馆学和课堂教学的正规教育，以培养专业能力，胜任涵盖教导、阅读及基本素养培育、学校图书馆管理、与教职人员协作、教育社群参与等方面的复杂角色。

* *

☆ **解读**

本条诠释了学校图书馆员的定义。

世界各地对学校图书馆员的资格要求各具特色，但国际研究始终相信需要具备多方面能力才能胜任学校图书馆员。因此，学校图书馆员需要通过正规教育取得任职资格。

学校图书馆被定位为辅助教育教学，这是其有别于其他类型图书馆的重要特征。因此，学校图书馆员应该始终为教育教学服务。在美国，学校图书馆员被认为是信息专家、媒体专家、教师。[1] 从图书馆员被赋予的角色可以看出，其通常需要双重教育背景：一是教师培训，一是图书馆专业培训。美国学校图书馆学硕士点有两种设置：一个是学校图书馆学专业，一个是教育技术学专业中开设图书馆媒体方向，两者都显示了复合学科背景对于图书馆员的必要性。

美国的图书馆员职业资格认证体系分为两部分：一是图书馆学高等教育认可，二是

---

[1] 全浮. 中小学图书馆建设现状调查：以烟台市为例 [D]. 烟台：鲁东大学，2013.

各类图书馆员的职业资格认证。[①] 该体系特别强调馆员作为教师的教育职能,要求学校图书馆员能帮助师生提供教育教学所需的资料。

☆ 参阅

□ CILIP, *Salary Guide* 2014-15: *Schools*

- CILIP recommends that Chartered Librarians are appointed to school library posts. "A school librarian's business is education and learning, through the medium of a library" 2 in a similar way to that of a teacher through the medium of their subject.
- The Chartered Institute of Library and Information Professionals (CILIP) recommends that a Chartered Librarian be appointed as school librarian to manage the school learning resource centre.
- A fully qualified chartered librarian is a Member or Fellow of CILIP. To achieve Chartered status members will have completed a course of study at graduate or postgraduate level approved by CILIP and will have undergone further workplace training before submitting an application for Chartered Membership. The submission is expected to demonstrate development of professional skills, critical awareness and a sense of maturity in practice. Achievement of chartered status is dependent on acceptance of the submission. A member who has completed a course of study but is not yet a Chartered Member is known as a Candidate for the Professional Register.

□ IASL, *Policy Statement on School Libraries*

- The International Association of School Librarianship advocates that school librarians be qualified teachers who have, in addition, completed professional studies in librarianship.

□ ALA/AASL, *Standards for the* 21*st-Century Learner*

- School librarians collaborate with others to provide instruction, learning strategies, and practice in using the essential learning skills needed in the 21st century.

☆ 中国情境

□ 基本情况

- 我国现有中小学图书馆专门法规政策与相关法规政策均未明确中小学图书馆的定义,直接导致中小学图书馆员职责不明确。与此同时,对于中小学图书馆员职业生涯发展而言,其晋升较为困难。根据文化系统要求,中小学图书馆员与公共图书馆、大学图书馆的馆员共同进行职称评定。中小学图书馆员所处科研环境较为薄弱,在职称评定方面必然受到限制,不利于提高馆员工作积极性。

---

① 马晓玲. 美国学校图书馆员能力标准(2010)解读[J]. 现代教育技术,2011,21(12):33-37.

- 目前，据相关数据调查，我国中小学图书馆员人才队伍存在较多问题。一是严重老化，有统计数据显示文化教育较为发达的京津地区尚且如此，其他省市地区情况更加不乐观。[①] 二是文化水平基本达到《中小学图书馆（室）规程》要求，但与发达国家相比，学历层次总体偏低。随着素质教育推行和新课改的实施，有必要对中小学图书馆员的职业素质和能力进行重新定位。三是中小学图书馆员职称结构不合理，初级职称和中级职称比例偏高，高级职称比例偏低。

□ 相关政策法规条文

- 《关于新形势下进一步做好普通中小学装备工作的意见》"四、保障措施"规定："（三）建好管理队伍。各地教育行政部门、中小学要配好装备专业工作人员，为其提供有利工作和发展环境。鼓励省级教育行政部门制订实施实验室、专用教室管理员专业标准。鼓励创造条件，促进使装备工作人员专业发展，评聘相应的专业技术职务。探索与有关高校合作开展相关学科专业的研究生培养，为装备科学发展培养高端和后续人才。建立健全装备采购的廉政风险防控机制，定期开展廉政警示教育，强化责任追究，管好装备队伍。"

- 《关于加强新时期中小学图书馆建设与应用工作的意见》"三、保障措施"之"（十）强化队伍建设"规定："逐步建成由专（兼）职人员、志愿者等组成的中小学图书馆管理人员队伍，有条件的地方或学校要配备专职管理人员。探索设立中小学图书馆图书资料系列专业技术岗位，其编制在本校教职工编制总数内合理确定，建立完善资格准入、岗位聘用和定期考核制度。不断提高图书馆专业人员比例。通过多种方式吸纳优秀人才进入中小学图书馆管理人员队伍。对从事图书馆工作的兼职教师进行图书馆业务培训，在职务（称）评聘、晋升、评优评先、待遇等方面，给予图书馆管理人员与教师同等机会。创新培训机制，建立分层分级培训体系，制定培训计划，提倡利用网络资源平台开展远程培训。鼓励各地充分利用高等院校图书馆及学术团体、行业组织专业优势，开展形式多样的中小学图书馆专（兼）职管理人员培训。加大高等学校培养中小学图书馆专门人才的力度。"

- 《中等专业学校图书馆规程》第二十一条规定："中等专业学校图书馆工作人员包括：职员；专业技术人员；工勤人员。"第二十三条规定："中等专业学校图书馆应根据学校规模、读者人数、藏书册数和年平均进书量，参照馆舍条件等情况，配备必需的工作人员。"

□ 馆长之见

- 杨长军馆长：学校图书馆员的组成分以下几种：第一，受过图书馆学或信息学高等教育的本科以上毕业生，通常以本科为多数；第二，教师岗位转岗到图书馆工作的教师技术系列人员；第三，临聘人员；第四，其他岗位兼职教师，一人多岗。

---

① 王京山. 中小学图书馆员的素质现状及其教育培训[J]. 北京教育学院学报，2014（1）：57-58.

- 王鸿飞馆长：在世界各地，学校图书馆的定义决定着学校图书馆员的定义。由学校图书馆的具体术语名称就能够知道馆员的术语名称。例如，《指南（第二版）》用"学校图书馆员"，而我国用"中小学图书馆员"。当然，该定义除了名称表述，还包括以下三个方面：资格要求，人员编制数量，所需的专业知识以及专业能力。由于这三个方面的要求在很多国家学校图书馆的法律法规或相关标准文件上没有具体化，也不容易具体化，执行起来难度各有不同。以中国为例，中小学图书馆没有馆员的资格准入制度，导致人员的专业知识和专业能力可能达不到工作要求，而且人员编制存在很多问题，有待加强。

☆ **进一步阅读**

- IFLA. Web 2.0 and library services for young adults：an introduction for librarians [EB/OL]. (2008). https://www.ifla.org/publications/web-20-and-library-services-for-young-adults-an-introduction-for-librarians?og=51.

第四节 关于学校图书馆活动提供所需的能力

* *

3.4 学校图书馆活动提供所需的能力

专业的学校图书馆员所需的资质包括：
- 教与学、课程体系、教导设计和实施；
- 活动管理——计划、发展/设计、实施、评估/改进；
- 馆藏建设、存储、组织、检索；
- 信息加工与行为——基本素养、信息素养、数字素养；
- 阅读参与；
- 关于儿童和青少年文学的知识；
- 关于阅读障碍方面的知识；
- 沟通和协作技能；
- 数字和媒体技能；
- 道德和社会责任；
- 为公益服务——为公众/社会负责；
- 终身学习的承诺，持续的专业发展；
- 学校图书馆事业社会化，学校图书馆的历史及价值观社会化。

学校图书馆员专业能力及性情的提升能够通过多种方式得以实现，常见的方式包括：取得文凭，完成学位教育，或是在取得最初的教学或图书馆学认证后参与持续的专业发展。学校图书馆员教育的目标是培养教学和图书馆学技能。

在已有专门的学校图书馆员教育计划的国家，其课程体系，除了图书馆学的核心能力外，还应包括与教育（学习、课程、教学）、数字技术和社交媒体、青年、文化和基本素养等方面有关的内容。这些领域的学习应共同实现学习者从创造性思维和问题解答的角度出发、对于信息素养的深入而全面的理解。学校图书馆教育还应指出学校图书馆员的侧面领导者角色、变革推动者角色以及学校图书馆社群成员角色。

* *

☆ **解读**

本条阐述了学校图书馆员所需的能力。

专业的学校图书馆员需要的能力和资格是多方面的，获得这种专业能力和素养有两种方式：一是通过取得相关学位，二是在教学或图书馆学岗位初始认证后完成持续的专业发展。在一些国家有比较完善的学校图书馆员教育计划。

日本的学校图书馆旨在实现服务功能和指导功能。服务功能的实现与其他类型图书馆相似，主要为了满足用户对信息资源的需求，在学校图书馆中则具体到满足学生和教师的信息需求；指导功能更多与教育教学相关，需要课程设计和授课等教学方面的能力和技巧。日本是世界上唯一对中小学图书馆进行专门立法的国家，也是唯一对中小学图书馆的专业职务制度以国家立法的形式进行规定的国家。[①] 日本中小学教师的专业职务是教谕。学校图书馆兼有学校教育和图书馆工作的双重特点，专业职务名为"司书教谕"。要取得司书教谕资格，首先必须取得教谕资格，其次完成相应的培训课程，考核合格方能取得该专业职务。

☆ **参阅**

□ **ALA/AASL,** *Standards for Initial Preparation of School Librarians*

■ Standard 1: Teaching for Learning
■ Standard 2: Literacy and Reading
■ Standard 3: Information and Knowledge
■ Standard 4: Advocacy and Leadership
■ Standard 5: Program Management and Administration

□ **IFLA/UNESCO,** *School Library Manifesto* **1999**

■ Within specific contexts, there are general areas of knowledge that are vital if school librarians are to develop and operate effective school lib-rary services: resource, library, and information management and teaching.

■ In an increasingly networked environment, school librarians must be competent in planning and teaching different information-handling skills to both teachers and students.

---

① 钟伟. 试论日本学校图书馆专业职务制度对我国中小学图书馆发展的启示 [J]. 图书馆工作与研究, 2012 (9): 117-121.

□ **CILIP,** *Policy Inquiry into School Libraries*

■ The librarian is able to demonstrate professional skills in their work and may have formal library qualifications, e. g. ACLIP, MCLIP, NVQ, Masters or a Diploma in Library and Information Management. The librarian is fully integrated into the academic staff of the school and has opportunities to contribute to policy development and to take advantage of training. The librarian has sufficient administrative support to allow time to fulfill the leadership, management and teaching requirements of the role.

□ **CILIP,** *Salary Guide* **2014-15：** *Schools*

■ A fully qualified chartered librarian is a Member or Fellow of CILIP. To achieve Chartered status members will have completed a course of study at graduate or postgraduate level approved by CILIP and will have undergone further workplace training before submitting an application for Chartered Membership. The submission is expected to demonstrate development of professional skills, critical awareness and a sense of maturity in practice. Achievement of chartered status is dependent on acceptance of the submission. A member who has completed a course of study but is not yet a Chartered Member is known as a Candidate for the Professional Register.

☆ 中国情境

□ 基本情况

■ 由于我国中小学图书馆一直处于校园边缘的尴尬地位，当前中小学图书馆员存在的问题较多，整体素质低下，难以具备胜任工作的多方面能力，工作内容也只是停留在图书流通借还等基本服务。中小学图书馆活动的有效开展只是流于表面，并未有相关实质性进展。

■ 中小学图书馆活动的有效开展对馆员能力要求较高。国外图书馆专业协会结合区域发展现状等，就中小学图书馆员在工作中所需要的能力发布了多项图书馆员能力标准与政策。中国图书馆学会在中小学图书馆员职业准入方面尚未发布相关指导意见。

■ 我国从 2003 年《中小学图书馆（室）规程》修订后，学校图书馆根据相关要求在硬件上有了很大的改进。虽然《中等专业学校图书馆规程》提出要有计划地对专业技术人员进行岗位培训，但很多依然流于形式，没有取得实质效果。

■ 此外，学校图书馆活动的有效开展还与学校图书馆员继续教育等问题相关。近年来，已经有一些地方率先开展了中小学图书馆员继续教育培训活动。以广东省为例，为了提高广东省中小学图书馆员专业素质，根据《广东省"强师工程"实施方案》，广东省教育厅于 2014 年 12 月 23—26 日在广东第二师范学院举办"2014 年广东省中小学图书馆（室）管理员培训班"，以期推动中小学图书馆员继续教育常态化发展。

□ 相关政策法规条文

- 《关于进一步加强中小学图书馆工作的指导意见》第三条规定："区县教育行政部门要将中小学图书馆专业人员的培训工作纳入在职培训规划,有计划、有针对性地对中小学图书馆专业人员进行不同内容、形式和层级的培训,并定期组织开展相应的研修和交流活动。各区县教育行政部门和文化部门联手共同为中小学图书馆专业化规范化发展搭设平台,创新发展方式和服务模式,公共图书馆要对中小学图书馆专业人员的培训提供相应的专业支持。"
- 《中等专业学校图书馆规程》第二十四条规定："中等专业学校要加强图书馆的专业技术队伍建设,按照合理的结构比例,配备图书馆学和与本校专业相关学科的专业技术人员。"第二十五条规定:"中等专业学校图书馆要采取多种形式,有计划地对专业技术人员进行岗位培训,不断提高队伍素质。"

□ 馆长之见

- 杨长军馆长：即使专业的学校图书馆员也很难具备上述全部技能,更多的能力需要在实际工作中通过再学习或继续教育的方式来获取。这也需要对我国高等教育中相关学科如图书馆学本科教学课程的设计进行反思。
- 王鸿飞馆长：《指南（第二版）》基于学校图书馆在学校中的角色与服务内容等,对专业的学校图书馆员所需的资格能力做了相关要求。从这些技能看,主要包括教育教学技能、图书馆和信息科学技能、社区服务技能等。作为图书馆学专业毕业的图书馆员,我非常认可以上有关图书馆工作的技能,如馆藏建设、存储、组织、检索,信息加工,阅读知识等。由于国内中小学图书馆并没有教学任务,暂时也没有社区服务要求,这方面的资格并没有强制性。考虑到新生入馆培训、读者教育、策划阅读推广活动等也需要掌握以上这些跟教学与社区服务有关的技能,建议国内中小学图书馆员也可以继续完善自身技能,保持持续的专业发展。如果把新生入馆培训、读者教育、信息检索、策划阅读推广活动等视同教学活动,那更有助于我们接受《指南（第二版）》所提到的这些能力。

☆ **进一步阅读**

- ALA. Competencies for librarians serving children in public libraries [EB/OL]. (2015). http://www.ala.org/alsc/edcareeers/alsccorecomps.
- ALA. Teen services competencies for library staff[EB/OL]. (2010). http://www.ala.org/yalsa/guidelines/yacompetencies.

第五节 关于专业图书馆员的职责

****

3.5 专业图书馆员的职责

专业学校图书馆员的主要职责包括:教导、管理、领导和协作,以及社群参与。以下逐一详细讨论。

3.5.1 教导的职责

专业学校图书馆员的教导职责涵盖面向学生个体的、面向小型学生群体的,以及面向学生班级的广泛而多样的教学情境,还包括教职人员非正式的和正式的专业发展。第5章将详述学校图书馆员教导工作的核心活动,具体包括:

- 基本素养和阅读推广;
- 信息素养(信息技能、信息能力、信息通晓、媒体素养、跨媒体信息素养);
- 探究性学习(问题导向学习,批判性思维);
- 技术集成;
- 教师专业发展。

****

☆ **解读**

本条对专业学校图书馆员需要承担的教导职责进行了说明。

学校图书馆要发挥更大的作用,就要将图书馆工作主动融入学校的教育教学过程中。如果中小学图书馆员只是承担技术含量偏低的静态文献的保存与传递服务,而不承担教学任务,那么馆员的教学压力相对一般课堂教师来讲较低、任务量小。然而,有"为"才能有"位",持续这样的状况不利于中小学图书馆及其馆员地位的提高。

国际上在这方面有较为成功的实践。以中小学图书馆的专业职务制度相对完善的日本为例,作为接受过图书情报知识专业培训的人员,司书教谕可以对学生进行图书情报教育[①],内容包括获取图书馆信息资源的能力、提高信息检索等方面的能力和素养。

☆ **参阅**

☐ **ALA/AASL**, *Standards for Initial Preparation of School Librarians*

■ Standard 1: Teaching for Learning
■ Standard 2: Literacy and Reading

---

① 钟伟. 试论日本学校图书馆专业职务制度对我国中小学图书馆发展的启示[J]. 图书馆工作与研究,2012(9):117-121.

■ Standard 3: Information and Knowledge

□ **CILIP**, *School Libraries—A Right*

■ A designated library professional who:
- understands the curriculum and pastoral needs of teaching staff and who will support these with managed resources.
- will collaborate with staff on curriculum planning and development and be involved in teaching.
- will develop partnership working with other key organizations within and beyond the school.

☆ 中国情境

□ 基本情况

■《指南（第二版）》中强调的专业图书馆员专业性服务在我国中小学图书馆发展情境中目前较难实现，主要原因有两点：其一，中小学图书馆的定位不明确，导致中小学图书馆员职业化程度低；其二，我国很多中小学图书馆没有专职人员，大部分由教师或者其他职员兼职，兼职人员当中也鲜有图书馆学专业人员或者具备专业资质的人员。因此，目前难以由专业馆员开展教育教学活动。特别是应试教育的大环境导致一些学校不愿在图书馆方面投入充分的成本。目前，教育部门也没有严格要求"中小学图书馆必须设立专职人员"。

■ 在很多地区中小学图书馆不受到重视，图书馆员仅作为"看门人"，从事机械性的重复工作，缺少创造性，不能以科学管理的态度来对待图书馆工作。由于角色认同感低，缺少职业声望、地位，加之组织上的不公平因素[①]，难以让中小学图书馆员参与、辅助教学，开展信息素养教育等。

□ 相关政策法规条文

■《关于进一步加强中小学图书馆工作的指导意见》第六条规定："中小学校要充分利用图书馆的馆舍设施资源、人力资源和文献资源等，为课程、教材、教学方法的改革和师生的发展提供更为广泛、深入的支持。要大力引导学科教师自觉利用图书馆的文献资源，补充、拓展、丰富课程教材资源，使图书馆的文献资源特别是学生的优秀课外读物成为教材和教学内容的重要组成部分。同时，结合教学内容和任务，鼓励、要求和组织学生利用图书馆开展相应的学习活动。通过学科教师与图书馆专业人员的紧密合作，课堂教学活动与图书馆教育教学活动的有效结合、促进学科教学与图书馆的深度融合，实现教学方法的进一步改进，以配合人才培养模式的不断创新。"

■《关于加强新时期中小学图书馆建设与应用工作的意见》"二、重点任务"之"（七）充分发挥育人作用"规定："创新图书借阅方式，简化图书借阅管理，

---

① 詹玮. 中小学图书馆员职业倦怠的影响因素分析 [J]. 图书情报工作，2012，56 (19)：69-74.

将馆藏资源推送到楼层、课堂，促进师生便捷、有效阅读。要利用一定课时，培养学生搜集、整理、分析和选择信息资源的能力，提高学生信息素养。拓展图书馆使用功能，利用图书馆举办学术讲座，展示师生作品，开展教研、学习交流活动。积极组织开展书香校园创建活动，结合校园文化，开展经常性主题读书活动，传播社会主义核心价值观，培养学生阅读兴趣、阅读习惯等有效阅读能力，发挥好引领、辐射和带动作用。组织力量积极开展针对中小学图书馆的理论与实践研究，加强科研引领。"

☐ 馆长之见
- 杨长军馆长：现阶段学校图书馆的主要教育职责体现在文化素养和阅读推广、服务于教师的专业发展这两个方面。探究性学习（问题导向学习、批判性思维）方面主要通过基于翻转课堂模式的移动阅读课来引导学生进行批判性思维的训练；信息素养（信息技能、信息能力、信息通晓、媒体素养、跨媒体素养）方面主要依托学生信息课程来实现，由学校计算机老师来承担此教学任务，图书馆员参与度不高。为更好地开展各种图书馆服务，一名技术集成的图书馆员十分必要。
- 王鸿飞馆长：专业图书馆员的教育职责不难理解。学校图书馆本身就具备教育功能，那么专业图书馆员就应当具备教育职责。《指南（第二版）》对学校图书馆员的教育职责范围做了界定，认为学生个人、小型学生团体、学生班级以及教学同事等都是教学服务对象。国内的中小学图书馆可以受此启发，除了做好教师与学生的个人服务外，还可以开展面向学生社团、班级的团体服务项目。此外，本人认为《指南（第二版）》提到的学校图书馆员教学工作的核心活动也不同于国内的文化教育教学，其实阅读推广、信息素养、服务于教师的专业发展、探究性学习等也是图书馆的服务内容，可能在表述上略有不同。

☆ 进一步阅读

- CILIP. A safe place for children[EB/OL]. (2015). https://cdn.ymaws.com/www.cilip.org.uk/resource/collection/A877439B-836E-49C4-8703-06DDEC029C36/YLG_Safe_Place_for_Children_Final_June_2015.pdf.

第六节　关于管理的职责

* *

3.5.2　管理的职责

专业学校图书馆员的管理职责包括以最优使用为目的组织学校图书馆的文献系统和流程。其中包括图书馆设施（实体和数字环境）、馆藏资源（实体的和数字的）以及教育活动和服务（实体的和数字的）。人力资源管理——图书馆工作人员的招聘、选拔、培训、指导和评估——也是这一职责的一部分。

＊＊＊＊＊＊＊＊＊＊＊＊＊＊＊＊＊＊＊＊＊＊＊＊＊＊＊＊＊＊＊＊

☆ 解读

本条说明的是图书馆员的管理职责及其包含的内容。

美国青年图书馆服务协会 2003 年修订的《服务于青年的图书馆员能力》提出图书馆员能力的七大方面，包括了管理方面的 17 条要求。[①] 2003 年专业图书馆协会提出的《情报专业人员的能力》指出情报专业人员需要专业能力和个人能力，其中专业能力包括在信息资源管理上的知识和能力。美国东南研究图书馆协会提出研究性馆员应该开展有效的服务、了解信息资源的管理等。

学校图书馆作为承担教育教学任务的图书馆，需要结合教学工作开展各方面的管理工作。

☆ 参阅

□ **CILIP**, *Guidelines for Secondary School Libraries*, **3rd edition**

■ The librarian has discrete responsibilities under the following headings, the first four of which are covered in this chapter and the remainder in other parts of these guidelines as indicated:
  · Financial planning and budget management
  · Interviewing and appraising staff
  · Behavior management
  · Management of ICT
  · Improvement planning (see Chapter 3)
  · Library environment (see Chapter 4)
  · Resources management (see Chapter 5)
  · Marketing, promotion and advocacy (see Chapter 8)
  · Evaluation (see Chapter 9)
  · Partnership management (see Chapter 10)

□ **ALA/AASL**, *Standards for Initial Preparation of School Librarians*

■ Standard 5: Program Management and Administration

■ Candidates plan, develop, implement, and evaluate school library programs, resources, and services in support of the mission of the library program within the school according to the ethics and principles of library science, education, management, and administration.

---

① 杨永生，初景利. 国外对图书馆能力与核心能力的研究评述 [J]. 图书馆学研究, 2008 (3): 79-84.

☆ 中国情境

☐ 基本情况

- 目前，我国绝大多数图书馆工作人员都不是教师编制，他们的经济待遇和社会地位不如在编教师；许多人非专业人才，甚至为兼职教师。图书馆缺少既懂图书知识，又懂教育学，阅读面广且精通电脑的复合型人才来完成管理职责。
- 中小学图书馆人力资源的突出问题是由于图书馆定位不明而直接造成领导缺乏正确的人力资源发展观。此外，部分图书馆员对中小学图书馆工作本身存在一定的认知偏差，众多因素造成中小学图书馆员职业生涯规划不足。
- 现阶段，我国中小学图书馆员专业性提升中还需要重点解决人才结构如何系统提升的问题。目前，在人才结构方面的问题突出体现在以下三方面：其一，学历及职称偏低、结构不合理；其二，中小学图书馆员专业素养有待提升；其三，中小学图书馆资源建设相关人才短缺。中小学图书馆因其服务对象是在校学生与教师，其资源建设与管理相当复杂。中小学图书馆业务的专业性决定必须有未成年人图书馆与信息服务相关专业人才的引进，以及对现有馆员的继续教育，并传递当代未成年人图书馆服务理念。

☐ 相关政策法规条文

- 《中华人民共和国公共图书馆法》第四十九条规定："公共图书馆从事或者允许其他组织、个人在馆内从事危害国家安全、损害社会公共利益活动的，由文化主管部门责令改正，没收违法所得；情节严重的，可以责令停业整顿、关闭；对直接负责的主管人员和其他直接责任人员依法追究法律责任。"
- 《中小学图书馆（室）规程》第三十三条规定："图书馆应当设专职管理人员并保持稳定性。图书馆管理人员编制在本校教职工编制总数内合理确定。图书馆管理人员应当具备基本的图书馆专业知识与专业技能。中学图书馆管理人员应当具备大学本科以上文化程度，小学图书馆管理人员应当具备大学专科以上文化程度。"

☐ 馆长之见

- 杨长军馆长：学校图书馆员应该主动参与学校图书馆软硬件建设，承担起学校图书馆建设的各方面工作。
- 王鸿飞馆长：从管理职责看，专业的学校图书馆员的职责更接近于国内中小学图书馆的馆长甚至更高的管理职位的职责：一是负责组织图书馆设施、馆藏资源、管理系统以及服务计划等；二是也承担部分职责，如招聘、选拔、培训、监督以及评估图书馆工作人员等。我国的中小学图书馆在这方面是远远不足的，图书馆馆长在学校管理层级中不具备这种权力。一般来说，只有学校办公室才具备人力资源管理职责。

☆ 进一步阅读

■ ALA/AASL. YALSA's competencies for librarians serving youth: young adults deserve the best[EB/OL]. (2010). http://www.ala.org/yalsa/guidelines/yacompetencies2010.

第七节 关于领导和协作的职责

* *

3.5.3 领导和协作的职责

学校图书馆员的主要职责是助益学校完成其使命和目标。通过与学校行政管理者和教师协作，图书馆员制定和实施以课程为基础的图书馆服务和活动，以支持所有人的教与学。图书馆员在教学活动中贡献其与信息提供和资源使用有关的知识和技能，这些教学活动包括探究和项目工作、解决问题活动、基本素养活动、阅读参与以及文化活动等。学校图书馆员可能独力或与学校其他专业人士协作，承担技术集成、为教师和行政管理者提供专业发展等方面的职责。

协作是学校图书馆员工作中至关重要的一部分。学校图书馆员应与学校行政管理者一道，建立对于图书馆之于学校使命和目标之贡献的理解和支持。学校图书馆员应直接向校长、主管教师或学校常务主管汇报，应有望参与学校的整体规划以及其他管理层面的团队合作。在学校社群内，学校图书馆员应通过诸如跨课程探究计划和跨学科学习单元等活动，以加强学校的整体性和凝聚力。学校图书馆员还应与其他学校图书馆员协作，以扩展和延续其专业发展和学习。

* *

☆ 解读

本条说明学校图书馆员要积极与学校的管理人员、教师合作，以及参与领导团队，以更好地实现学校图书馆和学校的价值。

学校图书馆服务于学校教书育人的使命和目的，图书馆的活动和资源属于学校的一部分。但仅靠图书馆自身的努力是不够的，只有开展广泛的合作，取得学校领导、各学科教师的支持和理解，才能更好地实现学校图书馆的功能。特别是除了藏书、资料检索等外，学校图书馆还需要拓展出更多的功能以实现其使命和价值。

在日本，作为学校图书馆员的司书教谕是连接课堂教学和图书馆指导的纽带。可见学校图书馆员除了直接与学校其他各方合作外，还在促进合作方面发挥着重要的作用。

司书教谕带动和指导教师与图书馆专职人员互相合作，完成教学工作和图书馆指导工作。① 此外，学校图书馆是学生进一步学习、培养信息素养等兼具多种功能的场所，为了调动多方资源以实现不同功能，学校图书馆员对合作和领导的推动就显得尤为重要。

☆ **参阅**

- **IFLA/UNESCO，*School Library Manifesto* 1999**
  - To ensure effective and accountable operations: co-operation with teachers, senior school management, administrators, parents, other librarians and information professionals, and community groups must be encouraged.

- **ALA/AASL，*Standards for Initial Preparation of School Librarians***
  - Standard 4: Advocacy and Leadership
  - Candidates advocate for dynamic school library programs and positive learning environments that focus on student learning and achievement by collaborating and connecting with teachers, administrators, librarians, and the community. Candidates are committed to continuous learning and professional growth and lead professional development activities for other educators. Candidates provide leadership by articulating ways in which school libraries contribute to student achievement.

- **Elements**

  4.1 Networking with the library community
  4.2 Professional development
  4.3 Leadership
  4.4 Advocacy

- **CLA，*Achieving Information Literacy Standards for School Library Programs in Canada***
  - Within school learning communities, people play interconnected and interdependent roles in making that community successful. A collaborative team of educators is required to achieve information literacy and successful school library programs and services. This team must include a qualified teacher-librarian, classroom teachers, the school administrators, curriculum consultants, a coordinator for the district library, and the superintendent of the school district. In addition, each of these participants needs support staff to assist in the implementation of programs, policies, and procedures.

---

① 钟伟. 试论日本学校图书馆专业职务制度对我国中小学图书馆发展的启示 [J]. 图书馆工作与研究，2012 (9): 117-121.

☆ 中国情境

□ 基本情况

- 由于我国中小学图书馆员存在专业素质偏低、年龄结构老化等问题，学校图书馆员本身的能力和素养限制了其与校内其他教师、工作人员形成广泛的合作关系；又由于层级限制，难以参与全校性的规划或直接向学校领导层汇报。加之学校图书馆处于边缘位置，校内各授课教师、其他工作人员较少主动寻求与学校图书馆员的合作。
- 目前，中小学图书馆员参与、辅助教学的相关实践只在部分地区开展，尚未推广至全国。在中小学图书馆员领导与协作职责的实现方面，上海地区两所中学进行了相关尝试，并取得不俗成绩。
- 复旦大学附属中学图书馆长阎衡秋的工作得到了学校的大力支持。学校改变了由教务处领导图书馆的惯例，把图书馆交由分管教学的副校长直接管理。相应地，增加了对图书馆的经费投入，每年的购书、报刊订阅经费都可达到二三十万元。[①] 在复旦大学附属中学，1996年成立的"书迷会"是上海市杨浦区的明星社团。借助"书迷会"这一平台，复旦大学附属中学图书馆与语文教研组合作，组织学生参与暑期读书活动、首届"复兴杯"名校读书节活动等。图书馆通过校内合作推动学校目标的实现。
- 在上海师范大学附属中学，图书馆利用计算机管理系统对学生的借阅数据进行分析，和语文组合作设计了"师大附中学生课外阅读成果测评卡"，从中研究学生的阅读取向，并对每位学生做出评价性信息反馈。这张测评卡已纳入学校"学生自主发展成长包"。

□ 相关政策法规条文

- 《关于进一步加强中小学图书馆工作的指导意见》第六条规定："通过学科教师与图书馆专业人员的紧密合作，课堂教学活动与图书馆教育教学活动的有效结合、促进学科教学与图书馆的深度融合，实现教学方法的进一步改进，以配合人才培养模式的不断创新。"
- 《中小学图书馆（室）规程》第四条规定："建立健全学校文献信息和服务体系，协助教师开展教学教研活动，指导学生掌握检索与利用文献信息的知识与技能。"第二十七条规定："开设新生入馆教育、文献信息检索与利用、阅读指导课等，鼓励纳入教学计划；为教育教学和科研活动提供有效的文献信息支撑。"

□ 馆长之见

- 杨长军馆长：学校图书馆的使命是推动书香校园建设以及提升师生素养。目前

---

① 中小学图书馆摆脱边缘角色的理想与现实［N/OL］.中国教育报，2009-06-29.［2017-03-05］.http://paper.jyb.cn/zgjyb/html/2009-06/29/content_13401.htm.

还没形成以课程为导向的图书馆服务与方案，主要是以校图书馆资源为导向。作为学校教务处下属的一个二级部门，在阅读推广活动或校园读书节活动中，图书馆都要与其他部门（如行政部门）或者学科组进行协同合作。学校图书馆员每月通过固定的教研活动与同行进行交流。

- 王鸿飞馆长：为了达到学校图书馆的服务目标，完成服务计划，专业图书馆员需要寻求各方支持，形成合力。对这一点，世界各地的学校图书馆员都应该有共识。我国的中小学图书馆实行校长领导下的馆长负责制。馆长需要直接向校长或副校长汇报图书馆工作，争取经费支持以及服务理解；馆长或馆员需要与学校其他学科教师合作，宣传图书馆的资源与服务，围绕教学制定图书馆服务方案，为教育教学提供服务。此外，图书馆员之间应该加强合作与交流，交流优秀的经验做法，扩展并继续其专业发展和学习。当然，这些主要体现在建立图书馆员联盟或者组织的各种培训活动方面。目前，国内很多地区已经建立区域中小学图书管理专业委员会等专业机构，统筹图书馆整体发展。广东省内的专业组织包括广州教育学会中学图书管理专业委员会、珠海市教育学会图书管理专业委员会、佛山教育学会图书管理专业委员会等。这些图书管理专业委员会都在区域中小学图书馆的发展中发挥了很大的作用，特别是在人员培训、工作交流、教研活动、课题研究等方面作用尤其明显。其中，广州教育学会中学图书管理专业委员会的教研活动基本保持每月1次，为图书馆员提供了较多交流学习的机会。

☆ **进一步阅读**

- CLIR. Participatory design in academic libraries：new reports and findings [EB/OL].（2014）. https://www.clir.org/pubs/reports/pub161/.

第八节 关于社群参与的职责

****

3.5.4 社群参与的职责

社群参与包括通过活动策划、馆藏建设和延伸服务以邀请多元文化的、语言的、本土的及其他独特人口特征的群体使用图书馆。学校图书馆应该意识到家庭在儿童教育中的重要性以及代际间知识传递的价值。

儿童从家庭和社群中得到支持。应有整体路径，使得多元背景的人能够在学校图书馆中工作，参与管理并做出贡献，提供获取信息、思想和想象力作品的平等以实现所有人的社会、教育、文化、民主和经济福祉。财富和知识的代际传递，是许多社群的核心价值观之一。在这些社群中，对于儿童而言有效而有意义的知识传递方式可能与决定其间学校图书馆运作的主流文化大相径庭。对于所有儿童而言，"身份"和"归属"都是他们基本素养培育和学习成就取得的重要组成部分。

如果可能，学校图书馆员与更大社群内的图书馆群体保持联系，包括与公共图书馆和图书馆协会的联系。为能在特定社群内提升面向儿童和年轻人的图书馆服务，学校图书馆和公共图书馆应通力合作。书面合作协议应包括以下内容：合作常用指标；合作领域说明和界定；关于合作的经济含义及如何分担费用的说明；合作的计划时间段。合作领域的例子包括共享人员培训，合作进行馆藏建设和活动策划，协同提供电子服务和网络；班级参访公共图书馆；基本素养和阅读联合推广；儿童和年轻人图书馆服务联合推广等。

* *

☆ 解读

本条强调了学校图书馆的社群参与的职能。

学校图书馆和公共图书馆的合作交流是社群参与的重要实现方式。美国在这方面有较成功的实践。美国的联合图书馆形式之一就是学校图书馆与公共（社区）图书馆的联合。以美国格林敦联合图书馆运行模式为例，它由美国印第安纳州的格林敦公共图书馆和中小学图书馆联合组成。联合馆分为小学部和中学部，分别为小学和初高中的师生及当地的公众服务。它们的联合始于20世纪50年代，联合图书馆馆舍面积为6919平方米。[①] 学校图书馆和社区的联合促进了公众的终身学习。在这个平台，借助家庭学习计划，家长可以与孩子一起学习。此外，在一些社区，公众通过联合图书馆接触网络教育，学习语言类、信息技术等课程，增加人们平等地获得受教育的机会，有助于实现社会的民主和公平。学校图书馆和公共图书馆的合作还能促进社区居民之间的交流，借助主题座谈会、读书会等多样的活动，形成思想碰撞，让孩子有机会接触多元的思想，同时形成归属感。

在挪威奥斯陆，学校行政部门和公共图书馆签订了合作协议、定期开会讨论与该市120所学校图书馆有关的内容。公共图书馆的学校服务部门负责向学校提供咨询和提供额外资料的贷款，并在读写能力、馆藏建设和筹划学校图书馆空间等领域提供咨询。所有学校图书馆员和教师都可以通过电子邮件或电话寻求学校服务部门的帮助。学校负担不起的或不定期使用的资料可以由公共图书馆送到学校图书馆或直接送到教室。

☆ 参阅

□ IASL, *Policy Statement on School Libraries*

■ All education systems should also be encouraged to extend the learning environment beyond textbook and teacher into the school library. School librarians should cooperate with staff in public libraries and other community information centers to enable sharing of the community's information resources.

---

① 于春明. 美国公共图书馆与中小学图书馆联合办馆模式研究：以格林敦联合图书馆为例[J]. 图书馆理论与实践, 2012 (3): 82-87.

☐ CILIP, *School Libraries—A Right*

■ A designated library professional who can play a key role in developing the school as a hub of the community by: Building links with the public library service to support children's learning outside the classroom. Helping parents and careers to develop an understanding about how their children's learning is enhanced through access to a range of library resources and advising them about how to access and use these resources with their children. Ensuring they are equipped with an understanding of the digital literacy strategies needed to educate their children in the safe and ethical use of the internet

☆ 中国情境

☐ 基本情况

■ 全民阅读日益受到社会关注，未成年人阅读推广是其中关键一环。公共图书馆（包括独立建制的少年儿童图书馆）与中小学图书馆就成为未成年人阅读推广的主要场所。在政策保障方面，《全民阅读"十三五"时期发展规划》指出："加强中小学书香校园文化建设，完善中小学图书馆等校园阅读设施，开展多种形式的校园阅读活动。充分利用少年儿童图书馆、农家书屋、职工书屋、社区书屋、基层综合性文化服务中心以及青少年活动中心、少年宫等青少年活动场所，支持和帮助中小学生参加校外阅读活动，开展少儿阅读推广活动。"并强调要实现上述目标，亟须学校图书馆员来推动相应的社区参与。

■ 目前，国内已有公共图书馆与学校（中小学）合作的实践，可为中小学图书馆与公共图书馆的合作提供借鉴。合作的形式主要有：①借阅服务，包括普通借阅、集体借阅及与学校合作建立汽车流通点等；②宣传和读者培训服务，包括到学校宣传图书馆的服务、对学生进行培训等；③为教师另辟阅览室，并提供专业服务；④为学生提供拓展服务，如课外知识辅导、搜集学习资料；⑤组织校园志愿者参与图书馆志愿服务；等等。①

■ 国内公共图书馆与学校的合作尚缺乏合理的促进机制。双方合作中，公共图书馆表现得更为积极；在经费投入上，也多以公共图书馆为主，学校多以受益方出现。对于中小学图书馆与公共图书馆的合作亦然，合作的拓展需要相关法律的指导，需要建立合理的促进机制，更需要包括学校在内的教育系统有更加积极主动的合作意愿。

■ 《关于加强新时期中小学图书馆建设与应用工作的意见》首次将家长作为读者对象写入文件中。家庭的环境与氛围将对学生是否能够把阅读作为一种生活方式产生重大的影响，鼓励家长与学生共同读书、读同一本书，积极开展对家长的阅读培训，对于全面提高图书流通率、打造书香家庭、建设书香社会将起到不

---

① 史拓. 公共图书馆与中小学校合作的中美比较研究 [J] 图书馆建设, 2012 (5): 77-79.

可低估的作用。①

□ 相关政策法规条文

■ 《关于进一步加强中小学图书馆工作的指导意见》第六条规定:"学校要将学生的阅读活动同德育活动、学科教学活动、专题教育活动、探究活动、兴趣活动、班团队活动、文艺体育活动、社会实践活动等相结合,并利用校外、假期等时间和每年 4 月 23 日'世界读书日'、9 月 9 日'国家图书馆日'等时机,组织学生开展各种形式和内容的阅读活动。通过各种有效的组织措施,积极推动阅读活动课内课外相结合,校内校外相结合,家校社区相结合,得到广泛、深入、持续的开展。"

■ 《关于加强新时期中小学图书馆建设与应用工作的意见》"二、重点任务"之"(八)带动书香社会建设"规定:"中小学图书馆要主动探索向社区、社会开放,提高馆藏资源利用率。农村中小学图书馆要发挥辐射作用,采取有效措施服务农民精神文化需求。"

□ 馆长之见

■ 杨长军馆长:儿童教育是学校图书馆任务的重要组成部分,因为学校图书馆主要服务对象是未成年人,家长的参与会使得学生更能接受某项活动,反过来促进整个活动的开展。多年来组织的"家庭漂流团"以及与家庭成员共读一本书等活动得到了许多家庭的热烈响应。学校图书馆与公共图书馆的合作虽然不多,但近年来逐步有所加强。例如,广州市少儿图书馆通过物流配送将图书送到各学校图书馆;各学校图书馆作为少儿馆分馆,接受统一的培训及指导。

■ 王鸿飞馆长:目前,我国的学校图书馆由教育部门主管,而公共图书馆(社区图书馆)由文化部门主管,两者隶属于不同的行政部门,在经费、人员管理、馆藏发展等很多方面都无法互通有无。尽管个别政策文件或学术研究也偶有建议学校图书馆面向社区开放服务,但学校图书馆以及图书馆员还是较少参与社区文化服务。当然,我们也看到如佛山市的公共图书馆与学校图书馆的联盟、广州少年儿童图书馆等助力中小学图书馆自助图书馆建设等项目等,已朝着这样的目标不断努力。学校图书馆员应尽可能与更广泛的社区图书馆团体交流,包括加强学校图书馆与公共图书馆和图书馆协会之间的联系。挪威奥斯陆学校行政部门和公共图书馆签订合作协议,定期开会讨论与该市 120 所学校图书馆有关的内容的做法是十分值得借鉴。学校图书馆需要得到公共图书馆的帮助与指导,并与之进行合作,这是毫无疑问的。

☆ **进一步阅读**

■ IFLA. How libraries for children and young adults are supporting development by pro-

---

① 教育部. 努力抓好中小学图书馆建设与应用五大关键要素:学习贯彻《关于加强新时期中小学图书馆建设与应用工作意见》[EB/OL]. (2015-06-01)[2017-03-05]. http://www.jyb.cn/basc/xw/201506/t20150601_624323.html.

viding access to information[EB/OL]. (2015). https://www.ifla.org/files/assets/hq/topics/libraries-development/documents/libraries-for-children-and-young-adults.pdf.

第九节　关于推广图书馆活动和服务的职责

* *

3.5.5　推广图书馆活动和服务的职责

所谓图书馆活动和服务推广，包括告知用户图书馆必须提供的活动和服务，以及将这些活动和服务与用户的需求和偏好相匹配。学校图书馆必须积极推广所提供的活动、服务和设施，以使目标群体意识到图书馆作为学习中的伙伴，作为活动、服务和资源提供者的角色。图书馆服务推广的目标群体包括校长、学校行政管理层其他成员、部门主任、教师、学生和家长。根据学校的特点和不同目标群体来调整沟通的方式至关重要。

学校图书馆应与学校行政管理者和教师合作制定书面推广计划。计划应包括以下内容：目的；实现目的的行动计划；行动计划成功与否的评估方法。

* *

☆ **解读**

本条说明图书馆应通过推广图书馆活动和服务来提高图书馆的吸引力。推广计划应包括以下内容：目的，实现目的的行动计划，行动计划成功与否的评估方法。

澳大利亚学校图书馆协会在2005年提出，通过宣传来展示日常工作事项如何影响目标人群的看法，来显示学校图书馆可以促进学校成为社区信息文献中心。美国学校图书馆协会则定义，宣传是正在进行的建立伙伴关系的过程，让其他人主动采取行动，把被动的支持转化为图书馆媒体节目的教育行动。[1] 综合起来，学校图书馆的宣传可以增加获得校长、教师、学生和家长支持的机会，提高学校图书馆的影响力，便于开展各项目和服务。

根据美国学校图书馆宣传方面的文献研究，学校图书馆的推广分为计划和行动两部分。计划包括收集证据、建立丰富的资源，成为协会或工作队的队员，创建、共享愿景和目标，创建和组织互助组，参加职业规划；行动则包括出席会议并做演讲，与其他图书馆员合作和互联，传播有关学校图书馆宣传方面的信息，与决策者沟通，参与校长和教师的工作，参加图书馆立法日活动，等等。

---

[1]　梅新娅. 美国学校图书馆宣传文献研究［J］. 图书馆事业，2016（9）：83-86.

☆ **参阅**

□ **ALA/AASL,** *Standards for Initial Preparation of School Librarians*

- Standard 5: Program Management and Administration
- 5.4 Strategic Planning and Assessment
- Candidates communicate and collaborate with students, teachers, administrators, and community members to develop a library program that aligns resources, services, and standards with the school's mission. Candidates make effective use of data and information to assess how the library program addresses the needs of their diverse communities.

□ **CLA,** *Achieving Information Literacy Standards for School Library Programs in Canada*

- The school library program depends on the leadership of a qualified teacher-librarian and the support of trained clerical/technical staff. These two staffing components play complementary roles that facilitate an open, accessible, well-managed school library that provides students and teachers with effective, resource-based learning activities and access to a wide variety of information sources.
- The school library program supports and is consistent with the school's instructional program. The teacher-librarian takes a leadership role in the area of resource-based learning and teaching. The teacher librarian collaborates with classroom teachers on cooperative units, and students receive instruction in the development of information literacy. Policies and procedures are developed that support an open, active library program.

☆ **中国情境**

□ 基本情况

- 国内中小学图书馆普遍存对学生吸引力不足的现象,因此,图书馆宣传应成为图书馆员重视的一项工作。目前,国内学校图书馆宣传方面缺少系统的规划,对其进行研究的文献亦少见,可见学校图书馆宣传的力度不够,图书馆工作人员没有充分认识到宣传的重要性并做出行动。除此之外,国内还缺少直接与图书馆宣传相关的政策法规条文。
- 学校的文化氛围会对中小学图书馆建设产生影响。上海市曾经对中小学教师的人文素养做过专项调查,结果显示,教师虽然有一定的人文素养,但总体上看仍不够理想。具体表现为:大部分教师阅读面较窄,视野不宽,尤其对文史哲经典著作阅读较少,超过六成的教师很少去或从来不去学校图书馆借书。教师骨子里迸发出来的精神气质、言谈举止中流露出来的人文底蕴,都能对学生产生不可估量的影响。① 因此，通过宣传先取得教师的支持，可以逐渐提高中小学图书馆在学生当中的影响。
- 关于推广图书馆活动与服务方面，我国只有小部分地区积极开展相关实践，并在区域内形成一定影响力。例如，在复旦大学附属中学，现代化图书馆已成了学校教学科研的重要帮手。教师为充实教案，成为图书馆的常客；教研组会通过图书馆向高校的教授求助。为了让更多的学生能随时阅读有益且实用的图书，馆长主动与各学科教师联手，列出推荐书目，重点采购这些书籍。同时，图书馆还积极参与区、学校重大课题的科研工作。
- 此外，上海师范大学附属中学的相关服务实践亦可以作为案例进行推广，学校图书馆员与教师紧密合作，为教学提供多种支持。图书馆员研究教育教学的发展动态、教师对信息的需求情况，并在大量的馆藏资料中进行筛选、整理，编制了《教海罗盘》，内容包括文摘、新书介绍、索引等。②

☐ 相关政策法规条文
- 《全民阅读"十三五"时期发展规划》（2016年12月17日，国家新闻出版广电总局）"二、重点任务"之"（八）组织引导社会各方力量共同参与"规定："制定阅读推广人培养方案及管理办法，建立基层全民阅读工作者队伍培训机制，对全国各级全民阅读工作人员、图书馆员、农家书屋管理员、阅读推广人等进行系统培训，提高全民阅读推广能力，支持开展各类基层读书活动。"
- 《关于加强新时期中小学图书馆建设与应用工作的意见》"二、重点任务"之"（七）充分发挥育人任务"规定："创新图书借阅方式，简化图书借阅管理，将馆藏资源推送到楼层、课堂，促进师生便捷、有效阅读。要利用一定课时，培养学生搜集、整理、分析和选择信息资源的能力，提高学生信息素养。拓展图书馆使用功能，利用图书馆举办学术讲座，展示师生作品，开展教研、学习交流活动。积极组织开展书香校园创建活动，结合校园文化，开展经常性主题读书活动，传播社会主义核心价值观，培养学生阅读兴趣、阅读习惯等有效阅读能力，发挥好引领、辐射和带动作用。组织力量积极开展针对中小学图书馆的理论与实践研究，加强科研引领。"

☐ 馆长之见
- 杨长军馆长：学校图书馆应根据不同的服务对象，制定不同的阅读推广方案或策略，并采取相应的评估体系进行有效评估，实施改进相关策略。
- 王鸿飞馆长：本人主编的《中小学图书馆建设实践与阅读推广》一书，用了较大的篇幅从中小学图书馆的宣传推广、中小学图书馆读书活动、中小学图书馆阅读调查等方面阐述如何开展中小学图书馆的宣传与阅读推广，并整理归纳了

---

① 中小学图书馆摆脱边缘角色的理想与现实 [N/OL]. 中国教育报, 2009-06-29. [2017-03-05]. http://paper.jyb.cn/zgjyb/html/2009-06/29/content_13401.htm.

② 中小学图书馆摆脱边缘角色的理想与现实 [N/OL]. 中国教育报, 2009-06-29. [2017-03-05]. http://paper.jyb.cn/zgjyb/html/2009-06/29/content_13401.htm.

中小学图书馆阅读推广的一些典型案例。这是因为作为图书馆员的我们逐渐意识到，图书馆必须积极向教师、学生等推广所提供的项目、服务和设施，引导更多人走进图书馆、利用图书馆。但是，目前大部分中小学图书馆由于人员素质、阅读环境、馆藏资源、服务内容等原因，在保障开放时间的前提下，读者的到馆率与借阅率都不甚理想。因此，中小学图书馆的宣传与阅读推广工作迫在眉睫。至于制定推广计划，则需要根据图书馆的发展程度以及学校实际而定。

☆ 进一步阅读

■ ALA. Teenprogramming guidelines[EB/OL]. (2015). http://www.ala.org/yalsa/teen-programming-guidelines.

第十节　关于学校图书馆辅助人员的职责与资质要求

****

3.6　学校图书馆辅助人员的职责与资质要求

学校图书馆辅助人员（即图书馆助理、图书馆技术人员）应向图书馆员汇报，并通过承担文职和技术方面的职能支持图书馆员的工作。学校图书馆辅助人员应接受关于学校图书馆基本运作流程的培训和发展，例如图书馆馆藏的排架、借还和加工，提供与在线流通管理和编目有关的技术服务，提供数字资源的获取。

****

☆ 解读

本条说明学校图书馆辅助人员的职责和相关工作。

以日本为例，为了管理、开展图书馆工作，很多学校或地方政府招募了学校司书，相当于上述所指图书馆助理馆员。这个专业职务虽然在日本没有法律明文规定，但获得了国家政策认可和社会承认。他们也被称为"学校图书馆事务职员"，他们没有专业资格从事图书馆事务工作，负责协助司书教谕。[①] 目前，学校司书还是图书馆工作的重要力量，也有很多日本学者提议将这一职务法制化，以更好地配合司书教谕的工作。

实际上，由于图书馆服务对象及目标的多样化，对馆员也有了多样化的要求。一方面，学校图书馆助理馆员完成基本的工作，以便图书馆员有更多的时间、精力发挥专业优势，实现管理、组织等更高要求的工作；另一方面，学校图书馆助理馆员可能有多样的知识结构背景，特别是计算机、理工科背景，这将有利于图书馆工作与技术结合，提高学校图书馆的管理和服务效率。

---

① 钟伟. 试论日本学校图书馆专业职务制度对我国中小学图书馆发展的启示[J]. 图书馆工作与研究，2012（9）：117-121.

☆ 参阅

□ **CILIP**, *Primary School Library Guidelines*

■ A library assistant is often a member of the school support staff who is allocated some hours each week to work in the library to: Assist in the day to day running of the library, keeping it open and available to children. Prepare new resources for use. (i. e. spine labeling, jacketing, etc,) Assist and supervise pupils using the library throughout the week. Assist in the repair and maintenance of stock. Shelve materials in correct order. Assist with creating displays of library resources, production of library newsletters and other ways of promoting materials.

■ To assist with the provision and maintenance of resources to staff and students in the school. To provide support to the librarian / manager as detailed below and to deputies for the manager during the school day and outside school hours.

☆ 中国情境

□ 基本情况

■ 目前，我国中小学图书馆工作人员主要由图书馆馆长、图书馆员、志愿者这三类人员构成。《指南（第二版）》中强调的学校图书馆辅助人员在我国中小学图书馆中尚未设置相关职位。当下我国中小学图书馆面临人力资源困境，中小学图书馆专职人员聘用问题都难以解决，助理图书馆员这一职位在我国当前情境下还不具备设置的条件。

■ 目前，我国部分中小学图书馆人员招聘采用人事代理制度。根据调查，不少招聘启事中明确说明对新进馆员采用人事代理方式聘用，即将新进图书馆员作为编外人员看待；由于经费和编制的限制，学校需要将有限的编制留给他们认为更重要的职位，显然，图书馆员并不是首要选择。[①] 对于中小学图书馆，图书馆员的职位尚且不被认为是必需的，那么图书馆助理馆员的地位可想而知。相关政策法规对此也缺少明确的规定，对图书馆助理馆员的角色和作用界定不明晰。

□ 相关政策法规条文

■《中华人民共和国教育法》第三十六条规定："学校及其他教育机构中的管理人员，实行教育职员制度。学校及其他教育机构中的教学辅助人员和其他专业技术人员，实行专业技术职务聘任制度。"

□ 馆长之见

■ 杨长军馆长：现阶段来讲学校图书馆人员编制相对缺乏，很多学校图书馆都采取招募学生义工的方式来补充日常管理所需的人员；在招募学科教师作为学科

---

① 陈传夫，王云娣，盛钊，等. 图书馆员去职业化问题、原因及对策研究［J］. 中国图书馆学报，2011（1）：4-16.

馆员的方面也需要进一步加强，现阶段的学科馆员一般只是参与学校图书馆文献资源的建设。

- 王鸿飞馆长：除了专业的学校图书馆员，学校图书馆还有辅助专职人员（即图书馆助理、图书馆管理员）。个人理解这些辅助专职人员应该属于没有学校编制的合同雇员，也就是临时工作人员。这在国内中小学图书馆并不少见，而且可能比例越来越大。这些辅助专职人员在馆长或者专业的图书馆员的指导下开展工作，需要进行适当的业务培训。至于工作的内容，要根据学校图书馆的实际情况确定，主要是一些比较简单的工作，如排架、外借与归还图书、分发报纸杂志、加工图书资料、教材管理、功能室管理、电脑设备维修、学生义工（志愿者）管理等。

☆ 进一步阅读

- IFLA/UNESCO. Multicultural library manifesto [EB/OL]. (2001). www.IFLA.org/node/8976.

第十一节 关于学校图书馆志愿者的职责与资质要求

* *

3.7 学校图书馆志愿者的职责与资质要求

志愿者不可以替代图书馆带薪工作人员，但可以根据协议承担工作支持的职责，相关协议提供了一个志愿者参与学校图书馆活动的正式框架，其中包括学校图书馆员对志愿者的指导。在明确职责的范围内，同时在馆员指导之下，学生也可以成为学校图书馆的志愿者。学生志愿者应该是高年级学生，通过正式的申请程序遴选，经过必需的培训，以完成诸如协助设展、馆藏重新排架、与幼龄儿童一道阅读、向同学推荐图书等任务。

* *

☆ 解读

本条说明了学校图书馆志愿者作为图书馆人力资源一部分的职责与资质要求。

学校图书馆志愿者不能替代图书馆专职工作人员的工作，但也需要一定的申请程序和选择来确保志愿者可以胜任相应工作。高年级学生是志愿者的较优人选，因为志愿者工作需要有相应的能力来完成，志愿者的素质对于图书馆服务工作的开展也具有一定的影响。

学校图书馆引入志愿者有诸多好处。对图书馆来说，可以吸引用户，通过参与的方式提高人们对学校图书馆的关注度，并在一定程度上解决人力资源短缺的问题；对于志愿者而言，可以得到锻炼的机会，增加对图书馆工作的了解。

在日本，根据《学校图书馆法》的规定，全国公立中小学校的图书管理人员应具备"司书教谕"的资格，但由于财政困难等原因，学校可能出现师资力量不足的现象，这时司书教谕就要兼任授课教师。此时，为了补充人力资源，学校申请志愿者参与图书馆工作。志愿者主要负责图书分类、借还书等工作。根据日本文部科学省2011年6月的《2010年度关于学校图书馆现状调查报告》，截至2010年5月，日本小学图书馆的志愿者利用率最高，为78.7%，初中为24.1%，高中为2.7%。[①]

☆ 参阅

□ CILIP, *Primary School Library Guidelines*

■ Parents/carers and other volunteers can be asked to do many of the jobs of the library assistant—see library assistant job description—as well has help with library events and activities throughout the year. In many schools, parents are actively involved in fund-raising, creative projects and organizing book weeks.

■ Organizing pupils to help with the library not only ensures the smooth day-to-day running of the library, but also helps develop a sense of responsibility, achievement and self-esteem in the children.

☆ 中国情境

□ 基本情况

■ 我国中小学图书馆对志愿者的利用较少，相关的研究也停留在理论阶段。相比高校图书馆的学生志愿者，中小学生的上课时间固定，课业压力大，进行志愿服务的可行性不高；学生因为课堂时间紧张等原因，难以带来有效的志愿服务。

■ 中小学图书馆尚未正式建立志愿者管理机制。志愿者在中小学图书馆人力资源短缺的情况下，可以作为图书馆人力资源的重要补充。在现有环境等多重阻力以及缺乏系统管理体系的情况下，国内中小学图书馆几乎没有引入外部人员作为志愿者。

□ 相关政策法规条文

■《关于进一步加强中小学图书馆工作的指导意见》第三条规定："学校要聘任适合的教师兼任图书馆员，吸收符合相应条件的学生家长代表担任图书馆工作志愿者，构建一支由专业人员、兼职人员与志愿者组成的相对稳定、服务高效的图书馆管理人员队伍。同时，组织学生参与图书馆的管理和服务工作。"

□ 馆长之见

■ 杨长军馆长：学校图书馆志愿者服务是弥补图书馆员不足的一个重要方式。志愿者参与图书馆管理与建设，不仅使得他们在服务的过程中接受图书馆教育，

---

① 王乙竹. 中日中小学图书馆比较研究 [D]. 长春：东北师范大学，2012.

而且更能发挥他们的自身价值。

- 王鸿飞馆长：《关于加强新时期中小学图书馆建设与应用工作的意见》提到："逐步建成由专（兼）职人员、志愿者等组成的中小学图书馆管理人员队伍。"这给志愿者参与中小学图书馆活动提供了政策依据。当然，国内中小学图书馆探索志愿者（义工）建设已经好多年，并且已经积累了一定的经验。这类组织主要包括义工团队与读书社团。在名字方面，有叫义工队伍的，有叫图书社、读书社、读书俱乐部的，有叫学生管理员、图书馆助理的，等等。近年来，珠海市第三中学（以下简称珠海三中）图书馆立足于学校实际，对学生管理员队伍的建设进行了有效的探讨，积累了一定的经验。这在我主编的《中小学图书馆建设实践与阅读推广》中有非常详细的介绍。珠海三中的图书馆助理从周一到周五一共五个小组，每小组20人左右，一共有学生管理员100多人。每小组设立1名负责人、3名副负责人。他们积极参与图书馆的建设与服务工作，负责图书借还、图书上架、杂志报纸的加工上架、使用情况登记等工作。同时，也通过这些学生志愿者宣传了学校图书馆的图书资源，推广了学校图书馆的服务项目和读书活动。

☆ **进一步阅读**

- IFLA. Statement：no development without access to information—we need alternatives to internet shut-downs[EB/OL].(2017). https://www.ifla.org/publications/node/11563.

第十二节 关于道德标准

****

3.8 道德标准

在学校图书馆工作的每一个人，包括志愿者，均有责任在与彼此、与学校社群所有成员打交道时遵守道德高标准。他们必须竭力将图书馆用户的权利置于自己的舒适和便利之前，并避免在提供图书馆服务时因个人态度和信仰而产生偏见。所有儿童、青年和成年人，不论其能力和背景如何，均应受到公平的对待，他们的隐私权和知情权必须得到维护。

在学校图书馆工作的每一个人，包括志愿者，均应努力恪守图书馆事业的核心价值观：管理工作、服务、智识自由、理性主义、基本素养与学习、获取记录性知识和信息的公平、隐私，以及民主。关于获取记录性知识和信息的公平、智识自由等核心价值，在《世界人权宣言》第19条和国际图联的价值观（www.IFLA.org/about/more）中均有具体表述。

****

☆ **解读**

本条说明了学校图书馆所有人员应遵循的道德准则和核心价值观。

IFLA《图书馆员职业道德准则（草案）》的主要内容包括序言，信息获取，用户权利，隐私、保密和透明，中立、个人诚信和专业技能，社会责任，开放获取与知识产权，图书馆员间的关系等八个方面。[1] 其中提及图书馆员要抵制对信息获取的任何形式的拒绝、抵制和审查；保证用户平等获取信息的权利；要尊重用户的隐私权和保护个人数据；有责任帮助弱势群体，尊重少数民族以及他们的语言。本条所述学校图书馆员的道德标准与其内容基本一致。

☆ **参阅**

□ **ALA/AASL，*Standards for Initial Preparation of School Librarians***

■ Candidates practice the ethical principles of their profession, advocate for intellectual freedom and privacy, and promote and model digital citizenship and responsibility. Candidates educate the school community on the ethical use of information and ideas.

□ **CILIP，*Salary Guide* 2014-15：*Schools***

■ Librarianship is a profession. The term 'professional librarian' describes an individual who has been educated to a nationally agreed level of competence, the quality of which is supported by a Code of Professional Conduct.

☆ **中国情境**

□ 基本情况

■ 图书馆员道德规范主要依据中国图书馆学会2002年发布的《中国图书馆员职业道德准则（试行）》。这是以中共中央颁布的《公民道德建设实施纲要》为指导，总结我国图书馆活动的实践经验，为履行图书馆承担的社会职责而制定的行业自律规范。与本条所述核心价值观相关的内容有"真诚服务读者""维护读者权益，保守读者秘密""尊重知识产权，促进信息传播"等，但对于平等获取、民主、理性主义方面的内容比较欠缺。

■ 在中小学图书馆员职业道德政策建设中，目前我国尚未出台专门针对中小学校图书馆员的道德准则。中小学图书馆服务对象具有相当的特殊性与复杂性，应在《中国图书馆员职业道德准则（试行）》的基础上，针对青少年的特点进行解读和施行相应准则。

□ 相关政策法规条文

■《图书馆服务宣言》总则规定："图书馆是国家文化发展水平的重要标志，是滋

---

[1] 李菲. 基于IFLA《图书馆员道德准则》的图书馆员道德规范研究[J]. 图书与情报，2012（1）：17-21.

养民族心灵、培育文化自信的重要场所,承担着传播知识、传承文明、服务社会的重要职责。新中国成立以来,特别是改革开放以来,中国图书馆事业与人民携手同行,与时代共同进步,在推进中国式现代化进程中发挥了不可替代的作用。当代中国图书馆要以习近平新时代中国特色社会主义思想为指导,全面贯彻创新、协调、绿色、开放、共享的新发展理念,坚持为人民服务、为社会主义服务的方向,坚持公益属性,努力建设以人为中心的现代图书馆,切实担负起保障公民基本文化权益、提高全民科学素养的使命,推动实现高质量发展,为建设社会主义文化强国作出新的贡献。"

- 《中国图书馆员职业道德准则(试行)》(2002年11月15日,中国图书馆学会六届四次理事会)规定:"确立职业观念,履行社会职责。适应时代需求,勇于开拓创新。真诚服务读者,文明热情便捷。维护读者权益,保守读者秘密。尊重知识产权,促进信息传播。爱护文献资源,规范职业行为。努力钻研业务,提高专业素养。发扬团队精神,树立职业形象。实践馆际合作,推进资源共享。拓展社会协作,共建社会文明。"

□ 馆长之见

- 杨长军馆长:"一切以读者为本"的理念强调了学校图书馆应保障图书馆用户的权利。
- 王鸿飞馆长:本条是关于学校图书馆工作人员的职业道德标准要求。倡导在学校图书馆工作的每个人都能够谨记图书馆的核心价值观以及服务理念,要时刻坚持"读者第一"的理念,做到以读者为本,为读者提供方便,平等对待所有读者,并尊重读者的隐私权和知情权等权利。当然,这一条不仅仅是针对学校图书馆的工作人员,所有类型图书馆的工作人员都应该做到这些,"平等地获得记录性知识和信息以及知识自由的核心价值"对所有国家的所有类型图书馆均适用。

☆ 进一步阅读

- IFLA. Code of ethics for librarians and other information workers [EB/OL]. (2012). https://www.ifla.org/news/just-released-ifla-code-of-ethics-for-librarians-and-other-information-workers-full-version/.
- ALA. Code of ethics of the American Library Association[EB/OL]. (2008). https://www.mendeley.com/research-papers/code-ethics-american-library-association/.
- CILIP. Code ofprofessional practice for library and information professionals[EB/OL]. (2012). https://cdn.ymaws.com/www.cilip.org.uk/resource/collection/B29DAF42-6319-406F-8985-52CF355B98D7/code_of_professional_practice_for_library_and_.pdf.

第七章 《学校图书馆指南》解读之学校图书馆的实体和数字资源

本章从专业角度和中国情境出发，对《指南（第二版）》的第4章"学校图书馆的实体和数字资源"进行解读。《指南（第二版）》第4章共计3节，分别是引言、设施、馆藏建设和管理。

第一节 关于引言

* *

"图书馆工作人员支持书籍及其他信息资源的现场和远程使用，从小说到纪录片、从印刷载体到电子载体。这些资料完善并丰富教材、教学资料和教学方法。"（《学校图书馆宣言》）

4.1 引言

学校图书馆的实体和数字资源包括教学所需的设施、设备和馆藏资源。借由技术，学校图书馆日益延伸至学校的每一个角落，也延伸至社群。技术也促成了学校图书馆资源的全天候获取，超越了教学日和校历的限制。应不断完善学校图书馆的设施、设备和馆藏以适应学生和教师不断变化的教学需求。

* *

☆ **解读**

本条是解释《指南（第二版）》第4章的基础，说明了学校图书馆的资源，包括了实体和数字资源。

传统意义上的图书馆是搜集、整理、收藏图书资料以供人阅览、参考的机构，其中一项职能是参与社会教育，这项职能在学校图书馆中表现突出。随着科技的发展，学校图书馆的服务已不局限于馆舍本身，突破了时间和空间的局限，使学校图书馆用户可以随时随地获取需要的信息资源。

☆ **参阅**

☐ **ALIA/ASLA**, *Statement on School Library Resource Provision*
■ Access is determined by school policies and local reality so with technology, access to digital resources can be provided throughout the school and beyond.

☐ **CLA**, *Leading Learning*: *Standards of Practice for School Library Learning Commons in Canada*

■ The Virtual Learning Commons needs the same attention as the physical environment. It is an organized but collaborative space for learning. It is not a replacement for the physical LLC but an extension of it to make the LLC available to students and learners 24/7.

☐ **CILIP**, *Primary School Library Guidelines*

■ The school library should be exciting and welcoming and identifiably different from classrooms. As a multi-media interactive learning environment, it motivates pupils to explore resources for curriculum related work and their personal interests and stimulates creativity.

☆ 中国情境

☐ 基本情况

■ 20世纪初，清政府开始兴办中小学堂。1902年颁发的《钦定学堂章程》就有"中小学堂应配置图书室"的规定。新中国成立以来，我国在中小学图书馆建设方面出台了相应的政策与规定，在不断推行素质教育和培养模式变迁的背景下，对中小学图书馆建设提出了越来越高的要求，其中图书馆建设最低标准也在不断地提高。①

■ 其中，在中小学图书馆建设政策保障方面，1993年中共中央、国务院印发《中国教育改革和发展纲要》，相关部门先后出台了七部推进素质教育进程的政策文件。② 2010年，党的十七大提出关于"优先发展教育，建设人力资源强国"的战略部署；同年，教育部颁布了《国家中长期教育改革和发展规划纲要（2010—2020年）》。在这些指导我国素质教育改革发展的文件中，均简要提到中小学图书馆的建设问题，明确将中小学图书馆（室）作为教育信息化的设施之一和课程资源基地之一进行建设。《国家中长期教育改革和发展规划纲要》提出，推进义务教育学校标准化建设，均衡配置教师、设备、图书、校舍等资源。③

■ 新时代发展背景下，2017年党的十九大提出"优先发展教育事业"，强调加快建设学习型社会，完善公共文化服务体系建设。未成年人图书馆与信息服务日益受到国家重视，为中小学图书馆实体与资源建设提供发展契机。

---

① 谢姗. 基于当代中学培养模式的中学图书馆建筑设计研究 [D]. 长沙：湖南大学，2013.
② 于斌斌. 国外中小学图书馆对学生学业表现的影响研究综述 [J]. 中国图书馆学报，2013，39（5）：98-108.
③ 国家中长期教育改革和发展规划纲要（2010—2020年）[EB\OL]. （2010-07-29）[2017-03-06]. http://www.moe.gov.cn/srcsite/A01/s7048/201007/t20100729_171904.html.

□ 相关政策法规条文

■《关于加强新时期中小学图书馆建设与应用工作的意见》"一、总体要求"之"（二）工作目标"规定："到2018年，结合全面改善贫困地区义务教育薄弱学校基本办学条件、中西部农村初中校舍改造工程等重大项目实施，有条件地区要按照学校建设标准补充新建图书馆，改善不达标图书馆，不具备条件的农村中小学、教学点要建有图书柜、图书角。到2020年，绝大部分中小学要按照国家规定标准建有图书馆。"

■《中小学图书馆（室）规程》第八条规定："学校应根据发展目标，以师生需求为导向，统筹纸质资源、数字资源和其他载体资源，制定图书配备与其他馆藏文献信息建设发展规划。"第九条规定："图书馆藏书包括适合中小学生阅读的各类图书和报刊、供师生使用的工具书、教学参考书、教育教学理论书籍和应用型的专业书籍。民族地区中小学应当根据教育教学需要配备相应民族语言文字的文献资源。接收残疾学生随班就读的学校应当配备适合特殊学生阅读的盲文图书、大字本图书和有声读物等。"第三十二条规定："图书馆应当配备书架、阅览桌椅、借阅台、报刊架、书柜、计算机等必要的设施设备，并有计划地配置文件柜、陈列柜、办公桌椅、借还机、打印机、扫描仪、电子阅读设备、复印设备、文献保护设施设备、装订、安全监测等相关设备。设施、设备应当符合学生年龄使用需要。"

■《中华人民共和国教育法》第六十五条规定："各级人民政府对教科书及教学用图书资料的出版发行，对教学仪器、设备的生产和供应，对用于学校教育教学和科学研究的图书资料、教学仪器、设备的进口，按照国家有关规定实行优先、优惠政策。"

■《中等专业学校图书馆规程》第三十条规定："中等专业学校应有计划地为图书馆添置书架、期刊架、阅览桌、书梯、书车等设施，并创造条件购置复印、视听和计算机等现代化设备，所需费用由学校设备购置费中开支。"

□ 馆长之见

■ 杨长军馆长：实物和数字资源不仅包括为教学准备的设施、设备、馆藏资源，还应包括为满足个人专业发展或者个人享受成长所需的设施、设备、资源。

■ 王鸿飞馆长：国内学校图书馆的实物设施设备主要体现在馆舍建设、功能室（区）安排以及图书馆家具、图书馆设备、电脑设备、宣传标识等基础设施设备方面。随着科技的发展，学校图书馆的资源范围扩展，从小说到纪录片，从纸本到电子资源，还包括本地的和远程的，形成纸质馆藏资源、电子馆藏资源、网络资源等多元化的馆藏体系。《指南（第二版）》介绍所述跟中国中小学图书馆资源发展现状基本吻合。

☆ **进一步阅读**

■ ALA. Teen space guidelines[EB/OL]. (2012). https://www.ala.org/yalsa/guidelines/teenspaces.

第二节　关于设施

* *

4.2　设施

在规划新的学校建筑和进行现有建筑改造时，应首要考虑学校图书馆的功能和使用。学校图书馆的教育功能应在其设施中得以体现。如今，许多学校图书馆被设计成"学习共享空间"以方便用户进行"参与文化式"体验，使得用户的角色从信息消费者扩展至信息创造者。除了传统的学习和研究空间，图书馆学习共享空间还提供了创造信息产品所需的设施和设备。

* *

☆ **解读**

本条说明了图书馆建筑设计的总体考虑，既要有传统的学习空间，也要提供创造新信息的条件。

学校图书馆是学生的重要学习空间，良好的设计能鼓励学生参与其中并创造更多成果。学校可以改造现有的图书馆空间，使之成为一个协作式、互动式的学习空间。新建的学校图书馆则应从设计时就考虑提供一个鼓励学生情感、社交、智力发展的空间。

美国的《21世纪学习者标准》遵循"学校图书馆服务有助于常规课程学习，有益于终身学习的"的基本理念[①]，鼓励学习者在学校图书馆提高创新能力，在学习中进行创造活动。

☆ **参阅**

□ **CLA，*Leading Learning*：*Standards of Practice for School Library Learning Commons in Canada***

■ Once a learning commons program is envisioned and underway schools will want to consider ways to transform the existing library and computer labfacilities into a collaborative learning environment. This need not be expensive.

□ **CLA，*Achieving Information Literacy Standards for School Library Programs in Canada***

■ Excellent school libraries require facilities that provide support for a variety of learning and teaching styles and equitable access to new and developing technologies. The

---

① 柴会明. 美国学校图书馆服务标准化进程述评[J]. 中国图书馆学报，2015（1）：112-123.

school library facility needs to be open and inviting. The design must allow for flexibility in the use of space and furnishings and incorporate spaces that will accommodate concurrent, multiple learning activities such as whole class instruction, individual research, group work, recreational reading, and quiet study. A carefully planned physical layout contributes to smooth traffic patterns, simultaneous use, and a safe and welcoming atmosphere.

□ **CILIP**, *Primary School Library Guidelines*

■ Specialist library shelving is designed to be fit for purpose and is tested for resilience and life expectancy. It is generally reasonably priced (with wooden shelves marginally more expensive than metal) and, if properly designed, can make maximum use of all spaces by varying shelf widths and by providing corner units etc. Specialist shelving is far better than non-specialist units or shelving designed for the home or office market, and DIY shelving is not recommended—for safety reasons as well as practicality.

■ It is worth investing in a complete set of matching furniture for the library. This can be sourced from the school's main supplier or from a specialist company. Ideally the library furniture should be different from that used in the rest of the school to create the sense of the specialist space but at the very minimum it should be matching. The library is used by all ages and sizes of pupils in the school and it is worth remembering that little children can sit on big chairs but big children (and staff) cannot sit for long periods on small chairs. Consider the need of children and staff who may use wheelchairs, and the best table heights for them.

☆ 中国情境

□ 基本情况

■ 目前，中小学图书馆在馆舍建设方面主要面临以下两方面问题：其一，馆舍面积不足。其实早在 2003 年，教育部颁布的《中小学图书馆（室）规程（修订）》就已明确对经费的相关规定，但没有明确规定图书馆经费的分担标准，以致出现馆舍面积不足等问题。受财力限制，中小学图书馆缺少更新现有建筑或设计"学习共享空间"的条件。其二，信息化管理程度低，电子阅览室设备陈旧，网速慢，利用率低。[①] 上述两方面问题限制了学习者创造信息的可能性，不利于学习者进行终身学习和创新活动。只有部分软硬件条件较好的中小学会在图书馆的电子阅览室安排拓展型课程。

■ 目前，中小学图书馆馆舍建设具体方面，如面积、功能区设置以及环境布置、书架设置等，尚未出台专门的标准。江苏省教育厅 2010 年发布的《中小学图书馆装备标准》中提出馆舍建设的相关建议，但是文本条文主要涉及硬件设计，

---

① 张宁. 中小学图书馆管理现状与对策分析：以 S 中学为例 [D]. 石河子：石河子大学，2015.

尚未提及未成年人图书馆阅读环境功能区划分、桌椅高度、书架高度等具体的人性化设计问题。
- 随着国内新课程改革的推进，学生的学习方式、教师的教学方式都发生了很大的变化，师生在课堂之外的学习空间越来越大。图书馆作为信息资源中心，应成为师生获取优质资源和进行课外活动的"阵地"。2015年，教育部、文化部和国家新闻出版广电总局联合发布的《关于加强新时期中小学图书馆建设与应用工作的意见》既强调了馆舍建设的任务、意义、必要性，同时又在新的理念指导下，提出了馆舍建设的新举措，为中小学图书馆馆舍专业性改造指明方向。

□ 相关政策法规条文
- 《关于新形势下进一步做好普通中小学装备工作的意见》"三、主要任务"之"（一）做好配备工作"规定："加强设施建设。各地要用好'全面改薄'及其他中央和地方与装备相关的资金和项目，按照标准建设实验教学和音体美装备和场所。支持探索建设综合实验室、特色实验室、学科功能教室、教育创客空间等教育环境。鼓励对现有教室进行多功能技术改造，适应学生学习需求。推进宽带网络校校通，实现校园无线网络全覆盖。鼓励探索建设智慧校园。"
- 《关于加强新时期中小学图书馆建设与应用工作的意见》"二、重点任务"之"（三）推进基础条件建设"规定："加快推进中小学图书馆建设。逐步将图书馆建设为设施齐全、功能完备、运转顺畅、服务便捷、使用高效的育人阵地和重要课堂。鼓励有条件的学校利用图书、报刊布置走廊、教室等边角空间，倡导学生自主管理、诚信取阅，形成学校在'图书馆'中的良好氛围，使师生阅读方式广泛多样、阅读选择丰富多元。"

□ 馆长之见
- 杨长军馆长：学习共享空间是尊重读者、一切以读者为本的体现。学校图书馆应主动设计学习共享空间，让读者乐于其中。
- 王鸿飞馆长：《中小学图书馆（室）规程》第三十一条规定："图书馆馆舍建设应当纳入学校建设总体规划。有条件的中小学校设立独立的图书馆舍。图书馆应当有采编、藏书、阅览、教学、读者活动等场所。"《佛山市教育装备建设指南（图书馆装备篇）》对场室建设要求更加具体，规定："图书馆应设有藏书区、借阅区、阅览室、采编室、卫生间等专业或辅助用房。"随着时代的发展变化，中小学图书馆（室）功能区的设置也需要结合图书馆服务内容以及读者需求进行优化，甚至可以根据服务内容、服务项目的创新发展适当增加相应的功能区，如新技术体验区、24小时自助图书馆、交流分享区、读书俱乐部、创客空间、阅读疗法空间等。《指南（第二版）》提到许多学校图书馆被设计成学习共享空间，证明空间资源也已经变成一种非常重要的图书馆资源。

☆ **进一步阅读**
- CILIP. Asafe place for children [EB/OL]. (2015). https://cdn.ymaws.com/www.

cilip. org. uk/resource/collection/A877439B-836E-49C4-8703-06DDEC029C36/YLG_ Safe_ Place_ for_ Children_ Final_ June_ 2015. pdf.

第三节　关于位置和空间

* *

4.2.1　位置和空间

关于学校图书馆设施的大小和设计，并没有通用标准，但是确立标准作为规划判断的基础是有所裨益的。一般而言，图书馆正从一个以资源为中心的模式转变为以学习者为中心的模式：学校和学术图书馆经常被设计为学习共享空间。在规划学校图书馆设施时，应将以下因素纳入考量：

·学校的中心位置，尽可能在一楼。

·靠近教学区。

·噪声因素，馆内至少有一部分区域能免受外界噪声干扰。

·适当且充足的光线，自然的和/或人工的。

·适当的室温（例如，空调、暖气）以确保全年都具备一个良好的工作环境和馆藏保护环境。

·为有特殊需求的读者提供适当的设计。

·空间大小足以用于馆藏（包括书籍、小说、非小说、精装本和平装本、报纸和杂志、非印本资源和存储）、学习空间、阅读区域、计算机工作站、展览区域和图书馆工作人员工作区等。

·具有灵活性，能够适应多样化的活动以及课程和技术的未来变化。

* *

☆ **解读**

本条说明了规划图书馆的设施时应该考虑的因素，包括光线、室温、噪声、空间大小等可能影响用户体验的因素。

图书馆构成要素包括馆舍、藏书、读者、馆员、技术设备等，其中馆舍是图书馆开展服务必不可少的重要物质条件之一。从建筑角度讲，图书馆应具有独立的物理空间、单独的建筑，区别于图书室。严格来说，图书馆从选址、总平面布置、建筑设计、文献资料防护、消防和疏散到建筑设备[①]，都应该有相应的设计标准。学校图书馆的建筑必须能满足教师和学生对文献资料信息的采集、加工、利用等功能的需求，并能为师生创造良好的环境和工作条件。同时，应为有特殊需求的读者提供便利的条件；为各种功能

---

① 卓毓荣. 中小学图书馆建设存在问题分析与发展策略研究：广州市调研实证数据分析［J］. 图书馆学研究，2012（6）：32-35.

区域预留足够的空间,并且这些空间有根据课程和活动需要变通的灵活性。

☆ 参阅

□ CILIP, *Primary School Library Guidelines*

■ It should be a single use area. In reality this is not always possible but it is best to strive to find imaginative solutions to achieve as many of these ideals as possible.

☆ 中国情境

□ 基本情况

■ 就馆舍建设而言,只有少数的中小学具有真正意义上的图书馆,大多数的中小学图书馆未达到要求,只能被称为"图书室"(保管或管理图书的一间房子或几间房子)。由于各地图书馆建设发展不平衡,部分地区中小学图书馆现状与教育部2018年颁布的《中小学图书馆(室)规程》要求相差甚远。

■ 广州图书馆整体事业发展在全国位居前列,但是在广州,中小学图书馆馆舍建设方面还没有得到足够重视,大部分小学没有完整的图书馆。[①] 部分学校设立了图书馆,不过馆舍面积较小,拥有独立建筑并能真正被称为图书馆的为数不多。广州的小学除了华南师范大学附属小学、协和小学和海珠区万松园小学等一些较为知名的小学,基本没有规范完整的图书馆。作为国内经济条件较好的地区尚且如此,其他地区的中小学图书馆基础建设更不容乐观。

□ 相关政策法规条文

■ 《中小学图书馆(室)规程》第十条规定:"图书馆藏书量不得低于《中小学图书馆(室)藏书量》(附表一)的规定标准。建立完善增新剔旧制度。图书馆每年生均新增(更新)纸质图书应当不少于一本。图书复本量应当根据实际需要合理确定。"第三十一条规定:"图书馆馆舍建设应当纳入学校建设总体规划。有条件的中小学校设立独立的图书馆舍。图书馆应当有采编、藏书、阅览、教学、读者活动等场所。图书馆应当重视馆内环境的绿化美化,具备良好的通风、换气、采光、照明、防火、防潮、防虫、保洁、安全等条件。接受残疾生源的学校图书馆应当设置无障碍设施及相关标识。"

□ 馆长之见

■ 杨长军馆长:书库应该设置在较低的楼层,靠近教学区,方便师生前往;图书馆应该安静,考虑减少噪声;充足的光线很重要,最舒服的是自然光;舒适的室内温度也是吸引读者参与的重要因素;尽可能地为有特殊需要的读者提供合适的设计;资源建设及布局考虑应更加全面,要有相对活动的空间来满足一定的弹性需求。

[①] 卓毓荣. 中小学图书馆建设存在问题分析与发展策略研究:广州市调研实证数据分析[J]. 图书馆学研究, 2012 (6): 32-35.

- 王鸿飞馆长：目前，国内也没有学校图书馆设施的规模和设计方面的通用标准。《中小学图书馆（室）规程》第三十一条规定："图书馆馆舍建设应当纳入学校建设总体规划。有条件的中小学校设立独立的图书馆馆舍。"另外，地方性中小学图书馆（室）建设标准（包括《广东省中小学图书馆（室）建设标准》等），以及《广东省教育装备管理评估指标体系》《佛山市教育装备建设指南（图书馆装备篇）》等教育技术装备标准或评估指南也对图书馆馆舍建设有相关的要求。《中小学图书馆建设实践与阅读推广》对以上关于图书馆馆舍面积等的具体标准和要求进行了归纳。至于学校图书馆建筑的位置以及环境，《指南（第二版）》所列的因素是非常值得参考的。

☆ 进一步阅读

- IFLA. Libraries for the blind in the information age—guidelines for development[EB/OL].（2005）. https://www.ifla.org/publications/ifla-professional-reports-86.

第四节 关于空间组织

* *

4.2.2 空间组织

应提供以下功能区域：

·学习研究区——用于信息咨询台、目录、在线服务站、学习和研究桌、参考资料和基本馆藏的空间。

·非正式阅读区——用于书籍和期刊的空间，以鼓励基本素养培育、终身学习和快乐阅读。

·教导区——配有座位的空间，用于小规模群体、大规模群体和整个班级的正式教导，更配备适当的教学技术和展示区（通常建议按学生总数的10%设置座位数量）。

·媒体制作和小组活动区——用于个人、团队、班级的空间（常被称为"实验室"或"创客空间"）。

·行政管理区——用于流通台、办公区域、图书馆媒体资料处理，以及设备、物资和材料之存储的空间。

* *

☆ 解读

本条划分了图书馆内不同的功能区域，不局限于简单的个人阅读功能，拓展到小组学习、班级展示等多项使用功能。

在纽约曼哈顿地区的巴德高级中学，图书馆从开馆到闭馆，都有学生进行不同的学习活动，他们在馆内的学习方式包括读书、进行活动和交流、上网。每周有六门课程在图书馆讲授，上课时，图书馆的其他区域会正常运行。图书馆内还经常开展社团活动或举办学术会议。多样化的图书馆空间可以满足学生不同的学习需求。

本条特别提到了创客空间。创客空间是一个供人们分享知识和兴趣并合作、动手、创造的地方。它的作用包括提供各种工具和技术、方便小组交流和知识共享、创造能激发人们创新力的环境等。以学校为基地的创客空间是其中一种形式。[①] 学生可在这一空间内进行小组任务、休闲阅读和各项研究。在美国，创客空间在公共图书馆、高校图书馆和中小学图书馆都受到广泛关注。顺应这一趋势，有的学校将现有空间改造为创客空间，以便学生交流和自主创造信息产品。

☆ 参阅

□ SLA, *Standards for Secondary School Libraries*

- The library should have sufficient flexible space to incorporate zones for study, group work, project work, research, homework and reading for pleasure.
- There must be sufficient suitable space for the fiction and non-fiction stock with easy access to it.
- There should be an area of soft seating to encourage reading for pleasure.
- There should be areas for book display and promotional materials.
- There should be sufficient space to house a full class of students, with a teacher and additional accommodation for students wishing to study.
- There should be a maximum of 30 pupils supported per staff member present.
- There should be office space for the library team to provide storage, a book preparation/administration area and a secure space.

□ CLA, *Achieving Information Literacy Standards for School Library Programs in Canada*

- The design and furnishings of the physical learning commons allow for spontaneous re-arrangement of furniture and even shelving to accommodate a variety of teaching and learning needs.

☆ 中国情境

□ 基本情况

- 《指南（第二版）》中有关空间组织的建议主要落实到中小学图书馆功能区划分上。在我国现有政策保障方面，对比教育部1991年出台的《中小学图书馆（室）规程》和2003年颁布的《中小学图书馆（室）规程（修订）》，主要有如下改变：在功能模块上，前者规定中小学图书馆（室）应逐步设置藏书室（包括学生借书处）、学生阅览室、教师阅览室，有条件的中学应设置教师教学

---

① 王敏. 美国图书馆创客空间实践对我国的借鉴研究 [J]. 图书情报工作，2013，57 (12): 97-99.

资料室；后者在此基础上提出，有条件的学校可按学科分类协调阅览室的电子阅览室、电子资料室、多功能学术报告厅等。① 2018 年颁布的《中小学图书馆（室）规程》主要是概括性地提出"图书馆应当有采编、藏书、阅览、教学、读者活动等场所"。《中小学图书馆（室）规程》和《中等专业学校图书馆规程》都对功能区域划分做出了规定。对于多功能学术报告厅、视听资料室等功能空间，学校可根据自身条件决定设立与否。

- 根据调查，许多中小学校的学生阅览室和教师阅览室尚无法满足使用需求，其他功能空间缺失的情况更加严重。② 诚如前述，中小学图书馆功能定位不明确影响了中小学图书馆实际运营中的空间组织等。故而，我国中小学图书馆在功能区设置等空间组织问题的解决需要与中小学图书馆整体发展相结合。

□ 相关政策法规条文

- 《中小学图书馆（室）规程》第三十一条规定："图书馆馆舍建设应当纳入学校建设总体规划。有条件的中小学校设立独立的图书馆舍。图书馆应当有采编、藏书、阅览、教学、读者活动等场所。"
- 《中等专业学校图书馆规程》第二十九条规定："中等专业学校应按照国家制定的有关标准，建造独立专用的图书馆馆舍，以满足图书馆业务功能的要求。（一）馆舍应包括书库、学生阅览室、教师阅览室、教师教学资料室、办公室。有条件的馆应设视听资料室。"

□ 馆长之见

- 杨长军馆长：《指南（第二版）》阐释学校图书馆应该含有的功能区域，为新建馆或者改建馆提供了指导意见。从功能区域来看，不再是以单一的功能室来划分功能区域，而是采取复合型的方式来设置功能室，多个功能区域可以在同一个藏室之内，这样可以让有限的藏室得到更大的利用。
- 王鸿飞馆长：《指南（第二版）》认为学校图书馆应该包括学习和研究区域、非正式阅读区域、媒体制作和小组计划区域、管理区域。其中，非正式阅读区域与多媒体教室相似，而媒体制作和小组计划区域被认为是创客空间或学习共享空间，这两个区域是目前国内中小学图书馆中比较少见的功能区。随着中小学图书馆理念的不断发展，不排除有个别图书馆已经增加了类似的功能区。按照过去旧的建设要求，国内中小学图书馆的功能区主要包括藏书室、教师阅读室、学生阅览室、电子阅览室、自习室、管理工作办公室、采编室等，一些大的中小学图书馆还包括电子资料室、多功能学术报告厅等。近些看来，一些中小学校园还建设了 24 小时自助图书馆或者校园书屋等。

---

① 谢姗. 基于当代中学培养模式的中学图书馆建筑设计研究［D］. 长沙：湖南大学，2013.
② 中小学图书馆摆脱边缘角色的理想与现实［N/OL］. 中国教育报，2009 – 06 – 29. ［2017 – 03 – 05］. http://paper.jyb.cn/zgjyb/html/2009-06/29/content_13401.htm.

☆ 进一步阅读

■ ALIA. 2016 national research infrastructure roadmap capability issues paper [EB/OL]. (2017). https://read.alia.org.au/2016-national-research-infrastructure-roadmap-capability-issues-paper.

第五节 关于实体和数字获取

* *

4.2.3 实体和数字获取

图书馆的实体和数字获取应最大化。借由技术，可以在校内外、全天候地提供学校图书馆信息资源的数字获取。在人力资源有限的情况下，管理系统应考虑将受过培训的学生和成年志愿者纳入其中。

* *

☆ 解读

本条强调为图书馆信息资源的获取最大化创造可能性。

由于科技带来的便利，学校图书馆的服务可以延伸到校内外，且不受时间限制，最大程度为师生提供便利性。从当今世界的潮流看，中小学图书馆在发达国家基础教育中已经改称为学校媒体中心（school media center），向着"图书馆学知识+信息技术"发展的趋势越来越明显。[①]

国外一项研究显示，影响中小学学生学业表现的信息技术因素包括局域网（使师生在任何地方都能接入馆内电子资源）、认证数据库数量、连接互联网/万维网的电脑数量。[②] 其中美国俄亥俄州的研究发现，超过96%的学生认为学校图书馆以多种方式帮助他们学习，其中较高比例的学生认为"帮助他们无论在馆内还是馆外都能查找到信息"是对学习"最有帮助"的图书馆服务方式之一。[③] 对于青少年而言，通过互联网获取信息资源已经成为一种生活方式，因此，图书馆的数字资源对于他们有吸引力和实用性。

---

① 张小宁. 中小学图书馆管理现状与对策分析 [D]. 石河子：石河子大学，2015.
② 卓毓荣. 中小学图书馆建设存在问题分析与发展策略研究：广州市调研实证数据分析 [J]. 图书馆学研究，2012 (6)：32-35.
③ 于斌斌. 国外中小学图书馆对学生学业表现的影响研究综述 [J]. 中国图书馆学报，2013，39 (5)：98-108.

☆ **参阅**

☐ CLA, *Achieving Information Literacy Standards for School Library Programs in Canada*

■ The school library provides access to information in all formats, at all levels, and to all members of the learning community. As the quantity of information escalates, the number and variety of information formats expand, and the concepts and processes of information and technological literacy increase, the school library plays an important role as a gateway to all information resources. An effective school library offers provides intellectual and physical access to a wide array of materials and services to meet learning needs, both within and beyond the school.

☆ **中国情境**

☐ 基本情况

■ 目前,我国很多中小学虽然设有多媒体阅览室,但它和图书馆分属两个独立的部门,没有协作关系,数字化资源无法通过图书馆统一管理。大多数中小学校缺少图书馆网页,无法让师生在任何时间、任何地点查找到需要的信息资源。总体来看,中小学图书馆数字化程度低,要实现数字获取还有一段距离。

■《指南(第二版)》中提出的全天候数字资源提供,我国中小学图书馆在现阶段还难以实现。主要原因有以下两方面:其一是经费问题。我国中小学图书馆尚未有充足经费来保障适合未成年阅读与使用的数字资源建设。其二是我国中小学图书馆信息资源共享程度低。馆内大多缺少信息资源查询与管理的数字目录,信息资源整合力度弱,与公共图书馆等区域相邻公共文化服务系统尚未建立有效的长期合作与信息共享机制,在未成年人图书馆数字资源获取方面难以得到有效保障。

☐ 相关政策法规条文

■《关于新形势下进一步做好普通中小学装备工作的意见》"三、主要任务"之"(一)做好配备工作"规定:"科学配置装备。各地要遵循装备和技术生命周期规律,实现装备的可持续发展,减少'运动式'、机械达标性配备。要按照标准配齐配足各类装备,保障学校教育教学及学生生活基本需要。保质保量配好图书。鼓励配备可升降、可灵活分组拼合的课桌椅。鼓励教师学生自制教具,提高装备适用性。鼓励结合本地文化、劳动技术、民间艺术教育配备装备。根据教学活动需求加快配备多媒体教学和终端设备,鼓励配备便携式终端。"

■《关于加强新时期中小学图书馆建设与应用工作的意见》"二、重点任务"之"(六)要不断提高信息化水平"规定:"各地要将中小学图书馆信息化建设纳入区域和中小学信息化建设整体规划,创造条件积极推进中小学数字图书馆及配套阅览条件建设。要充分发挥教育主干网、城域网、校园网的作用,以县级网络中心为依托推进数字图书馆和信息资源中心建设,辐射县域内学校。逐步建立起县级、地市级、省级中小学数字图书馆网络体系,为中小学图书馆、公共图书馆馆际数字资源共享搭建教育资源公共服务平台。县级以上数字图书资源中心要能够满足区域学校教育教学和广大师生电子阅读需求,确保师生便捷获取数字图书和电子期刊等数字资源。要逐步实现中小学图书馆管理信息化和服务形式网络化,探索动态实现区域内中小学图书馆纸质图书、报刊的联合采编、公共检索、馆际互借等功能。"

□ 馆长之见

■ 杨长军馆长:数字资源的包库使用模式使学校图书馆信息资源的校外获取更加方便。相比本地镜像模式来讲,该模式在人员素质及硬件条件有限的情况下,更能便利地利用资源。训练有素的学生和成年志愿者是对学校图书馆人力资源很好的补充。

■ 王鸿飞馆长:《指南(第二版)》建议图书馆实物设施设备或信息资源的建设需要考虑效益,即图书馆的实物和数字获取效益最大化。这个原则适用于全球各国各地的学校图书馆。此外,在数字时代,学校图书馆还应该加强数字资源建设,并确保这些数字资源能够随时随地被获取,为师生读者提供校内校外资源服务,从而实现图书馆的资源价值。

☆ 进一步阅读

■ IFLA. Guidelines for audiovisual and multimedia materials in libraries and other institutions [EB/OL]. (2004). https://repository.ifla.org/items/29ddf8f1-d97e-4142-b0bd-bc448fe631d7.

第六节 关于馆藏建设和管理

* *

4.3 馆藏建设和管理

学校图书馆需要提供广泛的实体和数字资源以满足用户需求,学校图书馆反映用户的年龄、语言和人口统计特征。馆藏应持续发展以确保用户能获取新的和相关的资料。馆藏管理政策界定了馆藏及外部资源获取的目的、范围和内容,同时亦有助于确保一个广泛而高质量的资源。电子书(参考书、小说、非小说作品)、在线数据库、在线报纸和杂志、电子游戏、多媒体学习资料等数字资源日益成为图书馆资源的重要组成部分。

除了满足学生学习需求的馆藏,学校图书馆应包含适用于学校图书馆工作人员和教师的专业馆藏(如与教育、所教科目、新的教学模式和方法有关的资料),还应包括为家长和监护人所使用的馆藏。

* *

☆ 解读

本条说明了馆藏发展的必要性、对馆藏管理政策的要求和电子资源的地位。

馆藏资源建设是图书馆建设的基本任务之一。只有馆藏资源丰富多样，才能更好地满足学校图书馆所有用户的需求。应鼓励加大图书经费的投入，建立资源共享联盟，建立和完善数字图书馆，并根据课程改革以及不同年龄段学生的需求来采购图书①，保证文献资源数量充足、结构合理，形成高质量的馆藏。其中，数字资源占比有增长的趋势，馆藏趋于多样化。下文将对本条进行具体阐释。

☆ 参阅

□ ALIA/ASLA, *Statement on School Library Resource Provision*

■ Collections should be balanced with print and digital resources that are diverse and informed by learning and teaching requirements.

□ CILIP, *Primary School Library Guidelines*

■ Every school will have a different policy about classroom collections and the kinds of books that are needed. A very good strategy is to make the general school book stock part of the library and on the library computer system. From this each class or teacher can borrow termly collections for their rooms. This means that they can be changed regularly and also traced if someone is looking for a particular title. These books can be a mixture of curriculum support and reading for pleasure books.

☆ 中国情境

□ 基本情况

■ 在书刊等纸质资源采购方面，根据2013年全国中小学教育装备采购情况，图书资料仅分别占总额度的0.28%、0.22%。从数量上看，小学全年采购共计4230个条目，其中图书类采购条目为45条，占1.06%；中学全年采购共计4569个条目，其中图书类采购条目为50条，占1.09%。相关数据表明，在我国中小学教育装备的配置中，对图书资料不够重视。②

■ 中小学图书馆馆藏资源建设方面，我国中小学图书馆面临的问题主要有以下三个方面：其一，图书馆书刊资源是图书馆开展服务起码的物质基础和保障。但由于中小学图书馆不受重视，购书经费不足，加上书刊价格持续上涨，导致图书馆馆藏书刊缺乏，总量不达要求，数字资源建设更是落后。③ 其二，馆藏图

---

① 全浮. 中小学图书馆建设现状调查：以烟台市为例 [D]. 烟台：鲁东大学，2013.
② 艾伦. 2013年度全国中小学教育装备配置情况及采购分析 [EB/OL]. (2014-03-07) [2017-03-06]. http://www.caigou.com.cn/News/2014030777.shtml.
③ 卓毓荣. 中小学图书馆建设存在问题分析与发展策略研究：广州市调研实证数据分析 [J]. 图书馆学研究，2012 (6)：32-35.

书结构、质量存在问题。调查发现，中学图书馆在藏书建设方面，更多地考虑教师教学用书，在购书时往往都依各科教师的教学需求而定，导致教师用书有余、学生用书不足。其他问题还包括藏书内容过时、种类单一、复本过多。其三，大多数中小学图书馆尚未建立馆藏资源检索与管理目录，管理方式混乱。此外，还存在馆藏建设的地区发展不充分与不均衡的问题，农村学校中小学图书馆的馆藏质量尤为低下。①

□ 相关政策法规条文

■《中小学图书馆（室）规程》第九条规定："图书馆藏书包括适合中小学生阅读的各类图书和报刊、供师生使用的工具书、教学参考书、教育教学理论书籍和应用型的专业书籍。民族地区中小学应当根据教育教学需要配备相应民族语言文字的文献资源。接收残疾学生随班就读的学校应当配备适合特殊学生阅读的盲文图书、大字本图书和有声读物等。"第十二条规定："图书馆应当把《中小学图书馆（室）藏书分类比例表》（附表二）和教育部指导编制的《全国中小学图书馆（室）推荐书目》作为中小学图书馆馆藏建设的主要参考依据，合理配置纸质书刊。"

■《关于进一步加强中小学图书馆工作的指导意见》第四条规定："区县教育行政部门要加强中小学图书馆文献资源建设的规划与管理，学校应根据教育教学工作和师生的需求，有目的、有计划地开展文献资源建设，特别要注重优质资源的建设，努力形成载体多元、内容丰富、种类齐全、结构合理、质量保证、具有特色、利用方便、合作共享的文献资源保障体系。"

□ 馆长之见

■ 杨长军馆长：学校图书馆的实物资源通常指纸质图书。按《中小学图书馆（室）规程》规定，必须每年满足两个"1"，即藏书总量增加1%，人均册数递增1册。对于电子资源还没有相关的规定。近年来，随着教师专业发展，课堂教学需要增加，对电子资源的需求越来越大。广附图书馆的电子资源含第二教育网、学科网、中国知网、超星学习通、方正阅读机等，年采购额度占总资源采购额度的1/3左右。可见学校图书馆馆藏仍然是以实物资源为主。设置专架的方式能方便读者快速找到自己所需信息资源。如广附图书馆书库设有品质阅读推荐书架、茅盾文学奖书架、诺贝尔文学奖书架、科普专架、德育专架等。

■ 王鸿飞馆长：《指南（第二版）》建议学校图书馆的馆藏建设注重以下几点：一是根据服务对象（学生）的年龄、语言、数量等进行资源建设；二是馆藏资源需要逐步更新，保持资源活力；三是数字化资源的比例应该不断扩大；四是为馆员与教师的专业发展提供专业的馆藏资源或者特色资源。这几点建议对我国的中小学图书馆也是适用的。《中小学图书馆（室）规程》关于馆藏建设也有

---

① 刘殿波. 义务教育扶贫要更精准［N/OL］. 中国教育报，2017-02-08. ［2017-03-06］. http://paper.jyb.cn/zgjyb/html/2017-02/08/content_472064.htm?div=-1.

类似的规定。其中，第八条规定："学校应根据发展目标，以师生需求为导向，统筹纸质资源、数字资源和其他载体资源，制定图书配备与其他馆藏文献信息建设发展规划。"第九条规定："图书馆藏书包括适合中小学生阅读的各类图书和报刊、供师生使用的工具书、教学参考书、教育教学理论书籍和应用型的专业书籍。民族地区中小学应当根据教育教学需要配备相应民族语言文字的文献资源。接收残疾学生随班就读的学校应当配备适合特殊学生阅读的盲文图书、大字本图书和有声读物等。"另外，《广东省中小学图书馆（室）建设标准》等还规定中小学图书馆年生均图书增长1册。笔者认为，一个运作良好的中小学图书馆不能为了应付评估而大量堆积藏书，应该努力做到生均年递增量1册以上。如果这些图书是经过专业馆员以及读者精心挑选的高质量图书，馆藏资源对读者的吸引力会在一定程度上提高。

☆ 进一步阅读

■ ALIA. Eighty：20 by 2020 [EB/OL]．（2015）．https://read.alia.org.au/content/8020-2020.

第七节 关于馆藏管理政策和流程

* *

4.3.1 馆藏管理政策和流程

学校图书馆员应与学校行政管理者及教师一同制定馆藏管理政策。这类政策声明必须立足课程以及学校社群的特定需求和兴趣，同时必须反映学校外部社会的多样性。

馆藏管理政策声明应包含以下因素：

·与国际图联/联合国教科文组织《学校图书馆宣言》相一致的学校图书馆使命。

·关于智识自由和信息自由的声明。

·馆藏管理政策的目的，及其与课程之关系，与国家、民族、文化、语言、土著等用户身份认同之关系。

·资源提供的长期和短期目标。

·馆藏管理决策的责任。

政策应明确指出，馆藏建设是各方通力协作的产物，教师作为了解学生需求的学科专家，在帮助建设图书馆馆藏方面发挥重要作用。政策应建立以智识自由和儿童知情权为原则的资源一致性的复审方法。政策还应明确学校图书馆员在抵制材料审查（无论是限制资源还是限制资源获取）时的职责。

建设和管理学校图书馆馆藏的流程应在独立文件或馆管理政策文件的附件中明确列出。流程手册应指引资源的选择和获取，为资源处理、组织（编目、分类、上架）以及维护、修复和汰旧更新确定标准。该手册应指引如何获取资源，这些资源对当地作品和国际作品兼容并包，能够反映学校社群内所有成员的国籍、种族、文化、语言、土

☆ **解读**

本条说明馆藏管理政策包含的要素和步骤。

根据国外学者的研究,馆藏管理政策的内容要素应该包括政策编制目的、馆藏建设职责、图书馆的使命和目标、读者群分析、文献类型描述、特藏建设、知识自由生命、馆藏维护、馆藏剔旧、馆藏评价等。[①] 学校图书馆应特别重视自己的教育教学使命,并针对学生这一特殊的读者群制定相应的馆藏管理政策。

馆藏管理政策中指明,馆藏建设应听取多方意见,在学校应特别听取熟悉学生需求的教师的意见。同时,馆藏组织、维护等也是基于馆藏管理政策展开的;馆藏管理政策还为资源复审提供合理公正的步骤。

☆ **参阅**

□ **ALA**, *Access to Resources and Services in the School Library: An Interpretation of the Library Bill of Rights*

■ School librarians cooperate with other individuals in building collections of resources that meet the needs as well as the developmental and maturity levels of students. These collections provide resources that support the mission of the school district and are consistent with its philosophy, goals, and objectives. Resources in school library collections are an integral component of the curriculum and represent diverse points of view on both current and historical issues.

■ It is the responsibility of the governing board to adopt policies that guarantee students access to a broad range of ideas. These include policies on collection development and procedures for the review of resources about which concerns have been raised. Such policies, developed by persons in the school community, provide for a timely and fair hearing and assure that procedures are applied equitably to all expressions of concern.

■ School librarians resist efforts by individuals or groups to define what is appropriate for all students or teachers to read, view, hear, or access regardless of technology, formats or method of delivery.

□ **ALIA/ASLA**, *Statement on School Library Resource Provision*

■ Organisation of the collection is based on a collection management policy developed by the school community led by the teacher librarian and school leaders.

---

① 张新兴. 国外馆藏发展政策综述 [J]. 图书与情报, 2011 (3): 6-11.

☆ 中国情境

□ 基本情况

■ 我国中小学图书馆大多尚未制定适合本馆发展的馆藏管理政策，对自己的藏书体系缺少系统规划。这导致书刊采访过程中缺乏目的性、计划性、系统性，与师生的需求脱节，馆藏结构不合理，藏书的学科比例失调；一些学校通过大量购买低价书、从批发市场购买"论斤"卖的书、要求学生或企事业单位捐赠书籍，以达到所规定的图书数量标准，从而应付上级的检查。[①] 这些现象的出现很大程度上是由于缺乏合理的馆藏管理政策。

■ 在馆藏管理方面，没有及时剔除不适合中小学生阅读的书刊。中小学图书馆在发展中尚未结合实际，合理确定中小学图书馆藏书复本量标准以及馆藏定向补充和剔旧原则。

□ 相关政策法规条文

■《关于加强新时期中小学图书馆建设与应用工作的意见》"二、重点任务"之"（五）规范馆藏采购机制"规定："各级教育、文化和新闻出版部门要建立协作机制，完善中小学图书馆馆藏资源招标采购办法及实施细则。逐步健全师生、家长和专家学者等多方参与的采购机制，充分发挥全社会民主监督作用，共同把好中小学图书馆馆藏采购质量关。明确馆藏采购责任主体，将教育部指导编制的《全国中小学图书馆（室）推荐书目》作为中小学图书馆馆藏采购的主要参考依据。"

■《中小学图书馆（室）规程》第十条规定："图书馆藏书量不得低于《中小学图书馆（室）藏书量》（附表一）的规定标准。建立完善增新剔旧制度。图书馆每年生均新增（更新）纸质图书应当不少于一本。图书复本量应当根据实际需要合理确定。"第十二条规定："图书馆应当把《中小学图书馆（室）藏书分类比例表》（附表二）和教育部指导编制的《全国中小学图书馆（室）推荐书目》作为中小学图书馆馆藏建设的主要参考依据，合理配置纸质书刊。"

□ 馆长之见

■ 杨长军馆长：学校图书馆馆藏建设是整个学校图书馆工作的重心。让师生参与图书馆馆藏建设，能让资源更接地气，提升资源的利用率。广附图书馆采取品质阅读专架为主的采购模式采购馆藏文本资源。具体来说，书商或者供应商将新出版的、适合师生阅读的图书送至图书馆并设立新书专架，当有师生采取自助方式借阅图书后，图书馆才采购相应的复本；若无借阅数据，则将图书无条件退还给书商。要求书架图书每两星期更新一次，每半年更换一次（具体更换数量视具体情况而定）。

■ 王鸿飞馆长：《指南（第二版）》建议学校图书馆应该制定馆藏管理政策以及发

---

① 全浮. 中小学图书馆建设现状调查：以烟台市为例 [D]. 烟台：鲁东大学，2013.

展和管理学校图书馆馆藏的步骤,从而推动学校图书馆馆藏管理与发展。《指南(第二版)》建议由对学生需求有充分了解的教师协助建立图书馆馆藏,并指出馆藏管理政策声明应该包含的元素。但是,目前来说,这些在我国中小学图书馆实行起来比较难。绝大部分的中小学图书馆应该都有馆藏建设的步骤,包括资源的采购、到馆登记、加工编目、分类上架、剔除等,所制定的图书馆馆藏管理政策才能够得到认可。近年来,广东省教育装备中心组织编写《广东省中小学图书馆(室)馆藏推荐书目》,以这些书目为主进行招标采购,并确定协议供货商,为中小学图书馆采购图书提供便利。

☆ 进一步阅读

- ALIA. Guide to disaster planning, response and recovery for libraries [EB/OL]. (2010). https://read.alia.org.au/content/alia-guide-disaster-planning-response-and-recovery-libraries.

第八节 关于数字资源相关问题

****

4.3.2 数字资源相关问题

学校图书馆一个重要功能是作为信息社会的有效接口。它必须提供既反映学校课程又反映用户兴趣和文化的数字信息资源的获取。由社交媒体驱动的新兴参与式文化使得图书馆用户的角色从信息消费者扩展为信息创造者。因此,学校图书馆员需要考虑创建配备电脑和其他实践学习活动所需生产性设备的"创客空间",这些实践学习活动包括创造信息产品(如影像资料、博客、播客、3D项目、海报、信息图表等)。

数字资源和因特网信息的可获得性日益提高,意味着学校图书馆编目系统需根据公认的国际或国家书目标准进行适当的资源分类和编目,以促使学校图书馆为更宽广的网络所兼容。在全球的许多地方,学校图书馆与地方或区域社群建立联系,受益于联合或共享编目系统。这样的合作可以提高资源在选择、编目和处理方面的效率和质量,并且更易实现资源组合效益最大化。在其他地方,学校图书馆受益于由联盟或政府推动的在昂贵的商业数据库和在线参考资料方面的资源共享。

数字馆藏的管理标准与印刷馆藏的管理标准相类似。然而,也有一些需要特殊考虑之处:

- 资源获取——若以数字资源取代印刷馆藏,资源的获取将被改善还是被削弱?
- 财政和技术问题——长远来看,数字资源的花费是否会因为持续的授权费用和载录格式转换费用而比印刷资源的花费更高?
- 法律和授权问题——有关版权的法律或对数字资源的授权条款,是否会限制用户的数量、线下访问或用户隐私?

·安全——如何保护资源的获取途径?

* *

☆ **解读**

本条说明在数字环境下,除了传统信息资源,还要关注数字资源的相关问题。

学校图书馆作为社会获取信息的一个途径,必须配备数字资源。对管理和获取数字资源有相应的要求,另外需要考虑数字馆藏的存取等问题。为了便于数字资源在更广阔的范围内被获取和使用,学校图书馆在分类和编目时可以采用国家或国际上公认的标准。

为了实现数字资源的有效管理和获取,一些国家在信息化和自动化等方面进行了尝试。日本文部省在1998年主持召开了议题为"信息化进展"和与此相对应的初高中信息教育的调查研究会议,并通过了《信息化教育环境实现》专题报告。澳大利亚各州教育厅建立起自动化服务系统,为所在辖区的学校提供编目卡或缩微胶片目录等服务,还建立了世界上第一个为学校图书馆设计的国家编目数据库,以及全国课程信息索引和在线教育网。[①]

☆ **参阅**

□ **ALIA/ASLA,** *Policy on School Libraries and Information and Communication Technologies*

■ Current and emerging ICTs are essential for effective information delivery in 21st century school communities. Teacher librarians ensure the development of policies that guide the school library in the storage, publication and dissemination of current and emerging formats. They embed information and digital literacy skills into the curriculum. Teacher librarians show leadership by developing expertise through ongoing training and professional development. As a result they are able to offer a range of ICT learning and teaching opportunities within their school communities

☆ **中国情境**

□ **基本情况**

■ 我国中小学图书馆在信息技术、图书馆进行网络化方面,《中小学图书馆(室)规程》第三、四章都提到要加强中小学图书馆网络建设,建立数字图书馆和图书资源中心。但不同地区的中小学图书馆数字化建设情况差别大,数字馆藏的建立任重道远。我国的教育通信网络发展很快,而网络资源的建设及其应用却相对滞后。

■《指南(第二版)》中数字资源相关表述为我国中小学图书馆数字资源建设的长

---

① 徐淑云. 中学图书馆(室)信息资源建设问题研究 [D]. 长春:东北师范大学,2007.

期可持续性发展提供了有益参考。我国中小学图书馆目前仍主要处于数字资源建设起步阶段,即相关硬件设施的建设方面,尚不能达到资源配备合理。

□ 相关政策法规条文

■ 《关于进一步加强中小学图书馆工作的指导意见》第四条规定:"区县教育行政部门要加强数字资源的建设与利用服务工作的规划与协调,提倡由区县为区域内学校提供基础性、公共性的数字资源的利用服务,学校着重补充具有特色化、个性化的数字资源。做到区县与学校相结合,购买服务与自行开发相结合,实现共建共享。"

■ 《中小学图书馆(室)规程》第十三条规定:"图书馆应当重视数字资源建设,依托区域数字图书馆和信息资源中心获取数字图书和电子期刊等。地方教育行政部门要统筹推进区域数字图书馆和文献信息资源中心建设,促进优质数字资源共建共享。"

□ 馆长之见

■ 杨长军馆长:对于现阶段的学校图书馆来讲,数字资源的发展还在起步阶段,这与学校图书馆的资源购买经费有很大的关系。从书目系统来看,大部分学校图书馆都采用中国图书分类法来对图书进行编目,广州地区一大半的学校已经实现计算机网络管理。但从馆藏数字资源的规则与标准来看,基本以实用为原则,购买的资源大多是与教学课程或论文写作相关的数字资源。此外,广附图书馆开始引进音乐数字资源,以提高师生音乐素养。

■ 王鸿飞馆长:《国家中长期教育改革和发展规划纲要(2010—2020年)》明确指出要加强网络教学资源体系建设,引进国际优质数字化资源,开发网络学习课程,建立数字图书馆和虚拟实验室,开发和建立灵活的教育资源公共服务平台,促进优质教育资源共享。"构建先进、高效、实用的数字化教育基础设施,加快终端设施普及,推进数字化校园建设。"这对中小学图书馆的发展方向有指引作用。随着数字图书馆的发展,中小学图书馆也在努力加强数字化资源建设。但是,中小学图书馆并没有意识到数字资源的相关问题,也并不一定都做好了准备。正如《指南(第二版)》所述:存取问题、财政和技术问题、法律和许可问题、访问安全问题,这些问题值得所有学校图书馆长期关注。另外,学校图书馆还要关注由社交媒体驱动而出现的一些新的服务,如微博服务、微信服务、3D打印、创客空间等。

☆ **进一步阅读**

■ ALIA. Fifty:fifty by 2020[EB/OL].(2013). https://read.alia.org.au/content/5050-2020.

第九节 关于馆藏标准

* *

4.3.3 馆藏标准

今天,当学校图书馆馆藏中包括了许多或通过馆内获得、或通过外部商业数据库及授权参考资料获得的数字资源时,传统的学校图书馆馆藏标准已经难以制定和使用。不论是否使用国家或当地的馆藏标准,馆藏建设相关决策都要以课程要求和教学方法为基础。

馆藏需均衡收藏当前资料和相关资料,以确保不同年龄、能力、学习模式和背景的用户都能获取资源。馆藏应通过实体或数字形式的信息资源以支持课程。除此之外,学校图书馆还购置以休闲为目的的资料,如流行小说或连环画小说、音乐、电脑游戏、电影、杂志、漫画和海报等。应该与学生共同挑选这类资源以确保所选资料符合他们的兴趣和文化。

* *

☆ **解读**

本条说明了学校图书馆馆藏标准需要考虑的问题。

学校图书馆的馆藏标准总体应该服务于课程要求和教学方法。一个适切和均衡的馆藏能够满足不同学生的需求;除了支持课程学习,还应为学生提供休闲阅读的资源。

以日本的馆藏建设为例。日本政府要求充实中小学图书馆的图书资料,在1993年,制定了《学校图书馆图书标准》,明确义务教育阶段中小学图书馆的图书配置标准。同时,日本对于中小学藏书的分配比率也制定了相应的标准,《学校图书馆多媒体基准》对中小学图书馆的报纸、杂志、录像、音频资料做出严格的规定。[①] 除了保证馆藏量,还需要有良好的馆藏结构,来满足师生多样化的需求。

☆ **参阅**

☐ **SLA**, *Standards for Secondary School Libraries*

■ The school library should provide access to a range of journals and magazines in hard-copy and/or online, covering both academic and leisure subjects.

■ All stock should be either relevant to the curriculum or of general interest and must contain accurate up to date and accessible information.

☐ **CILIP**, *Policy Inquiry into School Libraries*

■ Providing teachers with the right kind of resources for lessons and students. This means

---

① 王乙竹. 中日中小学图书馆比较研究 [D]. 长春:东北师范大学, 2012.

ensuring there are sufficient and appropriate materials to support a lesson or sequence of lessons.

☆ 中国情境

□ 基本情况

- 目前，我国中小学图书馆在馆藏标准建设方面难以展开，主要有以下两个原因：其一，中小学管理层不重视图书馆资源建设，导致经费不足，图书馆服务人员专业性差；其二，中小学图书馆资源建设尚未以服务教学为宗旨。
- 馆藏标准如何科学合理制定以及如何在实际发挥作用？现阶段，我国中小学图书馆馆长以及管理人员尚未考虑相关馆藏标准制定与实施问题，致使上述馆藏资源结构不合理、书刊质量低下等问题的产生。当前，我国课程改革逐渐深入，素质教育逐步推进，教材不断更新，对人才培养的要求也不断提高，学校图书馆亟待设置馆藏标准。

□ 相关政策法规条文

- 《关于加强新时期中小学图书馆建设与应用工作的意见》"二、重点任务"之"（四）确保馆藏资源质量"规定："教育、文化和新闻出版部门要积极创造条件组织专家学者、文化工作者和出版发行单位，为中小学生创作更多富有教育性、启发性，符合年龄特点、品种丰富的优质出版物。各地要结合实际合理确定中小学图书馆藏书复本量标准及馆藏定向补充和剔旧原则。要制定增剔工作计划，严格操作，确保剔旧后每年至少生均新增一本纸质图书，确保实现生均纸质图书册数达标。妥善存续具有收藏保存价值的图书，基础藏书配备目录内的藏书，一般不进行剔旧。进一步整合实体和虚拟资源，形成相互补充、多元统一的馆藏资源体系。改善图书馆馆藏结构，探索建立学生、教师读书反馈和评议推荐制度，遴选学生和教师心目中的好书。各地中小学要重视对校本资源、特色资源的收集、整理、加工、保存和应用。"
- 《关于进一步加强中小学图书馆工作的指导意见》第四条规定："上海市教育委员会会同上海市新闻出版局定期组织专家，在评选的基础上编制并颁发《上海市中小学图书馆图书配置推荐目录》，供区县和学校参考。区县教育行政部门和学校在开展图书集中采购时，要按照政府的有关规定和要求，规范运作。同时，逐步形成由专家、图书馆专业人员以及师生和家长等多方代表共同参与的图书评选与采购机制。"

□ 馆长之见

- 杨长军馆长：广附图书馆现有馆藏流通图书17万余册，校内读者5000余人，人均30多册，且每年人均增加3册以上。数字资源有教学相关的课程资源（如第二教育网、学科网），还有教师自我提升所需的论文资源（如中国知网、视频及电子资源、超星学习通及方正阅读机），还引进了数字资源库克音乐图书馆。师生在问卷调查中及时反馈所需资源，所有资源在购买前开通试用，有需求再决定购买。同时，在使用过程中随时接受读者反馈。
- 王鸿飞馆长：对于中小学图书馆纸质图书的藏书标准，《中小学图书馆（室）规程》中有明确的标准规定；对于数字馆藏的建设标准，并没有如此详细的规定。《指南（第二版）》提到随着数字资源的发展，特别是外部获取资源比例的增加，常规的学校图书馆馆藏标准难以适用，于是强调馆藏发展应该基于课程要求和教学方法。此外，还提到应该由学校图书馆与学生共同挑选为休闲准备的材料，如流行或绘图小说、音乐、电脑游戏、电影、杂志、漫画和海报，体现了学校图书馆馆藏资源发展多元化，也体现了读者多元化的文化需求。

☆ **进一步阅读**
- IFLA. Guidelines for easy-to-read materials[EB/OL]. (2010). https://repository.ifla.org/items/1039f627-6ed6-4180-9f73-ce48d9753b76.

第十节 关于资源共享

* *

4.3.4 资源共享

学校图书馆应通过馆际互借和资源共享等方式来拓展用户获取图书馆资源的途径。然而，由于这不是许多学校图书馆的传统功能，尚未有完善的促进制度。如果学校图书馆通过联合目录或在线数据库及数字参考资料的共享获取相互连接，则馆际互借和资源共享较易于组织。

* *

☆ **解读**

本条说明了馆藏建设中通过馆际互借和资源共享增加信息资源获取的途径。

资源共建共享依托于外部的资源，包括当地的机构和组织。其中，公共图书馆与学校图书馆可以通过正式的协议成为合作伙伴，共同满足当地青少年的信息需求。

国外一些中小学图书馆与其他图书馆建立起资源共享的关系。例如，日本中小学图书馆与公立图书馆、公民馆、大学图书馆等建立起了相互协作的伙伴关系，实行资源共享和图书资料的馆际互借。这些做法大大地推动了中小学图书馆建设向前发展。

联合国教科文组织早在1949年发布的《公共图书馆宣言》中就提出了图书馆资源共享问题。20世纪七八十年代，连续十届国际图书馆协会与机构联合会年会的中心议题都是围绕国际协作、馆际协作、世界出版物的收集利用等关于资源共建共享的问题。① 较早开展馆际合作的是英国、美国、日本等发达国家，他们在公共图书馆、高校图书馆的资源共享实践中取得令人满意的成果，中小学图书馆与外部图书馆开展合作也成为必然趋势。这将有利于丰富馆藏资源，同时解决经费不足的问题。

☆ 参阅

□ **CLA**, *Leading Learning*: *Standards of Practice for School Library Learning Commons in Canada*

■ A learning commons is a whole school approach to building a participatory learning community. The library learning commons is the physical and virtual collaborative learning hub of the school. It is designed to engineer and drive future-oriented learning and teaching throughout the entire school. Inquiry, project/problem-based learning experiences are designed as catalysts for intellectual engagement with information, ideas, thinking, and dialogue. Reading thrives, learning literacies and technology competencies evolve, and critical thinking, creativity, innovation and playing to learn are nourished. Everyone is a learner; everyone is a teacher working collaboratively toward excellence.

☆ 中国情境

□ 基本情况

■ 我国中小学图书馆信息资源共享程度低，主要有以下两方面原因：其一，行政隶属界限的限制。中小学图书馆与公共图书馆等未成年人图书馆与信息服务主体隶属不同的管理部门，区域间相邻系统的资源整合力度低。其二，中小学图书馆定位不明确。中小学图书馆长期处于封闭办馆的状态，缺乏系统内的图书馆沟通，更不用说跨系统共建共享合作。

■ 但是，令人欣慰的是国内一些中小学在最近几年开始进行资源共享方面的尝试。为了更好地优化资源，上海市普陀区部分学校图书馆打破校与校的壁垒，开展了馆际互借，让图书馆的资源得到了更科学的配置。② 此外，少数高校图书馆（如北京师范大学、首都师范大学、华东师范大学等）尝试为中小学提供服务，它们创建了一些有关中小学教科书、参考书目及有基础教育特色的数据库；也有极少数高校图书馆为中小学师生提供书刊借阅的服务。③

□ 相关政策法规条文

■《关于加强新时期中小学图书馆建设与应用工作的意见》"二、重点任务"之

---

① 卓毓荣. 中小学图书馆与高校图书馆合作问题探索：基于广州市调研数据的实证分析 [J]. 图书馆学研究, 2012 (6): 32-35.

② 中小学图书馆摆脱边缘角色的理想与现实 [N/OL]. 中国教育报, 2009-06-29. [2017-03-05]. http://paper.jyb.cn/zgjyb/html/2009-06/29/content_13401.htm.

③ 卓毓荣. 中小学图书馆与高校图书馆合作问题探索：基于广州市调研数据的实证分析 [J]. 图书馆学研究, 2012 (6): 32-35.

"（八）要带动书香社会建设"规定："中小学图书馆与本地公共图书馆特别是少年儿童图书馆、高等学校图书馆要积极开展合作，推进资源共享，探索实现通借通还。"

- 《中小学图书馆（室）规程》第二十八条规定："图书馆应当加强馆际交流，推动校际阅读活动、校本资源和特色资源的合作与共享。"第二十九条规定："图书馆应当积极与本地公共图书馆，特别是少年儿童图书馆、高等学校图书馆开展馆际合作，实现资源共享。各地教育行政部门要重视和加强乡镇中心学校图书馆建设，辐射周边小规模学校。在确保校园安全的前提下，有条件的学校可以探索向家长、社区有序开放。"

- 《关于进一步加强中小学图书馆工作的指导意见》第七条规定："各区县教育行政部门和学校要制定措施，推动中小学图书馆的馆际互借和资源的共建共享，并建立与公共图书馆、高校图书馆的馆际互借和资源共享的运行机制。各级文化管理部门应积极予以支持和配合。各区县教育行政部门要鼓励学校图书馆对学生家长和社区居民开放，促进学校图书馆文献资源的有效利用，发挥学校图书馆的文化辐射作用。"

□ 馆长之见

- 杨长军馆长：学校图书馆通过馆际互借和资源共享来增加用户获取图书馆资料的途径相对较少，大范围的流通相对较少，学校内部的小流通已经有不少尝试。如广附图书馆由一个总馆和七个分馆组成，总馆与分馆之间实现馆际互借和资源共享。前提条件是总馆和分馆都在一个教育集团之下，资源共享才可能实现。

- 王鸿飞馆长：馆际互借和资源共享这个话题在我国高校图书馆、公共图书馆被讨论得较多，并且最早的讨论时间可以追溯到10多年前。对中小学图书馆的馆际互借和资源共享虽偶有涉及，但是基本也只是停留在探讨联合编目或共享在线数据库和数字参考资料的层次。由于每个中小学图书馆的服务对象都是比较固定的，纸质资源的馆际互借和资源共享并不现实。要推动中小学图书馆的数字资源共享，需要上一级主管部门或区域性服务组织统一策划，统一购买数字化资源，并建立完善的系统，才能实现隶属同一部门或区域的中小学图书馆统一使用和共享资源。但即使做到这样，也不是严格意义上的单体图书馆的资源共享。

☆ 进一步阅读

- IFLA. Designing and building integrated digital library systems—guidelines [EB/OL]. (2005). https://www.ifla.org/publications/ifla-professional-reports-90.

第八章 《学校图书馆指南》解读之学校图书馆活动

本章从专业角度和中国情境出发,对《指南(第二版)》的第 5 章"学校图书馆活动"进行解读。《指南(第二版)》第 5 章共计 8 节,分别是:5.1 引言,5.2 活动,5.3 基本素养培育和阅读推广,5.4 媒体和信息素养教育,5.5 探究式学习,5.6 技术集成,5.7 教师的专业发展,5.8 学校图书馆员的教导职责。

第一节 关于引言

****

"学校图书馆是教育过程中不可或缺的一部分。"(《学校图书馆宣言》)

5.1 引言

为圆满达成其教育使命,学校图书馆必须通过系列精心研究的教导和服务活动积极参与教育社群。因为需要与图书馆以及更广社群的目标相一致,世界各地学校图书馆所提供的活动各不相同。(参见 3.5.4 社群参与)。

用于描述学校图书馆活动的术语在世界各地亦各不相同。举例来说,发展具有阅读热情和阅读技巧的读者的活动,就有"阅读推广""广泛阅读""自主阅读""休闲或娱乐阅读"或"快乐阅读"等不同称法。但无论采用何种称法,培养积极且能流畅阅读的读者是世界各地所有学校图书馆活动的重要任务。

出现争议性术语的另一领域是关于信息的作用。那些曾被称为"书目指导"(指导如何使用图书馆的文本和系统)和"用户教育"(任何帮助用户了解图书馆及其服务的手段)的活动,现在更经常被称为"信息素养"和"探究"。多年以来,信息使用的图书馆指导范式不断变化:从 20 世纪 60 至 70 年代的来源路径;到 20 世纪 80 年代的探路路径;再到从 20 世纪 90 年代开始的过程路径(Kuhlthau,2004)。过程路径强调在问题解答的视角下思考信息和使用信息。这一路径并不抛弃通过来源路径或探路路径所积累的知识(如关于工具、来源和检索策略的知识),但同时又强调这种知识最好是在问题思考和解答的教学中通过探究加以发展。

****

☆ **解读**

本条是对《指南(第二版)》第 5 章第 1 节"引言"相关内容的概述及解释。

联合图书馆是指两个或两个以上的图书馆利用其共享的图书馆设置,为用户提供信息服务的图书馆。① 公共图书馆与中小学图书馆进行联合是参与到教育社群中的方法之一。由于中小学图书馆规模的限制，馆员的专业性存在不足之处，有可能制约图书馆信息服务能力的发挥和提升。进行联合加强了两馆之间的联系，有利于提升学校图书馆员的水平，从而全面提升学校图书馆的信息服务能力。联合图书馆的设立便于学校图书馆和公共图书馆开展社群教育活动，促进终身教育的发展，为社区居民、教师、学生、家长等的交流提供平台，成为中小学生的第二课堂，弥补学校图书馆的不足之处。

世界各地的学校图书馆宗旨、使命和任务不尽相同，因此，描述图书活动的术语也会有所不同。并且随着社会不断发展，学校图书馆也处于一个不断发展变化的状况中。以美国为例，随着美国教育的发展，美国学校图书馆逐步从单纯的图书收藏场所发展成为学校的媒体中心（school library media center）、学习资源中心（learning resource center）和学习中心（learning center），其功能和作用随着教育实践的需要不断拓展。② 因此，与之相关的术语及其含义也在不断发展。

☆ **参阅**

□ CLA，*Achieving Information Literacy Standards for School Library Programs in Canada*

■ The instructional program in the school library focuses on skills to support learning the curriculum and developing independent learning habits. The major learning outcome for the school library program is to develop students who are information literate.

☆ **中国情境**

□ 基本情况

■ 就图书馆活动的有效开展而言，我国各地区中小学图书馆之间的发展是不平衡与不充分的。此外，我国中小学图书馆活动的开展面临效果不佳等问题，主要由以下两方面原因造成：其一，应试教育的学习氛围，图书馆开展的活动不能得到教师与学校领导的支持，学生参与积极性不高；其二，中小学图书馆员专业性服务素质不高，造成中小学图书馆活动不能有效辅助教学，难以满足学生现阶段学习信息需求。

■ 在未成年人图书馆与信息活动开展方面，已经有一些中小学图书馆与公共图书馆展开相关合作，联合开展活动。活动主要由公共图书馆牵头，其中，将传统借阅服务延伸到学校是目前公共图书馆（少年儿童图书馆）与学校合作的最普遍的形式。

□ 相关政策法规条文

■《中小学图书馆（室）规程》第四条规定："图书馆的主要任务是：贯彻党的教

---

① MATTHEWS K. The critical success factors for school and community joint use libraries in New Zealand [J]. Association community librarian christchurch city libraries New Zealand aplis，2008（5）：21 – 28.

② 柴会明. 美国学校图书馆服务标准化进程述评 [J]. 中国图书馆学报，2015（1）：112 – 123.

育方针，培育社会主义核心价值观，弘扬中华优秀传统文化，促进学生德智体美全面发展；建立健全学校文献信息和服务体系，协助教师开展教学教研活动，指导学生掌握检索与利用文献信息的知识与技能；组织学生阅读活动，培养学生的阅读兴趣和阅读习惯。"

- 《中等专业学校图书馆规程》第十一条规定："中等专业学校图书馆应加强读者服务工作，健全服务体系，提高馆藏文献资料的利用率。""（二）配合学校的教育、教学、科研工作，编制推荐书目、导读书目，举办书刊展评等活动，通过多种方式进行阅读辅导。"
- 《关于全国少年儿童图书馆工作座谈会的情况报告》（1981年7月24日，文化部、教育部、共青团中央）第三点指出，办好中、小学图书馆（室），是解决中、小学生课外图书阅读的重要措施。各地要加强领导，从当地情况出发做出规划，分期分批进行中、小学图书馆（室）的恢复和建设。
- 《教育部关于指导小学生阅读少年儿童读物的指示》（1956年4月11日，教育部）列出的组织和指导儿童课外阅读的有效方法中包括：成立全校性的儿童图书馆，按时购置少年儿童读物，教师指导学生编目、分类、管理、借阅，并设置阅览室，让学生临时借阅图书。为了吸引学生阅读，除了设置新书角之外，还可以经常用小黑板、广告画或者在墙报上报告新书。并且可以组织教师，由教师在课内结合课堂教学内容介绍儿童读物，鼓励学生在课外借阅。

□ 馆长之见

- 杨长军馆长：学校图书馆为了成功地实现其教育使命，就必须使精心研究的阅读推广活动参与到学校发展中来。通过阅读推广活动，使图书馆与学校教育教学更加紧密相连。这也是未成年人除课堂教育之外的延伸课堂教育。
- 王鸿飞馆长：考虑到世界各地学校图书馆的定义、宗旨、使命、任务等各不相同，学校图书馆提供的教学服务或者阅读活动也各不相同。目前，我国中小学图书馆经常用阅读指导、阅读推广、书目服务、信息咨询、阅读服务等概括图书馆的这些教学服务或者阅读活动。当然，在中小学图书馆服务方面也得到很多文件的支持。例如，2010年，文化部《关于进一步加强少年儿童图书馆建设工作的意见》指出，少年儿童图书馆要积极与中小学校开展合作，共同开展阅读指导、信息素养教育，积极开展图书推介、讲座、展览等活动，精心设计和组织内容鲜活、形式新颖、吸引力强的读书活动，吸引未成年人走进图书馆、利用图书馆。《关于加强新时期中小学图书馆建设与应用工作的意见》提到，鼓励有条件的学校利用图书、报刊布置走廊、教室等边角空间，倡导学生自主管理、诚信取阅，形成"学校在图书馆中"的良好氛围，使师生阅读方式广泛多样、阅读选择丰富多元。特别是近几年，中小学图书馆更多使用"阅读推广""阅读指导"等字眼描述图书馆的服务活动。

☆ **进一步阅读**

- ALIA. The road goes ever on and on: a librarian's unexpected journey [EB/OL].

(2014). https://read.alia.org.au/content/road-goes-ever-and-librarians-unexpected-journey.

第二节 关于活动

* *

5.2 活动

学校图书馆是学校教与学的重要组成部分，它还有助于实现学校的社会目标，如学生参与、有教无类以及更广泛的社群关系。学校图书馆的目标应与学校的目标（如基本素养、课程学习和公民权）保持一致。学校图书馆对实现学校目标所能做的贡献程度取决于学校图书馆的资源配置和人员配置。

服务和活动必须由符合资质的学校图书馆员与学校的校长或首席教师、与部门主任和其他学习专家、与课堂教师、与后勤人员以及与学生密切合作，一道制定。如果没有符合资质的学校图书馆员通过专业知识选择适当的教育资源，并根据这些资源与任课教师合作设计教学，相关研究文献中所报告的学生成绩提升是无法实现的。

符合资质的学校图书馆员的教导工作应侧重于以下核心活动：
・基本素养和阅读推广；
・信息素养（信息技能、信息能力、信息通晓、媒体素养、跨媒体信息素养）；
・探究式学习（问题导向学习，批判性思维）；
・技术集成；
・教师的专业发展；
・文学和文化鉴赏。

学校图书馆关于核心活动的研究为其行动构建了框架。学校图书馆核心活动的重点取决于学校的计划与工作重心，并且应当体现随年级的递增而提升的课程期望。

* *

☆ **解读**

本条是对《指南（第二版）》第 5 章第 2 节"活动"相关内容的概述及解释。

专业化人才是图书馆事业发展中重要的影响因素。学校图书馆中为师生提供服务和活动的馆员必须是具备专业素养的、合格的馆员，馆员队伍的专业化、职业化程度对学校图书馆活动开展十分重要。

AASL 是全美唯一的学校图书馆专业协会，致力于使学校图书馆能够根据教育需要提供与之相适应的专业化服务：1960 年，与美国师范教育协会等机构合作发布了《学校图书馆计划标准》，根据基础教育强调智力训练和科学知识的要求，对学校图书馆服务和发展规划做出相应调整；1969 年，与美国教育协会试听教学部联合制定《学校媒体计划标准》，强化图书馆服务对教学过程中多媒体技术运用的支持，后来该标准经过修订形成《媒体计划：学区与学校》，强调图书馆服务网络体系建设与资源共享；1988年推出《信息力量：学校图书馆媒体计划指导方针》，强调学生信息素质的培养，并对学校媒体老师的作用进行规定。这些在推进服务标准化的同时，推动了学校图书馆员的专业化发展，馆员职能和教育角色与时俱进。同时，美国建立起成熟的学校图书馆员资格认证体系，馆员的教育者角色已得到普遍认可。

日本在学校图书馆法律建设方面取得了一定成效，但关于学校图书馆专业职务制度的规定不够完备，导致其在人员问题上得不到落实，从而制约了学校图书馆活动的开展和学校图书馆的发展。

☆ 参阅

☐ **IASL**, *Policy Statement on School Libraries*

■ The school library is central to the fulfillment of the instructional goals and objectives of the school and promotes this through a planned program of acquisition and organization of information technology and dissemination of materials to expand the learning environment of all students. A planned program of teaching information skills in partnership with classroom teachers and other educators is an essential part of the school library program.

☐ **ALA/AASL**, *Standards for Initial Preparation of School Librarians*

■ Candidates advocate for dynamic school library programs and positive learning environments that focus on student learning and achievement by collaborating and connecting with teachers, administrators, librarians, and the community.

☐ **CLA**, *Position Statement on Effective School Library Programs in Canada*

■ The school library, and its instructional program, are essential components of the educational process, contributing to the achievement of these educational goals and objectives through programs and services that implement and support the instructional programs of the school. The role and responsibility of the school library lies in the development of resource-based programs that will ensure that all the young people in our schools have the opportunity to learn the skills that will enable them to become competent users of information.

☐ **CLA**, *Achieving Information Literacy Standards for School Library Programs in Canada*

■ School library programs should be a force for change at thecentre of teaching and learning with a focus on enabling student achievement and growth as productive citizens in Canada.

☆ 中国情境

□ 基本情况

- 我国中小学图书馆员专业性服务能力欠缺、部分图书馆员由学校教师兼任等各种人力资源方面的问题造成中小学图书馆员承担的角色和图书馆开展的活动未能达到《指南（第二版）》提出的标准。我国中小学图书馆活动的质量与开展效果与《指南（第二版）》提到的标准还存在一定差距。
- 我国部分公共图书馆发展理念较为先进，已积极自发与中小学图书馆展开合作，目前以开展图书馆活动为主，以期双方通过资源共享的方式提升未成年人图书馆与信息服务的专业性。此外，部分省市中小学图书馆的发展得益于学校领导的支持，借助开展中小学图书馆活动推动学校素质教育整体向前推进。

□ 相关政策法规条文

- 《中小学图书馆（室）规程》第七条规定："学校可根据需要设立阅读指导机构，指导和协调全校阅读活动的开展。阅读指导机构由一名校领导担任负责人，成员由学校图书馆及相关职能部门负责人、教师和学生代表组成，鼓励家长代表参加。阅读指导机构应当定期召开会议，制定学校阅读计划，组织阅读活动的实施，反映师生意见和要求，向学校提出改进阅读活动的建议。"第三十三条规定："图书馆管理人员应当具备基本的图书馆专业知识与专业技能。"第三十四条规定："图书馆专业人员实行专业技术职务聘任制。"
- 《中等专业学校图书馆规程》第二十七条规定："中等专业学校图书馆工作人员的任用、待遇、评奖等按国家有关规定执行，与本校其他教职工同等对待。中等专业学校图书馆工作人员工资按其岗位分别实行职员职务等级工资制、专业技术职务等级工资制、工人（技术）等级工资制。"
- 《关于全国少年儿童图书馆工作座谈会的情况报告》第八条规定："少年儿童图书馆管理人员，是图书馆工作者，更是少年儿童教育工作者。……要鼓励并帮助他们提高业务水平。建议在有条件的师范院校的图书馆学系设置儿童图书馆专业，或暂时先开几门专业课程（如教育学、儿童心理学、儿童文学和科普知识等），有计划地培养一些专门人才。当前，要着重抓好在职少年儿童图书馆工作人员的培训和提高。……要按照国家关于图书馆专业干部业务职称的规定：做好少年儿童图书馆工作人员业务职称的评定工作。学校图书馆和少年宫（家）图书馆的工作人员在调资、晋级或评奖时，应与教学人员和教育辅导人员同等看待。"

□ 馆长之见

- 杨长军馆长：学校图书馆在今后的发展过程中需要结合教学开展更多适合于不同读者类型的各种活动，以此来支撑并提升读者的核心素养能力。
- 王鸿飞馆长：《指南（第二版）》建议学校图书馆的目标应该与学校的目标一致，并提出学校图书馆对实现学校目标的贡献程度取决于分配给学校图书馆的资源和人员配置。这一点需要得到上级主管部门、学校校长、领导以及教师等的理解与支持。《指南（第二版）》还提到，图书馆的服务和活动必须由合格的学校图书馆员策划，由图书馆员提供专业知识去选择合适的教育资源，并根据这些资源与任课教师合作设计教学。在国内来说，这条有部分适用，即图书馆的服务和活动需要由合格的学校图书馆员策划。就如前面所强调过的，中小学图书馆的服务重心也可以参照《指南（第二版）》提到的几点，特别是读写技能与阅读推广、媒体与信息素养教育、教师的专业发展等。

☆ 进一步阅读

■ CLIR. Evergreen bringing information resources to rural China [EB/OL]. (2005). https://www.clir.org/pubs/reports/pub130/.

第三节 关于基本素养教育和阅读推广

****

5.3 基本素养培育和阅读推广

学校图书馆应在基本素养培育和阅读推广上为学生提供支持。研究表明，阅读水平和学习成果之间存在直接联系，培养热爱阅读且能熟练阅读的读者的关键因素在于阅读资料的获得（Krashen，2004）。在向读者提供阅读资料、支持读者的个人喜好、告知读者其阅读选择权利时，学校图书馆员应采用务实而灵活的方法。当学生有机会自主选择阅读时，他们的考试成绩会随着时间的推移逐步提高。自选读物有助于拓展词汇、提高语法测验成绩、提升写作和口语能力。当学生能够获得所学第二语言的高质量书籍时，学生第二语言的流利度和理解力将提升。当阅读困难者能够获得诸如有声读物等替代性阅读资料时，他们的阅读技能得到提升、阅读态度得到改善。

有阅读障碍的学生需要替代读物，在某些情况下还可能需要特殊的阅读设备。学校图书馆员应能够与为这些学生配备的专门教师合作，为这些学生的阅读需求提供支持。学校图书馆员还应支持教师的课堂阅读工作，使其符合地方和国家标准（如帮忙为阅读计划推荐适当的图书，推荐支持国家语言标准的图书）。

学校图书馆应该提供一个美观且具有启发性的环境，其中应配备各种各样的印刷资料和数字资料，并提供安静阅读、小组讨论和创意工作等一系列活动的机会。学校图书馆员应制定尽可能宽容的借阅政策，并尽量避免对于超期归还和图书丢失等的罚款或其他惩罚。

鼓励阅读、享受媒体的基本素养主题活动应包括社会文化和认知学习等方面。应努力确保学校图书馆对当地作品和国际作品兼容并包，其馆藏能够反映学校社群内所有成员的国籍、文化、种族的人口特征。学校图书馆员应带头确保学生无论是在教室还是在图书馆，都拥有自主选择读物和与他人讨论分享阅读的机会。新入藏的小说和非小说资料都应该通过书评、图书馆展览和图书馆网页信息等方式向教师和学生推广。还可以通过在图书馆或学校举办展览、作者见面会和国际扫盲日等特别活动来提高基本素养和阅读水平。这些特别活动能提供机会让家长参与到学校中来。家长也可以通过家庭阅读活动和朗读活动参与孩子的基本素养培育。

* *

☆ 解读

本条是对《指南（第二版）》第 5 章第 3 节"基本素养培育和阅读推广"相关内容的概述及解释。

有关中小学图书馆的发展研究显示，学校图书馆已成为中小学教育中不可或缺的组成部分，这主要源于教育模式从简单的知识传授向能力培养（即素质教育）的转变。① 英国 Rachel von Lille 提出"读者发展"这个概念，并将其定义为一种主动介入的实践活动。学校图书馆的读者发展应本着主动性、参与性与指导性相结合的服务理念，通过举办多种活动以满足未成年人读者的需求，并根据不同年龄段未成年读者的需要以及学校的课程安排来提供相应的服务。

不论是发达国家还是欠发达国家，都存在着不同程度的阅读危机。美国于 2007 年 9 月发表的阅读报告中指出，美国人读书的时间越来越少，其中最少的为青少年群体；德国 2000 年的 PISA（Programme for International Student Assessment，国际学生评估项目）能力测试结果表明，德国的 20% 的青少年阅读水平相当于一个次级文盲；日本 2006 年调查显示，不喜欢读书的青少年较 20 年前成倍增长，20 岁以上青年人中一本书未读的占 48%。②

为了改善阅读危机，各国均开展相应活动以促进青少年的阅读发展。学校图书馆在其中具有十分重要和关键的作用。基本素养培育与阅读推广是学校图书馆的基本使命之一。学校图书馆员应根据学校课程设计提供相适应的阅读推广项目，根据教学内容和要求，向学生推荐有趣、有吸引力的相关书籍等。

☆ 参阅

□ **ALA/AASL**, *Standards for Initial Preparation of School Librarians*

■ Candidates use a variety of strategies to promote leisure reading and model personal enjoyment of reading in order to promote habits of creative expression and lifelong reading.

■ AASL (2009) directed school librarians to read aloud to students and provide booktalks as methods of reading promotion as part of their role in reading.

□ **CILIP**, *Policy Inquiry into School Libraries*

■ The librarian makes a unique contribution to creating a reading culture through maintai-

---

① 于斌斌. 国外中小学图书馆对学生学业表现的影响研究综述 [J]. 中国图书馆学报，2013，(5)：98 – 108.
② 张娟. 中小学图书馆阅读指导现状和模式研究 [D]. 南京：南京农业大学，2012.

ning a good selection of appropriate resources and providing a wide range of promotional and development activities.

☆ 中国情境

□ 基本情况

■ 青少年的阅读一直受到图书馆界、教育界和社会各方的关注，我国图书馆相关阅读推广项目或活动开展的主体也多为公共图书馆。我国中小学图书馆因为自身发展定位不明确，馆内服务人员尚不能支撑图书馆辅助教学、开设信息素养教育课程等图书馆核心功能的发挥。在图书馆素养与阅读推广方面距离《指南（第二版）》的要求尚有较大差距。

■ 我国以中小学图书馆为主体开展的信息素养教育与阅读推广整体发展是不平衡与不充分的，其中部分省市在这一方面走在前列。2010年，江西省龙南县教育局大胆创新，采取学校与县新华书店合作的办法，把读者俱乐部开进学校图书馆。同时，学校认真制定并实施课外阅读指导计划，开展了课内课外补充、精读泛读并重、文本网络结合、电视媒体介入、阅读写作并行等多种课外阅读活动。① 2015年，由广州市教育装备中心、广州教育学会中学图书管理专业委员会共同主办的"让阅读成为一种生活方式"——中小学图书馆（室）建设与校园阅读推广经验交流及案例展示活动在广东省立中山图书馆内举行。②

□ 相关政策法规条文

■《全民阅读"十三五"时期发展规划》专栏3 全民阅读"七进"工程"（四）大力促进少年儿童阅读"规定："加强中小学书香校园文化建设，完善中小学图书馆等校园阅读设施，开展多种形式的校园阅读活动。充分利用少年儿童图书馆、农家书屋、职工书屋、社区书屋、基层综合性文化服务中心以及青少年活动中心、少年宫等青少年活动场所，支持和帮助中小学生参加校外阅读活动，开展少儿阅读推广活动。"

■《关于加强新时期中小学图书馆建设与应用工作的意见》"二、重点任务"之"（七）充发挥育人作用"规定，开展经常性主题阅读活动，培养学生阅读兴趣、阅读习惯等有效阅读能力。

■《中小学图书馆（室）规程》第二十条规定："图书馆应当以全开架借阅为主。以学校图书馆为中心，在确保安全的前提下，充分利用走廊、教室等空间，创新书刊借阅方式，优化借阅管理，创建泛在阅读环境。"第二十七条规定："图书馆应当做好阅览、外借、宣传推荐服务工作；开设新生入馆教育、文献信息检索与利用、阅读指导课等，鼓励纳入教学计划；为教育教学和科研活动提供

---

① 新华书店开进学校图书馆[EB/OL]．[2017-03-07]．http://edu.ifeng.com/gundong/detail_2010_12/06/3363980_0.shtml.

② 让阅读成为一种生活方式：校园阅读推广经验交流与案例展示活动[EB/OL]．[2017-03-07]．http://www.gzedu.gov.cn/gov/GZ04/201504/t20150427_29475.html.

有效的文献信息支撑；创新各类资源使用方式，积极创建书香校园，组织形式多样的阅读活动，促进全民阅读工作；鼓励开展图书借阅数据分析，有针对性地改进学生阅读。"

- 《中等专业学校图书馆规程》第十一条规定：中等专业学校图书馆应"配合学校的教育、教学、科研工作，编制推荐书目、导读书目，举办书刊展评等活动，通过多种方式进行阅读辅导"。

- 《教育部关于指导小学生阅读少年儿童读物的指示》提出要加强少年儿童读物的阅读指导，相应的措施中包括要开展学生的课外阅读活动，成立全校性儿童图书馆。

□ 馆长之见

- 杨长军馆长：对于现阶段的学校图书馆来讲，读写技能导向的活动最容易操作，学校图书馆可以独自采取征文的方式进行，也可以与学科组沟通联动共同开展。要让学生有自主选择读物的机会，并通过与他人分享，鼓励学生读写。通过这些以读写技能为导向的活动去鼓励学生阅读涉及社会文化和认知学习方面的文献。广附图书馆每年寒假发起的与家庭成员共读一本书活动，让学生和家庭成员共同阅读，写下各自的读书心得并进行交流，这对于家庭阅读气氛的提升和学生阅读技能的提高都起着意想不到的作用。

- 王鸿飞馆长：《指南（第二版）》第一条就提出图书馆应该支持培育学生的基本素养并进行阅读推广。其方式主要有以下几种：其一，向读者提供读物，支持读者根据个人喜好选择读物；其二，给阅读困难者提供有声读物等代替读物，改善阅读困难者的阅读技能和阅读态度；其三，提供安静阅读、小组讨论以及创意工作等多种多样活动的机会，尽可能地制定最宽容的借阅政策；其四，确保学生无论是在教室还是在图书馆都拥有自主选择读物和与他人分享讨论书籍的机会；其五，通过书评、图书馆展览和图书馆主页信息等把新书推荐给老师和学生，并通过展览、作家见面会等活动，以改善学生的读写技能和阅读情况。对照以上几条建议，中小学图书馆的宣传与阅读推广工作迫在眉睫。范并思教授认为，阅读推广的服务目标是使不爱阅读的人爱上阅读，使不会阅读的人学会阅读，使阅读有困难的人跨越阅读障碍。图书馆开展宣传与阅读推广，大体上是因为阅读推广能够有效吸引读者走进图书馆，提高图书馆的借阅指标。我在《中小学图书馆建设实践与阅读推广》中对中小学图书馆的阅读推广进行了归纳总结，认为中小学图书馆应该开展新书通报、好书推荐等常规宣传，开展新书实物展示、专题书展等实物宣传，开展微博、微信等网络宣传以及多媒体宣传。此外，我还整理归纳了中小学图书馆阅读推广的一些典型案例，如："你选书、我买单"书展活动、图书漂流活动、真人图书分享、微博导读、微信导读、新生入馆培训、主题征文等。

☆ **进一步阅读**

- ALIA. The digital economy within everyone's reach[EB/OL]. (2017). https://read.

alia. org. au/australian-libraries-digital-economy-within-everyone% E2% 80% 99s-reach.

- ALIA. Statement on information literacy for allAustralians[EB/OL]. (2006). https://read. alia. org. au/statement-information-literacy-all-australians.

第四节 关于媒体和信息素养教育

* *

5.4 媒体和信息素养教育

学校图书馆的第二大使命是将学生培养成为能以负责任、合道德的方式定位和使用信息，从而在不断变化的世界里过好其生活的学习者和公民。2007年，由Forest Woody Horton, Jr. 为政策制定者编写的联合国教科文组织文件《理解信息素养：初级读本》，对信息素养的概念和定义以及信息素养在正式和非正式学习中所扮演的角色进行了有用的概述。联合国教科文组织也推广媒体与信息素养（MIL）的概念，认识到媒体和信息源在我们个人生活和民主社会中的重要性。2011年的联合国教科文组织文件《教师媒体与信息素养课程》解释了为什么要将媒体素养和信息素养放在一起考虑。这一课程框架主要面向教与学中的三个领域：

1）关于媒体和信息的知识和理解，以促进民主和社会参与；

2）关于媒体文本和信息来源的评估（特别关注谁是创作者、为谁创造、传递了什么信息）；

3）关于媒体和信息的生产和使用。

学校图书馆员认可系统性框架对于媒体与信息技能教学的重要性，他们通过与教师合作帮助提升学生的技能。以媒体和信息素养课程为基础的教学计划的目标，是将学生培养成负责任、合道德的社会参与者。具备信息素养的学生是有能力的自主学习者。他们能够了解自己的信息需求并在思想世界中积极参与。他们对自己解决问题的能力深信不疑，知道如何定位相关且可靠的信息。他们能够运用技术工具获得信息并交流所学。他们能自如应对多解或无解的局面。他们对工作持高标准，能够创造高质量的成果。具备信息素养的学生能够灵活应对变局，在独立工作或团队协作中灵活发挥所长。

* *

☆ **解读**

本条是对《指南（第二版）》第5章第4节"媒体和信息素养教育"相关内容的概述及解释。

信息素养包括信息意识、信息技能乃至信息伦理等方面的内容。在全球信息化时代，信息素养是人们所必须具备的一种基本能力。因此，信息素养教育也成为现代教育的目标之一。世界各国都在积极开展信息技术教育，培养学生的信息素养。

1992年12月，美国媒体素养研究中心（Center for Media Literacy，CML）对媒体素养的定义为：媒体素养就是指人们面对媒体各种信息时的选择能力（ability to choose）、理解能力（ability to understand）、质疑能力（ability to question）、评估能力（ability to evaluate）、创造和生产能力（ability to create and produce）以及思辨的反应能力（ability to respond thoughtfully）。[①] 伴随着新媒体的不断涌现，媒体已成为人们最重要的知识信息来源之一。媒体素养作为人们处理各种形式的媒介信息的综合性能力也成为一个重要的教育概念，逐渐成为信息时代终身学习者所必备的基本素质之一。英国许多学校都设有媒体素养教育培训项目；澳大利亚在20世纪70年代便开发出从幼儿园到12年级的完整媒体教程与教材；法国也于1982年正式宣布将媒体教育纳入国家课程系统；我国香港自20世纪90年代以来逐渐发展形成一个媒体教育网络，并成立了香港传媒教育协会等。

中小学图书馆的使命与现代教育的目标内涵相一致，担负着培养学生信息素养和媒体素养的能力。中小学生正处于智力发展的关键阶段，对于新事物的接受能力较强，学校图书馆的积极引导容易使其形成信息观念，激发其信息需求，帮助其掌握获取知识的技能。学校图书馆应该利用独有的资源优势，利用生动有效的形式，对学生进行信息技能的训练和信息意识的培养，为其终身学习打下基础。

☆ **参阅**

□ **CAL**，*Leading Learning*：*Standards of Practice for School Library Learning Commons in Canada*

- Each school and district should work creatively to ensure that all students have the benefit of teacher-librarian expertise in information literacy and technology in learning as well as in supporting independent reading and evolving literacies.

□ **CLA**，*Achieving Information Literacy Standards for School Library Programs in Canada*

- The school library offers them a safe environment in which to learn and practice information literacy skills.
- Consistent and comprehensive implementation of information literacy programs is critical for 21st century learners. New content area curricula emphasize process-oriented information literacy strategies including critical thinking, problem solving and creative expression.
- All students in our schools should have access to effective school library programs. All our young people must have the opportunity to develop the information and media literacy skills they require to reach their fullest potential, to become independent, lifelong

---

① 孙卫国，祝智庭. 媒体素养教育：现代教育新理念：国内外媒体素养教育概览［J］. 电化教育研究，2006（2）：18-23.

- **ALIA/ASLA**, *Statement on School Libraries and Information and Communication Technologies*
  - Develop information literacy and inquiry-based learning skills.
- **SLA**, *The Primary School Library Guidelines*
  - Information literacy must be taught and reinforced throughout pupils' school careers across the curriculum.

☆ **中国情境**

□ 基本情况

- 在媒体信息素养教育方面,虽然我国中小学教师大部分都已经使用多媒体开展教学活动,但是在相对落后的农村学校这一部分仍是空白。就图书馆信息素养教育而言,我国中小学图书馆在实践方面还难以向前推进,主要原因有以下两个方面:其一,在未成年人信息素养教育的学理探讨部分,存在理论空白,实践过程缺乏理论指导;其二,中小学图书馆员缺乏图书馆与信息服务专业意识,与此同时,中小学信息素养教育本身尚未受到学校领导的重视。
- 在中小学图书馆实践方面,我国中小学还没有明确的媒体素养教育课程,没有形成系统的知识和教育模式。中小学开设的计算机课程一般只涉及简单的单机操作知识,并不涉及教导学生如何在互联网上搜集自己所需的知识,利用互联网为学习或生活服务,对媒体和信息素养方面重视和关注不多。我国学校图书馆对于学生媒体和信息素质的培养一般为利用多媒体教室或机房为学生提供网络教育。可以通过开设信息检索课程或专题培训的方式提高学校图书馆员的信息意识和技能,再由馆员对中小学生进行教育引导。

□ 相关政策法规条文

- 《关于加强新时期中小学图书馆建设与应用工作的意见》"二、重点任务"之"(七)充分发挥育人作用"第七条规定,中小学图书馆"要利用一定课时,培养学生搜集、整理、分析和选择信息资源的能力,提高学生信息素养"。
- 《中小学图书馆(室)规程》第四条规定:"图书馆的主要任务是:贯彻党的教育方针,培育社会主义核心价值观,弘扬中华优秀传统文化,促进学生德智体美全面发展;建立健全学校文献信息和服务体系,协助教师开展教学教研活动,指导学生掌握检索与利用文献信息的知识与技能;组织学生阅读活动,培养学生的阅读兴趣和阅读习惯。"第十三条规定:"图书馆应当重视数字资源建设,依托区域数字图书馆和信息资源中心获取数字图书和电子期刊等。地方教育行政部门要统筹推进区域数字图书馆和文献信息资源中心建设,促进优质数字资源共建共享。"第三十二条规定:"图书馆应当配备书架、阅览桌椅、借阅台、报刊架、书柜、计算机等必要的设施设备,并有计划地配置文件柜、陈列柜、办公桌椅、借还机、打印机、扫描仪、电子阅读设备、复印设备、文献保护设施设备、装订、安全监测等相关设备。设施、设备应当符合学生年龄使用需要。"
- 《中等专业学校图书馆规程》第三十条规定:"中等专业学校应有计划地为图书馆添置书架、期刊架、阅览桌、书梯、书车等设施,并创造条件购置复印、视听和计算机等现代化设备,所需费用由学校设备购置费中开支。"

□ 馆长之见

- 杨长军馆长:媒体与信息素养的培养主要依托学校信息技术老师来进行。对于教师来讲,信息素养的培养主要通过上级教育主管部门每年的信息素养专项培训来实现。而学生的信息素养基本靠教师信息课的课堂教学来实现,学校图书馆参与其中的活动较少。这也是国内学校图书馆目前缺失最大的一部分。
- 王鸿飞馆长:学校图书馆的第二个使命是培养学生的媒体与信息素养能力,提升学生查找与使用信息的能力,甚至自我学习的能力。关于这一点,联合国教科文组织做了很多的努力,包括《了解信息素养入门》以及媒体与信息素养的理念,还包括媒体素养和信息素养课程框架等。我国中小学图书馆在这方面的服务比较有限,现有的与媒体与信息素养相关的培训主要是新生入馆培训或者图书馆利用培训,内容主要涉及如何查找并利用图书馆资源、如何查找相关的或可靠的信息等。另外,一些优秀的图书馆或许还开设信息检索相关的选修课程。但大部分中小学图书馆仍主要依靠图书馆的设施设备为学生提高媒体与信息素养提供便利。

☆ **进一步阅读**

- AASL/AECT. Information literacy standards for student learning [EB/OL]. (1998). http://www.cila.org.tw/wp-content/uploads/downloads/2013/04/%E7%BE%8E%E5%9C%8B_ AASL-Information-Literacy-Standards-for-Student-Learning.pdf.
- IFLA. Guidelines on information literacy for lifelong learning [EB/OL]. (2006). https://repository.ifla.org/items/9b11eb30-799e-4fd2-a3e5-628204b12ac3.

第五节　关于探究式学习

* *

5.5　探究式学习

许多国家、地方当局和学校图书馆为教学设计制定了非常成功的模型,以在探究式计划的情境下培养媒体和信息素养技能。为探究式学习所制定的模型,经过多年的研究、发展和实践检验。在没有教育当局推荐模型的情况下,学校应选择一个与其目标和课程学习成果最匹配的模型,而非试图制定自己的模型。探究式学习的教学模型请参阅附录C。

以探究式学习为基础的教学模型通常使用过程路径，为学生提供一个学习过程，这一过程可以转而使用于不同内容领域，还可以从运用于学术环境转而运用于现实生活。这些模型共享以下几个概念：
- 学生从信息中建构意义。
- 学生通过过程路径创造高质量成果。
- 学生学习如何独立工作（自我指导）和团队协作。
- 学生以负责任、合道德的方式使用信息和信息技术。

探究式学习的教学模型包括必要的探究和终身学习技能：计划、定位和收集、选择和组织、处理、再现和分享，以及评估。基于过程的教学模型还提升自主学习技能（即元认知）以及协作技能。最好能在主题情景中，借由课程中的话题和问题逐渐强化这些技能。

任何研究任务、作业、项目、文章或话题都需要计划技能。在探究的最初阶段，计划活动包括框定适当的问题、识别可能的资源和可能的信息查询策略、制定合理的时间进度等。在整个探究过程中，学生将不断调整计划以应对预料之外的挑战和障碍。

定位和收集技能是信息查询任务的基础。这些技能包括了解字母和号码的排列顺序、在计算机数据库和互联网上使用多种信息查询策略、使用索引和参考资源。信息创造可能包括资源研究，以及调查、访谈、实验、观察等方法。

选择和组织技能需要批判和审视的思维。选择包括查找与所探究焦点相关和完全相关的信息。运用权威性、完整性、时效性、准确性和有观点等标准能够帮助学生就所找到的信息做出知情且合乎道德的决定。

处理信息指使用诸如从多种来源整合信息、推理、提出结论、建立与先验知识的关联等技能以建构信息的意义。通过这些技能，学生理解所收集的信息，将所收集的信息转化为个人知识。

信息的再现和分享指创造高质量成果，这些成果能够清晰沟通思想，能够反映所设立的目标和标准，能够根据不同受众采取有效的表达技能。

评估技能包括对探究过程和探究成果的评定。学生需要能够批判性地思考他们的付出和收获。他们应能将自己完成的成果与最初的计划进行比较，并判断他们的成果是否达到预期，从而辨别该学习计划的优点和不足，并思考在今后的任务中需要做出的改进以及这次学习对于未来学习的意义。

自主学习技能对于培养终身学习者至关重要。在整个探究过程中，需要引导学生思考他们思维活动和学习过程（即元认知），并利用这些自我认识建立学习目标且进而朝着目标管理探究过程。自主学习者能够使用媒体资源满足信息和个人需求、能够寻找问题的答案、能够考虑多种观点、能够分析观点之差异。他们认识到信息、信息源和图书馆具有复杂的组织和结构，他们能够在需要时寻求帮助。

学生在团队作业中习得协作技能，团队由不同的个体组成，需要处理不同的资源、使用不同的技术。学生学习如何捍卫主张以及如何对观点提出具有建设性的批评意见。他们认识观点的多样性，并尊重他人的背景和学习风格。他们共同制定既能反映个体差异又能融合个体任务最终完成作品的计划。

探究式学习的过程路径，远不局限于信息定位和具体问题解答，它还包括信息使用和具体话题求证。它是搜索信息的过程，同时也是搜索的成果。它呼吁人们了解从信息中学习的复杂性，从信息中学习不是一个常规的或标准化的任务，更牵涉情感表达和认知领域。

在决定使用过程路径进行探究式学习时，无论图书馆的规模、馆藏和技术如何，学校图书馆员和教师都面对着一个根本问题：如何通过能够激发好奇心、使人爱上学习的发现过程以影响、引导和鼓舞学生对于学习的追求。基于过程的模型支持一个观点，这一观点认为探究式学习是学生体验发现和个人成长的机会。如果有效加以实施，学生探究式的学习应伴随着探索和冒险、好奇心和积极性、批判性和创造性思维参与、与现实生活情况和现实受众的联系等诸多特征。

基于过程的模型以理论为基础，并立足于教育领域和图书馆与信息学研究领域。其中，学习理论来自教育领域，信息查询行为理论来自图书馆与信息学研究领域。举例来说，从教育领域，我们知道，学习者处理抽象的水平取决于他们的认知发展和他们的先验知识及经验。从教育领域，我们还知道建构主义理论——学习者主动建设或建构他们的知识，学习者在使用信息时经受着情感和想法的改变。从图书馆与信息研究领域，我们知道，信息用户在提问的明确性方面会经历不同层次，从关于信息需求的模糊概念至清楚界定需求或问题；我们知道，如果用户切实理解信息系统和信息问题，那么用户在搜索过程中将更加成功。

与学校其他学习项目一样，探究式学习活动的设计应能够促成学生学习的进步和连贯性。这意味着上述技能必须分阶段、按层次逐渐传授。学校图书馆员应承担主要职责，以确保探究过程教学的系统方法，这一方法应以基于学校的连续统一的媒体和信息技能与策略为指导。

如果没有地方或国家制定的探究式教学模型，学校图书馆员应与课堂教师和学校领导合作挑选模型。当教师和学生运用这一模型时，他们可能希望针对学校目标和当地需求修正模型。然而，修正模型应谨慎为之。如果对模型的理论基础缺乏深入理解，所做修正可能导致模型失效。

* *

☆ **解读**

本条是对《指南（第二版）》第 5 章第 5 节"探究式学习"相关内容的概述及解释。

探究性学习（inquiry learning）最早是在 20 世纪 50 年代由美国芝加哥大学的施瓦布在"教育现代化运动"中提出并倡导的。探究性学习重视学生学习的主体性，要求学生从知识接收者逐渐发展成为知识的创造者和生产者。利用图书馆开展探究性学习的主要意义在于让学生通过对学校图书馆各种教学媒体的综合利用去探究性地解决问题，以此培养学生自主解决问题的能力、自主学习的技能，锻炼学生的理性思考能力、批判性思维和应用信息的能力。

日本文部科学省根据《学校教育法》等法律法规，以及各学校教学课程的设置，编制成《学习指导要领》，在课程的基本理念、课程目标、课程实施等方面针对探究性学习做出多项规定。《学习指导要领》指出，"要积极开展包括观察、实验和报告制作、观点论述等应用学科知识和技能的学习活动。通过这样的方式，促进学校在综合学习时间，更好地培养学生交叉学科课题的解决能力，促进探究性学习活动的开展，巩固学生更牢固地掌握各学科的知识和技能"，并就图书馆如何协助教师开展各种以学生为主体的探究性学习活动做了具体规定。[1]

☆ 参阅

□ **ALA/AASL**, *Standards for Initial Preparation of School Librarians*

■ Candidates are effective teachers who demonstrate knowledge of learners and learning and who model and promote collaborative planning, instruction in multiple literacies, and inquiry-based learning, enabling members of the learning community to become effective users and creators of ideas and information.

□ **CAL**, *Achieving Information Literacy Standards for School Library Programs in Canada*

■ A shared educational philosophycentring on inquiry-based learning provides an appropriate and common climate for engaging teacher-librarians and school staff in collaborative, integrated learning opportunities.

☆ 中国情境

□ 基本情况

■ 未成年人探究式学习模型建构或实施方面的研究在国外图书馆界成果丰硕，但是在我国图书馆领域相关研究较少，缺乏理论支持，中小学图书馆探究式学习的实例几乎没有。有关探究性学习方面的研究多为教育学领域的研究，其内容大部分为在课程设计中如何与探究性学习相结合，但是尚未出现可以推广的模式，处于研究理论引进与实验阶段。

■ 我国中小学图书馆馆长与服务人员尚未储备相关知识，未参与探究式学习建设。我国中小学图书馆发展理念较为滞后，没有充分的政策和财政支持力度，甚至普遍存在资源配备不足、书刊更新慢等问题，难以由学校图书馆员自主开设探究性学习课程。

□ 相关政策法规条文

■《关于加强新时期中小学图书馆建设与应用工作的意见》"一、总体要求"之"（一）重要意义"规定："中小学图书馆作为服务教育教学、教育科学研究的重要办学条件，是基本实现教育现代化的重要体现，是均衡合理配置教育资源

---

[1] 邹永利，胡志波. 日本中小学图书馆与探究性学习 [J]. 图书馆论坛，2015（12）：139-145.

的重要内容,是广大学生、教师获取信息资源不可或缺的重要途径,是落实立德树人根本任务、全面深化课程改革的重要阵地,对于保障教学、服务教学、改善教学,提高学生自主学习能力和终身学习能力,促进教师专业成长和学生全面发展具有重要作用。中小学图书馆作为国家图书馆服务体系的重要组成,对于服务学习型社会和书香社会建设,完善公共文化服务体系,丰富群众精神文化生活具有深远意义。"

- 《基础教育课程改革纲要(试行)》第二条规定:"改变课程实施过于强调接受学习、死记硬背、机械训练的现状,倡导学生主动参与、乐于探究、勤于动手,培养学生搜集和处理信息的能力、获取新知识的能力、分析和解决问题的能力以及交流与合作的能力。"

□ 馆长之见

- 杨长军馆长:学校图书馆员参与探究式教学模型建构,或者与课堂教师和学校领导合作选择一个模型进行探究是一种很有意义的尝试。通过这种探究式教学方式能够找到自己的不足,又能够提升自己的能力。
- 王鸿飞馆长:《指南(第二版)》用很大的篇幅来介绍探究式学习,认为许多国家、地方当局和学校图书馆已经为教学设计制定出了非常成功的模型,提出这些探究式学习共享的基本观念,还介绍了探究式学习的教学模型包括必要的探究和终身学习的技能——计划、查找、搜集、选择和组织、处理、陈述和分享、评估。以上这些都很值得我国中小学图书馆学习借鉴。尽管我国中小学都有开设探究式学习课程,但是基本是由综合实践教师以及其他学科教师负责,图书馆基本没有参与其中。或许有部分学校图书馆也意识到需要为探究式学习提供支持与服务,但是一般只局限于资源、信息查询以及设备场所等。因此,在探究式学习的教学模型以及相关流程方面,我们还需借鉴国外的先进经验。

☆ 进一步阅读

- MARKLESS S, BENTLEY E. The innovative school librarian: thinking outside the box (2009). London: Facet Publishing. [See Chapters 7, pp. 127 – 142, Becoming integral to teaching and learning.]

第六节 关于技术集成

* *

5.6 技术集成

学校图书馆研究表明,图书馆在提供技术基础设施和工具以及提供信息技术使用之指导等方面具有重要作用。技术有助于将图书馆及其资源延伸至教室及教室以外的地方。学校图书馆员帮助学生学习对于使用互联网资源和数据库资源以及信息生产工具很重要的在线检索策略。学校图书馆员与学校的技术专家（若有）协作，确保清晰界定两个职位的角色，从而避免校内为教师和学生提供的技术服务和活动出现缺口或冗余。

* *

☆ **解读**

本条是对《指南（第二版）》第 5 章第 6 节"技术集成"相关内容的概述及解释。

随着计算机技术、现代网络技术和自动化技术在教育领域的广泛应用，传统的教学方式发生了改变。学校图书馆必须适时进行信息技术整合以适应不断发展的学校教育教学需求，并扩大图书馆信息资源的覆盖范围。对此，学校图书馆需要营造良好的信息教育环境，不断提高教育教学的信息化水平；需要教导学生使用互联网、数据库资源等，培养其获取信息的技能；需要学会利用信息化发展的优势刺激学生学习的积极性和主动性，激发其学习兴趣，促进其信息素养和创造力的提升，从而形成终身学习的技能。在此过程中，学校图书馆员发挥着重要的作用。

☆ **参阅**

□ **CSL**, *Achieving Information Literacy Standards for School Library Programs in Canada*

■ In many schools, teacher-librarians are technology leaders in the school and are particularly skilled in the use of digital technologies.

■ Information and communication technologies are integrated into cooperatively planned units that are curriculum-based in order to support and extend the school curriculum. The teacher-librarian and classroom teachers involve students in discussions and learning activities with regard to ethical use of information accessed through technology.

□ **IASL**, *Policy Statement on School Libraries*

■ The school library is central to the fulfillment of the instructional goals and objectives of the school and promotes this through a planned program of acquisition and organization of information technology and dissemination of materials to expand the learning environment of all students.

□ **ALIA/ASLA**, *Statement on Teacher Librarians in Australia*

■ Provide activities with a focus on literature and reading promotion, literacy, digital and information literacy, inquiry - based learning, information and communication technology (ICT) integration and resourcing the curriculum.

☆ **中国情境**

□ 基本情况

■ 我国中小学图书馆信息技术集成发展面临瓶颈，其主要原因在于：馆员队伍的专业素养不高在一定程度上影响了图书馆信息技术整合的开展。中小学图书馆技术集成主要依靠信息技术融入教学与信息技术专业服务人员素质提升两方面的同步发展。

- 与此同时，在中小学图书馆发展理论研究方面，针对中小学图书馆信息技术整合的研究不多。在图书馆界，中小学图书馆信息服务尚未受到学者重视，信息技术集成问题的解决缺乏理论支持。
- 此外，中小学图书馆的基础设施建设本身就存在较大问题，有部分图书馆缺少相关硬件设备，技术集成根本无法谈起。整体而言，我国中小学图书馆在技术集成发展方面是不平衡与不充分的。我国目前只有部分发达地区进行相关尝试，尚未进入规模化经验推广阶段。

□ 相关政策法规条文

- 《全民阅读"十三五"时期发展规划》"二、重点任务"之"（七）要提高数字化阅读的质量和水平"规定："适应数字化新趋势，充分利用数字技术，大力推进数字化阅读发展，建立全民阅读数字资源平台，推进数字化阅读服务。……深入探索读者阅读行为和阅读习惯的数字化转型，提供更便捷、人性化的数字化阅读技术服务，全面推进全民阅读的多媒体、多平台融合。"
- 《中华人民共和国教育法》第六十六条规定："国家推进教育信息化，加快教育信息基础设施建设，利用信息技术促进优质教育资源普及共享，提高教育教学水平和教育管理水平。县级以上人民政府及其有关部门应当发展教育信息技术和其他现代化教学方式，有关行政部门应当优先安排，给予扶持。国家鼓励学校及其他教育机构推广运用现代化教学方式。"
- 《关于加强新时期中小学图书馆建设与应用工作的意见》"二、重点任务"之"（六）不断提高信息化水平"规定："各地要将中小学图书馆信息化建设纳入区域和中小学信息化建设整体规划，创造条件积极推进中小学数字图书馆及配套阅览条件建设。要充分发挥教育主干网、城域网、校园网的作用，以县级网络中心为依托推进数字图书馆和信息资源中心建设，辐射县域内学校。逐步建立起县级、地市级、省级中小学数字图书馆网络体系，为中小学图书馆、公共图书馆馆际数字资源共享搭建教育资源公共服务平台。县级以上数字图书资源中心要能够满足区域学校教育教学和广大师生电子阅读需求，确保师生便捷获取数字图书和电子期刊等数字资源。要逐步实现中小学图书馆管理信息化和服务形式网络化，探索动态实现区域内中小学图书馆纸质图书、报刊的联合采编、公共检索、馆际互借等功能。"
- 《中小学图书馆（室）规程》第十三条规定："图书馆应当重视数字资源建设，依托区域数字图书馆和信息资源中心获取数字图书和电子期刊等。地方教育行政部门要统筹推进区域数字图书馆和文献信息资源中心建设，促进优质数字资源共建共享。"第二十一条规定："图书馆应当纳入学校信息化建设整体规划，实行信息化、网络化管理。"

□ 馆长之见
- 杨长军馆长：信息技术的整合需要学校图书馆员拥有较深的专业背景，同时需要专业人士的参与。因此，只有自身能力达到一定水准的时候，才能有效地进行信息技术整合。
- 王鸿飞馆长：图书馆的发展是渐进式的，其每一次的进步都得益于科技的重大变革。信息技术的发展已经将学校图书馆及其资源的覆盖范围扩大到教室以外的地方。随着教育装备技术的不断发展，中小学图书馆也将是不断发展的有机体。近年来，教育信息化基础设施、优质数字化资源、云教育平台、智慧校园等的建设成为实践与研究的热点，微课、翻转课堂、慕课等亦成为热点话题。可以预见的是，中小学图书馆围绕微课、翻转课堂、慕课以及不断出现的技术而建设各种学习中心、慕课平台等将会成为探索的热点。图书馆开始自动化、数字化建设后，许多图书馆开始引进 RFID 技术，并与互联网技术有机结合起来。图书馆智慧化逐渐走进人们的视野。在自媒体时代，中小学图书馆还将积极探索如何发挥微信、微博等新媒体的作用，在数字资源宣传与利用、读者交流、阅读推广等方面进行创新。从这些趋势或目前图书馆的实践看，图书馆提供技术基础设施、技术工具以及信息技术使用等方面值得我们关注。

☆ 进一步阅读
- CLIR. Shidhulai swanirvar sangstha：bringing information technology to rural bangladesh by boat [EB/OL]. (2016). https://www.clir.org/pubs/reports/pub136/.

第七节 关于教师的专业发展

* *

5.7 教师的专业发展

学校图书馆通过提供教师专业发展（尤其与新资料和技术、新课程以及新的教学策略有关的）支持教师。学校图书馆员经常通过与教师同事在学习中协同工作，为他们提供非正式专业发展，具体方式包括：

- 为教师提供资源，以拓宽学科知识或改进教学方法；
- 针对不同的评估和评定策略提供资源；
- 成为工作伙伴，共同计划需要在课堂和/或图书馆中完成的任务；
- 通过馆际互借以及个人和数字网络，图书馆成为连接更广泛资源的节点。

* *

☆ **解读**

本条是对《指南（第二版）》第 5 章第 7 节 "教师的专业发展" 相关内容的概述及解释。

学校图书馆为教师的专业发展提供服务是其基本职能之一。国外学校图书馆除了为教师提供资源外，学校图书馆员还通过参与教学设计、开发信息资源等方式与教师进行合作，为教师提供其专业发展所需的服务技能。

学校图书馆需适应学校的教育机制，帮助学校教师在完成教学任务的同时实现其自身的专业发展。学校图书馆应为教师的教学研究和创新探讨提供相应的咨询服务，并紧跟教学科研进程提供其他相关服务，促进教师教学水平和科研水平的提高，进而促进学校的发展。学校图书馆应根据教师的专业层次和个人需求，有针对性地为教师提供略高于其专业水平的知识信息，引导教师专业技能的发展。同时，学校图书馆应定期组织图书馆员和教师培训，提升图书馆员的服务技能和教师的专业水平。在发挥服务效能的过程中，学校图书馆员应适时了解所提供服务的效能，即信息有否被教师合理利用，并建立沟通机制和评估模型，以提高服务标准和服务质量。

☆ **参阅**

☐ **IASL，*Policy Statement on School Libraries***

■ All school libraries, from basic preschool through secondary level, need adequate space in which to exploit the technology available for preparation, processing and storage of all library materials, as well as space to enable students and teachers to utilize fully these materials through reading, viewing, listening and information retrieval and processing skills.

☐ **CSL，*Achieving Information Literacy Standards for School Library Programs in Canada***

■ The leadership role of the teacher-librarian involves such activities as meeting regularly with school administration, providing inservice activities and professional development for teachers, and serving on curriculum and other school committees.

☐ **CILIP，*Salary Guide* 2014 – 15：*Schools***

■ School librarians should not only be given the opportunity to follow courses leading to qualifications appropriate to their own profession, but should also expect to participate in the in-service training available to their teaching colleagues as well as the Continuing Professional Development (CPD) opportunities provided by CILIP and other professional bodies such as conferences, training days and network meetings. They should have access to the same practical support, including time and financial assistance as is available to colleagues in other departments.

☆ 中国情境

□ 基本情况

■ 在教师的专业发展方面，我国出台了一些政策，包括完善教师培训制度、制定教师培训规划、建立教师专业发展档案等，但是并没有将教师的专业发展与学校图书馆相联系。我国中小学图书馆服务教师专业发展的职能明显落后于国外，并且没有相关政策规定来促进该项服务的发展，相关研究也比较少。

■ 与此同时，中小学图书馆在发展中未明确图书馆服务定位，馆员素质低等问题致使缺乏服务教学、服务教师的相关服务举措。就信息资源建设而言，据调查，中小学图书馆适合教师阅读的图书并不多，而且图书馆是否能给教师阅读提供帮助由图书馆建设情况所决定。图书采购方面教师参与权有限，参与度不大，教师阅读的需求现在还难以进入中小学图书选购的主要取向中。[①] 故而，中小学图书馆支持教师专业发展面临较大阻力。

□ 相关政策法规条文

■《关于加强新时期中小学图书馆建设与应用工作的意见》"三、保障措施"之"（十）强化队伍建设"规定："逐步建成由专（兼）职人员、志愿者等组成的中小学图书馆管理人员队伍，有条件的地方或学校要配备专职管理人员。探索设立中小学图书馆图书资料系列专业技术岗位，其编制在本校教职工编制总数内合理确定，建立完善资格准入、岗位聘用和定期考核制度。不断提高图书馆专业人员比例。通过多种方式吸纳优秀人才进入中小学图书馆管理人员队伍。对从事图书馆工作的兼职教师进行图书馆业务培训，在职务（称）评聘、晋升、评优评先、待遇等方面，给予图书馆管理人员与教师同等机会。创新培训机制，建立分层分级培训体系，制定培训计划，提倡利用网络资源平台开展远程培训。鼓励各地充分利用高等院校图书馆及学术团体、行业组织专业优势，开展形式多样的中小学图书馆专（兼）职管理人员培训。加大高等学校培养中小学图书馆专门人才的力度。"

■《中小学图书馆（室）规程》第三条规定："图书馆是中小学校的文献信息中心，是学校教育教学和教育科学研究的重要场所，是学校文化建设和课程资源建设的重要载体，是促进学生全面发展和推动教师专业成长的重要平台，是基础教育现代化的重要体现，也是社会主义公共文化服务体系的有机组成部分。"第四条规定："建立健全学校文献信息和服务体系，协助教师开展教学教研活动，指导学生掌握检索与利用文献信息的知识与技能。"第八条："学校应根据发展目标，以师生需求为导向，统筹纸质资源、数字资源和其他载体资源，制定图书配备与其他馆藏文献信息建设发展规划。"

■《中等专业学校图书馆规程》第二十九条规定："馆舍应包括书库、学生阅览

---

① 郭铭. 教师暑期阅读需要加温 [N]. 中国教育报，2010 - 06 - 10 (5).

室、教师阅览室、教师教学资料室、办公室";"学生阅览室每座位占使用面积1.5平方米,教师阅览室每座位占使用面积3.2平方米,图书馆办公用房按办公人数每人占使用面积7.0平方米计算"。

□ 馆长之见
■ 杨长军馆长:学校图书馆的发展水平决定了学校教师与图书馆关系的紧密程度。只有当学校图书馆有足够能力为教师专业发展提供资源或服务保障的时候,教师才有可能选择与图书馆进行合作。
■ 王鸿飞馆长:世界各地的学校图书馆都把教师作为其服务的对象,并努力为教师的专业发展提供服务。《指南(第二版)》提到学校图书馆员可以向教师提供非正式的专业发展帮助,主要是通过提供资源、共同合作完成教育教学任务、提供获取电子资源的途径等。当然,除了可以提供以上这些帮助外,我国中小学图书馆还可以在读书交流讲座、课题研究等更多方面为教师提供服务与帮助。

☆ 进一步阅读
■ ALIA. LIS education, skills and employment trend report [EB/OL]. (2017). https://read.alia.org.au/alia-lis-education-skills-and-employment-trend-report-2017.
■ ALIA. The school library workforce inAustralia[EB/OL].(2016). https://read.alia.org.au/school-library-workforce-australia.

第八节 关于学校图书馆员的教导职责

****

5.8 学校图书馆员的教导职责

符合资质的学校图书馆员与教职同事协同工作,为学生提供最佳的学习体验。理想情况下,学校图书馆员应与其他教师合作教学,教学团队中的每一位成员在设计和实施教学活动中贡献各自的专业知识。

以下是四种合作教学的方法,学校图书馆员与课堂教师作为教员协同工作:支持、并行、互补和团队教学。

1) 支持教学——一名教员发挥主导教学作用,另一名教员在学习者身边,按需提供一对一支持。这种方法被称为"一人教学/一人巡视(one teaches/one drifts)"。

2) 并行教学——两名或两名以上教员同时在课堂或图书馆的不同位置负责不同的学习群体。这种方法被称为"分站式教学(station teaching)"。

3) 互补教学——一名教员采用一些方法加强另一名教员的教学效果。例如,一名教员可能补充解释另一名教员的陈述或示范笔记技巧。

4) 团队教学——两名或两名以上教员计划、教学和评估,并对教室或图书馆中所有的学生负责,他们平等分担责任、领导和义务。

上述各种合作教学方法的效用借由合作教员的协作计划而增强,计划中包括教学的内容、方式和评估。学校图书馆员和课堂教师的协作计划也提高教学的质量,另有一些情况是,学校图书馆员是学生在图书馆或教室中的唯一教员。协作对于那些融入课程或与学生的兴趣和需求相关联的媒体和信息素养的教学而言至关重要。

* *

☆ **解读**

本条是对《指南(第二版)》第 5 章第 8 节 "学校图书馆员的教导职责" 相关内容的概述及解释。

学校图书馆是学校教育的有机组成部分,其重要作用是支持学校的课程教学,提高学生的信息素养,协助教师培养学生的逻辑性、批判性和创造性思维能力。学校图书馆员需要了解教师的教学标准、教学计划、课程内容,积极主动与教师合作交流,并参与课程教学;引导学生与信息资源的接触,协助学生对课程内容深入理解。[①] 尤其是在提高学生信息素养和发展学生探究式学习技能方面,学校图书馆员应与教师合作,发挥各自的专业知识,共同完成相关课程。

此外,在有关学校图书馆员的标准中亦有对其教导职责的规定。在 ALA 发布的《学校图书馆员职前培养标准》(2010 年)中突出强调了合作能力,即要求学校图书馆员与教育人员、学习社区及其他图书馆(图书馆社区)合作,争取各种形式的学习资源,提高读者的阅读素养,满足其多样化的需求。[②]

☆ **参阅**

□ **IASL,** *Policy Statement on School Libraries*

■ A planned program of teaching information skills in partnership with classroom teachers and other educators is an essential part of the school library program.

□ **ALA/AASL,** *Standards for Initial Preparation of School Librarians*

■ Candidates model, share, and promote effective principles of teaching and learning as collaborative partners with other educators. Candidates acknowledge the importance of participating in curriculum development, of engaging in school improvement processes, and of offering professional development to other educators as it relates to library and information use.

□ **CILIP,** *Salary Guide* **2014-15:** *Schools*

■ Collaborate with teaching staff in planning lessons, selecting appropriate activities and assessing students' progress.

---

① 邱雅静. 学习者信息素养标准与学校教育标准的匹配研究 [J]. 图书馆论坛, 2016 (4): 113 - 119.
② 马晓玲. 美国学校图书馆员能力标准 (2010) 解读 [J]. 现代教育技术, 2011 (12): 33 - 37.

☐ **ALIA/ASLA**, *Standards of professional excellence for teacher librarians*

■ Collaborate with teachers to plan and implement information literacy and literature programs that result in positive student learning outcomes.

☐ **ALIA/ASLA**, *Statement on Teacher Librarians in Australia*

■ Lead and provide services and programs developed collaboratively with the principal, curriculum leaders, teaching colleagues, members of cultural, linguistic, indigenous and other unique groups in the school, including the professional development of staff.

☐ **CLA**, *Achieving Information Literacy Standards for School Library Programs in Canada*

■ Teacher-librarians work collaboratively with other teachers and school administrators to develop information literate students. Teachers and teacher-librarians work together to develop an instructional program that ensures that information literacy outcomes are integrated into student learning experiences in a developmental and sequential manner. These experiences allow students to learn and practice the necessary information skills across the curriculum. Teacher-librarians develop school information literacy plans that pinpoint the levels at which specific skills will be introduced and identify subject areas where they are most appropriately incorporated.

☆ 中国情境

☐ 基本情况

■ 我国中小学图书馆员由教师兼任的情况比较多,中学图书馆专职馆员数量情况较好于小学图书馆。但总体而言,中小学图书馆专职人员少,学历、职称低,甚至许多从未经过图书馆专业培训,不具备专业技能。目前的国家政策并未为小学配置图书馆员岗位编制,同时对于学校图书馆员的作用不明确。多数管理人员认为学校图书馆员起辅助作用即可,学校图书馆的职能仅为学校的信息收藏部门,得不到学校及教育部门的重视。此外,学校图书馆队伍普遍存在老年化的趋势。这些原因使得中小学图书馆提供的图书馆服务质量不理想,影响了图书馆及馆员教育教学功能的发挥。

■ 其实,早在2005年《中国教育报》就已发表文章《"首先是教师,其次才是图书馆员!"》,指出目前中小学图书馆人专业素养还不够。此外,在相关的中小学图书馆馆长论坛中也大力呼吁学校图书馆员要有清晰的角色定位。[①] 但是相关呼吁并未在学界与业界产生共鸣,因而在缺少学理研究与相关实践的现实环境中,中小学图书馆人员资格准入与继续教育等专业性发展问题被忽视了。

---

① 杨咏梅."首先是教师,其次才是图书馆员!"[N]. 中国教育报,2005-01-20.

□ 相关政策法规条文
- 《关于加强新时期中小学图书馆建设与应用工作的意见》"二、重点任务"之"（七）充分发挥育人作用"规定："要围绕深化课程改革目标任务，推进图书馆与学科教学有效结合、深度融合，将图书馆作为课程资源进行整合形成教学资源。"
- 《中小学图书馆（室）规程》第三十三条规定："图书馆应当设专职管理人员并保持稳定性。图书馆管理人员编制在本校教职工编制总数内合理确定。图书馆管理人员应当具备基本的图书馆专业知识与专业技能。中学图书馆管理人员应当具备大学本科以上文化程度，小学图书馆管理人员应当具备大学专科以上文化程度。"第三十五条规定："图书馆管理人员应当定期参加教育行政部门或专业学术团体组织的专业培训，并纳入继续教育学分管理。支持图书馆管理人员参加专业学术团体。"

□ 馆长之见
- 杨长军馆长：在广附图书馆开设的基于平板阅读模式下的课堂教学中，学校图书馆作为学科教学的有益补充和技术支持角色参与到课堂教学里。
- 王鸿飞馆长：目前，我国中小学图书馆员很少参与文化课的教学工作。如果一定要提图书馆员的教育教学职责，那么与图书馆员相关的课程可能包括阅读指导课、信息检索课、语文阅读课、新生入馆培训课等。以阅读指导课为例，有些是由语文老师指导，图书馆协助提供资源、场地等；有些则是由学校图书馆员主导，所有课程由图书馆员完成。但总体而言，我国中小学图书馆员和课堂教师协作教学的案例非常少。未来，以上有关学校图书馆员与课堂教师合作教授的方法：支持、并行、互补和团队教学，也许会对中小学图书馆有所帮助。

☆ **进一步阅读**
- ALIA. Adventures in collaboration: library and information workers as "Master Builders" of knowledge [EB/OL]. (2014). https://read.alia.org.au/content/adventures-collaboration-library-and-information-workers-master-builders-knowledge.

第九章 《学校图书馆指南》解读之学校图书馆评估和公共关系

本章从专业角度和中国情境出发,对《指南(第二版)》的第6章"学校图书馆评估和公共关系"进行解读。《指南(第二版)》第6章共计5节,分别是:6.1 引言,6.2 学校图书馆评估与循证实践,6.3 学校图书馆评估的方法,6.4 学校图书馆评估的影响,6.5 学校图书馆的公共关系。

第一节 关于引言

* *

"学校图书馆对于所有与基本素养、教育、信息提供,以及经济、社会和文化发展有关的长期战略而言都是至关重要的。"(《学校图书馆宣言》)

6.1 引言

大量研究表明,资源充足且配备专业图书馆员的学校图书馆对于学生的成绩具有积极影响。例如,参阅 LRS 美国《学校图书馆影响研究》(www.lrs.org/data-tools/school-libraries/impactstudies),以及 Williams, Wavell, C., and Morrison (2013) 英国相关研究(www.scottishlibraries.org/storage/sectors/schools/SLIC_ RGU_ Impact_ of_ School_ Libraries_ 2013.pdf)。然而,这些研究并不为学校图书馆社群之外的人所熟知或了解,全球许多地方的学校图书馆一直面临着裁员危机。裁员经常导致学校图书馆专业人员的流失。如果没有符合资质的学校图书馆员,学校图书馆作为教育进步和学生成绩提高的推动力量的潜能将消失。

过去十年有关学校图书馆影响的主要研究不断证明,由全职且符合资质的学校图书馆员提供的学校图书馆活动对学生成绩的影响最大。研究发现学校图书馆对于学生学习的积极影响还包括帮助弥合在贫穷、少数民族和/或残障学生身上常见的成绩差距。除了拥有全职且符合资质的学校图书馆员之外,学校图书馆与学生成绩提高有关的其他因素还包括:协作、教导、日程安排、获取、技术、馆藏、预算和专业发展。由于资源充足的学校图书馆现在已经为学生和教师提供全天候的在线资源和服务,未来的研究需要评估空间、时间和使用等如何受到数字化可能性的影响。

评估是实施学校图书馆活动和服务的重要环节。评估可以帮助决策或问题解决(关注问责);它也可以影响人们对于学校图书馆的看法和发起人们对学校图书馆的支持(关注转变)。评估过程有助于确定前进方向,也可以启发关于学校图书馆未来的新愿景。

事实上,对学校图书馆的评估不能与对学校教育计划的评估相分离。评估也是计划过程的一部分，也应该是学校质量保障计划的一部分。

* *

☆ 解读

本条是对《指南（第二版）》的第 6 章引言部分相关内容的概述及解释。

本条强调了由专业图书馆员制定的学校图书馆活动与服务对学生的重要影响，并由此引出学校图书馆活动和服务评估的重要性。

首先，学校图书馆的活动与服务需要合理和详细的计划以保证实施及效果。该计划应既全面，又分层级并形成体系，需有可定义组织目标的全局战略规划，并能够综合和协调各种活动。计划应既涉及学校图书馆的目标，也涉及达到目标的方法。良好的学校图书馆计划应包含以下特征：需由管理者及符合资质的专业图书馆员主导；与组织内部有关成员沟通并形成书面文件，明晰各项活动或服务的时间框架，明确目标和结果的表述，所设定的目标需具备挑战性及可行性；同时具备可度量和定量化的特征，以保证后续的可评估性。计划的制定为图书馆和图书馆员指引努力的方向，这就要求管理者和专业馆员在制定计划时必须具有前瞻性以尽可能地消除不确定性；同时，计划的定期制定也有利于减少活动的重复开展与活动经费的浪费，使得图书馆的目标更标准可控。计划可按照明确性进行划分，分为具体计划和指导性计划。学校图书馆应及时对计划进行评估，根据未来情景确定具体目标，并设计实现这些目标的行动路线，努力做出行动以实现这些目标。

其次，学校图书馆服务作为具有鲜明活动特征和科学知识体系的活动，对学生教育具有十分重要的影响。中小学图书馆是中小学教育重要的组成部分，中小学教育的实施，尤其是在素质教育这一宏观背景下的实施，十分依赖专业化图书馆服务的支撑。[①] 因此，可考虑运用标准化原则及方法，实施标准化的图书馆服务，达到服务质量目标化，服务方法规范化、服务过程程序化、从而提供优质服务。[②]

此外，本条也十分关注学校图书馆活动与服务的主导者应为专业图书馆员。学校图书馆的活动与服务不能脱离学校教育的整体目标，美国 2007 年颁布了《21 世纪学习者标准》，指出图书馆与学校其他教育工作者的合作十分必要，且馆员应为教学和学习过程的积极参与者。

如何运用教学评价理论对其活动现象做出价值判断，对活动质量做出科学分析，对活动的结构、实施状况和活动效果予以评判，对学校图书馆活动的高效开展和后续改进具有十分重要的意义。良好的评估有利于图书馆修订并完善计划和实施方案，更好地培养学生的图书馆意识，发挥图书馆的教育作用。科学的评价有利于深化与拓展学校图书馆自身功能以及充分发挥其在学生成长中的各种职责和作用，有利于规范完善学校图书馆活动过程、内容、环境等。[③] 同时，科学的评价可以促进图书馆服务实现标准化和高

[①] 于斌斌. 国外中小学图书馆对学生学业表现的影响研究综述 [J]. 中国图书馆学报，2013（9）：98 - 108.
[②] 柴会明. 美国学校图书馆服务标准化进程述评 [J]. 中国图书馆学报，2015（1）：112 - 123.
[③] 许云舟. 学校图书馆活动评价探析 [J]. 图书馆建设，2013（5）：68 - 71.

效化。通过评价体系对活动信息进行即时反馈，保证活动的效果得到认识，并可为之后的活动开展提供经验。

在国外，学校图书馆在学校教育中有着不可或缺的地位，而有关图书馆对学生学业表现的影响一直是国外学校图书馆的热点研究领域之一。通常，学校图书馆的影响的相关研究分为两类：一类以学校为分析单元，侧重考察学校图书馆与学生考试成绩的关系；另一类已学生或教师为分析单元，侧重考察图书馆对学生综合能力的帮助作用。美国自 20 世纪 60 年代左右起，就已经有研究很好地证明了中小学图书馆项目（school library media programs，即图书馆的馆藏、设备、人员等状况）与学生考试成绩之间的关系。国外对学校图书馆的大量投入（具有教育和图书馆职业双重资格的高素质人才、丰富的馆藏资源、软硬件设备设施等），使得其有效的或高质量的专业化图书馆服务与学生的考试成绩呈正相关关系[1]，并始终对学生能力（如阅读习惯、学习态度、信息素养等能力）的培养产生显著贡献。

☆ **参阅**

□ ALA/AASL, *Standards for Initial Preparation of School Librarians*

■ Candidates advocate for dynamic school library programs and positive learning environments that focus on student learning and achievement by collaborating and connecting with teachers, administrators, librarians, and the community. Candidates are committed to continuous learning and professional growth and lead professional development activities for other educators. Candidates provide leadership by articulating ways in which school libraries contribute to student achievement

☆ **中国情境**

□ 基本情况

■ 我国中小学图书馆发展情况较为滞后，多数学校图书馆的计划仅限于图书馆馆藏资源、馆舍情况、人员编制等条件的保障层面，对于图书馆开展活动内容的全面规划较少。

■ 我国中小学图书馆普遍存在领导关注少、馆员队伍专业性不强、缺乏专职管理人员等问题，制定相关计划的规范性和可行性、计划实施完成的程度有待考量。

□ 相关政策法规条文

■《中小学图书馆（室）规程》第五条规定："县级以上教育行政部门负责行政区域内图书馆的规划和管理，指导教育技术装备机构和学校做好图书馆的建设、配备、管理、应用、培训、评估等工作。"第三十二条规定："图书馆应当配备书架、阅览桌椅、借阅台、报刊架、书柜、计算机等必要的设施设备，并有计划地配置文件柜、陈列柜、办公桌椅、借还机、打印机、扫描仪、电子阅读设

---

[1] 于斌斌. 国外中小学图书馆对学生学业表现的影响研究综述 [J]. 中国图书馆学报, 2013 (9)：98 - 108.

备、复印设备、文献保护设施设备、装订、安全监测等相关设备。设施、设备应当符合学生年龄使用需要。"
- 《中等专业学校图书馆规程》中第十五条规定："中等专业学校图书馆应注意总结经验，结合实际，有计划、有组织地开展专题研究。"第十九条规定："馆长主持全馆工作，领导制定全馆规划、工作计划、经费预算、业务培训计划及规章制度等，并组织贯彻执行和总结，定期向主管校长报告工作。"

□ 馆长之见
- 杨长军馆长：事实上，对学校教育计划的评估不能脱离对学校图书馆的评估，科学的评估能促进学校图书馆的发展。
- 王鸿飞馆长：如以上所言，目前关于学校图书馆的评估非常少，涉及学校图书馆对于其学生成绩的积极影响的相关研究更是寥寥无几。《指南（第二版）》关于学校图书馆评估的意义需要让更多的人达成共识，而已经取得的学校图书馆影响研究的主要成果也值得重视。如果学校图书馆评估可以影响人们对学校图书馆的看法以及对学校图书馆发展的支持，那么这样的评估不管在任何国家任何地区的学校图书馆都非常重要。就个人而言，十分赞同除合格的学校图书馆员之外，学校图书馆在提高学生成绩方面还存在其他影响因素，如协作、指导、调度、获取、技术、馆藏、预算和专业发展等。当然，理想是丰满的，现实是骨感的，这些评估或者研究成果在我国中小学图书馆的实施还是比较难，任重而道远。

☆ 进一步阅读
- AASL. Advocacy [EB/OL]. (2014). https://www.ala.org/advocacy.

第二节 关于学校图书馆评估与循证实践

* *

6.2 学校图书馆评估与循证实践

对学校图书馆和学校图书馆员的评估并没有统一系统的方法，但评估有助于确保图书馆活动和服务支持学校目标的实现。评估可以发现学生和教师对于从活动和服务中受益期望的实现程度。评估也有助于形塑这些活动和服务，增强图书馆工作人员和用户对于活动和服务的理解和承诺。

循证实践强调为改进实践而收集和分析数据。将评估作为循证实践的一个组成部分加以实施通常范围较窄，这种评估由学校层面的评估者操作，形成关于实践的建议。以循证实践为目的所收集和分析的数据来源多样，取决于所查询的实践的不同方面。有用于支持决策的实践中的数据，如在线流通与编目系统（OPAC）记录，又如教学模式，如分班、分年级或分科目教学；也有用于支持图书馆影响力证明的关于实践的数据，如学生的各种学习成果，又如针对学生、教师和/或家长的调查。

* *

☆ 解读

本条是对《指南（第二版）》的第 6 章 6.2 小节相关内容的概述及解释。

本条对学校图书馆评估的作用进行了说明，并引出一种评估方法——循证实践。循证实践在后述的《指南（第二版）》的第 6 章 6.3"学校图书馆评估的方法"中会进一步说明。

学校图书馆进行评估有利于确定学校图书馆的定位和服务质量，引起学校的关注和重视，吸引学校从经费投入、基础设施和人员配备等软硬件方面给予大力支持。

对学校图书馆和馆员的评价几乎没有完全一致的标准，但是有一些可以借鉴的指标体系。美国 2007 年颁布《21 世纪学习者标准》，该标准遵循"学校图书馆服务有助于常规课程学习，有益于终身学习"的基本理念，旨在为新世纪的学习者提供帮助。该标准主要包括"学习标准""计划指南"和"标准实施支持计划"三部分。在"计划指南"部分包括了"21 世纪馆员评价方法"，该部分作为学校图书馆员评估准则以单行本发布。

日本全国学校图书馆协议会于 2008 年制定了《学校图书馆评价基准》，规定了学校图书馆的评价标准，包括学校图书馆的基本理念、筹划、负责人、媒体、设施与环境、管理、服务、教育指导和原著、合作与交流、与当地社区合作、志愿者、与其他组织和机构的协调和合作、儿童学生图书（馆）委员会、研修等 14 个方面。较早还在 2005 年制定了《网站主页评价基准》，规定评价学校图书馆网站建设的标准，包括网站首页、网站制作者、主页的内容、网站的操作性、网站设计、安全保障 6 个方面。[①]

☆ 参阅

□ IASL, *Policy Statement on School Libraries*

■ The school library provides a wide range of resources, both print and non print, including electronic media, and access to data which promotes an awareness of the child's own cultural heritage, and provides the basis for an understanding of the diversity of other cultures.

☆ 中国情境

□ 基本情况

■ 我国中小学图书馆评估难以推进，效果与《指南（第二版）》要求相距甚远，其原因主要有以下两方面：其一，缺少中小学图书馆评估指标，学者对中小学图书馆服务改进方面的研究著述较少，理论无法支撑实践；其二，我国并无相

---

① 何兰满，王鸿飞. 日本学校图书馆法律体系研究［J］. 图书馆建设，2016（3）：85-90，95.

关部门或组织专门制定图书馆及其馆员的评价标准。在图书馆评估方面，我国目前评估内容主要包括图书馆使用、经费、馆藏和专业馆员等情况，且在评估后没有形成具体的评估意见和改进意见。

■ 此外，《指南（第二版）》中所强调的"循证实践"对图书馆运营中的数据收集有一定要求。我国中小学图书馆目前在用户数据的收集与保存方面尚未开始，致使图书馆的服务评估流于表面。

☐ 相关政策法规条文

■ 《关于加强新时期中小学图书馆建设与应用工作的意见》"三、保障措施"之"（十一）纳入督导评估"规定："教育督导部门要把图书馆建设与应用工作纳入依法治校，作为中小学校综合督导评估和义务教育均衡发展评估认定的重要内容，完善评估标准和实施细则，定期开展应用管理评估工作，并将评估结果纳入学校管理考核，督促和指导做好相关工作。加强中小学图书馆和相关出版领域的行业标准和业务规范的研制和执行工作，不断推进图书馆建设管理的制度化、规范化和专业化。"

■ 《中小学图书馆（室）规程》第五条规定："县级以上教育行政部门负责行政区域内图书馆的规划和管理，指导教育技术装备机构和学校做好图书馆的建设、配备、管理、应用、培训、评估等工作。"第三十七条规定："地方各级教育行政部门应当建立健全出版物采购廉政风险防控机制，定期组织开展中小学图书馆藏书质量和管理服务的督导评估，推动提高馆藏文献信息质量和服务效能。图书馆建设与管理工作纳入学校和校长考核体系。"

☐ 馆长之见

■ 杨长军馆长：循证实践实质上是对数据的收集和分析。其目的是将这种收集与分析再反馈到实践工作中去，改善学校图书馆服务。

■ 王鸿飞馆长：这里主要介绍了学校图书馆评估的意义以及循证实践。《指南（第二版）》认为评估有助于确保图书馆的计划和服务支持学校的目标，并了解到学生和教师认为他们在多大程度上受益于这些计划和服务。从学校图书馆评估的这些意义看，评估对于任何国家、地区的学校图书馆都十分必要与重要。但是，到目前为止，我国中小学图书馆还没有比较合适的评估标准和方法，所以基本没有可以查询的评估实践与案例。《指南（第二版）》提到的循证实践或许是一种比较好的方法，值得在我国进行推广。

☆ 进一步阅读

■ ALA. YALSAteen services evaluation tool-evaluation tool fact sheet for teen services librarians[EB/OL]. (2011). www.ala.org/yalsa/competencies.

第三节 关于学校图书馆评估的方法

****

6.3 学校图书馆评估的方法

学校图书馆评估方法的选择取决于其所处的环境和情境。针对整体质量的学校图书馆评估通常涵盖较宽广的范围，由外部专家实施，并给出质量等级评定（参阅附录D：学校图书馆评估清单示例，以及附录E：学校图书馆评估清单——校长用）。大多数学校图书馆采用由学校图书馆员实施的自查。除了整体质量之外，其他学校层面的学校图书馆评估可能方法还包括利益相关方意见、活动内容和活动影响。学校图书馆评估的常用方法是循环实践。

****

☆ **解读**

本条是对《指南（第二版）》的第6章6.3小节相关内容的概述及解释。

本条是以总述的方式提出学校图书馆评估的方法，并依活动质量的评估、利益相关方意见、活动内容的评估、活动影响的评估以及循证实践五部分分别展开具体阐述。这五部分的具体阐述在后述的译文第四、五、六、七、八段（分别对应《指南（第二版）》的第六章6.3.1至6.3.5小节）中会逐一做进一步解读。

学校图书馆的评估工作对其发展起导向和调控作用。学校图书馆作为学校的学习与资源中心，是学校的重要机构之一。但对学校图书馆的具体评估需要根据不同的情境选择合适的方法，且评估调研所涉猎的范围也会因此而不同。目前，在国内外图书馆界尚未有统一的评估范围指标体系，一般而言，可涉及学校图书馆的活动、服务类型、活动服务目标、图书馆人员配置模式、资金支持、设施设备情况、馆藏资源是否满足学校或学区的用户需求、对课程的支持（是否以资源为基础、协助程度等）众多领域的调研。

学校图书馆的评估一般可分为定性和定量两种方式。定性方式一般应用于对学校图书馆整体的服务满意程度、服务标准化程度等方面的评估，定量方式则一般应用于如馆舍面积、人员、馆藏等图书馆的物质条件和资源要求的评估。两者需要取得一定的平衡，切忌"重形式轻调查、重硬件轻服务"。[①]《指南（第二版）》的第六章6.3.1至6.3.5小节（译文解读的第四至八段）则介绍了几种具体的评估方法。

根据图书馆评估的性质和目的差异，其评估主体可以分为政府机构、图书馆行业协（学）会、各类图书馆、用户和第三方机构等五种类型。其中，政府机构主要通过制定政策法规标准、提供发展经费和开展大范围统计等方式进行评估；图书馆行业协（学）会的评估主要借助图书馆间的联系做横向对比，为图书馆的自评提供帮助，做引导服务

---

① 钟伟. 中小学图书馆评估主体研究［J］. 图书馆界, 2012（5）: 80-83.

性评估；图书馆的自我评估主要是立足本馆实际，分析考核图书馆内部工作流程、资源、员工、工具，目的是了解自身的运行情况；2008 年由研究图书馆协会（the Association of Research Libraries，ARL）举办的图书馆评价会（2008 Library Assessment Conference）提出了用户作为评估主体的理念，提倡"转变以图书馆为中心的评估理念，用户应该是图书馆评价的中心和最终受益者"；第三方机构由于性质、功能的限制，往往无法开展大规模的评估活动，但可对图书馆某一领域开展调研，或提供标准等技术支持，或从事评估方法的创新研究。[①]

针对学校图书馆的评估同样需要落实具体的实施者。主管教育部门的人员、公共图书馆或高校图书馆专家、学校图书馆员、学校管理者及教师等都可成为评估的主要实施者。建议可采用聘请外部专家进行诸如读者评估或行业外的第三方机构评估等模式；若采用自我评估，则要注意评估标准和方法的科学性，切忌"自导、自演"，因缺乏横向比较，不利于发现问题和不足，容易导致评估无效。

☆ 参阅

□ CLA, *Position Statement on Effective School Library Programs in Canada*

■ The school library exists within a particular context and is shaped by policy set at national, provincial and local levels, by professional standards and research, by educational objectives and curriculum requirements, and by the expectations of the administration, the staff and the community. Basic levels of support are required in order to develop library programs and services that are congruent with the educational goals of the school, the curriculum and the needs of the learners. Support from the provincial ministry of education, from the local school district, and from the administration and teaching staff of the school are all important to the success of the program. This support involves the development of policies and procedures related to the school library, and the provision of qualified personnel, multi-functional facilities, diverse learning resources, and an adequate annual budget. Each of these factors has an impact on the richness of the program that can be offered. As the number of qualified teacher-librarians increases, services and programs become more extensive, and they affect the educational goals of the school more significantly. As collections of resources increase in quantity, size and scope, students' individual learning styles and needs are met more effectively. Adequate and consistent budgets ensure that school library collections remain current and capable of meeting diverse learning needs. The provision of provincial and district services support the program in the local school by enabling library personnel to spend more of their time working with teachers and students.

---

① 黄如花，宋琳琳. 论图书馆评价的主体 [J]. 中国图书馆学报，2010 (5)：34-44.

☆ 中国情境

□ 基本情况

- 在我国，对中小学图书馆的评估大多包含在学校整体办学水平的检查与评估中。从这一层面来看，由于在总的评估中学校图书馆往往只占据较少的比重，难以真实反映图书馆的整体水平。
- 缺少专门评估政策与相关政策法规的支持，中小学图书馆评估在实践中法理不足。而且对中小学图书馆进行评估的主体集中于教育系统内部，较为单一，没有系统的评估标准或体系进行参考或指导实践。此外，相关理论研究也较为滞后，既没有完整的理论支撑，也缺乏对中小学图书馆评估意义、内容、原则和评估实践等方面的研究。

□ 相关政策法规条文

- 《中华人民共和国教育法》第二十五条规定："国家实行教育督导制度和学校及其他教育机构教育评估制度。"
- 《关于进一步加强中小学图书馆（室）图书配备和管理工作的通知》第二条规定："各地教育行政部门和新闻出版行政部门要加强对本地区中小学图书馆图书配备管理工作的领导。要联系本地实际，结合落实《规程》的要求，制定和完善本地区中小学图书馆（室）图书配备管理的基本规范和要求，有针对性地提出加强和改进中小学图书馆（室）图书配备和管理的政策措施，落实相关责任。近期，教育行政部门和新闻出版行政部门要安排专门力量对中小学图书馆（室）图书配备工作存在的突出问题进行一次联合排查，彻底清理不适合中小学生阅读的图书。"

□ 馆长之见

- 杨长军馆长：学校图书馆的评估包括制定相关的评分标准和细则，主要是对学校图书馆环境和内容进行考察。循证实践方法将评估再反馈到实践中去，以提升学校图书馆的整体水平。
- 王鸿飞馆长：从《指南（第二版）》中我们可以了解学校图书馆评估的一些方法。首先，学校图书馆的评估是学校图书馆员的一次自学活动。其次，根据附录的评估样本清单可以看出，评估主要包括学校图书馆层面的评估和学校图书馆管理者层面的评估。另外，除了图书馆计划的整体质量评估之外，学校图书馆还包括利益相关者的看法以及计划的内容及其影响等评估方法。当然，我国引进、借鉴这些评估方法和评估模板，还需要综合考虑国情等各方面的情况。

☆ 进一步阅读

- Department for Education and Office for Standards in Education, Children's Services and Skills [UK]. Improving performance through school self-evaluation and improvement planning[EB/OL]. (2006). https://dera.ioe.ac.uk/id/eprint/5986/1/Impro-

ving%20performance%20through%20school%20self-evaluation%20and%20improvement%20planning%20%28PDF%20format%29.pdf.
- Department for Education and Skills and the School Libraries WorkingGroup [UK]. Self-evaluation model: school libraries resource materials [EB/OL]. (2004). https://www.informat.org/schoollibraries/index.html.

第四节 关于活动质量

****

6.3.1 活动质量

关注整体活动质量的学校图书馆评估通常是一个长期计划，耗时数年，涵盖各种活动。活动质量评估通常先有一个活动指导框架，如学校认证程序，或省、国家标准文件。实施综合性活动评估需要得到强有力的行政支持，还需配备外部专家，如学区顾问。然而，局部性的这类评估同样有其价值，可以仔细计划以减少资源需求。例如，通过自查可以了解一个学期或一个学年图书馆教导活动的范围，从而评估学生和教师在这些活动中的参与度。又如，可以将图书馆活动和服务的某一方面（如设施或馆藏）与相关标准比照。

****

☆ **解读**

本条是对《指南（第二版）》的第6章6.3.1小节相关内容的概述及解释。

本条是对活动质量评估方法的具体阐述，包括对评估耗时、涵盖范围、所需的活动指导框架（学校认证程序或省、国家标准文件等）、有力的行政支持、外部专家的协助及具体方法选择（自查或与相关标准的比照）等方面的说明。

以总体计划方案为重点的学校图书馆评估通常是将学校图书馆作为一个整体系统进行考虑，一般具有系统的框架。例如，日本《学校图书馆法》规定需组成图书馆运营委员会和资料选定委员会，审议图书馆的整体运行情况。

整体的学校图书馆评估的开展需要耗费较长的时间，并获得较强的行政支持。作为一项专业性和实践性均很强的工作，学校图书馆评估必须有由专业人员构成的评估组织，规范的评估机制、评估指标和科学的评估方法。由于学校图书馆的评估并不仅仅是对建设情况和其提供信息的评估整合，重要的是对学校图书馆进行价值判断，最终提升其服务和效能。因此，对评估进行该层面的研究也就显得尤为重要。

图书馆服务或活动质量评估方法关注图书馆所提供服务与利益相关者所期望的服务质量之间存在的差别。国际标准化组织针对图书馆质量评价，于1998年公布了《ISO11620信息与文献——图书馆绩效指标标准》，供各类型图书馆进行绩效评估时参考使用。该标准包括资源、设备与借阅类指标，资源利用率指标，效率指标，潜力与发展指标四个大类、45 项指标。① 国外图书馆界在服务质量评估方面也常使用SERVQUAL方法及 LIBQUAL 指标体系。国内不同类型的图书馆也有服务质量评估指标体系建设或评估模型的开发。《指南（第二版）》也建议可针对各馆具体的情况，选择使用适合的指标体系进行评估。

☆ **参阅**

□ CLA，*Achieving Information Literacy Standards for School Library Programs in Canada*

■ Research indicates that the level and type of staffing for the school library has a measurable impact on student learning and achievement. Students in schools with wellequipped school libraries and qualified teacher-librarians perform better on achievement tests for reading comprehension and basic research skills. It has also been found that a lack of clerical/technical staff has a negative impact on student learning.

■ A wide range of staffing functions is necessary to ensure that an effective information literacy program is available for students. Some of these functions involve teaching, some are clerical in nature, some technical, and others involve leadership, consulting and management. The best approach for an effective program is to develop a staffing model that integrates the necessary range of skills.

■ The school library program depends on the leadership of a qualified teacher-librarian and the support of trained clerical/technical staff. These two staffing components play complementary roles that facilitate an open, accessible, well-managed school library that provides students and teachers with effective, resource-based learning activities and access to a wide variety of information sources.

☆ **中国情境**

□ 基本情况

■ 诚如上述，我国基本没有对中小学图书馆进行单独而全面的整体评估，大多是嵌入对中小学办学水平的评估中，包含一些与图书馆建设相关的评价标准。

■《指南（第二版）》中提及的政策保障，目前我国相关部门尚未制定与发布相关政策以维持图书馆评估活动的有效展开。此外，评估的科学性有待加强，例如：评估没有区分学校的性质和层次，使用统一的标准或尺度进行衡量；缺乏完整系统的评估指标体系等；评估侧重于硬件设施，缺乏对活动项目、效果的评估。

□ 相关政策法规条文

■《全民阅读"十三五"时期发展规划》"三、加强组织领导和统筹实措"规定：

---

① British Standards Institution. ISO11620：2008 information and documentation：library performance indicators [S]. London：British Standards Institution，2008.

"应加强全民阅读工作的组织领导和统筹协调，建立相关部门共同参与的协商推进机制，形成合力，共同承担全民阅读工作的职责。……建立书香社会指标体系，定期评估和发布。鼓励将全民阅读指数纳入社会发展指标体系，纳入创建文明城市指标体系，将工作情况纳入目标管理和考核体系。"

- 《关于进一步加强中小学图书馆（室）图书配备和管理工作的通知》第四条规定："各地教育出版行政部门要采取有力措施，把好中小学图书馆配备图书的质量关。同时，加强对出版发行单位的监管，严格审核图书馆采购供应商的资格条件。为加强监管，参与中小学校图书馆采购招投标的供应商应经新闻出版行政部门批准，具有出版物批发以上资格条件（即出版物总发行、批发和全国连锁经营企业），年检合格，近3年内未受到新闻出版行政处罚。"

□ 馆长之见

- 杨长军馆长：项目开展质量影响到整个项目的绩效考核。
- 王鸿飞馆长：《指南（第二版）》该小节认为，以总体计划方案质量为重点的学校图书馆评估要以学校认可的过程、省级或国家相关标准文件等框架开始，全面项目评估需要强有力的行政支持和专业知识支持，且评估需要持续多年时间。个人认为，我国中小学图书馆并没有全面项目评估，甚至也没有部分项目评估。在国内类似义务教育均衡评估、教育装备评估、教学水平评估等教育评估项目中，我们也许会看到有关图书馆的指标内容，如图书馆馆舍面积、生均藏书量、馆藏总量、馆员配备、电子资源等；但是，这些都只是倾向部分的、个别指标的评估，评估重点不在于图书馆。

第五节　关于利益相关方意见

* *

6.3.2　利益相关方意见

调查研究提供了许多关于利益相关方意见的具有启发性和综合性的案例。如果大型调查研究所需资源超过了大部分学校和学区所能承担的范畴，那么不妨使用一些简单却有效的备案。例如学区满意度调查，又如学校层面的调查或者当一项重要研究超越了大多数学校或学区的资源范畴时，可以用一些简单且有效的方案予以取代，如学区满意度调查以及基于学校的调查或意见反馈组。

大部分学区或教育当局均有某些形式的针对学生、教师和家长的年度满意度调查。在这类调查中增加一至两个与图书馆活动和服务有关的问题是非常值得一试的做法。即使开始无法实现，这种尝试也是一种重要的游说方式，让学区管理层对学校图书馆活动和服务有更多的了解。

收集学生关于图书馆看法的一种方法，是在校长的支持下调查学校每一个班级，从一年级开始，询问学生诸如"我们的学校图书馆有什么令人满意的地方？"和"我们应做什么使图书馆更完善?"等问题。调查所得数据经过分析,可以与教师、教辅人员还有家长共享。适用于中学的一种方法则是组织学生代表会议,来自每一个班级的代表在会上就学校图书馆的服务和资源反馈意见。在由多个反馈环节组成的会议进行过程中,可以请学生指出关于学校图书馆他们想要和不想要的,以及提出能够使图书馆成为对于学习者来说更好的处所的其他意见。这两种方法也都适用于针对学校图书馆活动和服务的某些特定组成部分所做的评估。

* *

☆ **解读**

本条是对《指南(第二版)》的第 6 章 6.3.2 小节相关内容的概述及解释。

本条是对获取利益相关方意见的方法展开具体阐述,包括:对不同调研模式的建议,如大型调查研究、学区满意度调查、学校层面的调查等;并提供了若以上调研模式均无法实现的解决方法,即可将与图书馆活动和服务相关的少量问题嵌入学校的相关教育评估调研中去,即使收集的数据不理想,也可从一定程度上增加学校管理层对图书馆的关注。

图书馆作为非营利性的服务机构,其良性运行依赖于资金提供者、馆员、读者、供应商、联盟等多元利益相关者的协同合作。因而,图书馆评估实践渐渐从图书馆的自我评估发展到包含图书馆相关利益者的评估,关注图书馆多元利益相关者之间的协同效应,对图书馆的核心价值和战略绩效进行综合评估。欧美国家图书馆的发展经费除争取政府财政拨款外,还包括社区和个人(社团)赞助。为了获得经费支持,需要定期提供图书馆评估报告以接受图书馆委员会的考察。图书馆管理人员、用户和资金提供者的利益形成了良性的互动促进机制,促进了图书馆事业的发展。

☆ **中国情境**

□ 基本情况

■ 我国目前最普遍的评估主体体系包括教育行政部门官员、教育技术装备部门人员和受聘的基础教育、高教系统图书馆专家。从教育角度分析,缺乏教育科学部门的参与,使得我国中小学图书馆评估主体单一化,同时也存在着评估主体主观化的情况。[1]

■ 我国中小学图书馆目前进行的评估基本上是教育系统内部的自我评估,缺乏读者评估和行业外第三方机构评估。我国应不断促进评估主体的多元化,包括基础教育行业、图书馆行业、第三方机构、读者、学校等各方。[2] 近些年,已经有许多图书馆在评估方面逐渐注重在校学生、教师等图书馆用户的意见,对用户的满意度进行调研。

---

[1] 钟伟. 中小学图书馆评估主体研究 [J]. 图书馆界, 2012 (5): 80 – 83.
[2] 胡月平. 美、日学校图书馆法及其对我国的借鉴意义 [J]. 中小学管理, 2014 (8): 20 – 23.

- 我国教育管理者、学校教师、学生、家长等对图书馆的价值并不了解,图书馆在发展中得到的支持、政策也就比较少,加之资源投入的不足制约了学校图书馆的进一步发展,影响了图书馆职能的发挥。

□ 相关政策法规条文

- 《中小学图书馆(室)规程》第三十七条规定:"地方各级教育行政部门应当建立健全出版物采购廉政风险防控机制,定期组织开展中小学图书馆藏书质量和管理服务的督导评估,推动提高馆藏文献信息质量和服务效能。图书馆建设与管理工作纳入学校和校长考核体系。"

□ 馆长之见

- 杨长军馆长:问卷调查和会议访谈都是为了解利益相关方对学校图书馆建设与发展过程中的一些疑问,使得他们对学校图书馆的发展有一定的认可,以更好地开展图书馆服务。
- 王鸿飞馆长:《指南(第二版)》关于利益相关方评估的事例很值得我国中小学图书馆思考,地区满意度调查与基于学校的调查或反馈的做法在国内具有适用性。为了解学生、教师和家长等对图书馆计划和服务的满意度,可以在原有的学区或教育机构年度满意度调查中添加一个或者两个与图书馆计划和服务相关的问题。此外,在基于学校的调查与反馈中收集学生对图书馆的看法的做法也具备较高的可行性。不管是组织学生代表会议、开展班级调查还是图书馆自行组织到馆读者的调查,都切实可行。其实,很多中小学图书馆都已经设计过相关的问卷进行调查,并且积累了很多经验。以本人所在的珠海三中图书馆为例,近年来,珠海三中图书馆为了开展图书馆服务以及课题研究,面向学生、教师以及图书馆员等利益相关方组织了多项的阅读调查活动,如图书馆图书荐购活动与电子资源利用情况调查、学生利用图书馆情况和课外阅读现状调查、中小学生课外阅读与阅读心理需求调查、珠海三中教师读书现状的调查、珠海三中图书馆读者服务调查、中学生利用微博和使用微信情况调查、珠海市中小学图书馆开展阅读指导和阅读疗法活动现状调查、广东省中小学图书馆(室)调查等等。

第六节 关于活动内容

* *

6.3.3 活动内容

关注活动内容的学校图书馆评估,可以在或宽或窄的范畴内进行,可以是一次性的,也可以是持续性的。可以设计一项自查,分析通过一个学期或者多年的图书馆教导活动所取得的学习成果。通过图书馆教导活动所取得的学习成果可以与通过一门或多门课程取得的学习成果相比较。

另一种方法，是使用课堂教师和/或部门主任焦点小组，讨论什么样的学习成果是图书馆教导活动应该达成的。为了获得最好的效果（即充分讨论和如实观察），焦点小组最好由第三方（外部观察员，例如其他学校的图书馆员或者学区学习顾问）而非学校图书馆员来组织和协调。

* *

☆ **解读**

本条是对《指南（第二版）》的第6章6.3.3小节相关内容的概述及解释。

图书馆活动内容评估方法多样，范围或宽或窄，可一次性亦可连续进行。《指南（第二版）》介绍了自查与焦点小组访谈两种模式。

焦点小组访谈是常用的可用性评价方法之一，它将一组人集合起来讨论某一特定问题，获得一些定型数据，从而了解用户对一个新的观点、服务或产品、设备等的看法和态度，通过改进使之更符合用户的要求。[①] 采用焦点小组访谈对图书馆活动内容进行评估，可以从第三方的角度客观地获得对活动内容的真实评价；由非本校的专业馆员组织和协调评估，也保证了结果的专业性，有利于形成对活动的客观认识。焦点小组访谈是定性的分析方法，也存在一定的局限，其结果难以进行推广和概括，但对特定馆的具体情况更为贴合。因此，建议选择评估方法时需要根据学校情况和评估需求进行恰当选择。

☆ **中国情境**

□ **基本情况**

■ 目前，我国在制度保障方面尚未具体落实中小学图书馆活动内容的评估指标。现行的评估细则内容大多还停留在硬件评估上，缺乏对学校图书馆活动项目、效果的评估。除硬件评估外，更应该加强图书利用率、图书馆活动项目和效果等的评估，以促进图书馆的发展。

■ 现行评估内容缺少对图书馆活动内容的评估主要有以下两个原因：其一，中小学图书馆在发展过程中服务教学的定位不明确，缺乏学校教师的支持；其二，图书馆服务人员素质问题，不能为在校师生提供专业的图书馆与信息服务，因此图书馆活动难以开展，图书馆活动内容评估流于表面。

□ **相关政策法规条文**

■《全民阅读"十三五"时期发展规划》"三、加强组织领导和统筹实施"规定："建立书香社会指标体系，定期评估和发布。鼓励将全民阅读指数纳入社会发展指标体系，纳入创建文明城市指标体系，将工作情况纳入目标管理和考核体系。"建立书香社会指标体系需要"定期开展全国国民阅读调查，建设全民阅读监测体系，监测全民阅读发展水平、阅读服务公众满意度、阅读服务标准实

---

① 石庆馨，孙向红，张侃. 可用性评价的焦点小组法［J］. 人类工效学，2005（3）：64-67.

现程度;对全民阅读活动、工程效果进行第三方测评,收集群众反馈意见,对活动进行科学评估"。

□ 馆长之见

■ 杨长军馆长:有些学校图书馆进行图书馆借阅数量与高考成绩相关性的跟踪研究发现,到馆借阅数量多的同学,高考成绩重本率或本科率普遍高于校内平均水平。这种项目内容的学校评估在多间学校进行都能得出相似结果。

■ 王鸿飞馆长:本节介绍的是侧重于项目内容的学校图书馆评估,给出了两种评估方法。第一种方法是设计一个自我学习的活动,在一个学期或者数年中来分析以图书馆为基础的教学活动的学习成果,并可与在一个或者多个课程中得到的学习成果相比较。第二种方法是采用焦点小组访谈。当然,目前来看,侧重于项目内容的学校图书馆评估在中国还没有市场,适用性还有待考证。我国中小学图书馆如果需要应用项目内容的评估,还有很多工作要做。

☆ 进一步阅读

■ ALA. Teen programming guidelines[EB/OL]. (2015). http://www.ala.org/yalsa/teen-programming-guidelines.

第七节 关于活动影响

****

6.3.4 活动影响

学校图书馆影响评估关注"增值"概念,它可以用以明确学校图书馆探究活动对学生学习所做的贡献。关键要从学生身上找到他们从中学到了什么。例如,探究项目应该促使学生深入了解一个话题,知道如何进行探究,并体会学习的重要性。例如,为了知道探究项目对于学生学习的影响程度,"图书馆的力量"项目(Oberg, 1999)在项目结束时对1至6年级的小学生进行了访谈:

·能给我讲讲你的项目吗?你是如何使用书籍和计算机的?哪方面比较顺利,哪方面存在问题?

·你是如何开始的?中期你做了什么?你是怎样完成的?在每一个阶段你的感受是怎样的?

·你学到了什么?什么使你记忆深刻?你在校外分享过你的项目吗?你的项目与人们在校外所做的事情有相似之处吗?

适用于中学生的一个类似方法是"学校图书馆影响测量"(School Library Impact Measure),又称"学生学习影响测量"(Student Learning Impact Measure),简称 SLIM (Todd, Kuhlthau & Heinstrom, 2005)。在探究过程中的三个节点上,学生们被要求完成由以下问题组成的反馈表:

- 花些时间思考你的话题，写下你对它的了解。
- 你对这个话题感兴趣吗？
- 你对这个话题了解多少？
- 回顾你的调查项目，你觉得什么是最容易完成的？
- 回顾你的调查项目，你觉得什么是最难完成的？
- 通过实施这个调查项目，你学到了什么？（这个问题只在项目结束时才提出）

学生学习的以下其他方面可以通过访谈、反馈表、学习日志或探究小组等方法加以检查：

- 判断信息来源、可靠性、有效性和相关性的能力；
- 创造可靠且知情的产品的能力；
- 可靠地管理个人数字身份的能力。

对于学校图书馆员和教师们而言，分析学生的访谈记录或反馈表将是一个艰巨且耗时的任务，但通过这项工作，这些专业人员将能够了解学生如何拓展他们关于课程内容以及信息处理和加工技能的知识和理解，而这些了解对于学校、工作等都具有重要意义。让学生参与他们探究学习过程讨论，也有助于学生认知、调节和适应他们自己的学习过程。

* *

☆ 解读

本条是对《指南（第二版）》的第6章6.3.4小节相关内容的概述及解释。

图书馆活动影响的评估关注"增值"的概念，并通过对活动影响的评估来明确探究活动的贡献（如对学生学习的影响）。对获得能力或能力得到提高的检查，《指南（第二版）》在这一小节介绍了多种方式，如访谈、反馈表、学习日志、探究小组等，并举例介绍了适用于小学生、中学生的两种测量表。

影响评估已经逐步成为图书馆活动设计的一部分，其最大的挑战是如何判断结果变化确实是由于活动干预或政策实施所致。影响评估的方法可以分为非试验性影响评估方法和试验性影响评估方法两类。非试验性影响评估的主要方法有事前事后评估比较法、倍差分析法、匹配法、工具变量法、断点回归法等，试验性评估方法即随机干预试验。[①]

目前，国内对探究性学习比较有代表性的定义是：学生在教师指导下，从学习生活和社会生活中选择和确定研究课题，通过探究活动，主动获得知识，并应用知识解决实际问题的学习方式。[②] 学校图书馆不应仅为文献资源储存中心，也应为学校的"阅读中心""学习中心"，也应是教学活动不可或缺的助手。利用图书馆开展探究性学习的活动，通过利用图书馆的教学媒体及其他资源开展教学活动，不仅能使学生更好地掌握学科知识，达到对知识的深层理解，而且能通过对知识的探究和应用，培养学生的思考

---

① 张林秀. 随机干预试验：影响评估的前沿方法 [J]. 地理科学进展，2013 (6)：843-851.
② 贺小燕. 探究学习型地理教材的研究：以日本初中地理教材为例 [D]. 上海：华东师范大学，2012.

力、判断力和表达力,促使学生养成自主学习的态度和能力。①

☆ 参阅

□ CLA, *Achieving Information Literacy Standards for School Library Programs in Canada*

■ An appropriate number of teacher-librarian (s) and clerical/technical staff are available and their roles have been integrated to reflect their expertise and training. Access to the school library is available for the entire school day, before and after school hours, and students have electronic access to online resources at other times. The collection is broad, reflects professional selection, and meets and extends curriculum objectives. The school library program supports and extends the school's instructional program and the teacherlibrarian takes a leadership role in the area of resource-based learning and teaching in all areas of the curriculum. The teacher-librarian collaborates with classroom teachers on cooperative units in all areas of the curriculum. Students receive instruction in the development of information literacy as part of cooperatively planned units and as part of the library program itself. Policies and procedures are developed to support an open, active library program that addresses specific student, staff, and community needs.

☆ 中国情境

□ 基本情况

■ 诚如上述,中小学图书馆在信息资源建设、空间规划、人员配置等基础设施建设方面存在"先天不足"的问题,且在图书馆活动影响的评估方面,更是存在缺少真实的活动数据与缺乏具体的评估指标等"后天畸形"问题。

■ 我国中小学图书馆领域对影响评估关注较少,进行影响评估的学校图书馆较少。相关中小学图书馆活动评估结果多为学界零星研究成果,不能引发大规模的关注。现有成果一般是采用访谈、问卷的方式在学生或老师中收集数据,分析获得图书馆对学生成绩的帮助作用,涉及的主题单一,不够全面和系统。

□ 相关政策法规条文

■《关于加强新时期中小学图书馆建设与应用工作的意见》"二、重点任务"之"(七)充分发挥育人作用"规定:"中小学图书馆每周开放时间原则上不少于40小时,确保每天课余时间、周末和寒暑假期间对师生有效开放,鼓励适当延长并向社会开放。要围绕深化课程改革目标任务,推进图书馆与学科教学有效结合、深度融合,将图书馆作为课程资源进行整合形成教学资源。提升学科教师对图书馆的认识,倡导学科教师自觉利用图书馆改善教育教学,开展教育科

---

① 邹永利,胡志波. 日本中小学图书馆与探究性学习[J]. 图书馆论坛,2015(12):139-145.

研活动，推出一批优秀教学案例和先进教师典型。创新图书借阅方式，简化图书借阅管理，将馆藏资源推送到楼层、课堂，促进师生便捷、有效阅读。要利用一定课时，培养学生搜集、整理、分析和选择信息资源的能力，提高学生信息素养。拓展图书馆使用功能，利用图书馆举办学术讲座，展示师生作品，开展教研、学习交流活动。积极组织开展书香校园创建活动，结合校园文化，开展经常性主题读书活动，传播社会主义核心价值观，培养学生阅读兴趣、阅读习惯等有效阅读能力，发挥好引领、辐射和带动作用。组织力量积极开展针对中小学图书馆的理论与实践研究，加强科研引领。"

☐ 馆长之见

■ 杨长军馆长：学校图书馆的影响评估通过社会调查统计的方法进行，在问卷调查法中，如在问卷设计、调查方法、分析统计等方面，对于现阶段大部分学校图书馆的馆员来说都存在难度；即使采用访谈法，也往往不得要领，抓不住重点。这种过程必须经过专业的学习及锻炼，将学校图书馆影响评估通过实证研究方式来进行。这对于馆员提升素养，更好地开展服务工作，有着重要的现实意义。

■ 王鸿飞馆长：这是学校图书馆评估的另一种方法。学校图书馆的影响评估是为了了解学校图书馆活动对学生学习的贡献，从学生反馈中找到他们所学到的东西。学校图书馆的影响评估也就是常说的图书馆价值研究，是为证明学校图书馆存在的价值而做的努力。另外，《指南（第二版）》中提到的案例对我国中小学图书馆开展类似的影响评估有很大的帮助，可以直接借鉴。我国关于影响评估或者图书馆价值研究的案例比较少，广东广雅中学图书馆在这方面做了一些探索。据谢晗馆长介绍，调查2016届借阅量前150名的同学（其中有15人非学校正式考生），有效抽查对象135人，其中理科105人，文科30人。文科上重点线人数23人，其中550分以上高分人数为17人，高分比例为56.67%；理科上重点线人数96人，上线率为91.43%，其中600分以上优分人数为25人，高出重本线50分的有64人，高分比例为60.95%。这种通过分析借阅量排行较前学生的高考成绩，以证明图书馆阅读影响的评估或许不是很准确，但是也能从一个侧面证明阅读并不会浪费学习时间，并不会影响高考成绩。

☆ 进一步阅读

■ KACHEL D E. School library research summarized: a graduate class project [EB/OL]. (2013). https://keithcurrylance.com/wp-content/uploads/2013/07/MU-LibAdvoBklt2013.pdf.

■ Library Research Service, Colorado State Library, Department of Education. School libraries impact studies [EB/OL]. (2015). www.lrs.org/data-tools/school-libraries/impact-studies/.

■ WILLIAMS D, WAVELL C, MORRISON K. Impact of school libraries on learning: critical review of published evidence to inform the Scottish education community [EB/

OL]. (2013). https://rgu-repository.worktribe.com/output/248567/impact-of-school-libraries-on-learning-critical-review-of-published-evidence-to-inform-the-scottish-education-community-online.

第八节 关于循证实践

* *

6.3.5 循证实践

循证实践是一种利用数据进行决策的整体性、综合性方法。学校图书馆的循证实践整合三类数据：a) 为了实践的证据（将正式研究的结论用于指导实践）；b) 实践中的证据（使用自身数据以改变实践）；c) 关于实践的证据（使用用户报告和用户生成数据以显示学校图书馆员的工作成果）（Todd, 2007）。学校图书馆员通过其专业教育和许多公开发表的学校图书馆研究总结获得为了实践的证据（例如，Haycock, 1992; Kachel, et al., 2013）。学校图书馆员使用实践中产生的证据，例如流通记录和教导活动时间安排等，进行诸如与为阅读推广活动购买资源、制定确保所有学生均享有探究式学习体验机会的计划等决策。

* *

☆ **解读**

本条是对《指南（第二版）》的第 6 章 6.3.5 小节相关内容的概述及解释，重点介绍循证实践的评估方法，说明循证实践主要是利用数据进行评估，并具有整体性和综合性的特征。《指南（第二版）》指出，学校图书馆使用循证实践方法进行评估，应整合三类数据：为了实践的证据，实践中的证据，关于实践的证据。

循证实践是从 21 世纪初期图书馆职业开始倡导的一种方法，强调通过对科学研究成果（所循之证据）的严肃使用，以提高职业实践中的决策水平，促成最佳实践的方式，侧重于数据收集和分析。有学者认为循证图书馆学可借鉴循证医学，它的实践步骤如下：①提炼问题。通过实践，把所收集的信息转化成一个清晰的、可以回答的问题。②寻找证据。查找可以回答这一问题的最佳证据。③评估证据。严格评价证据的真实性、效果和适用性。④应用证据。把经过严格评估的证据与馆员经验、用户偏好及个性特征等实际条件相结合，做出决策，实施决策。⑤评估过程。评价从执行第一步到第四步过程的效果和效率，并尽力去改善各步骤细节，以便今后更好地应用。①

近些年，研究人员尝试将循证实践方法应用于论证学校图书馆价值的研究中。根据循证实践的行动框架，以馆员日常实践工作所产生的证据为基础，评估学校图书馆对课程教学的贡献，宣传和展示学校图书馆对学生学习的影响。AASL 的《〈21 世纪学习者

---

① 陈廉芳. 循证图书馆学实践流程探索 [J]. 山东图书馆学刊，2010 (5): 30-32, 49.

标准〉与〈K-12年级自然科学教育框架〉之间的关系对照表》为学校图书馆的循证实践提供了可以参考的框架，研究人员从中可以获得丰富的证据去描述学校图书馆的贡献，可以引导有关学校图书馆与学生学习相关性和因果关系的进一步研究。[1]

☆ **参阅**

□ CILIP，*School Libraries—A Right*

■ A designated library professional who can play a key role in developing the school as a hub of the community by: Building links with the public library service to support children's learning outside the classroom. Helping parents and carers to develop an understanding about how their children's learning is enhanced through access to a range of library resources and advising them about how to access and use these resources with their children. Ensuring they are equipped with an understanding of the digital literacy strategies needed to educate their children in the safe and ethical use of the internet.

☆ **中国情境**

□ 基本情况

■ 我国对图书馆评估方法方面并无明确规定。由于中小学图书馆发展滞后，暂时停留在图书馆馆藏建设方面，相关中小学图书馆评估的研究也较少，几乎没有专门对学校图书馆评估方法进行研究的文献。与图书馆评价相联系的多为评价指标、标准的探讨，评估主体多为政府部门，且开展的评估仅涉及学校图书馆基础硬件建设部分内容，并未展开专门的针对性评估，评估内容不够全面科学，评估理论研究不够成熟。《指南（第二版）》中的学校图书馆循证实践的评估方法暂未在我国得到推广和应用于实践。

□ 相关政策法规条文

■《全民阅读"十三五"时期发展规划》专栏10"全民阅读长效机制建设工程"提出："（一）制订《全民阅读促进条例》。将全民阅读纳入法治化轨道，规范政府责任，保障公民基本阅读权利，促进全民阅读服务体系建设。推动地方全民阅读立法工作。到2020年，推动全国所有省（自治区、直辖市）出台本地的全民阅读地方性法规、地方政府规章及政策性文件等。（二）建立全民阅读指导委员会。建立国家全民阅读指导委员会和地方各级全民阅读指导委员会，形成各部门综合协调机制，共同研究全民阅读工作中的重大问题，制订全民阅读公共服务基本标准，协调全民阅读基础设施建设与资源配置，促进阅读相关机构和组织合作。（三）书香社会指标体系。定期开展全国国民阅读调查，建设全民阅读监测体系，监测全民阅读发展水平、阅读服务公众满意度、阅读服务标准实现程度；对全民阅读活动、工程效果进行第三方测评，收集群众反馈意

---

[1] 邱雅静. 学习者信息素养标准与学校教育标准的匹配研究 [J]. 图书馆论坛, 2016 (4): 113-119.

见，对活动进行科学评估。"

□ 馆长之见

■ 杨长军馆长：循证实践是提升学校图书馆服务水平，将图书馆看似简单重复的劳动变得有据可循的重要途径，它对学校图书馆计划及政策的制定起着重要作用。

■ 王鸿飞馆长：这里介绍了循证实践的几种数据来源。在循证实践中，学校图书馆员通过他们的专业教育以及从许多已发表的学校图书馆研究摘要中获得了实践的证据。学校图书馆员还可以使用他们在实践中产生的证据来做出判断。当然，本人感觉，循证实践还是过于陌生，无法掌握其中的精髓以及具体的实施方法。希望能够有更多有关循证实践的介绍以及案例以供参考。

☆ 进一步阅读

■ TODD R J, KUHLTHAU C C, OELMA. Student learning through Ohio school libraries: the Ohio research study[EB/OL]. (2004). www.oelma.org/studentlearning/default.asp.

第九节　关于学校图书馆评估的影响

* *

6.4 学校图书馆评估的影响

评估是持续发展循环的关键。评估有助于学校图书馆的活动和服务与学校的目标保持一致。评估向学生、教师、图书馆工作人员以及更广泛的教育社群证明学校图书馆活动和服务的好处。评估为活动和服务的改进提供证据，帮助图书馆工作人员和用户理解这些活动和服务的价值。成功的评估带来活动和服务的更新，也带来新设计的活动和服务。评估对于公共关系和宣传相关行动的指导至关重要。

* *

☆ **解读**

本条是对《指南（第二版）》的第6章6.4小节相关内容的概述及解释，重点阐述学校图书馆实施评估的重要性、作用和带来的影响。

图书馆评估是一种重要的图书馆管理方法。实际上，图书馆评估是一种价值判断，就是根据一定指标，通过系统地搜集相关信息和科学分析、测量、描述图书馆工作的过程和结果，从而对图书馆满足读者需求的程度做出价值判断，评估图书馆的实际工作达到目标的程度。学校图书馆评估有利于图书馆不断规范和完善学校图书馆活动，不断调整自身的计划和活动以适应学校发展目标，向学校师生提供更优质的服务，同时展示学校图书馆自身的能力，促进学校图书馆和学校的同步发展。

学校图书馆评估中应关注学生在参与图书馆活动中的思维状态和热情等，并以学生参与活动所得为依据，分析学校图书馆是否能激发和培养学生学习的主动性、积极性和创造性；学校图书馆评估能够为下次计划制定或项目开展提供经验，利用一切可利用的资源，通过活动前期策划、设计与建构帮助计划的制定和活动的顺利举行；学校图书馆的评估还能发现许多直接影响活动效果的相关因素，如馆员与学生和馆员与教师交流机制的建立、馆员的专业素质等。

通过评估能够了解这些相关因素间的相互影响和相互作用，从而适当调整图书馆计划或政策，对图书馆活动产生积极的促进作用，激励学生、教师、馆员和图书馆共同发展。

☆ 参阅

□ CLA，*Achieving Information Literacy Standards for School Library Programs in Canada*

■ In order to improve student performance the researchers concluded, the school resource centre should be staffed by a qualified teacher-librarian who is involved not only in identifying materials suitable for school curricula, but also in collaborating with teachers and others developing curricula. These activities require that the teacher-librarian have adequate support staff.

☆ 中国情境

□ 基本情况

■ 我国对于中小学图书馆的评估一般为非正式的评估，评估内容主要包括图书馆使用、经费、馆藏和专业馆员等情况。各省为推进落实教育部《中小学图书馆（室）规程》，一般会实施中小学示范图书馆评估工作。这种评估虽然不够深入，基本停留在学校图书馆建设上，但是这种评估有利于引起学校的重视并投入建设经费，一定程度上推动了中小学图书馆事业的发展，使中小学图书馆为通过评估，深化人才使用机制，改善办馆条件，提升整体服务质量。

■ 但是由于在一般的中小学图书馆评估活动中，忽视服务效果评估，缺少科学评估的标准，评估结果对改善中小学图书馆与信息服务专业性没有任何帮助。

□ 相关政策法规条文

■《中华人民共和国公共图书馆法》第四十八条规定："国家支持公共图书馆加强与学校图书馆、科研机构图书馆以及其他类型图书馆的交流与合作，开展联合服务。国家支持学校图书馆、科研机构图书馆以及其他类型图书馆向社会公众开放。"

■《关于进一步加强中小学图书馆（室）图书配备和管理工作的通知》第一条规定："各地教育行政部门和新闻出版行政部门要站在全面贯彻落实《国家中长期教育改革和发展规划纲要（2010—2020年）》和《中共中央办公厅　国务院

办公厅关于加强公共文化服务体系建设的若干意见》（中办发〔2007〕21号）的高度，把中小学图书馆（室）图书配备工作作为培养青少年健康成长的一件大事认真抓好，进一步加强中小学图书馆（室）图书配备和管理工作。切实保障中小学图书馆（室）图书配备的经费投入，把均衡配置图书作为全面推进素质教育、促进义务教育均衡发展、全面提高教育质量工作的重要内容。"

□ 馆长之见

■ 杨长军馆长：评估是学校图书馆能够可持续发展的一个关键方面。通过科学、合理的评估过程，能促进学校图书馆提升服务水平，并在评估中发现不足，改善某些存在的问题。同时，评估也会促进学校图书馆软、硬件资源发展。

■ 王鸿飞馆长：从长期来看，评估是为了学校图书馆不断进步与发展。评估的短期影响有助于调整图书馆的计划和服务，并争取得到学生、教师、图书馆员等的理解与支持。当然，评估也具有两面性。成功的评估会引导学校图书馆计划和服务的更新以及新的计划和服务的开发；但是也不能为了评估而评估，要有好的评估计划和细则，把握好尺度。其实，我国一些学校层面的评估也涉及中小学图书馆。但是为了达标，学校可能会按照评估标准去准备相关材料，如大批量采购装备书，更有甚者伪造数据等，这样的评估对学校图书馆的发展没有实际意义。

☆ **进一步阅读**

■ ALA. YALSAteen services evaluation tool-evaluation tool fact sheet for library administrators[EB/OL].（2011）. https://www.ala.org/sites/default/files/yalsa/content/guidelines/yacompetencies/evaluationtool.pdf.

第十节　关于学校图书馆的公共关系

* *

6.5　学校图书馆的公共关系

公共关系的概念聚焦于长期互动和战略沟通，从而在机构及其公众间（学校图书馆和相关利益者之间）建立利益关系（参阅3.5.4 社群参与）。

市场营销和推广聚焦于满足图书馆用户意愿和需求的即时产品和服务。那些能够满足图书馆用户需求的短期产品和服务。相比之下，宣传从根本上是关于改变的行动或是关于思想和问题的演进。长远来看，应与学校图书馆的利益相关群体和支持者建立相互支持的关系，这便是学校图书馆宣传。推广、市场营销以及宣传均需要以系统的方式加以计划和实施。推广和市场营销是学校图书馆员学校层面工作的一部分；学校图书馆员也参与宣传，但通常宣传由团队（如学校图书馆协会）计划和实施。学校图书馆的推广和市场营销主要面向图书馆用户，此间所关心的是图书馆的使用。学校图书馆的宣传主要面向决策者和能够影响决策者的人，此间所关心的是图书馆资金以及其他能让图书馆员开展工作的支持。

* *

☆ **解读**

本条是对《指南（第二版）》的第 6 章 6.5 小节相关内容的概述及解释，是对学校图书馆宣传、推广和营销的解释以及其不同侧重点的说明。

《指南（第二版）》指出了两个侧重点，根据推广营销的人群不同，可以将其划分为图书馆用户和决定图书馆发展的人两类。

当营销对象为图书馆用户时，侧重于图书馆的使用以及对用户即时需求的满足。图书馆作为一个服务性单位，读者服务则是其客户服务。此时应以服务市场的运作方式开展图书馆服务，强调读者服务的主动性、复合性和多样性。图书馆必须以用户为中心，根据用户的需求制定相应的推广营销策略，从而提升图书馆的利用率，促进用户对图书馆的使用，提升其满意度。

当对象为决策者和能够影响决策者的人时，则侧重于吸引其目光，提升其关注与了解，使学校图书馆获得发展必需的各种支持。AASL 将"宣传"定义为正在进行的建立伙伴关系的过程，把被动的支持转化为双方相互促进的行动。

☆ **参阅**

☐ **ALA，*Standards for the 21st-Century Learner***

■ Learning is enhanced by opportunities to share and learn with others. Students need to develop skills in sharing knowledge and learning with others, both in face-to-face situations and through technology.

☐ **IFLA/UNESCO，*School Library Manifesto* 1999**

■ Governments, through their ministries responsible for education, are urged to develop strategies, policies and plans which implement the principles of this Manifesto. Plans should include the dissemination of the Manifesto to initial and continuing training programmes for librarians and teachers.

☆ **中国情境**

☐ 基本情况

■ 我国图书馆领域在这方面有一定的研究，高校图书馆和公共图书馆均有结合市场营销理论推广图书馆服务的实例和文献。但是，关于中小学图书馆的公共关系研究的学理讨论很少。

■ 我国中小学校图书馆是中小学学校的有机组成部分，一般由学校和教育局负责管理，图书馆推广和营销活动的开展并不多见。有开展推广和营销的学校仅面向在校学生，以宣传图书馆设施、设备和资源等为主。

□ 相关政策法规条文

■ 《全民阅读"十三五"时期发展规划》"一、指导思想、基本原则和主要目标"规定:"全民阅读的核心是阅读内容。必须加强优秀作品的创作生产,进一步完善创作出版扶持和激励机制,加强对精品力作的宣传推广,拓宽传播渠道,为全民阅读提供更多优质阅读内容,充分发挥引领示范作用,不断提升全民阅读的质量和水平。加强对数字化阅读的规范和引导,推动传统阅读和数字阅读相融合。"该规划还指出:"推动精品出版物宣传推介常态化、制度化。""加强全民阅读宣传推广。重视和发挥中央媒体和地方媒体、传统媒体和新兴媒体、主流媒体和各类媒体的重要作用,形成强大宣传合力,营造全民阅读的良好氛围。""充分发挥各类媒体的特点,适应分众化、差异化传播趋势,实现传统宣传推广形式与新媒体宣传推广形式深度融合。"

□ 馆长之见

■ 杨长军馆长:学校图书馆通过各种方式的阅读推广活动或者宣传,既是宣传学校图书馆,也是宣传学校图书馆资源。读者在知晓图书馆活动或者资源的前提下,才会主动到馆参加活动或者获取资源。学校图书馆员很有必要学习营销与推广的经典理论及策略,并将其用到学校图书馆工作中。

■ 王鸿飞馆长:《指南(第二版)》认为学校图书馆需要处理好图书馆与利益相关方的关系,并且给出一些具体方向:一是面向图书馆的用户进行推广和营销,二是面向决策者和能够影响决策者的人进行图书馆宣传。第一点比较容易理解,而且世界各地的学校图书馆都已经进行了相关的实践与探索,我国中小学图书馆在推广与营销方面也是不甘落后的,已经取得了一些成绩。但是,学校图书馆协(学)会等组织以及学校图书馆员开展的图书馆宣传在国内中小学图书馆较少见;已开展的图书馆宣传也并没有明确的目标指向,往往是以宣传图书馆的设施设备和资源等为主,宣传对象包括读者等所有的利益相关方。

☆ 进一步阅读

■ ALIA. Advocacy action planningworkbook[EB/OL].(2013). https://read.alia.org.au/content/advocacy-action-planning-workbook.

第十一节 关于推广和市场营销

* *

6.5.1 推广和市场营销

推广是一种面向用户关于图书馆能提供什么的单向沟通,而市场营销则是试图将图书馆的服务与潜在用户的需求和喜好相匹配的双向互动。学校图书馆所提供的服务和设施必须得到大力推广和市场营销,使得目标群体(学校及更广泛社群)能够意识到图书馆作为学习伙伴和理想服务及资源提供者的角色。

学校图书馆应与利益相关者合作制定一份书面的推广和市场营销计划。其中应包括：预期目标；关于如何实现目标的行动计划；可以评定推广和市场营销工作是否奏效的评估方法。推广和市场营销计划应每年进行评估、回顾和修订；学校图书馆员和学校行政管理者应至少每两年对完整的计划进行一次全面讨论。

* *

☆ **解读**

本条是对《指南（第二版）》的第6章6.5.1小节相关内容的概述及解释，具体说明了图书馆推广和营销的作用和计划。

《ALA图书情报学术语词典》中将图书馆营销描述为图书馆与信息服务的提供者针对服务的实际用户和潜在用户进行的一系列有目的的活动，其范围涉及提供的产品、服务成本、服务方式和推广的技巧。1997年，IFLA专业委员会新设管理与营销分会，专门负责图书馆营销理论和实践的研究。图书馆营销是基于对用户潜在的信息需求进行分析，是通过图书馆活动来具体满足用户需求的过程。[1]

营销与公共关系之间的界线模糊，造成图书馆员的认识不清，营销往往被等同于公共关系、推广和销售。然而，营销的实质是对客户需求的满足。图书馆营销应树立起以用户的需求为中心的观念。学校图书馆在开展信息服务、推广和营销的过程中要始终把用户需求放在第一位，变被动服务为主动服务。

图书馆营销在信息服务业飞速发展的今天显得尤为必要。图书馆营销的4P理论为：产品（product）——图书馆为用户提供的活动计划、资源和服务，价格（price）——用户群体为保证图书馆正常运作所需支付的成本，地点（place）——与资源和服务的提供方式有关，推广（promotion）——图书馆应使用户群体了解其提供的资源和服务。

☆ **参阅**

□ **IFLA**, *IFLA Statement on Digital Literacy*

■ Libraries have always had a crucial role in the dissemination and application of knowledge and in providing a place for (informal) life-long learning. They have also been quick to fill in gaps in connectivity by offering public Internet access and use of other technological tools.

■ Thanks to their trusted place in communities, as well as their in-depth knowledge of local needs, libraries are uniquely able to help users make the most of digital tools. And an empowered, equitable access to, and use of, digital tools promote open and healthy societies.

---

[1] 涂志芳. 我国高校图书馆营销现状调查及分析［J］. 图书馆学研究, 2014 (8): 16-22, 57.

☆ 中国情境

□ 基本情况

- 我国中小学图书馆大多没有开展专门推广和营销图书馆本身的活动，一般中小学图书馆会开展一些阅读推广活动。中小学图书馆一般由学校拨款，尚未有其他机构对其进行资金援助。此外，由于图书馆员素质不高问题以及图书馆不受学校领导重视，图书馆发展较为滞后。

□ 相关政策法规条文

- 《全民阅读"十三五"时期发展规划》"一、指导思想、基本原则和主要目标"规定："将丰富阅读活动内容与提升思想文化内涵相结合，将出版精品与推荐精品相结合，将公益活动和市场推广相结合，将传统阅读与数字阅读相结合，将服务与管理相结合，全面提升全民阅读质量和水平。"规划的主要目标包括："阅读推广人队伍更加壮大，各类阅读推广机构不断涌现，全民阅读法制化建设取得积极进展，全民阅读工作体制机制更加健全，基本形成与全面建成小康社会发展要求相适应的以人为本、面向基层、惠及群众、兼顾重点的全民阅读推广服务体系。"
- 《中华人民共和国教育法》第四十七条规定："国家鼓励企业事业组织、社会团体及其他社会组织同高等学校、中等职业学校在教学、科研、技术开发和推广等方面进行多种形式的合作。企业事业组织、社会团体及其他社会组织和个人，可以通过适当形式，支持学校的建设，参与学校管理。"

□ 馆长之见

- 杨长军馆长：推广是图书馆向用户传达有关图书馆资源的信息，而营销更强调推广主体与客体的双向交流，正如范并思教授所提出的阅读推广的理论自觉问题，即推广什么、向谁推广、如何推广、推广得如何。
- 王鸿飞馆长：当今全民阅读环境下，推广与营销已经引起各类型图书馆的重视，中小学图书馆也不例外。中小学图书馆应当增强阅读推广的理念，积极主动地向教师、学生等服务对象推广图书馆的服务、设施、活动等，使读者意识到图书馆作为学习伙伴以及理想的服务和资源提供者的作用，从而提高图书馆的利用率。《指南（第二版）》建议学校图书馆应该与利益相关方合作制定书面的宣传推广和营销计划，并给出了计划的内容。这一点还需要国内专业的图书馆员领悟与消化。

☆ 进一步阅读

- ALIA. ALIA and international relations statement[EB/OL]. (2018). https://read.alia.org.au/alia-and-international-relations-statement.

第十二节　关于宣传

* *

6.5.2　宣传

宣传是通过有计划和持续性的努力逐渐增进理解和支持。宣传与推广和市场营销有关，但也有所不同。学校图书馆宣传是指加强主要决策者的理解和支持，是指提高意识和增进知识；它耗费时间，需要从长计划。学校图书馆宣传工作应关注决策者以及那些影响决策者的人，而非学校图书馆用户。

宣传是指建立关系。

宣传是指影响他人。研究已经确立了与影响他人有关的六项通用原则（Cialdini, 2006）。这些关于说服的原则对于宣传能否成功至关重要，它们是互惠、喜爱、权威、社会认同、一致性/承诺和稀缺性。

互惠和喜爱是指建立关系。人们常常会因为他人施惠或是喜爱他人而施惠于他人。权威和社会认同是指在不确定的情况下做出决定。人们常常因为某些权威人士的建议或是因为他人喜欢其这样做而行事。一致性/承诺和稀缺性是指促使人们行动。如果人们认为行动与他们的价值观相一致或是认为行动可以使他们避免失去所珍视的东西，他们会更愿意采取行动。

应谨记这些通用原则以指导计划宣传项目。例如，学校图书馆员经常需要将全国性学校图书馆协会中的其他图书馆员作为目标群体，以获得他们关于一项学校图书馆政策的支持。以下指导性问题可能有助于计划一个宣传项目。

- 稀缺性：如果学校图书馆没有得到很好的支持，其他图书馆员可能因此而失去什么？
- 一致性/承诺：他们与你们共享的价值观是什么？
- 权威：他们尊重谁的意见？
- 社会认同：其他国家性协会如何支持学校图书馆政策？
- 互惠：在协会中其他图书馆员有关的问题上，你们能够如何予以支持？
- 喜爱：你们喜爱其他馆员的哪些方面，又如何展示？

如果学校图书馆员和他们的盟友与其他人相联合，并有所计划地推进，宣传并非难事。国际图联在线学习平台（Online Learning Platform, www.IFLA.org/bsla）为希望为图书馆宣传、希望知道如何宣传的人们提供了相关资源。这个网站包括关于学校图书馆宣传的具体资料，如建设学校图书馆网络的案例、改变学校图书馆立法的案例、将学校图书馆建设成为教育改革的有生力量的案例等。宣传对于增强和维护学校图书馆的发展至关重要。宣传和评估均有助于建立对于能够改进学校所有人教与学的工作的理解和支持。

* *

☆ 解读

本条是对《指南（第二版）》的第 6 章 6.5.2 小节相关内容的概述及解释，具体说明了宣传的定义、内涵和原则，同时对如何进行图书馆宣传提供了一些建议。

在图书馆营销和推广中，要确定计划的推广对象，有明确的宣传目的，了解其所包含的内涵和意义。本条中说明的学校图书馆的宣传工作的着眼点在于吸引决策者以及影响决策者的人群，通过对决策者的宣传，提升意识、创建关系、树立影响、提供宣传提示，通过各种途径和方法促进学校图书馆的发展。一般而言，宣传对象包括管理人员、工作人员、教师和学生学区、立法家和政治家等。

有学者对美国 2005—2015 年之间发表的学校图书馆宣传文献进行研究后发现，宣传的原因通常起源于在对学校图书馆员的作用进行认识时，学校图书馆员感觉有危机情况或财政赤字。其中削减预算或人员流失是进行宣传的主要原因。而人员流失和削减预算的原因包括缺乏对教师等图书馆媒体专家作用的了解和对图书馆员是教学人员还是教辅人员的分类不明确。①

宣传策略的选择可以包括：报纸、电视和广播电台的媒体报道，以用户为对象的馆内通讯，专业期刊或杂志上的文章介绍，邮件列表的消息发布，营销信件，手册、宣传单、小册子等，海报、书签等，图书馆员名片标志，各种社区活动的参与，开放日、接待会、聚会或庆祝日，图书馆网站和相关网站上的宣传，等等。

☆ 参阅

☐ CLA, *Leading Learning*: *Standards of Practice for School Library Learning Commons in Canada*

■ Learners have a right to expect good school libraries in every school in Canada. Our school libraries should reflect our common values of equity, diversity, and cultural identity as well as best approaches in the educational and library professions. They should be contextually relevant to student need and success, and built, cared for, measured, renewed and sustained on an ongoing basis by their learning communities. We should position school libraries to lead learning for the future.

☆ 中国情境

☐ 基本情况

■ 我国中小学图书馆大多只在学校内部进行简单宣传。实际上，一般的图书馆宣传对象主要为中小学生和教师，他们需要通过图书馆的宣传认识到学校图书馆及其所提供的服务的价值，激发使用图书馆的兴趣，从而真正发挥学校图书馆对于教育教学的价值和作用。

---

① 梅新娅. 美国学校图书馆宣传文献研究［J］. 图书馆理论与实践，2016（9）：83-86.

- 但是，我国中小学图书馆在发展过程中服务理念滞后、图书馆服务功能定位不明确等，致使图书馆在宣传方面缺乏创新。此外，目前我国尚未建立中小学图书馆发展交流平台，中小学图书馆形象改造方面缺少经验交流。

□ 相关政策法规条文

- 《中小学图书馆（室）规程》第二十七条规定："图书馆应当做好阅览、外借、宣传推荐服务工作；开设新生入馆教育、文献信息检索与利用、阅读指导课等，鼓励纳入教学计划；为教育教学和科研活动提供有效的文献信息支撑；创新各类资源使用方式，积极创建书香校园，组织形式多样的阅读活动，促进全民阅读工作；鼓励开展图书借阅数据分析，有针对性地改进学生阅读。"
- 《中等专业学校图书馆规程》第八条规定："中等专业学校图书馆对新到文献资料应及时进行验收、登记、分类、编目，尽快投入流通，并及时宣传报导。"

□ 馆长之见

- 杨长军馆长：学校图书馆要懂得宣传，也要学会宣传，可在宣传中认真思考稀缺性、一致性承诺、权威、社会认同、互惠和喜爱这六大原则如何体现在具体做法中，并学会如何影响他人。
- 王鸿飞馆长：这里给出了学校图书馆宣传更为具体的要求，让我们了解到学校图书馆的宣传工作着眼于吸引决策者以及影响决策者的人群，提升关键决策者对学校图书馆发展的理解和支持。与此同时，详细介绍了互惠原则、喜爱原则、权威原则、社会证明原则、一致性/承诺原则和稀缺性原则等影响他人的六项普遍原则。另外，还结合图书馆的实际，介绍如何应用这些普遍原则指导宣传计划的制定。如果我国中小学图书馆需要开展面向主管部门、学校领导等决策者以及影响决策者的人群的宣传工作，可以再认真思考一下这一段文字，相信大家对于如何开展宣传工作、影响决策者等会有新的收获。华南师范大学附属中学图书馆曾制作精美的图书馆折页，内容包括图书馆的设施设备、资源、服务、活动等，向上级部门领导、学校领导以及利益相关方等进行宣传，以争取得到更多的关注与支持。

☆ **进一步阅读**

- ALIA. Future of the library and information science profession：school libraries [EB/OL]. (2014). https://read.alia.org.au/content/future-library-and-information-science-profession-school-libraries.

第十章 学校图书馆国际标准的适用性

前面章节对与学校图书馆有关的国际标准进行了总体的和具体的研究,在针对《指南(第二版)》的解读中,我们特别强调中国情境。因为,正如《指南(第二版)》引言中指出,在我们努力提供最好的学校图书馆服务以支持全面教学时,《指南(第二版)》向我们提醒了面向全球思考、立足当地实践的挑战。然而,即使是在全球化的今天,具体标准所指涉领域的本土情境依然千差万别。IFLA标准的适用性,特别是它们在非西方语境下的适用性如何,如何可以有效提高它们的适用性,是一个有待更多关注的课题。本章将调查《指南(第二版)》在中国中小学图书馆的适用情况,以及比较其在西方和非西方语境中的适用性,进而探讨如何在国际标准的制定中发出中国声音。

第一节 《学校图书馆指南》在中国的适用性调查

《指南(第二版)》旨在为全球的学校图书馆专业人员和教育决策者提供帮助,使得他们能为所有师生提供优质的学校图书馆服务和项目。然而,作为一项国际标准,它在中国的适用性如何,是一个有待更多学术探讨的问题。本节将通过调查中国广东8所中小学校图书馆的发展情况,对《指南(第二版)》在中国的适用性进行初步研究。

一、调查设计与实施

受时间和资源的限制,调查采用非随机选样法,但在允许的范围内尽可能保证所选样本的代表性和多元化。我们选择8所学校的图书馆作为研究案例,分为4组,如表10.1所示。所选的8个案例中:①中学图书馆4个,小学图书馆4个,可以做中小学间的对比;②中学图书馆包括普通中学和高校附属中学图书馆各2个,因此A组和B组可以做学校类型间的对比;③中学图书馆均位于发达城市,城1和城2各有1个普通中学和1个高校附属中学图书馆,因此A组和B组可以做同类城市间的对比;④小学图书馆来自发达城市和欠发达城市,因此C组和D组可以做不同类城市间的对比;⑤C组的2个案例可以做学校类型间的对比;⑥馆D-1有民间公益组织的介入,D组的2个案例可以做这一方面的对比。

表 10.1 研究案例分组

案例分组	组别情况	案例代码	案例城市
A 组	发达地区的普通中学馆	馆 A-1	城 1
		馆 A-2	城 2
B 组	发达地区的附属中学图书馆	馆 B-1	城 1
		馆 B-2	城 2
C 组	发达地区的普通和附属小学图书馆	馆 C-1	城 1
		馆 C-2	城 2
D 组	欠发达地区的普通小学图书馆	馆 D-1	城 1
		馆 D-2	城 2

IFLA 邀请学校图书馆专家和教育决策者在指南中提出了 16 条建议，以确保实现学校图书馆促进教与学的职能。这 16 条建议将作为调查工具的一级指标，二级指标则由对应 16 条建议的具体条款以及一级指标的逻辑分解而形成（69 条）。调查工具为半结构化问卷，问卷的问题分别对应一、二级指标，受访者将选择一、二级指标所指建议在当前情况以及未来 5 年发展指导的适用性是"完全适用""部分适用""不适用"还是"不清楚"。表 10.2 是调查表的简单结构说明。

为最大可能地保证调查表可理解，先以 D 组案例作为试研对象并根据其反馈进行调整。选择 D 组案例作为试研对象，是基于笔者的以下两个假设。

假设一：学校图书馆的品质高低与《指南（第二版）》在其间的适用性正相关，即学校图书馆的品质越高，《指标（第二版）》在其间的适用性越高。

假设二：学校图书馆的品质高低与其所处地区的经济社会发达情况正相关，即学校图书馆所处地区的经济社会越发达，学校图书馆的品质越高。

由此，位于欠发达城市的馆 D-1 和馆 D-2，应该是 8 个案例中《指南（第二版）》在其间的适用性最低的城市。因此，如果存在调研对象因适用性过低而无法理解调查表中各项指标的情况，那么，这种情况最有可能发生在馆 D-1 和馆 D-2。因此，笔者对馆 D-1 和馆 D-2 的校长和图书馆负责人进行了填表辅以访谈的形式的调查，进而从增加指标备注说明及举例、根据《指南（第二版）》条款调整二级指标、避免过于抽象的表述等方面对调查表进行了修订，确定了最终调查表（表 10.2）。

表 10.2　调查表结构说明

《指南》内容		请受访者：①根据所在学校及图书馆的当前情况勾选相应建议的适用性程度，即是否符合当前情况；②并就选项做具体说明。				请受访者：①勾选相应建议对于所在学校及图书馆未来5年发展指导的适用性程度，即是否可以将之作为未来5年的发展指导建议；②并就选项做具体说明；③如果相应建议在未来5年的发展中不适用，请在说明一栏评估未来多少年该建议具有适用性。			
《指南》16条建议（一级指标）	《指南》建议分解（二级指标）								
建议1：……	建议1.1：……	☐完全适用	☐部分适用	☐不适用	☐不清楚	☐完全适用	☐部分适用	☐不适用	☐不清楚
		说明：				说明：			
	建议1.2：……	☐完全适用	☐部分适用	☐不适用	☐不清楚	☐完全适用	☐部分适用	☐不适用	☐不清楚
		说明：				说明：			

采用上述由两级指标、两种适用性建构而成的调查表，通过填表辅以访谈的形式，笔者调查了12位相关人员。如表10.3所示。由于学校负责人的调查数据并不完整，本节将主要以各案例图书馆负责人的调查数据作为分析和讨论的依据，学校负责人的数据将作为补充。

表 10.3　调查实施情况

案例代码	图书馆负责人	学校负责人
馆 A-1	√	√
馆 A-2	√	√
馆 B-1	√	
馆 B-2	√	
馆 C-1	√	
馆 C-2	√	√
馆 D-1	√	
馆 D-2	√	√

二、16 条建议在中国的适用性分析

下文将针对《指南（第二版）》中所提出的 16 条建议，逐条分析其在中国的适用性调查成果。以下按《指南（第二版）》提出的建议（星号框内文字）——具体调查结果之框架展开。

* *

建议 1

学校图书馆的使命和目的应得到清晰表述；同时，它们应与《国际图联/联合国教科文组织学校图书馆宣言》《联合国儿童权利宣言》《联合国土著人民权利宣言》等国际文件中的原则和价值相一致，也应与国际图联的核心价值相一致。

* *

调查显示，建议 1 对于 8 家图书馆的发展现状而言，适用度均较低，这一情况不受中小学、学校类型、城市或外部资源介入的影响。受访的图书馆中仅有 1 家中学馆和 1 家小学馆将其使命和目的形成文字。对于建议 1 中所提及的多份国际文件，绝大部分受访者表示并不了解；但对于这些文件所持的原则和价值，经由笔者阐释说明后，受访者均表示认可。该认可反映在两个方面：首先，就发展现状而言，多数受访者同意学校图书馆的使命和目的应与这些原则和价值相一致；其次，就未来发展而言，所有受访者均赞成这些使命和目的的指导意义。

馆 B-1 馆长反馈"图书馆从业人员应了解国际图联的核心价值"，这一反馈大致反映了受访者对于这些价值以及《宣言》等国际政策所代表的图书馆基本职业理念不甚了解这一事实。并且，受访的馆长们对于图书馆基本职业理念的了解程度并未因为他们从事这一职业而高于受访的校长们。

* *

建议 2

学校图书馆的使命和目的应与国家的、区域的以及当地的教育管理部门的期望相一致，也应与学校课程的目标相一致。

* *

该建议对于 8 家图书馆的发展现状和未来指导适用度均较高。馆长们基本上反馈为完全适用或部分适用。仅有 1 家小学馆和 1 家中学馆认为"与学校课程的预期效果相一致"这一指标对于发展现状不适用。此外，调查反映出学校图书馆为学生成为合格公民做准备的提法不太能为中国情境所接受。如馆 A-1 馆长反馈"（即使在未来，也）难实现，而且不一定必要"，馆 A-2 校长反馈"图书资源建设无法满足社会对合格公民的需求"，馆 B-2 馆长和馆 C-1 馆长反馈"合格公民不适用"，馆 C-2 校长反馈"没那么直接"。

****

建议 3

学校图书馆的成功依赖于三个必要条件:一位具备专业资格的图书馆员,一个能够支持学校课程教学的馆藏,一份明晰的可持续发展规划。必须制订计划以达成上述三个条件。

****

该建议的适用度在小学馆和中学馆间差异明显。对于中学馆的发展现状和未来指导而言,建议3适用度较高,馆长们基本上都反馈为完全适用:4所中学馆均配备了具有专业资格的图书馆员,馆藏基本上能支持学校课程教学,并且都定期编制了图书馆发展计划。小学馆的反馈基本是不适用或部分适用:4所小学目前均由语文教师或英语教师兼职图书馆员,这一情况不受城市或外部资源界入的影响,主要原因在于国家政策并未为小学备置图书馆员岗位编制;就未来发展而言,受访者都同意学校图书馆应具备专业资格的图书馆员;至于图书馆馆藏,小学馆均表示馆藏较少,并且馆藏质量不高,只有部分馆藏可以支持学校课程教学,如馆C-2馆长反馈"书并不是我们需要的",不过受访者都表示未来5年将逐渐根据教学需要补充馆藏;4所小学馆均未定期编制图书馆发展计划,但大部分受访者赞成未来应有计划地开展图书馆活动,唯有馆C-2校长认为"专门的(图书馆)规划太繁琐"。

****

建议 4

应定期对学校图书馆的服务、活动以及员工的工作情况进行监督和评估,以确保学校图书馆能够满足学校社群不断变化的需求。

****

建议4对于8家图书馆的发展现状而言适用度均不高,反馈基本为部分适用。目前的评估多为非正式评估,评估内容主要包括图书馆使用、经费、馆藏和专业馆员等情况,评估后没有形成具体的评估意见和改进建议。就未来发展而言,大部分受访者赞成评估应该是定期、全面的;但也有3位受访者表示存在一定难度,如馆A-1馆长反馈"比较难开展、操作,可尝试",馆C-2馆长反馈"不现实,太细了"。

****

建议 5

在合适的政府层级推进图书馆立法,以明晰相关的法律责任,为学校图书馆的建立、获得支持和持续改进提供保障,惠及所有学生。

****

针对建议5,调查表的二级指标涉及法律、图书馆政策和图书馆发展计划三个层面。目前国家层面已有一部图书馆专门立法;进行调查时,参与调查的几个城市仅有城

2通过了城市层面的图书馆法律。但这些法律都仅限于公共图书馆,因此,法律方面的指标就现状而言并不适用。展望未来,大部分校长和馆长都认为应当立法以保障学校图书馆的建立;但也有不同意见,如馆D-1校长反馈"立法以后要采取问责制,不如现在的做法灵活,没有必要",馆D-2校长反馈"政府不了解图书馆情况"。

图书馆政策方面指标就现状而言也不适用。首先,在中国的教育体制中,学校图书馆属于校内三级机构(一级:学校;二级:教务处),无权独立制定政策;其次,学校相关政策的制定主要由学校行政管理层负责,馆长或馆员并没有参与的机会。但受访者赞成未来应由多方共同参与政策的制定。

* *

建议6

在合适的政府层级推进图书馆立法,以明晰学校社群所有成员的道德责任。道德责任包括保护平等获取权、信息自由权、隐私权、版权和知识产权、儿童知情权等。

* *

建议6在小学馆和中学馆的适用度差异明显。中学馆的受访者均反馈各种权利和道德标准在现在和未来都完全适用,小学馆方面则反馈该建议适用度低,适用度低的原因包括"宣传不到位"(馆C-1馆长)、"中国人不太在意"(馆C-2校长)、"在各种制度的制约下无法适用"(馆D-1校长)。

* *

建议7

学校图书馆的服务和活动应当在专业的学校图书馆员的指导下提供,专业的学校图书馆员应接受过正规的学校图书馆学教育和课堂教学教育。

* *

建议7在小学馆和中学馆的适用度差异明显。对于专业馆员的必要性、专业馆员的资质,中学馆反馈完全适用,且4所中学馆均配备了具有专业资格的图书馆员;小学馆则反馈不适用,前述建议3中已经述及,但他们也都表达出对专业馆员的渴求,如馆D-1校长反馈"图书馆管理难度非常大,有很大需求",馆D-2馆长反馈"希望有专业馆员加入"。

* *

建议8

应当明确界定专业学校图书馆员的职责,其职责包括:教育职责(如基本素养培育和阅读推广、探究式和资源导向式学习模式),管理职责,学校层面的领导和协调职责,社群参与职责以及服务提升职责。

* *

由于小学馆没有配备专业馆员，所以该建议在小学馆不适用。中学馆方面，馆长们均认为应当明确界定专业馆员的职责；但在职责的范围，如具体的教育职责、管理职责、学校层面的领导和协调职责、社区参与职责、服务提升职责等方面，大家则表示部分适用或不适用。指标中提出的与公共图书馆合作，各馆反馈最为困难，如馆B-1馆长反馈"隶属不同，开展合作困难"。

* *

建议9

学校图书馆全体工作人员，包括专业馆员、非专业馆员、志愿者等，均应明确各自与图书馆政策相一致的角色和工作职责，这些图书馆政策涉及图书馆用户的平等获取权、隐私权和知情权。

* *

与工作人员的角色和工作职责、志愿者的管理与定位相关的建议适用度高，与专业馆员的领导水平、非专业馆员的辅助角色相关的建议适用度低。如馆C-1馆长反馈"（馆员）自身素质不够（无法担当领导角色）"，即使面向未来，也有校长认为图书馆员起辅助作用即可；馆B-2馆长反馈"非专业馆员工作职责不清晰"。

* *

建议10

学校图书馆全体工作人员应致力于发展实体和数字馆藏，这些馆藏应与学校的课程体系相一致，与学校所属社群成员的国家、民族和文化身份相一致；学校图书馆全体工作人员应致力于通过编目、流通和资源共享等方式增进馆藏和资源的利用。

* *

该建议对于8家图书馆的发展现状适用度不高，即适用于未来指导，中短期内都只能达到部分适用。涉及数字馆藏的建议对于小学馆完全不适用，因为目前均无数字馆藏，展望未来，经费依然是主要制约因素，如馆C-2校长反馈"自建数字馆藏不适用，建议资源共享，能获取就好"，馆D-1校长反馈"要看上级的支持"，馆D-2馆长反馈"如果经费允许，可以（建设）"；3家中学馆反馈同时发展实体和数字馆藏，但馆藏内容并不能涵盖馆员及教师、父母和看护者的需求。馆藏与学校课程体系相匹配指标适用度高，与社会文化背景相匹配指标则基本不适用，如馆A-2校长反馈"（社会文化背景相关的馆藏）还没有纳入学校图书馆馆藏的要求"，馆D-1校长反馈"地区文化和传统很难进入学校"，馆D-2校长反馈"乡村社区文化（的馆藏）是空白"。

馆藏管理方面的指标反馈为部分适用。其原因包括：其一，管理政策和程序的制定多由学校管理人员主导，馆员和教师参与度低；其二，知识自由、信息自由、资料审查等政策不太能为中国情境所接受；其三，资源共享不普遍。资源共享指标的适用度较明显受到外部资源介入的影响，如馆D-1校长反馈"通过某公益机构的合作，与其他学校共享漂流图书"。

* *

建议 11

学校图书馆的设施、设备、馆藏和服务应能支持教师和学生的教学需求，并应因教学需求的变化而不断更新。

* *

该建议在中学馆的适用度明显高于小学馆。小学馆反馈其设施、设备、馆藏和服务仅能部分支持师生的教学需求，且难以不断更新，如馆 D-1 校长反馈"只能保证阅读的可行性，很难完全满足（师生的需求），但会尽量提供，且（需求）变化太快，（更新）跟不上"，馆 C-2 校长反馈"馆藏（与教学需求）不匹配，（资源有限，学生）只能分批去阅览室"，馆 D-2 校长反馈"没什么设施、设备"，甚至认为"老师自己有电脑，上网就能找得到（所需资源）"。上述反馈大致反映了中国小学图书馆发展现状。而馆 C-1 受益于外部资源（某公益机构），能够更新各类资源。建筑设计方面的建议在中小学馆的适用度都不高，受访的 8 所学校图书馆馆舍基本为普通建筑，无特殊考虑。由信息中心向学习中心转变所需的特殊设置方面的建议，在小学馆基本不适用，中学馆则有 3 家反馈适用。

* *

建议 12

应加强学校图书馆间以及学校图书馆与公共图书馆、高校图书馆间的联系，从而增进资源和服务的利用，促进不同类型的图书馆共同承担服务社群所有成员终身学习的责任。

* *

调查显示，馆 B-1 和馆 B-2 两个大学附属中学图书馆在这一方面并未因为附属关系而与高校图书馆有更多的联系。

* *

建议 13

学校图书馆员的核心教育活动包括：基本素养培育和阅读推广，媒体与信息素养教育，探究式教学，信息技术整合，以及教师的专业发展。

* *

该建议对于 8 家图书馆的现状和未来适用度均较低，但发达城市的情况较欠发达城市好，中学馆的情况较小学馆好。小学馆普遍仅有面向学生开展的阅读推广活动，中学馆在读写技能、媒体与信息素养方面也有所涉及。面向教师的探究式教学、信息技术整合、专业发展等教育活动则处于空白状态，且馆长们认为这些活动不应由图书馆提供，如馆 A-1 馆长反馈"（由图书馆开展是）越位，但可协助，提供相关书籍（以供）学习"，馆 B-1 馆长表示"学校设有信息中心，取代了（图书馆）这一职能"，馆 C-1

馆长反馈"(信息技术整合)由信息技术科来做"。受访者普遍表示,馆员自身的条件也无法开展上述面向教师的教育活动。

* *

建议 14

学校图书馆的服务和活动,应由专业图书馆员与校长、课程负责人、教师、图书馆群体其他成员以及文化、语言、土著等独特群体的成员,一起协同提供;学校图书馆的服务和活动,应能促进学校学术、文化和社会目标的实现。

* *

该建议适用度较高。其中,服务与项目的协同提供方面,普遍反馈校长起主要作用,有校领导的参与才能够较好地实施服务和项目,而其他群体的参与度并不高。服务与项目对于学校各目标的促进则基本反馈完全适用。

* *

建议 15

应采用循证实践以指导学校图书馆的服务和活动。循证实践还应为职业实践的改进提供所需数据、为确保服务和活动积极影响学校的教与学提供所需数据。

* *

该建议适用度低。如馆 C-2 校长认为"(图书馆服务和项目的提供)希望由教师来做",馆 D-2 馆长反馈"活动都是自己开发"。

* *

建议 16

应通过与图书馆的当前和潜在用户、与利益相关者以及与决策者的有计划而系统的沟通,增强对于学校图书馆服务和活动的使用和支持。

* *

该建议在中学馆适用度高。4 所中学馆均反馈其服务和项目能够按计划进行,能够通过宣传、推广和营销与用户、利益相关者以及决策者系统沟通,从而加强使用和获得支持;唯有在绩效评估方面,馆 A-1 和馆 B-2 的馆长均反馈有待改善。但这些二级指标在小学馆的适用度均较低,如馆 C-2 校长反馈图书馆没有计划,只有简单的宣传,没有开展推广和营销工作,更没有跟利益相关者沟通,因为"现在的经费都是从学校其他经费挪用的,并不会根据绩效而改变(,因此没有必要沟通)"。

三、《指南(第二版)》在中国的适用性分析

(一)《指南(第二版)》的总体适用性

综合 8 家图书馆的调查反馈,将《指南(第二版)》16 个一级指标在中国广东的总体适用性总结如表 10.4 所示。不同组别间的反馈显示,差异主要发生在中学馆和小学馆之间;至于其他因素,如学校类型、城市、外部资源介入与否等,并未发现对适用性产生显著影响。因此,表 10.4 将中学馆和小学馆的适用性反馈分别总结呈现。《指南(第二版)》在中国广东的总体适用性或可总结为部分适用。

表10.4 《指南(第二版)》一级指标的总体适用性

一级指标	指标类型	中学馆现状	中学馆未来	小学馆现状	小学馆未来	一级指标	指标类型	中学馆现状	中学馆未来	小学馆现状	小学馆未来
建议 1	理念型	部分	完全	部分	完全	建议 9	理念型	部分	部分	部分	部分
建议 2	理念型	部分	完全	部分	完全	建议 10	管理型	部分	部分	部分	部分
建议 3	条件型	完全	完全	部分	完全	建议 11	管理型	部分	完全	不	部分
建议 4	管理型	部分	部分	部分	部分	建议 12	条件型	部分	部分	部分	部分
建议 5	条件型	不	部分	不	部分	建议 13	管理型	部分	部分	部分	部分
建议 6	条件型	完全	完全	部分	部分	建议 14	管理型	部分	完全	部分	完全
建议 7	条件型	部分	完全	不	部分	建议 15	管理型	部分	部分	部分	部分
建议 8	管理型	部分	部分	不	部分	建议 16	管理型	部分	完全	部分	部分

(二)《指南(第二版)》更适用于中学馆

与小学馆相比,《指南(第二版)》更适用于中学馆。其主要原因应该是在中国的教育体制中,中学馆设有图书馆员岗位编制,而小学馆没有。而建议 3、7、8、9、10、13、14 均与"专业图书馆员"有关,专业馆员的缺乏,导致这些建议难以适用于小学馆。中国目前关于学校图书馆的最高政策是教育部 2018 年修订的新版《中小学图书馆(室)规程》(以下简称《规程》),其中第三十三条规定:"图书馆应当设专职管理人员并保持稳定性。图书馆管理人员编制在本校教职工编制总数内合理确定。图书馆管理人员应当具备基本的图书馆专业知识与专业技能。中学图书馆管理人员应当具备大学本科以上文化程度,小学图书馆管理人员应当具备大学专科以上文化程度。"此处存在与调研情况不一致之处,《规程》面向中小学馆,按理中小学馆不应出现不同情况。但《规程》的表述确实较为含糊,其"合理确定"并无具体的"理"作为依据。由此,不仅中小学馆间,即使是中学馆间或小学馆间,在是否设有图书馆员岗位编制上,进一步,在是否由受过专业的图书馆学教育的人员担任图书馆员上,便出现了不可控的情

况。因此,《指南（第二版）》在中国广东中小学馆间的适用性差异并不是由于其本身的情况所产生的。

(三)《指南（第二版）》更适用于未来指导

与当前情况相比,《指南（第二版）》更适用于未来指导。《指南（第二版）》的体例已经说明这一标准本就是更面向未来的指导,虽然未必全然反映中小学图书馆立志达到的目标,但至少指出了合理期望实现的目标。因此,除非调查对象已经是一个相当成熟的范本式的学校图书馆,用之对发展现状进行评估,更多的时候还是达到发现问题并明确改进方向的目的。因此,调查反馈的这一情况符合《指南（第二版）》的本意。但就中国广东的具体案例而言,《指南（第二版）》中的一些建议,如关于立法的建议5、建议6,关于专业图书馆员的建议7、建议13等,能在多快的未来得到多大程度的实现,均是未知之数,因为这些建议的实施远远超出了学校图书馆界或者学校界能够掌控的范围。如果《指南（第二版）》能够就这些具体的问题进行更深入的调研,进而提出更具体的实施建议,那么《指南（第二版）》对于学校图书馆和学校而言,将更有意义,这需要IFLA出台更多与《指南（第二版）》相配合的国际标准。

(四)《指南（第二版）》所认定的普适性价值并不必然被普遍认同或认知

《指南（第二版）》在建议1中提到《学校图书馆宣言》《儿童权利宣言》《土著人民权利宣言》等国际文件,并认为其中所反映的原则和价值是全球的学校图书馆"所共享的共同目的（share a common purpose）"。此次调查的绝大部分受访者对这些文件并不了解。建议2、建议6和建议9中所提及的合格公民、公平获取权、信息自由权、知情权、隐私权等,并不经常地出现在中国的教育语境中,甚至在更一般的语境中也较少使用,因此不太能为调查对象所接受。此处,一是反映出上述国际文件的宣传与推广工作有待加强,如《学校图书馆宣言》理应为所有学校负责人和从事学校图书馆工作的人所了解和熟悉;二是《指南（第二版）》在谈及原则和价值时,如能使用一些更加贴近学校工作、更加去政治化的词汇,或能提高其在非西方价值观区域的适用性。

(五) 不同类型的建议有着不同的适用情况

如表10.4所示,《指南（第二版）》的16条建议可以大致划分为三种类型:理念型,建议中包含国际专业理念;条件型,建议中涉及学校外部条件的获得;管理型,建议主要面向学校内部的运作。调查显示,理念型建议对于发展现状的适用性较低,但受访者大都认为这些专业理念给他们以启示,对于未来指导有较高的适用性;条件型建议不论对于发展现状还是未来指导适用性均不高,其主要原因在于外部因素的不可控;管理型建议较之前两种具有更高的适用性,且由于更加贴近实际工作,在调查中较易为受访者所理解。

本节作为一个初步调查,以下几点或可为进一步的研究提供借鉴。首先,研究设计时所预计的中小学间、学校类型间、同类及不同类城市间的案例差异,事实上并不明显,差异主要发生在中学馆和小学馆之间,其他因素并未发现对适用性产生显著影响。

因此，关于《指南（第二版）》适用性的进一步调查，可将调查对象分为中学馆和小学馆进行。其次，此次调查使用了全面涵盖《指南（第二版）》内容的大型调查表，受访者接受访谈的时间均超过1个小时，未来如果要做更大规模的调查，应改用简版调查表。最后，调查表的调整，可以从几个方面考虑：①是否仅以一级指标即16条建议作为调查问项；②是否考虑分类型调整16条一级指标的顺序；③如何调整建议的表述形式使其更易于理解。

此外，在调查进行的过程中，受访者均表示在接受调查之前并不知道《指南（第二版）》。但不少受访者在调查后也表示，接受调查本身让他们得到很多启示，一些在日常工作中经常思考却未有答案的问题有了新的思路，一些从未想到的方面进入了未来工作计划的议程。当然，这也是《指南（第二版）》对于未来指导意义的体现，同时也反映了通过调查等多种方式宣传《指南（第二版）》的需求和可能。

第二节 《学校图书馆指南》在西方和非西方语境的适用性比较

IFLA 标准委员会一直把在更广阔范围内提升 IFLA 国际标准的可见性和影响力作为目标和职责。① 在 2018 年世界图书馆与信息大会上，标准委员会分会场的主题便是"新近 IFLA 标准的影响（Impact of Recently Approved IFLA Standards）"。② 然而，在西方话语体系和西方专业语境主导③下形成的 IFLA 标准，其在西方区域中的适用性与在以中国为代表的非西方区域中的适用性是否存在差异仍有待进一步探讨。上一节已对《指南（第二版）》在中国的适用性进行初步研究，本节将以 IFLA 学校图书馆组编辑出版的《关于学校图书馆指南的全球行动》（*Global Action on School Library Guidelines*）④为主要参考资料，以西班牙加泰罗尼亚学校图书馆的发展为焦点，结合《指南（第二版）》在其他西方国家中的应用情况，进一步比较《指南（第二版）》在西方和非西方语境的适用性。

---

① IFLA. About the IFLA Committee on standards[EB/OL]. [2024-09-28]. https://www.ifla.org/about-the-committee-on-standards.
② IFLA. Impact of recently approved IFLA standards: presentations from the WLIC 2018 programme organised by the Committee on Standards[EB/OL]. [2019-04-13]. https://www.ifla.org/node/91651?og=6551.
③ "指南"类标准的第一执笔人国籍统计情况为美国12人、英国5人、荷兰4人、澳大利亚3人、加拿大3人、法国2人、丹麦2人、比利时1人、克罗地亚1人、墨西哥1人、日本1人、斯洛文尼亚1人。
④ SCHULTZ-JONES B, OBERG D. Global action on school library guidelines [M]. Hague, Netherlands: De Gruyter Saur, 2015.

一、《加泰罗尼亚学校图书馆指南和标准》出台前的西班牙加泰罗尼亚学校图书馆

(一) 西班牙在学校图书馆领域的政治和法律框架

西班牙自1978年起实行议会君主制,全国划分为17个自治区,宪法承认并保证各民族地区的自治权。[①] 虽然随着时间的推移,权力的平衡发生了变化,但在加泰罗尼亚等地区,教育和文化一直是地区的主要责任。在教育制度上,国家政府确保教育制度的同质性和统一性,并通过建立共同的法律框架加以规范。与此同时,17个自治区在教育方面都拥有专属权力,可以制定自己的教育政策,甚至立法。教育系统提供的教育阶段具体分为幼儿园(0~6岁)、小学教育(6~12岁的6个学年)、义务中学教育(obligatory secondary education)(12~16岁的4个学年)、高中教育(16~18岁)和中级职业培训、中级艺术和设计职业教育,以及中级体育教育(16~18岁)。

过去,西班牙既没有法律组织,也没有政策支持创建或发展学校图书馆,学校图书馆的发展几乎完全依靠积极热情的教师们的个人努力推动。当时西班牙学校图书馆发展存在四大问题:资源不足,服务缺乏,使用率低,存在时间短。[②] 这些图书馆很难与欧洲其他国家的图书馆相比,与联合国教科文组织和国际图联等国际组织所提倡的标准也相去甚远。

直到2006年,西班牙中央政府通过了《教育组织法》(Ley orgánica de educación, LOE)等,首次为学校图书馆建立了法律框架。该法第113条规定"学校将设有学校图书馆",并敦促教育当局支持在公立学校图书馆的发展。学校图书馆旨在促进阅读习惯的培养,并为学生提供"获取与其学习领域相关的信息和其他资源的途径,并培养他们使用这些资源的批判意识"。[③] 此后,西班牙中央政府和地区政府陆续实施了具体的政策以促进学校图书馆的发展。多年来,西班牙政府为该计划投入了7000万欧元,一些地区政府的财政捐助进一步增加了这一数额,其中一些地区政府采取了建立和发展学校图书馆的方案,从而改善了资源分配。学校增加和更新了图书馆藏书,翻新了设备和技术基础设施,甚至为图书馆专门配备了工作人员。

尽管学校图书馆发展情况有所改善,但学校图书员这一角色在西班牙并不存在。这一角色通常由教师担任,他们每周仅花几个小时管理图书馆,其中一些参加了地区教育机构或大学提供的专门课程,但大多数人仍缺乏任何形式的适当培训。值得注意的是,学校图书馆在教师的基本培训中从未被提及,许多图书员也没有接受过任何关于学校图书馆的专门培训。此外,学校图书馆很少被用来开发课程,它们只被当作提高阅读技能

---

① 西班牙国家概况[EB/OL]. [2024-09-02]. https://www.mfa.gov.cn/web/gjhdq_676201/gj_676202/oz_678770/1206_679810/1206x0_679812/.

② MIRET I, BARÓ M, MAÑÁ T, et al. Las bibliotecas escolares en España. Dinámicas 2005-2011 [M]. Ministerio de Educación, 2013.

③ Ministerio de Educación Y Ciencia. Ley orgánica de educación[EB/OL]. [2024-09-28]. https://planipolis.iiep.unesco.org/sites/default/files/ressources/spain_loe_eng.pdf.

的工具,其使命声明中也不包括服务多样化或信息素养。①

(二) 加泰罗尼亚学校图书馆:Puntedu 计划

加泰罗尼亚位于西班牙东北部,地中海沿岸。西班牙中央政府制定一般法律,自治区则在以西班牙中央政府为首的准联邦体制下,拥有自己的政府,管理包括教育和文化在内的所有领域。2014 年,加泰罗尼亚的公立学校系统有 1500 多个中心,私立学校系统有 1200 多个中心,公共图书馆系统包括 400 多家图书馆。

2005 年,左翼地区政府(2003—2010 年)通过了一项雄心勃勃的发展计划,即Puntedu("dot edu")计划,旨在改善加泰罗尼亚学校图书馆。② 该计划是加泰罗尼亚七大教育创新计划之一,其目标是"促进和巩固图书馆作为所有领域发展的基本学习工具;培养阅读习惯;将图书馆建设成教师的服务和资源以及向整个教育社群开放的空间"。拨款以公开招标为基础,考虑到地域平衡和学校的公立、私立性质,学校必须向地区当局提出一个由教育机构批准的图书馆项目。

在加泰罗尼亚当时的 2700 所公立学校中,有 1062 所加入了该计划。这些学校在 3 年内每年都会被选中,并获得地区政府的象征性补助金(平均 2000 欧元),可以免费使用地区政府部门开发的图书馆管理软件,还可以申请专门为图书馆管理者设计的技术培训计划(事实上,该计划向所有希望深化学校图书馆管理技能的兼职教师开放)。同时,该计划还成立了各种工作组,编写参考文献和支持材料。

即使过程中面临经济危机,Puntedu 计划仍得以维持。尽管形式不同,但加泰罗尼亚图书馆员专业协会(Col·legi Oficial de Bibliotecaris-Documentalistes de Catalunya, COBDC)的参与度仍不断提高。COBDC 与图书馆学院,以及学校图书馆相关人员有着长期的合作传统。自 1990 年以来,他们定期组织学校图书馆会议,为改善和促进图书馆服务及其活力做出了重大贡献。1999 年,COBDC 翻译了《IFLA/UNESCO 学校图书馆宣言》(简称《宣言》),并于 2005 年与加泰罗尼亚教育部合作印制了 2002 年出版的《IFLA/UNESCO 学校图书馆指南》(简称《指南(第一版)》)。

二、《加泰罗尼亚学校图书馆指南和标准》与《IFLA/UNESCO 学校图书馆指南》

2009 年,加泰罗尼亚地区教育部部长成立了专门的委员会,负责制定学校图书馆指南方针和标准并确保项目的持久性。委员会由涉及该工作的两个主要群体(即教师和图书馆员)组成。教师群体代表由 Puntedu 计划的合作者以及一些图书馆管理者组成;专业图书馆员群体代表由 COBDC、巴塞罗那大学图书馆学院等学术机构以及加泰

---

① MIRET I, BARÓ M, MAÑÁ T, et al. Las bibliotecas escolares en España. Dinámicas 2005 – 2011 [M]. Ministerio de Educación, 2013: 197 – 201.

② SCHULTZ-JONES B, OBERG D. Global action on school library guidelines [M]. Hague, Netherlands: De Gruyter Saur, 2015: 41 – 49.

罗尼亚文化部图书馆服务处、巴塞罗那议会图书馆服务处等公共图书馆服务机构组成。委员会整体工作由 Puntedu 计划负责人进行协调。该委员会于 2009 年首次召开会议，并于 2012 年完成工作。《加泰罗尼亚学校图书馆指南与标准》（*Directrius i estàndards per a les biblioteques dels centres educatius de Catalunya*，简称《加泰罗尼亚指南》）于 2013 年 3 月在第五届学校图书馆会议上发布。该文件旨在为学校提供评估自身状况的参数以及改进方法，提供更成功地规划学校图书馆的工具，涵盖图书馆的创建和日常运作。

《加泰罗尼亚指南》的制定主要受 IFLA 主要参考文本的启发，尤其是《宣言》和《指南（第一版）》，这两份文件是制定《加泰罗尼亚指南》的起点。《加泰罗尼亚指南》更新了《指南（第一版）》的一般方面，使其适应加泰罗尼亚的情况，如由区域当局负责决定与教育中心管理有关的事项，而无需地方当局的参与或公共图书馆等机构的支持。该指南还为学校图书馆网络建立了一个模型，并概述了其中各个区域代理的作用。然而，尽管取得了这些成就，但由于缺乏对学校图书馆的具体规定，该指南仍无法制定超越 *LOE* 的有力框架。

《加泰罗尼亚指南》也支持 2015 年更新后的《指南（第二版）》，两份指南具有共同的关注点。首先，两份指南都考虑了图书馆的数字维度，强调数字馆藏和虚拟空间等的发展。其次，两份指南都详细说明了图书馆员及相关支持者的角色和使命，并明确了他们对于图书馆的贡献。这一点至关重要，因为在当时的西班牙国家和加泰罗尼亚地区法律中都没有明确承认学校图书馆的发展需要专业的学校图书馆员和其他相关支持人员。最后，两份指南都讨论了图书馆委员会在学校图书馆发展中所具备的能力和应发挥的作用，图书馆委员会应由来自不同教育领域和具备不同水平的教师以及学校技术领域的协调员组成。此外，两份指南都强调了评估的重要性，并建议汇总与图书馆资源、用途和成本相关的基本数据和指标库，以便每个图书馆都可以评估自己的情况。

与此同时，《加泰罗尼亚指南》也和《指南（第二版）》存在差异之处。首先，《加泰罗尼亚指南》没有过多强调与信息能力相关的方面，仅在服务部分中简要提及；提出了需要建立支持学习和课程开发的计划，但仅泛泛地表示使用图书馆及其资源进行培训。其次，《加泰罗尼亚指南》更加关注包括馆藏、服务、空间和员工等在内的全方位适用的质量标准。这些标准对于管理部门而言，有利于从一开始整体规划图书馆的建立和相关设施的配置，以确保图书馆服务的质量；对于学校图书馆而言，有利于确定自身的情况并计划改进措施。此外，尽管《加泰罗尼亚指南》中明确了学校图书馆员的重要性，但未提供具体的支持图书馆员工作的良好实践示例。Puntedu 计划则提供了一个汇集成功经验和创新实践的网站，对《加泰罗尼亚指南》进行了良好的补充。

综上所述，对比中国学校图书馆和西班牙加泰罗尼亚学校图书馆的发展历程，二者具有相似之处。加泰罗尼亚过去也没有法律或政策保障学校图书馆，学校图书馆的发展主要依靠教师（即无图书馆员专门的编制）积极地推动。直到 2006 年 *LOE* 的出台以及 2005 年 Puntedu 计划的实施，西班牙中央政府和地区政府才开始通过颁布相关法律及政策推动学校图书馆的发展。《加泰罗尼亚指南》的起草、发布和传播是朝着建立学校图书馆所需的法律框架迈出的第一步。《加泰罗尼亚指南》是以《宣言》和《指南（第一版）》为出发点而制定的；同时，它的许多方面都呼应了《指南（第二版）》，对于其所认定的普适性价值较为认可。这两份文件都坚持需要让学校图书馆在资源和服务方面适应新的数字环境，并强调评估作为改善学校图书馆和证明利益相关者对图书馆投资合理性的一种手段的重要性。这些都凸显了《指南（第二版）》具有较强的适用性。然而，《加泰罗尼亚指南》结合加泰罗尼亚的实际情况，也有与《指南（第二版）》不一样的地方。《加泰罗尼亚指南》更倾向于解决地区当前的不足之处：一方面，它强调需要有技能的图书馆员，并根据每所学校的规模确定时间投入，但并不能保证每所加泰罗尼亚学校图书馆都配备有学校图书馆员（即全职专业人员），对于学校图书员的职位和职位的时间分配，以及将部分学校预算用于学校图书馆的义务仍有待进一步明确；另一方面，它强调发展与图书馆培训方面，特别是阅读和信息技能方面的问题。在具体方面，《指南（第二版）》确实难以给予更为明确、更符合本地情况的指导；与当前情况相比，《指南（第二版）》更适用于未来指导。

三、《学校图书馆指南》在其他西方国家中的应用

除西班牙加泰罗尼亚外，还有其他西方国家响应了《指南（第二版）》，并将其应用于本地学校图书馆发展当中。

（一）瑞典

2010年春，瑞典政府提出了一项新的教育法案，该法案于2011年7月起正式实行。新法案包含了一项条款，规定所有学生都应"有权使用学校图书馆（access to a school library）"。在此之前，由于在旧教育法案中未提及学校图书馆，学校图书馆的发展不属于学校校长的责任。新法案的出台使学生"有权使用学校图书馆"成为校长法定职责的一部分。但是，在此之前，没有法律或相关文件提供学校图书馆的定义。为了将"有权使用学校图书馆"从一个未定义的法律概念转变为具体的现实，瑞典工会DIK内部专家组开展了四项工作：定义"学校图书馆"，构建学校图书馆员能力，开展"World Class School Library"项目，实施效果评估。[①]《指南（第二版）》的影响主要体现在定义"学校图书馆"和构建学校图书馆员能力两个部分。

在定义"学校图书馆"时，专家组受到《学校图书馆宣言》的启发，将学校图书馆定义为"学校图书馆具有教学功能。学校图书馆的使命由教育法、课程和教学大纲定义。在学校图书管理员的指导下，学校图书馆加强学生在多模式文本世界中的交流和数字能力"。该定义与《指南（第二版）》草案较为一致。

在构建学校图书馆员的基本能力时，专家组参考了《宣言》和《指南（第二版）》以及欧盟发布的《终身学习的核心素养：欧洲参考框架》（*Key Competences for Lifelong Learning：A European Reference Framework*），并提炼出学校图书馆员工作的核心标准，概括了《指南（第二版）》中所描述的专业学校图书馆员的五个角色，即指导、管理、领

---

① SCHULTZ-JONES B, OBERG D. Global action on *School Library Guidelines* [M]. Hague, Netherlands：De Gruyter Saur, 2015：112-121.

导和协作、社区参与、促进图书馆服务。

(二) 法国

文献信息中心 (centres of documentation and information, CDI) 长期以来一直是法国学校学习过程的核心。[①] 1952年10月13日发布的《中等教育文献工作职能》(*Le role de la documentation dans le second degré*) 通告中将文献信息服务 (service of documentation and information, SDI) 置于教学活动的核心。20世纪70年代，文献信息服务 (SDI) 被重新定义并称为CDI。在法国学校中，CDI自20世纪90年代以来经历了许多变化，逐渐被构建为一个致力于跨学科教学实践的场所。CDI不仅仅是一个传统的学校图书馆，还是一个教学资源中心，文献专家 (professeurs documentalistes) 可以在这里向学生传授知识，促进学生阅读和学习。法国文献专家经过专门培训，可以教授和运用与信息和文献的教育内容相关的知识，并在教学媒体和新媒体方面发挥特定作用。

文献信息中心的发展与《指南（第二版）》的内容相契合。首先，CDI将"在学校内作为教学中心运作，提供融入课程内容的积极教学计划"作为一项优先事项，重点关注基于资源、基于思考和基于知识的能力，阅读和读写能力以及学习管理能力的培养。其次，CDI强调推动自身的空间资源、材料资源、印刷资源和电子资源等成为文献专家的教学工具和学生的教育工具，同时，向提供更多的学习研究区、非正式阅读区、教导区、媒体制作和小组活动区，以及行政管理区等方向发展。此外，教师在最初的培训中包含了解CDI的内容，重点是帮助教师了解将CDI用作资源，以及与文献专家合作的可能性。这些协作"对于那些融入课程或与学生的兴趣和需求相关的媒体和信息素养的教学而言至关重要"。

与此同时，CDI的发展也面临着一些长期的挑战。首先，CDI的人员不足。《指南（第二版）》提出："为了满足学校社群的教学需求，拥有一名训练有素且积极性高的工作人员是至关重要的，同时还应配备与学校规模及其独特需求相适应的充足的支持人员。"尽管如此，在法国，每所学校的文献专家数量并不会根据学生人数及其对图书馆服务的特殊需求而变化。例如，大多数情况下，无论一所中学有250名学生还是800名学生，都只有一名文献专家；五所中学中只有一所配有图书馆助理。其次，学校的管理人员和其他教师对于文献专家的使命及其负责的教学资源了解仍然不足。此外，文献专家没有形成课程或计划以帮助教师进行教学。2013年的一项调查显示，学校图书馆员与其他教师存在合作，将课程整合到现有的教学方法中，以培养学生的责任感；但由于只关注某些年级（即中学入学和高中入学），以及缺乏渐进式教学计划（主要是由于缺乏课程等框架文本），这些积极的作用被削弱了。[②]

[①] SCHULTZ-JONES B, OBERG D. Global action on *School Library Guidelines* [M]. Hague, Netherlands: De Gruyter Saur, 2015: 155-165.

[②] FADBEN. Les professeurs documentalistes et les apprentissages info-documentaires[EB/OL]. [2024-09-30]. https://www.apden.org/IMG/pdf/Les_professeurs_documentalistes_et_les_apprentissages_info-documentaires_FADBEN_2013.pdf.

四、小结

通过对《指南（第二版）》在西班牙加泰罗尼亚、瑞士、法国等的应用，可以发现《指南（第二版）》对推动当地学校图书馆相关指南标准的制定、促使学校图书馆从未定义的法律概念向具体的现实的转变，以及指引学校图书馆实际发展等具有积极作用。尽管如此，在西班牙加泰罗尼亚、瑞士、法国等西方国家和地区的学校图书馆也未完全达到在西方话语体系和西方专业语境主导下形成的 IFLA 标准的要求，学校图书馆实际发展中存在的图书馆员数量和能力不足、与教学系统的合作不足等问题仍有待解决。但《指南（第二版）》中所蕴含的专业理念以及具体建设目标依旧能给予不同国家、地区学校图书馆启示，对于未来指导有较高的适用性，这也是《指南（第二版）》重要的价值意义的体现。

第三节 基于标准中译实践的 IFLA 标准的本地适用性问题讨论

制定和推行相关国际标准以确保高质量的图书馆和信息服务是 IFLA 的一项重要工作，而标准的翻译、适用性及其影响是决定这一工作成功与否的重要因素。本地语言译本的提供，是宣传和推广国际标准，进而探讨国际标准的本地适用性的基本前提。另外，国际标准文献有其突出的特点，如：术语、缩略语、简称、固定表述众多；具有指导利用的功能，在翻译中需要以功能翻译理论为指导；等等。[①] 因此，国际标准的翻译过程和翻译效果也从不同的侧面反映着国际标准的本地适用性情况。本节将结合《指南（第二版）》的中译实践，探讨 IFLA 国际标准的本地适用性问题。

一、调查设计与实施

研究采用定性路径，分别从翻译过程和翻译效果两个方面的反思和评估进行。笔者设计了两份开放式评估调查表，并采用调查表进行数据收集。调查表的基本结构如图 10.1 所示。

为开展翻译过程反思，笔者邀请了参与 2017 年《指南（第二版）》中译工作的两位主要译者参与调查。调查分为以下步骤：①调查对象对翻译过程进行独立评估；②调查对象填写调查表，针对整体结构以及标准各章节难以翻译之处进行总结，形成若干条目，进而将各条目与标准英文版本进行对照，比较英文版和中文版的理解难易程度。

---

① 淡晓红，何伟. 国际标准化文件的特点及其翻译的"标准化"[J]. 上海翻译，2017（5）：25-30.

《学校图书馆指南》翻译过程调查表					《学校图书馆指南》翻译效果调查表				
参译者：					评估者：				
一、整体结构方面难以翻译之处		英文版			一、整体结构方面难以翻译之处		英文版		
		更难理解	较易理解	无区别			更难理解	较易理解	无区别
1					1				
2	可加行				2	可加行			
二、前言至引言部分难以翻译之处		英文版			二、前言至引言部分难以翻译之处		英文版		
		更难理解	较易理解	无区别			更难理解	较易理解	无区别
1					1				
2	可加行				2	可加行			
三、第一部分难以翻译之处		英文版			三、第一部分难以翻译之处		英文版		
		更难理解	较易理解	无区别			更难理解	较易理解	无区别
1					1				
2	可加行				2	可加行			
以下省略					以下省略				

图 10.1　调查评估表基本结构

为开展翻译效果评估，课题组邀请了从事学校图书馆服务的馆长、LIS（Library and Information Science）专家、LIS 研究生参与调查，调查对象基本情况如表 10.5 所示。

表 10.5　翻译效果评估调查对象基本情况

调查对象	人数
LIS 专家	4 人
中学图书馆馆长	2 人
学生	9 组，共 36 人

面向 LIS 专家和馆长的调查步骤如下：①调查对象阅读《指南（第二版）》中文译本；②调查对象对翻译效果进行独立评估；③调查对象填写调查表，针对整体结构以及标准各章节难以理解之处进行总结，形成若干条目，进而将各条目与标准英文版本进行对照，比较英文版和中文版的理解难易程度。

面向学生的调查步骤如下：①学生按每组 3～4 人，分为 9 组；②各小组成员独立阅读《指南（第二版）》中文译本；③各小组对翻译效果进行小组讨论和评估；④各小组填写调查表，具体方式同上。

调查共回收翻译过程调查表 2 份，翻译效果调查表 15 份，进而对 17 份调查结果进行手工描述统计和编码，聚焦和归纳出若干评估意见，再进行讨论和分析。笔者按照调查表回收的先后顺序，以标准译文对应的具体语句（及条目）为单元进行统计。数据分析过程如下：①将学生组对《指南（第二版）》的反馈意见在译文语句中进行定位，将 9 组学生反馈意见进行整理与合并，同时对与英文版对照的反馈意见进行频次统计；②将学校图书馆馆长以及 LIS 专家的反馈意见与学生组进行对照与汇总，汇总《指南（第二版）》中英文本对照意见及其频次；③将参译者的翻译实践反思反馈意见与评估者的翻译调查效果评估意见进行对照与归类。将对集中反馈频次超过 2 次的语句进行呈现及进一步分析。

二、《指南（第二版）》中文译本反馈情况

根据调查，在整体结构方面，参译者与评估者均集中反映《指南（第二版）》在排篇布局方面存在问题。虽然中文版与英文版在理解上无差别，但是调查对象们认为"(《指南（第二版）》)整体框架逻辑与关联性不强，理解吃力；且内容重复；篇幅过长。指南建议部分所在之处不符合逻辑，多个具体条目所在章节位置也难以理解"。

关于前言至引言部分，《指南（第二版）》包含前言、概要、建议与引言等内容。具体调查情况如表10.6所示。根据调查，参译者与评估者均集中反映《指南（第二版）》在引言部分逻辑方面存在问题，出现了标准语句重复的现象；同时，该标准中文版的表述方面存在拗口、不具体及不准确的问题，致使内容难以理解。

表10.6 《指南（第二版）》前言至引言部分调查情况

标准译文原句	反馈频次	反馈说明
概要 学校图书馆教育活动：媒体和信息素养（如信息素养、信息技能、信息能力、信息通晓、媒体素养、跨媒体信息素养）。	3	英文版与中文版理解无区别，存在内容重复，"literacy"一词的翻译不准确
概要 学校图书馆人事：这些专业人员应接受与课堂教师同等水平的教育和训练。	2	英文版与中文版理解无区别，文字表述不具体
概要 学校图书馆馆藏：其馆藏能够反映学校社群内所有成员的国籍、种族、文化、语言、土著及其他独特的人口特征。	2	英文版易理解
概要 学校图书馆教育活动：学校图书馆员应认识到一个系统性框架对于媒体和信息技能教学的重要性，而他们则通过与教师的协作帮助学生增强这些技能。	2	英文版易理解；中文拗口，翻译指向不明确
引言 《学校图书馆指南》旨在引导政府、图书馆协会、学校、学校领导者和当地社群，促使学校图书馆能够与当地的教育成果相一致，与学校社群的信息需求相一致，与该社群的社会、民族、文化、语言、土著和其他独特的人口因素相一致。	2	英文版与中文版理解无区别，整体理解文字十分吃力

关于第一部分学校图书馆的使命和目的，《指南（第二版）》包含引言、背景、学校图书馆的定义、学校图书馆在学校中的角色、有效的学校图书馆项目之条件、学校图书馆愿景声明、学校图书馆的使命声明、学校图书馆服务和学校图书馆服务与活动的评估等内容。具体调查情况如表10.7所示。反馈意见集中在三类：一是中文译文表述难

以理解，主要表现在表达习惯与中文句式不一致，且部分译文的成分不完整；二是个别词语的中文直译在句中含义有重合且显突兀；三是具体内容不具备适用性，《指南（第二版）》中的学校图书馆在学校中的角色的内容与我国学校图书馆的发展不相适应。

表10.7 第一部分调查情况

标准译文原句	反馈频次	反馈说明
学校图书馆在学校中的角色 个人和人际能力：作为研究者、信息使用者、知识创造者和负责任的公民，自己或他人在以资源为基础的探究和学习中进行社会参与和文化参与的能力和性情。	4	中文难理解，且不具备适用性
学校图书馆在学校中的角色	3	英文版易理解；以思考为基础的能力与以知识为基础的能力区别不明显，中文版表述较为拗口
有效的学校图书馆项目之条件	3	英文版易理解，标题翻译易产生歧义
学校图书馆的愿景声明 超链接的社会将倾听并赋权予新的声音和群体。	3	中文版难以理解
背景 各地的学校图书馆均是一种学习环境，通过提供实体和数字空间，提供资源、活动和服务，以鼓励和支持学生、教师和社群的学习。	2	英文版易理解，"图书馆是一种环境"的中文表述使人难以理解
学校图书馆的定义 是数字公民中心，学习社群在其间可以学习如何以恰当的、道德的和安全的方式使用数字化工具，学习保护身份和个人信息的策略。	2	中文表述难以理解

关于第二部分学校图书馆的法律和经济框架，《指南（第二版）》包含引言、法律依据和法律问题、道德依据和道德问题、学校图书馆发展的基础设施支持、政策、计划和资金等内容。具体调查情况如表10.8所示。这一部分反馈的问题类型基本与第一部分一致，即中文译文的表达较难理解，具体词语的翻译略显突兀，意见集中在翻译技巧和语言本身的差别上。同时，反馈《指南（第二版）》中的法律依据和法律问题、政策计划等内容与我国实际情境不相适应。

表 10.8 第二部分调查情况

标准译文原句	反馈频次	反馈说明
学校图书馆发展的基础设施支持 学校图书馆服务和活动的性质和范围因国家和学校而异。然而，学生及其家庭流动性的增加，意味着校际间一致性的增加，而对于学校图书馆的利用也增强了教育系统满足学校社群所有成员需求的能力。	4	中文版难以理解，"学生及其家庭流动性的增加，意味着校际间一致性的增加"含义不清
法律依据和法律问题（标题）	2	英文版与中文版理解无区别，此部分内容与中国情境不相适应
法律依据和法律问题 学校图书馆需要获得学校系统内外的体系性指导，以保障基础资源水平持续提升，符合相关标准，从而支持学生智识发展和技能进步所需。	2	英文版与中文版理解无区别；中文翻译与英文表述不一致，"体系性指导"存在理解歧义
政策（标题）	2	英文版与中文版理解无区别，此部分内容在中国只是部分适用
计划（标题）	2	英文版与中文版理解无区别，此部分内容与中国情境不相适应

关于第三部分学校图书馆人力资源，《指南（第二版）》包含引言、人员职责和基本原理、学校图书馆员的定义、学校图书馆活动提供所需的能力、专业图书馆员的职责、学校图书馆辅助人员的职责与资质要求、学校图书馆志愿者的职责与资质要求、道德标准等内容。具体调查情况如表 10.9 所示。主要反馈该部分具体内容如学校图书馆人员职责和能力要求、学校图书馆辅助人员的职责与资质要求等与我国实际情境不相适应。

表 10.9 第三部分调查情况

标准译文原句	反馈频次	反馈说明
学校图书馆活动提供所需的能力 专业的学校图书馆员所需的资质包括：教与学、课程体系、教导设计和实施。	2	英文版易理解，中文翻译有歧义
学校图书馆活动提供所需的能力（标题）	2	英文版与中文版理解无区别；相关条目在国内没有强制要求，适用性不强
学校图书馆辅助人员的职责与资质要求（标题）	2	英文版易理解；现阶段学校图书馆人员编制相对缺乏，此项标准不适用

关于第四部分学校图书馆的实体和数字资源,《指南(第二版)》包含引言、设施、馆藏建设和管理等内容。具体调查情况如表 10.10 所示。问题主要体现在对"社群延伸活动""众包活动""土著"等专有名词的理解上。

表 10.10 第四部分调查情况

标准译文原句	反馈频次	反馈说明
馆藏管理政策和流程 馆藏管理政策的目的,及其与课程之关系,与国家、民族、文化、语言、土著等用户身份认同之关系。	3	英文版易理解,对"土著"一词的翻译不清晰
馆藏管理政策和流程 政策还应明确学校图书馆员在抵制材料审查(无论是限制资源还是限制资源获取)时的职责。	3	英文版较易理解
馆藏管理政策和流程(标题)	2	英文版与中文版理解无区别,此部分内容与中国情境不相适应

关于第五部分学校图书馆活动,《指南(第二版)》包含引言、活动、基本素养培育和阅读推广、媒体和信息素养教育、探究式学习、技术集成、教师的专业发展、学校图书馆员的教导职责等内容。具体调查情况如表 10.11 所示。问题集中反映在中英文版本理解无区别,但对标准内容理解较难,对"探究式学习"等概念难以理解。

表 10.11 第五部分调查情况

标准译文原句	反馈频次	反馈说明
5.4 媒体和信息素养教育	2	英文版与中文版理解无区别,此部分内容较难理解
5.5 探究式学习	2	英文版与中文版理解无区别,此部分内容较难理解

关于第六部分学校图书馆评估和公共关系,《指南(第二版)》包含引言、学校图书馆评估与循证实践、学校图书馆评估的方法、学校图书馆评估的影响及学校图书馆的公共关系等内容。具体调查情况如表 10.12 所示。反馈主要集中在《指南》中的标准具体细则重复,且对"循证实践"等概念过于陌生,无法掌握其中的精髓以及具体的实施方法,致使理解困难。

表 10.12　第六部分调查情况

标准译文原句	反馈频次	反馈说明
6.2　学校图书馆评估与循证实践　以循证实践为目的所收集和分析的数据来源多样,取决于所查询的实践的不同方面。有用于支持决策的实践中的数据,如在线流通与编目系统(OPAC)记录,又如教学模式,如分班、分年级或分科目教学;	2	英文版易理解
6.3　学校图书馆评估的方法　除了整体质量之外,其他学校层面的学校图书馆评估可能方法还包括利益相关方意见、活动内容和活动影响。	2	英文版与中文版理解无区别,此部分内容较难理解

关于第七部分术语表,具体调查情况如表 10.13 所示。主要由于"土著"等专有名词的表述与中文情境不相适应,致使术语表的相关中文释义难以理解。

表 10.13　第七部分调查情况

标准译文原句	反馈频次	反馈说明
土著(Indigenous):用以识别全体土著居民的术语。当然,有些人更愿意选择使用自己的语言或特定的部落身份来定义和识别自己。	3	英文版易理解
探路者(Pathfinder):使用图书馆工具和资源的推荐检索策略。有时被称为"图书馆指南"或"文献指南"。	3	英文版与中文版理解无区别,此部分标准内容较难理解
书目指导:指导用户如何使用图书馆的文本和系统,常用缩写为"BI"。	2	英文版与中文版理解无区别,此部分标准内容较难理解

三、基于《指南(第二版)》中译实践的本地适用性分析

基于对部分调查结果的初步分析,可以发现 IFLA 标准的本地适用性的主要影响因素主要包括以下六点:(群体)社会文化,(群体)思维模式,(群体)语言方式,(群体)专业实践,(群体)专业教育,(个人)专业素养。这六点主要影响因素可以分为两个部分:第一部分包括(群体)社会文化、(群体)思维模式、(群体)语言方式,第二部分包括(群体)专业实践、(群体)专业教育、(个人)专业素养。

第一部分是国际图联准则起草者、负责小组或专业组在制定新标准或修订旧标准时

需要更多考虑的。(群体)社会文化主要指不同国家、民族的文化理解存在差异,在翻译中的影响具体体现在诸如"土著""社群"等表述方面。这些表述较少运用于中国文化语境当中,因此可能会导致语意理解上的偏差。(群体)思维模式主要指不同国家逻辑表述存在差异,在翻译中的影响主要表现在整体排篇布局方面。如参译者与评估者集中反映,《指南(第二版)》尽管中文版与英文版在理解上无差别,但是整体框架逻辑与关联性不强,建议部分所在之处不符合逻辑,多个具体条目所在章节位置也难以理解等。(群体)语言方式主要指不同语言之间存在词汇、语法等的差异,在翻译中的影响主要体现在单词的"一词多义",或难以在中文语境下找到适配的表述等,如对"literacy"一词的翻译,存在不准确的情况。针对这些影响因素,我们需要有一个更普遍、更适用的结构,在这一结构中,需要将不同的社会文化、不同的思维模式和不同的语言表达保持在一个范围内,从而使国际图联标准在不同地区的适用性受到最小的影响。

第二部分则需要更多地从本地思考,其关涉到当地图书馆的具体发展。(群体)专业实践、(群体)专业教育、(个人)专业素养具有本地化的特点,也是影响IFLA标准理解的重要主体因素。(群体)专业实践、(群体)专业教育、(个人)专业素养是图书馆专业化的重要表现,对IFLA标准的本地适用性的讨论过程除了是对国际标准文本自身内容的思考外,也是对本地图书馆专业化发展的反思。为什么本地专业实践与国际专业实践差异如此之大?为什么本地图书馆员不能有效地理解专业术语?这需要对本地(群体)专业实践的发展,以及图书馆员(个人)专业素养进行思考。最重要的是,我们的图书馆员是否具备充足的学校图书馆服务所需的能力和知识,图书馆界是否能为图书馆员提供专业教育、发展和培训?这需要对图书馆(群体)专业教育和图书馆员(个人)专业素养的关系做进一步讨论。图书馆员专业素养是图书馆专业教育的核心,也是影响图书馆专业实践发展的关键。我国图书馆员的教育、发展和培训也不应出现空缺。此外,(群体)专业实践、(群体)专业教育、(个人)专业素养是影响《指南(第二版)》本地适用性的重要因素,与此同时,《指南(第二版)》制定的意义即为各地的学校图书馆更好地发展提供支持和指导,因此,由《指南(第二版)》引发的本地图书馆界对本地(群体)专业实践、(群体)专业教育、(个人)专业素养三者之间的关系,以及本地图书馆专业化发展的进一步思考也是《指南(第二版)》价值发挥的重要体现。

第四节 图书馆国际标准制定的中国声音

近年来,越来越多的中国图书馆学界专家在国际图书馆专业组织任职,积极参与图书馆国际标准制定,图书馆国际标准制定的中国声音日渐有力。

IFLA标准是经过国际审查、发布并定期更新的文件。每项IFLA标准都反映了当前对特定活动或服务的规则、原则、指南、最佳实践或模型的共识。IFLA标准主要包括概念模型、资源描述规则、数字格式代码、指南(由指令、建议和首选实践的模型组成的文件)、最佳实践(由基于经验和研究的程序和技术组成的文件)等类型的文件。①
IFLA作为世界图书馆界最具权威、最有影响力的非政府的专业性国际组织,其制定的标准在国际图书馆界产生了深远影响。

IFLA标准咨询委员会(The Advisory Committee on Standards,CoS)是负责专业标准和指南的制定和维护的核心机构,负责标准的制定、修订和发布,并与国际图联各部门和其他委员会密切合作。该委员会还旨在通过提供文件维护、存储和开放访问,提高IFLA标准在国际图联成员内部和外部的知名度。它与ISO、CEN和ISBN国际委员会等外部标准发布机构保持密切联系。②

中山大学信息管理学院张靖教授于2017—2019年、2019—2021年连任该委员会委员,肖鹏教授于2021—2023年、2023—2025年连任该委员会委员。两位学者在任职期间积极参与IFLA相关标准的制定、修订、发布和宣传工作,探索IFLA相关标准在中国的适应性情况,提高IFLA相关标准在中国的知晓度和影响力。此外,张靖教授还于2017—2021年、2021—2025年连任两届IFLA学校图书馆组常务委员会委员,其间参与了《IFLA/UNESCO学校图书馆宣言》最新版的修订,结合中国学校图书馆的实际发展情况提供切实的建议和意见。

IFLA下属ISBD修订组(ISBD Review Group)是向IFLA标准咨询委员会报告的四个修订组之一。ISBD修订组的主要目标是维护《国际标准书目著录》(ISBD),该标准旨在作为促进通用书目控制的主要标准,以国际认可的形式,为所有国家或地区的所有已出版和未出版资源提供基本书目数据,并使其在全球范围内迅速可用。③ ISBD修订组负责监督IFLA《国际标准书目著录》的修订、管理和推广。中国国家图书馆顾犇研究馆员曾于2007年9月—2015年8月任ISBD修订组成员,2015年9月—2023年8月任ISBD修订组通讯成员,2023年9月至今任ISBD修订组专家顾问,多次参与《国际标准书目著录》的修订。④ 此外,顾犇研究馆员自2015年起担任国际标准化组织工作组(ISO Working Group)专家,深度参与了多项国际标准的制定、修订和推广工作。

随着我国图书馆事业的不断发展,越来越多的中国学者在IFLA任职,积极参与标准的制定工作,这具有着重要意义。一方面,积极参与国际标准化进程,加深中国图书馆界与世界图书馆界的紧密联系,推动共同研究与发展;另一方面,从遵循标准到参与标准制定,这是话语权逐步提升、中国国际影响力逐渐扩大的重要体现。

---

① IFLA. What is an IFLA standard? [EB/OL]. [2024-09-27]. https://www.ifla.org/g/standards/what-is-an-ifla-standard/.

② IFLA. Advisory committee on standards[EB/OL]. [2024-09-27]. https://www.ifla.org/units/cos/.

③ IFLA. International standard bibliographic description (ISBD) review group[EB/OL]. [2024-09-27]. https://www.ifla.org/units/isbd-rg/.

④ 顾犇博士个人主页[EB/OL]. [2024-09-27]. http://bengu.cn/homepage/title.htm.

附录一　IFLA/UNESCO 学校图书馆宣言（1999）

[www.IFLA.org/publications/IFLAUNESCO-school-library-manifesto-1999]

学校图书馆为所有人的教与学而服务

学校图书馆提供信息和思想，它们是人们在当今信息和知识社会中成功运作的基础。学校图书馆培育学生终身学习的技能，开发他们的想象力，使得他们能够成为具有责任感的公民。

学校图书馆的使命

学校图书馆提供学习服务、书籍和资源，使得学校社群所有成员都能成为批判性思考者以及各种格式和媒体信息的有效利用者。根据联合国教科文组织《公共图书馆宣言》中所阐明的原则，学校图书馆与更为广泛的图书馆和信息合作网络相连接。

图书馆工作人员支持书籍及其他信息资源的现场和远程使用，从小说到纪录片、从印刷载体到电子载体。这些资料完善并丰富教材、教学资料和教学方法。

已然证明，当图书馆员和教师共同工作时，学生们能够习得更高水平的基本素养、阅读、学习、问题解决、信息和通信技术（ICT）等技能。

学校图书馆服务必须为学校社群所有成员公平提供，不论他们的年龄、种族、性别、宗教、国别、语言、专业和社会地位。特殊服务和资源必须为那些不能使用图书馆主流服务和资料的用户提供。

服务和馆藏的获取应以联合国《世界人权宣言》所维护的自由为基础，不应屈从于任何意识形态的、政治的或宗教的审查，或是商业压力。

经费、立法与合作网络

学校图书馆对于所有与基本素养、教育、信息提供，以及经济、社会和文化发展有关的长期战略而言都是至关重要的。学校图书馆得到专门的立法和政策支持，是地方、区域以及国家当局的职责。学校图书馆必须拥有充足且持续的资金，以用于受训人员、资料、技术和设施的支出。学校图书馆必须免费开放。

学校图书馆是地方、区域和国家图书馆与信息合作网络中必不可少的伙伴。

当学校图书馆与其他类型的图书馆（如公共图书馆）共享设施和资源时，学校图书馆的特定目标必须得到承认和维护。

学校图书馆的目标

学校图书馆是教育过程中不可或缺的一部分。

以下是学校图书馆服务的核心内容，它们对于基本素养、信息素养、教学、学习和文化等方向的发展至关重要：
- 支持和推动由学校使命和课程所设定的教育目标；
- 发展和维持儿童的阅读和学习习惯和兴趣，以及他们在有生之年对于图书馆的使用；
- 提供为了知识、理解、想象和欣赏而创造和使用信息的体验机会；
- 支持所有学生学习和练习针对各种形式、格式或媒体的信息的评估及使用之技能，包括对于所属社群交流方式的敏感性；
- 提供对于地方、区域、国家和全球资源的获取，提供学习者得以接触不同思想、经验和意见的机会；
- 组织能增进文化和社会意识及敏感度的活动；
- 与学生、教师、行政管理者和家长合作以完成学校的使命；
- 强调智识自由和信息获取对于有效而负责任的公民权及民主参与至关重要之理念；
- 向整个学校社群及更广范围推广阅读以及学校图书馆的资源和服务。

学校图书馆通过制定政策、改进服务、采访资源、提供适当信息资源的实体和智识获取、提供教导设施、聘用训练有素的工作人员，以实现上述目标。

工作人员

学校图书馆员具备专业资质，在尽可能充足的工作人员的支持下，通过与学校社群的所有成员协作，并与公共图书馆等机构保持联系，负责学校图书馆的规划和管理。

在国家法律和财政框架内，学校图书馆员的职责因应学校预算、课程和教学方法的不同而各异。在特定情境下，如果学校图书馆员要发展和实施有效的学校图书馆服务，关于资源、图书馆、信息管理和教学等方面的知识是至关重要的。

在日益网络化的环境中，学校图书馆员必须具备面向教师和学生计划和教授不同信息处理技能的能力。因此他们必须持续地进行专业性训练和发展。

运营和管理

为了确保有效而可靠的运营：
- 必须制定学校图书馆服务相关政策，以界定与学校课程有关的目标、优先事项和服务；
- 学校图书馆必须根据专业标准加以组织和维护；

・服务必须为学校社群所有成员所获得,并在当地社群的情境下实施;

・必须鼓励与教师、学校管理高层、行政管理者、家长、其他图书馆员和信息专业人员,以及社群组织等开展合作。

宣言的实施

敦促政府通过其教育职能部门制定战略、政策和计划以落实本宣言中各项原则的实施。计划应包括在针对图书馆员和教师的最初和继续培训活动中宣传本宣言。

附录二　IFLA/UNESCO 学校图书馆宣言（2025）

愿景

学校图书馆项目①通过其所拥有的具备资质的学校图书馆专业人员及工作人员、实体和数字馆藏、空间和设备、服务和活动，提升和加强整个学校社群的教与学。在快速发展的信息环境中，随着新兴技术带来新的机遇和挑战，学校图书馆在包容与公平的教育中为培养多元素养、批判性思维、创造力和全球公民意识而开展的积极合作的角色比以往任何时候都更加重要。

使命与目标

学校图书馆项目及其具备资质的专业图书馆员通过提供公平获取学习经验和资源的机会，借助无障碍、友好且包容的学习空间，致力于学生发展，使学校社群的所有成员能够成为积极参与的批判性思考者，成为高效的读者，以及成为负责任的多种格式信息的使用者、评估者和创造者。

必须确保所有学习者，不论其年龄、种族、性别、宗教信仰、性取向或性别认同、残障状况、国籍、语言、职业、经济、文化或社会地位如何，均能公平地利用早期教育、小学和中学各教育阶段的学校图书馆②环境中的学习共享空间、资源以及针对不同学习者需求和能力的差异化教学机会。必须为无法使用主流图书馆服务与资料的群体提供专门的利用途径。

学校图书馆项目服务和馆藏的利用应基于《联合国世界人权宣言》《联合国儿童权利公约》及联合国可持续发展目标，且不应受制于商业压力或任何形式的意识形态、政治或宗教审查。

根据《IFLA/UNESCO 公共图书馆宣言》，学校图书馆与公共图书馆、高等教育图书馆及更广泛的信息网络建立连接。

学校图书馆是一个共享的学习环境，学校图书馆员在这里与学校社群协同开展教学和工作，致力于：

---

① 学校图书馆项目：一项有计划的综合性教学和学习活动，旨在培养学生的媒体与信息素养技能、研究与调查技能、阅读参与、数字技能以及其他与素养相关和基于课程的能力。

② 学校图书馆：设立于公立或私立中小学内的实体与数字化学习空间，服务于学生的信息需求及教职员工的课程需求。学校图书馆配备与学校年级水平相匹配的教育资料馆藏，由专职学校图书馆员管理。该专业人员致力于通过开展与阅读、探究及研究相关的活动及服务，促进师生在认知、个人、社会及文化层面的发展。该机构存在多种命名形式（如学校图书馆媒体中心、文献信息中心、图书馆资源中心、图书馆学习共享空间）。

- 作为具备资质的学校图书馆专业人员,确保为所有学习者提供专业的指导和引导;
- 支持并强化在学校使命和课程规划中所明确的教育目标;
- 为所有学习者确保安全的学习环境,在这一环境中,学习者的求知探索得到尊重与支持,且其个人信息受到保护;
- 筛选并运用一系列广泛相关且及时响应的学习资源、教育类游戏及教学策略,这些资源与策略能满足所有学习者的需求与能力,同时能使学习者接触多样化的观点和见解、刺激、机会、经验、资源和工具;
- 在实体和虚拟空间中,共同设计积极的探究式和发现式学习体验;
- 培养以获取知识、增进理解、激发想象及享受乐趣为目的的自主阅读能力;
- 通过广泛的资源和策略,包括各年龄段的朗读、分享阅读和全年的自由自愿阅读,激发并提高阅读素养和阅读乐趣;
- 在整个学校教学日及非教学日期间提供服务与活动;
- 指导学习者成为信息与知识的有道德的使用者及创造者,包括培养驾驭现有及新兴技术所需的技能和多元素养;
- 引导学习者养成终身使用图书馆的习惯;
- 组织能增强文化和社会意识及敏感度的学习活动;
- 与当地社群合作支持并强化文化及社会目标;
- 推广并吸纳整个学校社群及外部群体参与学校图书馆的工作;
- 践行并捍卫智识自由和信息获取的理念,将其作为积极且负责任的公民意识及民主参与的必要条件;
- 为教师和员工提供专业学习机会,特别是与新资源和技术、课程以及教学策略有关的学习机会;
- 持续开展对学校图书馆项目的所有目标和活动的检视和更新;
- 克服数字鸿沟和其他形式的排斥问题。

学校图书馆项目通过以下方式实现上述目标:
- 制定公平的政策和教学计划;
- 选择、获取并处理优质资源和技术;
- 提供利用不同来源信息的物理和智力途径;
- 提供实体的和虚拟的参与式学习环境;
- 聘用具备资质的学校图书馆专业人员和训练有素的行政人员。

资金、立法与网络

学校图书馆项目对于多元素养培育、信息的提供与创造,以及经济、社会和文化发展等每一项长期教育战略都至关重要。国家、地区和地方当局有责任通过专门立法和政策支持学校图书馆项目,确保其获得充足且稳定的资金,以聘用具备资质的学校图书馆专业人员并支持其终身专业学习、购买所需资料、技术和设施。学校图书馆项目必须向学生、学校职工和家长免费开放；当图书馆设施是共享的或联合运营时，也应当向当地社群免费开放。

学校图书馆项目是地方、地区、国家和国际图书馆与信息合作网络中必不可少的伙伴。

当学校图书馆与其他类型图书馆（如公共图书馆）共用设施和/或资源时，必须通过与具备资质的学校图书馆专业人员的积极合作，承认并维护学校图书馆的独特目标。

运行与管理，包括具备资质的专业的图书馆工作人员

考虑到学校图书馆作为全校性学习空间的作用，为确保高效且权责分明的运行，学校管理层必须：
- 将学校图书馆员的全校性关注和专业知识纳入学校管理策略；
- 为学校图书馆提供行政支持，以使所有学习者充分受益于学校图书馆项目；
- 确保学校图书馆为学校社群的所有成员所利用，并在本地和全球社群的背景下运行；
- 在学校章程及网站上体现学校图书馆项目；
- 制定与学校课程目标、优先事项和服务以及学校社群利益相一致的学校图书馆服务政策；

学校图书馆必须：
- 制定经行政批准的学习资源开发及信息获取自由相关政策；
- 依据专业标准进行组织与管理；
- 与教师、学校高层管理人员、行政人员、家长、其他图书馆员和信息专业人员，以及社群团体开展合作；
- 实施持续的监测、评估和问责流程，并与学校和当地社群的成员及利益相关者讨论和共享其数据。

学校图书馆员是具备专业资质且积极进取的工作人员，负责以信息专家的身份规划和管理学校图书馆项目，致力于与学校社群的所有成员合作、与公共图书馆以及其他更广泛的社群保持联系。学校图书馆员应加入相关图书馆协会。

学校图书馆员在学校图书馆日常工作中应当得到充足的经过学校图书馆程序培训的行政人员的支持，并能够根据学校政策得到训练有素的志愿者的协助。

在国家、地区和地方的法律及财政框架内，学校图书馆员和行政人员的任职资格和职责因学校的预算、课程和教学方法的不同而各异。

在现代信息网络中，具备资质的学校图书馆专业人员必须是优秀的领导者，能够规划和教授不断发展的多元素养和数字技能，能够运行和管理学校图书馆设施和项目，并有责任为学生和教师、整个学校社群及当地社群提供合作性安排。

《宣言》的推广和传播

每个孩子都应享有本宣言所述的学校图书馆项目的益处,以支持联合国(UN)可持续发展目标(SDG)#4:"确保包容和公平的优质教育,让全民终身享有学习机会。"(https://sustainabledevelopment.un.org/sdg4)

正如联合国所声明并经国际图联所认可的,应保证学校社群作为一个整体能够利用信息(SDG目标16.10)、文化(目标11.4)以及信息和通信技术(ICT)(目标5b、9c和17.8)。

我们敦促各国政府通过其负责教育的部委和部门,制定并持续检视贯彻本宣言原则的战略、政策和规划。

我们鼓励学校校长和当地学校行政委员会在战略文件中采用本宣言,以帮助学生成为负责任的公民。

本宣言于2025年4月经联合国教科文组织全民信息计划政府间理事会第十三次会议批准[①]

摘要:《IFLA/UNESCO学校图书馆宣言(2025)》是《IFLA/UNESCO学校图书馆宣言:全民教与学中的学校图书馆(1999)》的更新版本。新版宣言反映了技术、社会与教育领域的诸多变化,是推动学校图书馆实现优质且包容教育的重要实用工具。该文本是国际图联、国际学校图书馆员联盟以及全球学校图书馆界合作的成果。它由国际图联学校图书馆专业组常务委员会与国际学校图书馆员联盟于2021年9月12日联合发布英文版,并于2023年4月17日经国际图联管理委员会批准。2025年4月,经联合国教科文组织全民信息计划政府间理事会第十三次会议进一步审议通过。

关键词:学校图书馆;学校图书馆教育;学校图书馆员;学校图书馆服务;倡议;可持续

---

① The Chinese version was translated by Professor Zhang Jing and her doctoral student Lu Sixiao from the School of Information Management, Sun Yat-sen University, China. 中文版由中山大学信息管理学院张靖教授及其指导的博士研究生陆思晓翻译。

附录三 IFLA 学校图书馆指南(第二版)

前 言

以下指南条款为国际图联/联合国教科文组织《学校图书馆指南》(第二版)(国际图联第77号专业报告)。第一版《学校图书馆指南》于2002年由学校图书馆部(时称学校图书馆和资源中心部)编制。这些指南条款旨在协助学校图书馆专业人员和教育决策者致力于保障所有师生都能受惠于由符合资质的学校图书馆工作人员所提供的、有效的学校图书馆活动和服务。

或借由国际图联年会和年中工作会议期间的研讨会、或通过持续的个人形式及在线形式的笔谈和评论,来自许多国家的诸多人士就修订指南条款的起草进行了讨论、争论和磋商。编者由衷感谢国际图联学校图书馆部常务委员会(Standing Committee of the IFLA Section of School Libraries)和国际学校图书馆员协会(International Association of School Librarianship, IASL)执行委员会的成员,以及其他国际学校图书馆界为这一修订贡献了专业意见和职业热情的人员。我们也由衷感谢国际图联土著事务专门兴趣小组(IFLA Indigenous Matters SIG)关于这些指南条款的评论和意见。

感谢以下国际图联学校图书馆部常务委员会成员和官员:Nancy Achebe(尼日利亚),Tricia Adams(英国,信息协调员/网络编辑),Lisa Åström(瑞典),Lesley Farmer(美国,博客/时事通讯编辑),Karen Gavigan(美国),Rei Iwasaki(日本),Mireille Lamouroux(法国),Randi Lundvall(挪威),Danielle Martinod(法国),Luisa Marquardt(意大利),Dianne Oberg(加拿大,秘书),Barbara Schultz-Jones(美国,主席)以及 Annike Selmer(挪威)。通讯成员:Lourense Das(荷兰),Patience Kersha(尼日利亚),B. N. Singh(印度),Diljit Singh(马来西亚)。国际学校图书馆员协会的官员和董事:Lourdes T. David(菲律宾),Busi Diamini(南非),Nancy Everhart(美国),Elizabeth Greef(澳大利亚,副主席),Madhu Bhargava(印度),Kay Hones(美国,副主席),Geraldine Howell(新西兰),Katy Manck(美国,财务主管),Luisa Marquardt(意大利),Dianne Oberg(加拿大),Diljit Singh(马来西亚,主席),Ingrid Skirrow(澳大利亚),Paulette Stewart(牙买加)以及 Ayse Yuksel-Durukan(土耳其)。在撰写和校审等不同阶段做出突出贡献的其他同事:Ingrid Bon(荷兰),Foo Soo Chin(新加坡),Veronika Kámán(匈牙利),Susan Tapulado(菲律宾),Ross Todd(美国)以及 Gloria Trinidad(菲律宾)。

国际图联学校图书馆部
主席,Barbara Schultz-Jones
秘书,Dianne Oberg
2015年6月

概　要

《学校图书馆宣言》。正如《国际图联/联合国教科文组织学校图书馆宣言》(1999) 中所表述的,世界各地的学校图书馆分享着共同的目标:学校图书馆因所有人的教和学而存在。学校图书馆工作人员认可《联合国儿童权利宣言》(1959)、《联合国儿童权利公约》(1989)、《联合国土著人民权利宣言》(2007) 中所表述的价值观以及国际图联的核心价值观。在《学校图书馆宣言》中,学校图书馆被视作增强和提高学校社群教与学的力量——这一力量惠及教育者和学生。

《学校图书馆指南》。所有指南条款都兼顾理想和现实。这一文本的编制者们为学校图书馆所承载的使命和价值所鼓舞,但他们也对现实有清醒的认知:即使是在学校图书馆享有充分资源和支持的国家,学校图书馆工作人员和教育决策者,也必须竭尽全力以求满足整个学校社群的学习需求,必须竭尽全力以求周全地应对工作范围内不断变化的信息环境。

学校图书馆的目标。所有学校图书馆的一致目标,是培养具备信息素养、并以负责任和有道德的方式参与社会的学生。具备信息素养的学生,是知道自己的信息需求并积极参与思想世界的、有能力的自主学习者。他们相信自己解决问题的能力,知道如何查找相关且可靠的信息。他们能够运用技术工具以检索信息和交流所学。他们能自如地应对多解或无解的境况。他们对工作持高标准并能创造高质量的产品。具备信息素养的学生能够灵活地适应变化,并能在独立工作和团队工作中发挥所长。

学校图书馆所属框架。学校图书馆存在于地方层面、区域层面和国家层面的权力框架中,这一权力框架在相应层面担负着学习及发展参与知识社会所需能力的机会公平之责任。为了维持和持续回应不断发展的教育和文化环境,学校图书馆需要得到立法和持续资金的支持。

与此同时,学校图书馆也存在于道德框架中,这一框架需要考虑学生及学习社群中其他成员的权利和责任。在学校图书馆工作的每一个人,包括志愿者,均有责任在与学校社群成员打交道时遵守道德高标准。他们应将图书馆用户的权利置于自己的舒适和便利之前,他们应避免在提供图书馆服务时因个人态度和信仰而产生偏见。他们应平等对待所有儿童、青年和成年人,不论对方的能力和背景如何,同时应维护对方的隐私权和知情权。

学校图书馆人事。学校图书馆的角色是促进教与学,因此学校图书馆的服务和活动需要由专业人员指导进行,这些专业人员应接受与课堂教师同等水平的教育和训练。如果希望学校图书馆员在学校里担任领导角色,那么他们应接受与其他学校领导(如学校行政管理者和学习专家)同等水平的教育和训练。为了确保学校图书馆员有充足的时间以承担指导、管理、协作和领导等专业性工作，学校图书馆的基本运营最好由经过训练的文职和技术支持人员负责。

学校图书馆的人力资源模式受到地方的立法、经济发展及教育基础设施情况影响而不尽相同。然而，五十多年的国际研究表明，学校图书馆员需要接受关于学校图书馆事业和课堂教学的正规教育，以发展专业知识，胜任涵盖指导、阅读及其他基本素养培育、学校图书馆管理、与教职人员协作、教育社群参与等方面的复杂角色。

学校图书馆馆藏。学校图书馆员与管理人员和教师一起制定相关政策以指导图书馆教育资料馆藏的建设和维护。馆藏管理政策必须以课程和学校社群的特定需求和兴趣为基础，并反映学校外部的社会多样性。政策明确馆藏建设需要多方协作共同努力，其中教师作为了解学生需求的学科专家，在帮助建立图书馆馆藏方面发挥着重要作用。同样至关重要的是，应确保学校图书馆对当地作品和国际作品兼容并包，其馆藏能够反映学校社群内所有成员的国籍、种族、文化、语言、土著及其他独特的人口特征。

学校图书馆的教育活动。学校图书馆员应专注于以下核心教学活动：
- 基本文化素养培育和阅读推广；
- 媒体和信息素养（如信息素养、信息技能、信息能力、信息通晓、媒体素养、跨媒体信息素养）；
- 探究式学习（如问题导向学习、批判性思维）；
- 技术集成；
- 教师专业发展；以及
- 文学及文化鉴赏。

学校图书馆员应认识到一个系统性框架对于媒体和信息技能教学的重要性，而他们则通过与教师的协作帮助学生增强这些技能。

学校图书馆评估。评估是持续进步的关键一环。评估有助于使图书馆的活动和服务与学校的目标保持一致。评估能更好地向学生、教师、图书馆工作人员以及更广泛的教育社群展示图书馆活动和服务所能带来的益处。评估为活动和服务的改进提供证据，同时也帮助图书馆工作人员和图书馆用户理解和重视这些活动和服务。成功的评估导向活动和服务的更新，同时促成新活动和新服务的产生。

保证学校图书馆持续获得支持。评估对于引导公共关系和宣传相关活动同样有重要意义。学校图书馆在教与学中的作用有时并不能被很好地理解，因此，学校图书馆与利益相关者和支持者之间的支持关系需要着意建立和经营，以确保持续获得资金和其他形式的支持。

关于本文件。本文件是由国际图联学校图书馆部出版的第二版《学校图书馆指南》。这些指南条款旨在协助学校图书馆专业人员和教育决策者致力于保障所有学生和教师都能使用由符合资质的学校图书馆工作人员所提供的、有效的学校图书馆活动和服务。或借由国际图联年会和年中工作会议期间的研讨会、或通过持续的个人形式及在线形式的笔谈和评论,来自许多国家的诸多人士就修订指南条款的起草进行了讨论、争论和磋商。编者由衷感谢国际图联学校图书馆部常务委员会(Standing Committee of the IFLA Section of School Libraries)和国际学校图书馆员协会(International Association of School Librarianship,IASL)执行委员会的成员,以及其他国际学校图书馆界为这一修订贡献了专业意见和职业热情的人员。

国际图联学校图书馆部

主席,Barbara Schultz-Jones

秘书,Dianne Oberg

2015 年 6 月

建　议

以下建议旨在协助学校图书馆专业人员和教育决策者致力于保障所有学生和教师都能获得由符合资质的学校图书馆工作人员所提供的、有效的学校图书馆活动和服务。建议的提出与指南条款文本保持一致,每条建议结尾处均标明与之相关的文本章节序号。

如果希望将这些建议用于学校图书馆的规划、建设、提升或评估,那么可以使用量表就每一条建议对特定学校图书馆或图书馆系统的情况进行评估,量表示例如"是;一定程度;否"(参阅附录D:学校图书馆评估清单示例),又如"探索阶段;萌芽阶段;发展阶段;建成阶段;引领未来"(参阅《引领学习:加拿大学校图书馆学习共享空间实践标准》,2014,第9页)。

建议1　学校图书馆的使命和目的应得到清晰表述;同时,它们应与《国际图联/联合国教科文组织学校图书馆宣言》《联合国儿童权利宣言》《联合国土著人民权利宣言》等国际文件中的原则和价值相一致,也应与国际图联的核心价值相一致。[引言,1.7]

建议2　学校图书馆的使命和目的应与国家的、区域的以及当地的教育管理部门的期望相一致,也应与学校课程的目标相一致。[引言,1.1—1.8]

建议3　学校图书馆的成功依赖于三个必要条件:一位具备专业资格的图书馆员,一个能够支持学校课程教学的馆藏,一份明晰的可持续发展规划。必须制订计划以达成上述三个条件。[1.1—1.8]

建议4　应定期对学校图书馆的服务、活动以及员工的工作情况进行监督和评估,以确保学校图书馆能够满足学校社群不断变化的需求。[1.9,6.1—6.4]

建议 5　在合适的政府层级推进图书馆立法，以明晰相关的法律责任，为学校图书馆的建立、获得支持和持续改进提供保障，惠及所有学生。[2.1—2.2，2.4—2.7]

建议 6　在合适的政府层级推进图书馆立法，以明晰学校社群所有成员的道德责任。道德责任包括保护平等获取权、信息自由权、隐私权、版权和知识产权、儿童知情权等。[2.3，3.6—3.8]

建议 7　学校图书馆的服务和活动应当在专业的学校图书馆员的指导下提供，专业的学校图书馆员应接受过正规的学校图书馆学教育和课堂教学教育。[3.1—3.4]

建议 8　应当明确界定专业学校图书馆员的职责，其职责包括：教育职责（如基本素养培育和阅读推广、探究式和资源导向式学习模式），管理职责，学校层面的领导和协调职责，社群参与职责以及服务提升职责。[3.5，3.5.4]

建议 9　学校图书馆全体工作人员，包括专业馆员、非专业馆员、志愿者等，均应明确各自与图书馆政策相一致的角色和工作职责，这些图书馆政策涉及图书馆用户的平等获取权、隐私权和知情权。[3.1，3.2，3.6，3.7]

建议 10　学校图书馆全体工作人员应致力于发展实体和数字馆藏，这些馆藏应与学校的课程体系相一致，与学校所属社群成员的国家、民族和文化身份相一致；学校图书馆全体工作人员应致力于通过编目、流通和资源共享等方式增进馆藏和资源的利用。[4.2.3，4.3，4.3.1—4.3.4]

建议 11　学校图书馆的设施、设备、馆藏和服务应能支持教师和学生的教学需求，并应因教学需求的变化而不断更新。[4.1—4.3]

建议 12　应加强学校图书馆间以及学校图书馆与公共图书馆、高校图书馆间的联系，从而增进资源和服务的利用，促进不同类型的图书馆共同承担服务社群所有成员终身学习的责任。[4.2，5.4]

建议 13　学校图书馆员的核心教育活动包括：基本素养培育和阅读推广，媒体与信息素养教育，探究式教学，信息技术整合，以及教师的专业发展。[5.2—5.7]

建议 14　学校图书馆的服务和活动，应由专业图书馆员与校长、课程负责人、教师、图书馆群体其他成员以及文化、语言、土著等独特群体的成员，一起协同提供；学校图书馆的服务和活动，应能促进学校学术、文化和社会目标的实现。[3.5，3.5.4，5.1—5.8]

建议 15 应采用循证实践以指导学校图书馆的服务和活动。循证实践还应为职业实践的改进提供所需数据、为确保服务和活动积极影响学校的教与学提供所需数据。[5.1，5.2]

建议 16 应通过与图书馆的当前和潜在用户、与利益相关者以及与决策者的有计划而系统的沟通，增强对于学校图书馆服务和活动的使用和支持。[6.4，6.5]

引　言

世界各地的学校图书馆尽管形式各异，但分享着共同的目标——增强全民教学。因此，学校图书馆工作人员倡导人人机会平等。学校图书馆工作人员坚持《联合国儿童权利宣言》（1959）、《联合国儿童权利公约》（1989）、《联合国土著人民权利宣言》（2007）的文件精神，坚持国际图联的核心价值观：

·认可《世界人权宣言》第 19 条宣明的自由获取信息、思想、作品的原则，以及表达自由的原则；

·认为人类、社团、组织出于社会、教育、文化、民主、经济等方面的目的和需求，需要广泛和公平地获取信息、思想和作品；

·确信提供高品质的图书馆和信息服务有助于信息的有效获取；

·承诺确保所有成员能够参加国际图联的活动并从中受益，不论其国籍、残障、种族、性别、地域、语言、政策立场、民族或宗教。（www. IFLA. org/about/more）

指南条款符合国际图联/联合国教科文组织《学校图书馆宣言》中所宣明的关于学校图书馆发展的基本原则：学校图书馆为所有人的教与学而服务（见附录 A）。《学校图书馆宣言》于 1999 年出版后，业已被翻译成多种语言，一直为学校图书馆倡导者所使用，以提升学校图书馆在其所属学校、地区和国家中的形象。

《学校图书馆宣言》声明："敦促政府通过其教育职能部门制定战略、政策和计划以落实本宣言中各项原则的实施。"本文件中的指南条款为全球国家及地方层面的决策者提供资讯，为学校图书馆社群提供支持和指导，为学校领导者落实《学校图书馆宣言》之原则提供帮助。不同国家间的学校和学校图书馆千差万别，因此指南条款的解读和使用应充分且应考虑当地情境。

本文件既希望能鼓舞人心，同时也志存高远。文件制定的参与者们深受学校图书馆之使命和价值所鼓舞，他们意识到即使是在学校图书馆拥有丰富资源、受到充分支持的国家，图书馆工作人员和教育决策者也必须全力以赴以满足学校整体社群的学习需求，必须全力以赴以周全应对他们工作于其中的不断变化的信息环境。

所有指南条款均是理想追求与合理预期之间的权衡。若要能够为学校图书馆员所使用以指导他们的实践、能够用于支持学校图书馆服务和活动的未来改进，这些标准和指南于当地情境中的适用性是非常重要的。标准和指南需要为那些最了解当地情境的人所认可。在提出追加资金、扩充人员或翻修设施的提案时，这些变化对于学生学习和教师成功的影响之证据，远比它们能够满足某些标准更具说服力。

即使满足资金、技术、馆藏、人员和设施所有标准,也并不能确保最好的教学环境。更为重要的,是学校社群成员对学校图书馆的认知:学校图书馆致力于改变年轻人的生活等道德目标,同时致力于提高所有人的教学水平等教育目标。设施、馆藏、人员和技术均仅是达成目标的方法。

校长和其他利益相关者,包括学校图书馆工作人员,应牢记一个重要的问题:学生和教师从学校图书馆的服务和活动中能够收获什么?过去四十年的研究表明,恰当配备了人员和资源的学校图书馆能够对学生的成就产生重大影响。学校图书馆最关键的资源是符合资质的专业图书馆员,通过与其他教师的合作,他/她能够为学生提供最好的知识积累和意义建构之学习体验。

国际图联《学校图书馆指南》能够在不同地区以不同方式为学校图书馆的发展和改进提供支持。在发展中国家和新兴国家,学校图书馆的发展潜力面临挑战,但依旧能够通过多样的和创造性的方式实现学校图书馆的道德目标和教育目标,例如有时通过提供对于学校图书馆发展而言必要且基础的基本素养培育便可实现。关于基本素养培育项目的创新案例,请参考近期由国际图联支持出版的《全球视角下的学校图书馆:项目与实践》(Marquardt & Oberg, 2011)。关于制定、实施和推广《学校图书馆指南》的创新案例,请参考近期由国际图联支持出版的《〈学校图书馆指南〉全球行动》(Schultz-Jones & Oberg, 2015)。

国际图联/联合国教科文组织《学校图书馆宣言》阐述了学校图书馆发展的基本原则;《学校图书馆指南》为这些基本原则的践行指明了方向。在我们努力提供最好的学校图书馆服务以支持"全面教学"时,《学校图书馆指南》向我们提醒了面向全球思考、立足当地实践的挑战。

面向全球思考

《学校图书馆指南》所设想的世界是包容的、机会公平的、社会正义的。指南条款将在 21 世纪的背景下得以实施,指南条款具备变化的、灵活的以及在不同层面和部门间相互连接等特点。放眼全球,人们的生活正受到诸如全球化、经济及社会动荡和变革、不断发展的数字和移动技术,以及环境可持续发展或绿化进程等各类趋势的影响。

通过课程调整和技术强化(如云计算、游戏、智能手机、1 to 1 computing[①]),教育正在发生变革。在多国着意缩减用于中小学和大学的公共支出的情况下,财政方面和立法方面均需要新的教育融资模式。全球的高中毕业生数量不断攀升,然而许多国家的高等教育毕业生数量却踟蹰不前。经济社会变革使得中小学和大学里的外国学生以及第二语言学习者数量增加。无处不在的科技改变了学习者获取信息以及与他人互动的方式(OECD,2014)。

图书馆正受到数字议程以及"开放"获取数据、学习主动性、趋同等趋势的影响。

[①] 在教育语境下,1 to 1 computing(有时使用缩写 1:1)指在学校或大学等学术机构内,为每一位在校生配备一台电子设备,使其能使用互联网、数字课程资料和数字教材。:译者注

多国政府已经制定了类似于欧盟《数字议程》的计划类文件（http://ec.europa.eu/digital-agenda/en）。《数字议程》的七大支柱包括：

1）数字单一市场——打破在线服务和跨国界内容自由流动的障碍；

2）互操作性与标准——关于IT设备、应用程序、数据仓储和服务新标准，以确保在任何地方都能实现类似互联网的无缝交互；

3）信任与安全——加强个人数据安全相关规定，协同应对网络入侵；

4）高速和超高速互联网——增加投资以提供更高速的访问和下载；

5）研究与创新——追加对ICT的投资以促进商业创新；

6）增强数字素养、技能和包容性——针对数字鸿沟提供教育和培训，特别面向弱势群体；

7）ICT的效益——减少能源消耗，简化公众服务，享用文化遗产。

数字议程要求学校图书馆工作人员一方面要发展并增强自身的数字技能，另一方面要准备好与学校社群的其他成员合作以发展并增强学生和教师的数字技能和知识。数字和移动技术的变革已经或正在影响全球学校图书馆的服务和活动，而这些变革也使得数字公民教育的需求愈发迫切。

立足当地实践

《学校图书馆指南》旨在以适应当地情境（尤指立法和课程教学方面）的方式加以调整和实施。与学校图书馆发展有关的法规可能源自教育法案或源自图书馆法案，或二者皆有，或二者皆无。学校课程纲要或由国家或由地方制定；这些文件中可能明确定义了学校图书馆的使命、角色和目的，也可能未置一词。

《学校图书馆指南》旨在引导政府、图书馆协会、学校、学校领导者和当地社群，促使学校图书馆能够与当地的教育成果相一致，与学校社群的信息需求相一致，与该社群的社会、民族、文化、语言、土著和其他独特的人口因素相一致。

《学校图书馆指南》呼吁教育决策者，包括政府立法者和学校管理者，正视那些证明了高品质的学校图书馆服务助益青少年教育成就的研究证据。《指南》也呼吁学校图书馆工作人员发展和增强自身的能力，以紧跟教育和社会的持续变革，进而引领变革。

参考资源

MARQUARDT L, OBERG D. Global perspectives on school libraries: projects and practices [M]. The Hague, Netherlands: De Gruyter Saur, 2011.

SCHULTZ-JONES B, OBERG D. Global action on *School Library Guidelines* [M]. The Hague, Netherlands: De Gruyter Saur, 2015.

OECD (Organization for Economic Co-operation and Development). Education at a glance 2014: OECD indicators [M/OL]. Paris: OECD Publishing, 2014. dx.doi.org/10.1787/eag-2014-en.

第1章 学校图书馆的使命和目的

"学校图书馆提供信息和思想,它们是人们在当今信息和知识社会中成功运作的基础。学校图书馆培育学生终身学习的技能,开发他们的想象力,使得他们能够成为具有责任感的公民。"(《学校图书馆宣言》)

1.1 引言

本章节主要阐述学校图书馆的使命和目的,国际图联/联合国教科文组织《学校图书馆宣言》(1999)中定义了学校图书馆。在那份文件中,学校图书馆被视作惠及教育者和学生的促进整个学校社群教学水平的力量。后续章节将详细阐明《宣言》所明确的关键因素。

1.2 背景

全球各地的学校图书馆均是一种学习环境,通过提供实体和数字空间,提供资源、活动和服务,以鼓励和支持学生、教师和社群的学习。学校图书馆和教育协同发展,以使学生具备知识,从而既能适应社会还能改良社会。虽然学校图书馆的设施和运作在世界各地不尽相同,但它们都专注于支持和促进学生的学习。学校图书馆为个人、小规模群体和大规模群体提供一系列的学习机会,尤其关注智识内容、信息素养以及文化和社会发展等方面。学校图书馆以学习者为中心,支持、拓展并个性化学校的课程教学。

* *

示例

Lubuto 图书馆项目为赞比亚的孤儿和其他弱势儿童和年轻人提供文化资源和教育活动。

* *

1.3 学校图书馆的定义

学校图书馆是一个学校的实体和数字学习空间,在这一空间里,借由阅读、查询、研究、思考、想象和创造,学生实现信息到知识的转化,并获得个人的、社会的和文化的成长。这一实体和数字场所有许多不同的名称(例如,学校媒体中心、文献信息中心、图书馆资源中心、图书馆共享学习空间),但"学校图书馆"是最为常用的术语,适用于与之相关的设施和功能。

超过 50 年的国际研究 [如 Haycock,1992,in LRS(2015)*School Libraries Impact*

Studies in the USA (www. lrs. org/data-tools/school-libraries/impact-studies/) and Williams, Wavell, C., 又如 Morrison (2013) in the United Kingdom (www. scottishlibraries. org/storage/sectors/schools/SLIC_ RGU_ Impact_ of_ School_ Libraries_ 2013. pdf) 〕共同表明, 学校图书馆具有以下特征:

·拥有一名符合资质的学校图书馆员, 他/她接受过正规的学校图书馆学教育和课堂教学教育, 具备专业知识, 能够胜任集教导、阅读与基本素养培育、学校图书馆管理、协同教职人员工作、教育社群参与等于一身的复杂角色。

·提供有针对性、高质量、多样化的馆藏(包括印刷、多媒体、数字馆藏), 以支持学校正式的和非正式的课程教学, 包括个人计划和个人发展类的课程教学。

·制定有详细的可持续发展政策和计划。

如同教育系统的其他部门, 学校图书馆也经历了成长和发展的阶段。然而, 学校图书馆的这三个特征对于其使命和目的的实现而言是不可或缺的。研究表明, 一个学校图书馆对学生学习所能产生的影响力正是取决于这三个特征的体现度。

学校图书馆是:

·学校里专门的实体和数字空间, 它向全体成员开放, 能为所有人使用;

·信息空间, 其间提供覆盖印刷、多媒体和数字馆藏等多种媒介的高质量的信息源;

·安全空间, 它能够鼓励和支持个人的好奇心、创造力和学习意向, 学生能在其间秘密地、安全地探究包括争议性话题在内的各种问题;

·教学空间, 学生能够在其间培育信息交流和知识创造相关的能力和性情;

·技术空间, 其间提供一系列用于知识创造、表达和分享的技术工具、软件和专门知识;

·文化中心, 学校社群得以在其间进行一切形式的阅读推广和基本素养培育;

·数字公民中心, 学习社群在其间可以学习如何以恰当的、道德的和安全的方式使用数字化工具, 学习保护身份和个人信息的策略;

·信息环境, 为社群中所有成员提供平等利用的、他们在家中无法获得的资源和技术以及信息技能发展的机会;

·社会空间, 其间为整体社群提供文化的、专业的和教育的活动, 活动形式可能是事件、会议、展览或资源等。

1.4 学校图书馆在学校中的角色

作为校内的教学和学习中心, 学校图书馆提供与课程内容接轨的有效的教学项目, 特别注重:

·以资源为基础的能力: 与查询、获取、评估各种载录格式的资源(此处资源包括人或文化产品)有关的能力和性情。这些能力也包括能使用信息技术工具搜寻、获取和评估资源, 以及数字和印刷环境下各类素养的培育。

·以思考为基础的能力: 在研究和调查的过程中聚焦数据和信息的实质性应用的能

力和性情，这些高级思维、批判分析研究和探究过程导向体现了深层知识和深刻理解的表达性创造和产品类创造。

　　·以知识为基础的能力：侧重于创造、建构和共用知识产品的关于研究和调查的能力和性情，其中体现了深层知识和深刻理解。

　　·阅读和语文能力：与享受阅读有关的能力和性情，此处的阅读可能以休闲为目的，可能以跨平台学习为目的，而文本在其多种形式和模式间的转换、交流和传播，促成了意义、促进了理解。

　　·个人和人际能力：作为研究者、信息使用者、知识创造者和负责任的公民，自己或他人在以资源为基础的探究和学习中进行社会参与和文化参与的能力和性情。

　　·学习管理能力：使得学生能够准备、计划和成功完成一项基于课程的探究单元的能力和性情。

　　学校图书馆员在上述能力的发展过程中扮演领导角色，他/她通过独立的或合作的教学和指引，将上述能力与课程的内容和目标明确关联。

1.5　有效的学校图书馆项目之条件

　　研究表明，一个有效的学校图书馆项目最为关键的条件便是拥有一名符合资质的学校图书馆专业人员。一个没有教学计划（例如广泛提供教学和学习活动的计划）的学校图书馆不可能实现研究所证明的学校图书馆对于教学和学习的影响，这种影响的实现依赖于一名符合资质的学校图书馆专业人员对于下文3.4中所罗列的职责的承担。

　　学校图书馆的管理应在一个结构明确的政策框架中进行，在这一框架中，图书馆被视作阅读、探究和协同生产的中心。图书馆政策设计时应考虑学校的整体政策和需求，应体现其精神、使命、目的和目标以及实际情况。通过图书馆政策为学校图书馆职责提供行政管理支持，对于实现学校图书馆项目最大效益是至关重要的。关于一个有效的学校图书馆项目所需的设施、实体和数字资源以及人力资源，将在后文讨论。

1.6　学校图书馆的愿景声明

　　愿景声明描绘了学校图书馆渴望实现的未来景象。起点不同，世界各地的愿景也不尽相同。根本而言，一个"学校图书馆跨越当前种种限制、在教育中扮演中心角色"的当前愿景建构，有助于"学校图书馆提供多功能的学习空间"这一未来志向之实现。

　　愿景应体现《国际图联2013趋势报告》（trends.IFLA.org）中所指出的五项核心趋势：

1）新技术将扩大也将限制能够获取信息的人群；
2）在线教育将使全球学习大众化，也将使其陷入混乱；
3）隐私和数据保护的界限将被重新定义；
4）超链接的社会将倾听并赋权予新的声音和群体；
5）全球信息经济将被新技术改变。

1.7 学校图书馆的使命声明

使命是关于学校图书馆的本质、目的和角色的界定,作为学校的一个组成部分,学校图书馆分担学校的目的和义务。国际图联/联合国教科文组织《学校图书馆宣言》(1999)(附录 A)中阐明了世界范围内学校图书馆的使命,具体学校图书馆的使命声明应在符合当地教育背景的情况下呼应《宣言》。通过界定社群成员的需求,界定满足这些需求所需的技能、资源和能力,以及界定助益社群的、与培养学生胜任其未来工作并成为合格公民之教育目的相一致的预期结果,使命声明应为资源之集中、计划之引导以及社群服务意图之沟通指明方向。

1.8 学校图书馆服务

为满足学习社群的需求,学校图书馆提供一系列服务。这些服务可能在学校图书馆这一设施内外提供。使用信息和通信技术(ICT)提供服务可以将图书馆延伸至学校的所有区域甚至家庭。一个强大的网络信息技术基础设施提供了获取馆藏、社群资源和数字资源的途径,也提供了从事研究性调查以及知识建构、表达和分享所需的工具。

学校图书馆服务包括:
- 教职人员的专业发展(例如,阅读和基本素养、技术、调查和研究方法);
- 以学术成就、个人享受和提升为目的的充满活力的文学/阅读活动;
- 探究式学习与信息素养发展;
- 与其他图书馆的合作(公共的、政府的、社群的资源)。

学校图书馆对于教育社群而言具有重要价值。这些附加价值远不局限于学校图书馆的馆藏资料,它还包括富有活力的学校图书馆活动以及由符合资质的学校图书馆员所提供的服务。

1.9 学校图书馆服务与活动的评估

评估学校图书馆服务与活动,是学校图书馆发展的重要方面。评估具有效能核定目的:它有助于确定学校图书馆服务和活动是否满足学校社群的需求。评估还通过影响利益相关者对于学校图书馆的认知并提升他们对于学校图书馆的支持,以助益学校图书馆服务和活动的持续转型。对于评估方式或途径的选择,取决于学校社群的需求以及图书馆的发展阶段(例如,活动质量、利益相关者的看法、活动内容以及活动影响)。

一项关注整体活动质量的评估,可以利用国际、国家或地方标准来检查和评判学校图书馆的多个方面(例如,人员、设施、技术、馆藏,以及教学活动)。一项侧重于学校图书馆实践提升的评估,通常被称为循证实践,可以利用诸如学生学习成果、教学模式(按班级、年级或学科区分)、师生或家长调查、图书馆流通和编目系统记录等进行。后文第 6 章将会进一步探讨评估的需求以及评估在管理及公共关系(推广、营销、宣传）方面的用处。

参考资源

American Association of School Librarians. Governing documents[EB/OL]. (2014). www.ala.org/aasl/about/governing-docs.

American Association of School Librarians. Standards for the 21st century learner[EB/OL]. (2011). www.ala.org/aasl/standards-guidelines/learning-standards.

HAY L, TODD R J. School libraries 21C. NSW Department of Education and Training[EB/OL]. (2010). www.curriculumsupport.education.nsw.gov.au/schoollibraries/assets/pdf/21c_report.pdf.

HAYCOCK K. What works: research about teaching and learning through the school's library resource center [M]. Seattle, WA: Rockland Press, 1992.

IFLA/UNESCO. School library manifesto[EB/OL]. (1999). www.IFLA.org/publications/IFLAUNESCO-school-library-manifesto-1999.

Library Research Service [Colorado State Library, Colorado Department of Education]. School libraries impact studies[EB/OL]. www.lrs.org/data-tools/school-libraries/impact-studies/.

Groupe de Recherche sur la Culture et laDidactique de l'information. Parcours de formation à la culture de l'information [The learning path to an information culture] [EB/OL]. (2010). http://culturedel.info/grcdi/?page_id=236.

WILLIAMS D, WAVELL C, MORRISON K. Impact of school libraries on learning: Critical review of published evidence to inform the Scottish education community [R/OL]. (2013). Aberdeen, Scotland: Robert Gordon University, Institute for Management, Governance & Society (IMaGeS). www.scottishlibraries.org/storage/sectors/schools/SLIC_RGU_Impact_of_School_Libraries_2013.pdf).

第2章 学校图书馆的法律和经济框架

"学校图书馆得到专门的立法和政策支持，是地方、区域以及国家当局的职责。学校图书馆必须拥有充足且持续的资金，以用于受训人员、资料、技术和设施的支出。学校图书馆必须免费开放。"（《学校图书馆宣言》）

2.1 引言

学校图书馆应满足其所属教育社群的需求，并且服务于社群内的所有成员。学校图书馆在地方、区域以及国家当局的框架下，提供学习以及培育参与知识社会所需能力的公平机会。为了维持和持续回应不断变化的教育和文化环境，学校图书馆需要得到立法和持续资金的支持。

2.2 法律依据和法律问题

全球观之,学校图书馆与政府之间的关系存在多种模式。此外,管理学校图书馆活动和经费安排的法律多元且复杂。举例而言,学校图书馆的立法、政策和标准,可能是一个国家教育部或文化部的职责,也有可能由二者共同负责。一些国家将学校图书馆全部或部分的职责交由省或州或市负责。

学校图书馆的实践原则是:在时代变迁中不断适应法律和政治设置,以提供一个学习环境,从而保持学校图书馆作为探究、发现、创新、批判性参与和创新教学方法之中心的定位。学校图书馆需要获得学校系统内外的体系性指导,以保障基础资源水平持续提升,符合相关标准,从而支持学生智识发展和技能进步所需。

2.3 道德依据和道德问题

学校图书馆存在于一个道德框架之内,这一框架涉及学生和学习社群内其他成员的权利和义务。学校图书馆应采用整体路径以确保对所有文化群体、语言群体、土著群体和其他独特群体一视同仁。平等获取记录性知识和信息以及智识自由的核心价值在《世界人权宣言》第19条以及国际图联价值观(www.IFLA.org/about/more)中有具体表述。

其他考量包括(但不仅限于):
- 《图书馆权利法案》
- 信息自由与隐私
- 关于版权、知识产权和剽窃的声明
- 《儿童权利宣言》(www.un.org/cyberschoolbus/humanrights/resources/child.asp)
- 《土著人民权利宣言》(http://undesadspd.org/indigenouspeoples/declarationontherightsofindigenouspeoples.aspx)

学校图书馆通过面向学生和学习社群的教育活动,增进他们成为负责任的公民所需的与信息自由、知识产权和剽窃等道德问题有关的技能和理解。

2.4 学校图书馆发展的基础设施支持

学校图书馆的实施和发展所需要的支持系统应在国家和(/或)地区/地方层面的教育行政单元内设立。应努力界定学校图书馆服务和活动的基本水平,并加以实施,由此学生和教师能够将学校图书馆作为教学资源加以理解和利用。教育服务中心应关注以下问题:学校图书馆员的初步教育和继续教育;专业咨询;研究;与学校图书馆员群体及相关专业协会合作;制定标准和指南。

学校图书馆服务和活动的性质和范围因国家和学校而异。然而,学生及其家庭流动性的增加,意味着校际间一致性的增加,而对于学校图书馆的利用也增强了教育系统满足学校社群所有成员需求的能力。

* *

示例

1967 年，美国得克萨斯州立法机构建立了一个由 20 个区域教育服务中心组成的系统，为全州各学区提供帮助。教育服务中心的职责是与学区一起工作，实现三个主要目标：帮助系统内每一个区域的学区提高学生成绩，使学区能够更有效更经济地运作，执行立法机构或行政长官布置的计划。教育服务中心通过提供专业发展、技术援助和教育项目管理，为行政管理人员、学校图书馆员和教师提供帮助。

* *

2.5　政策

应在结构清晰的政策框架内管理学校图书馆。在这一框架下，图书馆被视作阅读与探究的核心资源和中心。设计学校图书馆政策时应考虑学校的整体政策和需求，应体现学校的精神、使命、目的和目标以及实际情况。

政策中应明确图书馆为所有人服务。政策应由学校图书馆员与教师和行政管理者（例如，校长、学校主管、教务人员）共同制定。政策草案应在学校社群广泛传阅并通过开放讨论加以完善。最终的政策应广泛传播以使其中所体现的实践和发展的哲学、概念和意图能被理解、认同并付诸实践。政策文件和以政策为基础制定的计划应明确图书馆以下相关方面的职责：

- 学校正式和非正式的课程
- 学校的学习方法
- 国家和地方层面的标准和条件
- 学生学习和个人发展的需求
- 教师的需求
- 提升学业成绩水平
- 提高探究技能
- 推广和鼓励阅读
- 开放性思维和公民参与

所有方面对于构建一个切实可行的政策框架以及由此产生的行动计划而言都是至关重要的。行动计划应由目标、任务、策略，以及监督和评估等常规活动组成。政策和行动计划应是现行文件，需对之进行定期审阅。

2.6　计划

制定学校图书馆计划需要学校图书馆员的积极参与，他/她应与行政管理者、教师和学生进行磋商，以决定学校图书馆与学校学习社群其他部分的关系。在计划过程中应重点考虑的方面包括：
- 由国内或国际群体开展的以未来为导向的研究所界定的持续发展目标；
- 国家层面和学校层面的教育使命、哲学、目标和目的；
- 描述了学校图书馆之于学校的价值，以及利益相关者、文化合作伙伴和资金资助者在教育过程中之角色的愿景声明；
- 用于明确学校图书馆的当前角色及其未来成为学习中心之愿景的需求评估；
- 通过提供优质资源、设施以及实体和数字学习环境以联结学校社群的计划；
- 包括技术发展预测，以及信息和服务提供的可能变化的技术方案；
- 以学生为中心和以社群为中心的动态行动方案；
- 学校图书馆人员的专业技能发展计划；
- 借由证明了图书馆服务影响学生成功的循证研究以持续改进服务的评估计划

****

示例

在印度尼西亚的农村，学校职员与学校图书馆工作人员、政府部门和国际发展机构合作创办了一个示范性的学校图书馆。

****

2.7 资金

为了确保学校图书馆教学和信息基础所需的资金及其流动性，图书馆需要根据当地实际情况进行适当的预算分配。预算开支应与学校图书馆的校级政策框架相关，应反映对学生、教师和职员发展的投入。

学校图书馆员与高级管理层合作制定预算，并寻找能为整个学校社群提供优质资源和服务的可靠方案。对学校图书馆的财政支持应有其研究基础：

- 学校图书馆的教学/教辅人员以及馆藏的规模和品质，是学校学业成绩的最佳预测变量。
- 在不考虑诸如经济条件等其他因素的情况下，在标准测试中得分较高的学生往往来自拥有较多学校图书馆员工、能够获得更多服务和资源（例如书籍、期刊和在线资料）的学校。（相关研究请参阅，国际学校图书馆协会研究摘要 [www.iasl-online.org/research/abstracts]；Kachel & Lance, 2013.）

应认真规划全年的预算开支并使其符合政策框架。预算方案的组成部分参见附录B。年度报告应阐明图书馆预算被如何使用，以及用于图书馆活动和资源的经费总额是否足够完成其任务并实现政策目标。年度报告还应包括关于学校图书馆服务和活动的质量及其对学校教学产生的影响之证据。后文第6章将更深入地探讨学校图书馆管理中评估的必要性和有效性。

参考资源

American Association of School Librarians. Standards for the 21st century learner[S/OL]. (2011). www.ala.org/aasl/standards-guidelines/learning-standards.

American Library Association. Intellectual freedom manual [Z/OL]. (2010). 8th ed. www.ala.org/advocacy/intfreedom/iftoolkits/ifmanual/intellectual.

American Library Association. Library bill of rights[Z/OL]. (1996). www.ala.org/advocacy/intfreedom/librarybill.

Australian School Library Association. School library bill of rights [Z/OL]. (2000). www.asla.org.au/policy/bill-of-rights.aspx.

HAY L, TODD R J. School libraries 21C: NSW department of education and training[Z/OL]. (2010). www.curriculumsupport.education.nsw.gov.au/schoollibraries/assets/pdf/21c_report.pdf.

International Federation of Library Associations. Indigenous matters special interest group[Z/OL]. (2015). www.IFLA.org/indigenous-matters.

International Federation of Library Associations. Lesbian, gay, bisexual, transgender and queer/questioning users special interest group [Z/OL]. (2015). www.IFLA.org/lgbtq.

International Federation of Library Associations. IFLA/UNESCO multicultural library manifesto [Z/OL]. (2015). www.IFLA.org/node/8976.

KACHEL D E, LANCE K C. Latest study: a full-time school librarian makes a critical difference in boosting student achievement [J]. School library journal, 2013, 59 (3): 28.

第3章 学校图书馆人力资源

"学校图书馆员具备专业资质,在尽可能充足的工作人员的支持下,通过与学校社群的所有成员协作,并与公共图书馆等机构保持联系,负责学校图书馆的规划和管理。"(《学校图书馆宣言》)

3.1 引言

学校图书馆的核心功能是提供信息和思想的实体及智识获取。学校图书馆活动的丰富与否和质量高低主要取决于学校图书馆内外可获得的人力资源。为了满足学校社群的教学需求,拥有一名训练有素且积极性高的工作人员是至关重要的,同时还应配备与学校规模及其独特需求相适应的充足的支持人员。学校图书馆的每位工作人员都应该对图书馆服务及政策、明确的职责、适当的从业条件以及能够反映岗位预期职责的薪酬等,有清楚的认识。

3.2 人员职责和基本原理

为了促进教与学,学校图书馆活动需要在专业人员的指导下进行,这些专业人员应与课堂教师具备同等的教育和训练水平。如果希望学校图书馆员在学校里承担领导角色,那么他们应具备与其他学校领导(如学校行政管理者和学习专家)同等的教育和训练水平。为了确保学校图书馆员有充足的时间承担教导、管理、协作和领导等专业职责,学校图书馆的基本运营最好由经过训练的文职和技术支持人员负责。

3.3 学校图书馆员的定义

学校图书馆员负责学校的实体和数字学习空间,在这一空间里,阅读、调查、研究、思考、想象和创造是教与学的中心。关于这一角色,有众多的表述(例如,学校图书馆员,学校图书馆媒体专家,教师图书馆员,专业文献资料工作者),但"学校图书馆员"最为常用。虽然全球各地对学校图书馆员的资质要求不尽相同,其中可能包括接受过教师培训的图书馆员、未接受过教师培训的图书馆员、接受图书馆学其他专业方向①培训的图书馆员。

全球各地对于学校图书馆的定义也各不相同,有些通过公共图书馆所提供的服务也涵盖于其中。学校图书馆的人力资源模式还受到立法、经济发展水平以及教育基础设施等当地情境的影响。然而,五十多年的国际研究共同表明(参见 Haycock,1992, in LRS(2015),*School Libraries Impact Studies*,www.lrs.org/data-tools/school-libraries/impact-studies),学校图书馆员需要接受学校图书馆学和课堂教学的正规教育,以培养专业能力,胜任涵盖教导、阅读及基本素养培育、学校图书馆管理、与教职人员协作、教育社群参与等方面的复杂角色。

****

示例

在法国,初中和高中的学校图书馆员(专业文献资料工作者)在招聘、教育水平、地位等方面均与其他教师保持一致。

示例

在意大利南蒂罗尔地区,K-13级学校的图书馆员由波尔扎诺自治省根据应聘者的图书馆学资质和培训情况招募(《波尔扎诺自治省法》n. 17/1990;《波尔扎诺自治省共同劳动协议》2006年3月4日)。学校图书馆助理必须完成中等教育(K-13)和图书馆学培养计划(至少一年的理论和实践学习)。符合资质的学校图书馆员必须完成高等教育(至少三年学历的学位)。参见:Berufsbilder "BibliothekarIn" und "Diplombibliothekarin"(即图书馆员与符合资质的图书馆员职位资料,网址:www.provinz.bz.it/

---

① 译者注:即非学校图书馆方向。

kulturabteilung/bibliotheken/1459.asp)。

示例

在葡萄牙，自2009年起，学校图书馆员（professor bibliotecário）均为具有图书馆学专业背景的学校教师。参见"Formaćao"（教育），网址：www.rbe.mec.pt/np4/programa.html。

****

3.4 学校图书馆活动提供所需的能力

专业的学校图书馆员所需的资质包括：
- 教与学、课程体系、教导设计和实施；
- 活动管理——计划、发展/设计、实施、评估/改进；
- 馆藏建设、存储、组织、检索；
- 信息加工与行为——基本素养、信息素养、数字素养；
- 阅读参与；
- 关于儿童和青少年文学的知识；
- 关于阅读障碍方面的知识；
- 沟通和协作技能；
- 数字和媒体技能；
- 道德和社会责任；
- 为公益服务——为公众/社会负责；
- 终身学习的承诺，持续的专业发展；
- 学校图书馆事业社会化，学校图书馆的历史及价值观社会化。

学校图书馆员专业能力及性情的提升能够通过多种方式得以实现，常见的方式包括：取得文凭，完成学位教育，或是在取得最初的教学或图书馆学认证后参与持续的专业发展。学校图书馆员教育的目标是培养教学和图书馆学技能。

在已有专门的学校图书馆员教育计划的国家，其课程体系，除了图书馆学的核心能力外，还应包括与教育（学习、课程、教学）、数字技术和社交媒体、青年、文化和基本素养等方面有关的内容。这些领域的学习应共同实现学习者从创造性思维和问题解答的角度出发、对于信息素养的深入而全面的理解。学校图书馆教育还应指出学校图书馆员的侧面领导者角色、变革推动者角色以及学校图书馆社群成员角色。

****

示例

在法国，教师的能力框架（Référentiel de compétences des enseignants）列举了一系列所有教师（包括学校图书馆员）都必须掌握的教育技能。其中包含学校图书馆员需要掌握的特定的图书馆和信息科学技能。信息素养能力对于教育社群中每个成员的必要性必须被清楚地认识：信息素养是所有有效教育合作的先决条件。

* *

3.5 专业图书馆员的职责

专业学校图书馆员的主要职责包括：教导、管理、领导和协作，以及社群参与。以下逐一详细讨论。

3.5.1 教导的职责

专业学校图书馆员的教导职责涵盖面向学生个体的、面向小型学生群体的，以及面向学生班级的广泛而多样的教学情境，还包括教职人员非正式的和正式的专业发展。第5章将详述学校图书馆员教导工作的核心活动，具体包括：

- 基本素养和阅读推广；
- 信息素养（信息技能、信息能力、信息通晓、媒体素养、跨媒体信息素养）；
- 探究性学习（问题导向学习，批判性思维）；
- 技术集成；
- 教师专业发展。

* *

示例

已有多种教育框架用作教师指南：如法国的《通往信息文化的学习路径实施基准》（*Repères pour la mise en oeuvre du Parcours de formation à la culture de l'information*）；比利时的《媒体素养技能：重大的教育挑战》（*Les compétences en éducation aux medias：un enjeu éducatif majeur*）；联合国教科文组织的《媒体与信息素养：教师培训计划》（*Education aux medias et à l'information：programme de formation pour les enseignants*）。

* *

3.5.2 管理的职责

专业学校图书馆员的管理职责包括以最优使用为目的组织学校图书馆的文献系统和流程。其中包括图书馆设施（实体和数字环境）、馆藏资源（实体的和数字的）以及教育活动和服务（实体的和数字的）。人力资源管理——图书馆工作人员的招聘、选拔、培训、指导和评估——也是这一职责的一部分。

3.5.3 领导和协作的职责

学校图书馆员的主要职责是助益学校完成其使命和目标。通过与学校行政管理者和教师协作，图书馆员制定和实施以课程为基础的图书馆服务和活动，以支持所有人的教与学。图书馆员在教学活动中贡献其与信息提供和资源使用有关的知识和技能，这些教学活动包括探究和项目工作、解决问题活动、基本素养活动、阅读参与以及文化活动等。学校图书馆员可能独力或与学校其他专业人士协作，承担技术集成、为教师和行政管理者提供专业发展等方面的职责。

协作是学校图书馆员工作中至关重要的一部分。学校图书馆员应与学校行政管理者一道，建立对于图书馆之于学校使命和目标之贡献的理解和支持。学校图书馆员应直接向校长、主管教师或学校常务主管汇报，应有望参与学校的整体规划以及其他管理层面的团队合作。在学校社群内，学校图书馆员应通过诸如跨课程探究计划和跨学科学习单元等活动，以加强学校的整体性和凝聚力。学校图书馆员还应与其他学校图书馆员协作，以扩展和延续其专业发展和学习。

* *

示例

在美国北得克萨斯，许多学校图书馆的主管人员每月都会见面交流想法，展示活动和服务的新思路。

示例

在英国，发展成熟的学校图书馆员区域团体每个学期见面，提供培训和交流的机会。

* *

3.5.4 社群参与的职责

社群参与包括通过活动策划、馆藏建设和延伸服务以邀请多元文化的、语言的、本土的及其他独特人口特征的群体使用图书馆。学校图书馆应该意识到家庭在儿童教育中的重要性以及代际间知识传递的价值。

儿童从家庭和社群中得到支持。应有整体路径，使得多元背景的人能够在学校图书馆中工作，参与管理并做出贡献，提供获取信息、思想和想象力作品的平等以实现所有人的社会、教育、文化、民主和经济福祉。财富和知识的代际传递，是许多社群的核心价值观之一。在这些社群中，对于儿童而言有效而有意义的知识传递方式可能与决定其间学校图书馆运作的主流文化大相径庭。对于所有儿童而言，"身份"和"归属"都是他们基本素养培育和学习成就取得的重要组成部分。

如果可能，学校图书馆员与更大社群内的图书馆群体保持联系，包括与公共图书馆和图书馆协会的联系。为能在特定社群内提升面向儿童和年轻人的图书馆服务，学校图书馆和公共图书馆应通力合作。书面合作协议应包括以下内容：合作常用指标；合作领域说明和界定；关于合作的经济含义及如何分担费用的说明；合作的计划时间段。合作领域的例子包括共享人员培训，合作进行馆藏建设和活动策划，协同提供电子服务和网络；班级参访公共图书馆；基本素养和阅读联合推广；儿童和年轻人图书馆服务联合推广等。

* *

示例

在挪威奥斯陆，学校行政机构和公共图书馆签订了合作协议并定期开会讨论与该市120所学校图书馆有关的话题。公共图书馆的学校服务为学校图书馆提供建议咨询人员和额外资源的借阅。建议咨询所涉领域包括阅读和基本素养、馆藏建设和学校图书馆空间组织等。所有学校图书馆员和学校教师均可通过电子邮件或电话向这一学校服务寻求帮助。学校无力购置或非常用资料可由公共图书馆直接送至学校图书馆或教室。

* *

3.5.5 推广图书馆活动和服务的职责

所谓图书馆活动和服务推广,包括告知用户图书馆必须提供的活动和服务,以及将这些活动和服务与用户的需求和偏好相匹配。学校图书馆必须积极推广所提供的活动、服务和设施,以使目标群体意识到图书馆作为学习中的伙伴,作为活动、服务和资源提供者的角色。图书馆服务推广的目标群体包括校长、学校行政管理层其他成员、部门主任、教师、学生和家长。根据学校的特点和不同目标群体来调整沟通的方式至关重要。

学校图书馆应与学校行政管理者和教师合作制定书面推广计划。计划应包括以下内容:目的;实现目的的行动计划;行动计划成功与否的评估方法。

3.6 学校图书馆辅助人员的职责与资质要求

学校图书馆辅助人员(即图书馆助理、图书馆技术人员)应向图书馆员汇报,并通过承担文职和技术方面的职能支持图书馆员的工作。学校图书馆辅助人员应接受关于学校图书馆基本运作流程的培训和发展,例如图书馆馆藏的排架、借还和加工,提供与在线流通管理和编目有关的技术服务,提供数字资源的获取。

3.7 学校图书馆志愿者的职责与资质要求

志愿者不可以替代图书馆带薪工作人员,但可以根据协议承担工作支持的职责,相关协议提供了一个志愿者参与学校图书馆活动的正式框架,其中包括学校图书馆员对志愿者的指导。在明确职责的范围内,同时在馆员指导之下,学生也可以成为学校图书馆的志愿者。学生志愿者应该是高年级学生,通过正式的申请程序遴选,经过必需的培训,以完成诸如协助设展、馆藏重新排架、与幼龄儿童一道阅读、向同学推荐图书等任务。

* *

示例

在美国密歇根州,有一所小学的图书馆小队(Library Squad)通过幕后工作使图书馆运营顺畅。这些学生每周定期进行书架整理、到幼儿园教室收集书籍,有时还会协助为新书贴上标签和条形码。

示例

在意大利罗马,一些高中生参与了一个特殊需求活动以帮助图书馆顺利运营。该活动既有助于图书馆的管理,也有利于学生的个人发展。在图书馆改造时期,学生也提供了帮助。这使他们提高了自身的协调能力、拓宽了兴趣爱好,并增强了自信心。

示例

在匈牙利，从2012年起，中学生有义务进行志愿工作以帮助当地社群。这些志愿工作也可以在学校图书馆和公共图书馆完成。

＊＊＊＊＊＊＊＊＊＊＊＊＊＊＊＊＊＊＊＊＊＊＊＊＊＊＊＊＊＊＊

3.8 道德标准

在学校图书馆工作的每一个人，包括志愿者，均有责任在与彼此、与学校社群所有成员打交道时遵守道德高标准。他们必须竭力将图书馆用户的权利置于自己的舒适和便利之前，并避免在提供图书馆服务时因个人态度和信仰而产生偏见。所有儿童、青年和成年人，不论其能力和背景如何，均应受到公平的对待，他们的隐私权和知情权必须得到维护。

在学校图书馆工作的每一个人，包括志愿者，均应努力恪守图书馆事业的核心价值观：管理工作、服务、智识自由、理性主义、基本素养与学习、获取记录性知识和信息的公平、隐私，以及民主。关于获取记录性知识和信息的公平、智识自由等核心价值，在《世界人权宣言》第19条和国际图联的价值观（www.IFLA.org/about/more）中均有具体表述。

参考资源

American Library Association. ALA/AASL Standards for initial preparation of school librarians [EB/OL]. (2010). www.ala.org/aasl/education/ncate.

CLEMI：Centre de Liaison de l'Enseignement et des Médias D'information. Proposition pour un référentiel enseignant en éducation aux médias [Proposal for a repository in teaching media literacy] [pdf en ligne][EB/OL]. (2013). www.clemi.org/fichier/plug_download/29480/download_fichier_fr_referentiel_clemi_version2.pdf.

Conseil Supérieur de l'Éducation Aux Médias. Les compétences en éducation aux medias: un enjeu éducatif majeur [Media literacy skills: a major educational challenge] [M]. Belgique: CSEM, 2013.

Gorman M. Our enduring values: librarianship in the 21st century [M]. Chicago: American Library Association, 2000.

International Federation of Library Associations. Professional codes of ethics for librarians[EB/OL]. (2012). www.IFLA.org/faife/professional-codes-of-ethics-for-librarians.

International Federation of Library Associations. Indigenous matters special interest group[EB/OL]. (2015). www.IFLA.org/indigenous-matters.

International Federation of Library Associations. Lesbian, gay, bisexual, transgender and queer/questioning users special interest group[EB/OL]. (2015). www.IFLA.org/lgbtq.

International Federation of Library Associations. IFLA/UNESCO multicultural library manifesto

[EB/OL]. (2015). www.IFLA.org/node/8976.

Markless S. The innovative school librarian: thinking outside the box [M]. London: Facet Publishing, 2009. [See Chapters 1 & 2, pp. 1 – 46.]

Ministère de l'éducation Nationale. Référentiel de compétences des enseignants [Competency framework for teachers] [Z]. Bulletin officiel de l'éducation nationale, n°30, 25/07/2013.

National Forum on Information Literacy. Policy statement on the importance of certified school librarians[EB/OL]. (2014). http://infolit.org/nfil-policy-statement-school-librarians.

SIMPSON, C. Ethics in school librarianship: a reader [M]. Worthington, OH: Linworth, 2003.

WILSON C, GRIZZLE A, TUAZON R, et al. Education aux médias et à l'information: programme de formation pour les enseignants [Media education and information: A training program for teachers] [M]. Paris: UNESCO, 2012.

第4章 学校图书馆的实体和数字资源

"图书馆工作人员支持书籍及其他信息资源的现场和远程使用，从小说到纪录片、从印刷载体到电子载体。这些资料完善并丰富教材、教学资料和教学方法。"(《学校图书馆宣言》)

4.1 引言

学校图书馆的实体和数字资源包括教学所需的设施、设备和馆藏资源。借由技术，学校图书馆日益延伸至学校的每一个角落，也延伸至社群。技术也促成了学校图书馆资源的全天候获取，超越了教学日和校历的限制。应不断完善学校图书馆的设施、设备和馆藏以适应学生和教师不断变化的教学需求。

4.2 设施

在规划新的学校建筑和进行现有建筑改造时，应首要考虑学校图书馆的功能和使用。学校图书馆的教育功能应在其设施中得以体现。如今，许多学校图书馆被设计成"学习共享空间"以方便用户进行"参与文化式"体验，使得用户的角色从信息消费者扩展至信息创造者。除了传统的学习和研究空间，图书馆学习共享空间还提供了创造信息产品所需的设施和设备。

4.2.1 位置和空间

关于学校图书馆设施的大小和设计，并没有通用标准，但是确立标准作为规划判断的基础是有所裨益的。一般而言，图书馆正从一个以资源为中心的模式转变为以学习者为中心的模式：学校和学术图书馆经常被设计为学习共享空间。在规划学校图书馆设施时，应将以下因素纳入考量：

- 学校的中心位置，尽可能在一楼。
- 靠近教学区。
- 噪声因素，馆内至少有一部分区域能免受外界噪声干扰。
- 适当且充足的光线，自然的和/或人工的。
- 适当的室温（例如，空调、暖气）以确保全年都具备一个良好的工作环境和馆藏保护环境。
- 为有特殊需求的读者提供适当的设计。
- 空间大小足以用于馆藏（包括书籍、小说、非小说、精装本和平装本、报纸和杂志、非印本资源和存储）、学习空间、阅读区域、计算机工作站、展览区域和图书馆工作人员工作区等。
- 具有灵活性，能够适应多样化的活动以及课程和技术的未来变化。

4.2.2 空间组织

应提供以下功能区域：

- 学习研究区——用于信息咨询台、目录、在线服务站、学习和研究桌、参考资料和基本馆藏的空间。
- 非正式阅读区——用于书籍和期刊的空间，以鼓励基本素养培育、终身学习和快乐阅读。
- 教导区——配有座位的空间，用于小规模群体、大规模群体和整个班级的正式教导，更配备适当的教学技术和展示区（通常建议按学生总数的10%设置座位数量）。
- 媒体制作和小组活动区——用于个人、团队、班级的空间（常被称为"实验室"或"创客空间"）。
- 行政管理区——用于流通台、办公区域、图书馆媒体资料处理，以及设备、物资和材料之存储的空间。

4.2.3 实体和数字获取

图书馆的实体和数字获取应最大化。借由技术，可以在校内外、全天候地提供学校图书馆信息资源的数字获取。在人力资源有限的情况下，管理系统应考虑将受过培训的学生和成年志愿者纳入其中。

4.3 馆藏建设和管理

学校图书馆需要提供广泛的实体和数字资源以满足用户需求，学校图书馆反映用户的年龄、语言和人口统计特征。馆藏应持续发展以确保用户能获取新的和相关的资料。馆藏管理政策界定了馆藏及外部资源获取的目的、范围和内容，同时亦有助于确保一个广泛而高质量的资源。电子书（参考书、小说、非小说作品）、在线数据库、在线报纸和杂志、电子游戏、多媒体学习资料等数字资源日益成为图书馆资源的重要组成部分。

除了满足学生学习需求的馆藏，学校图书馆应包含适用于学校图书馆工作人员和教师的专业馆藏（如与教育、所教科目、新的教学模式和方法有关的资料），还应包括为家长和监护人所使用的馆藏。

* *

示例

意大利罗马的一所小学图书馆设置了"家长书架"，放置了有关儿童心理学、教育及一些特定主题（如儿童的恐惧和自尊）的资源。

* *

4.3.1 馆藏管理政策和流程

学校图书馆员应与学校行政管理者及教师一同制定馆藏管理政策。这类政策声明必须立足课程以及学校社群的特定需求和兴趣，同时必须反映学校外部社会的多样性。

馆藏管理政策声明应包含以下因素：
- 与国际图联/联合国教科文组织《学校图书馆宣言》相一致的学校图书馆使命。
- 关于智识自由和信息自由的声明。
- 馆藏管理政策的目的，及其与课程之关系，与国家、民族、文化、语言、土著等用户身份认同之关系。
- 资源提供的长期和短期目标。
- 馆藏管理决策的责任。

政策应明确指出，馆藏建设是各方通力协作的产物，教师作为了解学生需求的学科专家，在帮助建设图书馆馆藏方面发挥重要作用。政策应建立以智识自由和儿童知情权为原则的资源一致性的复审方法。政策还应明确学校图书馆员在抵制材料审查（无论是限制资源还是限制资源获取）时的职责。

建设和管理学校图书馆馆藏的流程应在独立文件或馆藏管理政策文件的附件中明确列出。流程手册应指引资源的选择和获取，为资源处理、组织（编目、分类、上架）以及维护、修复和汰旧更新确定标准。该手册应指引如何获取资源，这些资源对当地作品和国际作品兼容并包，能够反映学校社群内所有成员的国籍、种族、文化、语言、土著等人口特征。此外，该手册还应提供关于争议性资料复审的清晰指引。

* *

示例

在法国，学校图书馆员经与学校社群磋商，制定了一个采购政策，该政策关联学校课程和教学活动等相关政策，由十条指令构成。（www.cndp.fr/savoirscdi/centre-de-ressources/fonds-documentaire-acquisition-traitement/les-10-commandements-dune-politique-dacquisition.html）

* *

4.3.2 数字资源相关问题

学校图书馆的一个重要功能是作为信息社会的有效接口。它必须提供既反映学校课程又反映用户兴趣和文化的数字信息资源的获取。由社交媒体驱动的新兴参与式文化使得图书馆用户的角色从信息消费者扩展为信息创造者。因此，学校图书馆员需要考虑创建配备电脑和其他实践学习活动所需生产性设备的"创客空间"，这些实践学习活动包括创造信息产品（如影像资料、博客、播客、3D项目、海报、信息图表等）。

数字资源和因特网信息的可获得性日益提高，意味着学校图书馆编目系统需根据公认的国际或国家书目标准进行适当的资源分类和编目，以促使学校图书馆为更宽广的网络所兼容。在全球的许多地方，学校图书馆与地方或区域社群建立联系，受益于联合或共享编目系统。这样的合作可以提高资源在选择、编目和处理方面的效率和质量，并且更易实现资源组合效益最大化。在其他地方，学校图书馆受益于由联盟或政府推动的在昂贵的商业数据库和在线参考资料方面的资源共享。

* *

示例

在加拿大阿尔伯塔省，教育部通过全额资助在线参考资料中心（Online Reference Centre），向全省所有师生提供高质量的在线英语和法语信息资源。（www.learnalberta.ca/OnlineReferenceCentre.aspx）

示例

在法国，学生能容易地获得和使用由Correlyce平台所提供的数字资源，其中包含了超过300种可用的社论和索引资源。（www.correlyce.fr）

* *

数字馆藏的管理标准与印刷馆藏的管理标准相类似。然而，也有一些需要特殊考虑之处：

- 资源获取——若以数字资源取代印刷馆藏，资源的获取将被改善还是被削弱？
- 财政和技术问题——长远来看，数字资源的花费是否会因为持续的授权费用和载录格式转换费用而比印刷资源的花费更高？
- 法律和授权问题——有关版权的法律或对数字资源的授权条款，是否会限制用户的数量、线下访问或用户隐私？
- 安全——如何保护资源的获取途径？

4.3.3 馆藏标准

今天，当学校图书馆馆藏中包括了许多或通过馆内获得、或通过外部商业数据库及授权参考资料获得的数字资源时，传统的学校图书馆馆藏标准已经难以制定和使用。不论是否使用国家或当地的馆藏标准，馆藏建设相关决策都要以课程要求和教学方法为基础。

馆藏需均衡收藏当前资料和相关资料，以确保不同年龄、能力、学习模式和背景的用户都能获取资源。馆藏应通过实体或数字形式的信息资源以支持课程。除此之外，学校图书馆还购置以休闲为目的的资料，如流行小说或连环画小说、音乐、电脑游戏、电影、杂志、漫画和海报等。应该与学生共同挑选这类资源以确保所选资料符合他们的兴趣和文化。

* *

示例

美国南卡罗来纳州教育部于2012年发布了馆藏建设标准。以生均馆藏量为指标,生均11册被认为是"处境危险的",生均13册是"基本的",生均15册是"可仿效的"。小说和非小说类馆藏所占比例应根据年级范围和特殊的素养项目或需求来调整。

* *

4.3.4 资源共享

学校图书馆应通过馆际互借和资源共享等方式来拓展用户获取图书馆资源的途径。然而,由于这不是许多学校图书馆的传统功能,尚未有完善的促进制度。如果学校图书馆通过联合目录或在线数据库及数字参考资料的共享获取相互连接,则馆际互借和资源共享较易于组织。

* *

示例

在意大利维琴察,26所高中、15所综合性学校(小学和初中)以及两个私立成员(一个基金会和一家公司)的图书馆建立了一个共享资源和图书馆软件并提供馆际互借服务的网络。(www.rbsvicenza.org/index.php?screen=news&loc=S&osc=news&orderby=Autore)

示例

在葡萄牙,学校和公共图书馆建立网络,共享图书馆编目和自动化系统。(www.rbe.mec.pt/np4/home)

示例

在荷兰和佛兰德斯,图书馆是"社区学校"的核心。它是一个完整、集中且综合的知识中心,还整合了一系列社区教育服务(如幼儿学校和小学、体育馆)。(www.bredeschool.nl/home.html)

* *

参考资源

BON I, CRANFIELD A, LATIMER K. (2011). Designing library space for children [M]. Berlin/Munich: De Gruyter Saur, 2011. (IFLA Publications; Nr 154.)

DEWE M. Ideas and designs: creating the environment for the primary school library [M]. Swindon, UK: School Library Association, 2007.

DUBBER G, LEMAIRE K. Visionary spaces: Designing and planning a secondary school library [M]. Swindon, UK: School Library Association, 2007.

DURPAIRE J L. Politique d'acquisition in Les politiques documentaires des Etablissements scolaires [The acquisition policy within a school's policy] [M]. Paris: Inspection Generale de l'Education Nationale, 2004: 34 – 36.

LA MARCA S. Rethink! Ideas for inspiring school library design [M]. Carlton, Victoria, Australia: School Library Association of Victoria, 2007.

Landelijk Steunpunt Brede Scholen. Verschijningsvormen Brede Scholen 2013. [Examples of Community Schools 2013] [M/OL]. 2nd ed. Den Haag, Netherland: bredeschool. nl, 2013. www. bredeschool. nl/fileadmin/PDF/2013/2013-05-28_ 13_ 170_ LSBS_ gew_ herdruk_ brochure_ Verschijningvormen_ 4. pdf.

LATIMER K, NIEGAARD H. IFLA library building guidelines: developments and reflections [M]. Munich: K. G. Saur, 2007.

LOERTSCHER D, KOECHLIN C, ZWANN S, et al. The new learning commons: where the learners win! [M]. 2nd ed. Clearfield, UT: Learning Commons Press, 2011.

MARQUARDTL. La biblioteca scolastica, ambiente e bene comune per l'apprendimento [School libraries, learning environments and commons] [C] // Vivarelli M. Lo spazio della biblioteca … [The Library Space …]. Milano: Editrice Bibliografica, 2013. [See Chapter 4. 6, pp. 299 – 334, and case study pp. 400 – 401.]

MOLINA J, DUCOURNAU J. Les 10 commandements d'une politique d'acquisition [The 10 Commandments of an acquisition policy]. [EB/OL]. (2006). www. cndp. fr/savoirscdi/metier. html.

OSLA (Ontario School Library Association). Together for learning: school libraries and the emergence of the learning commons. A vision for the 21st Century [M/OL]. Toronto, Canada: OSLA, 2010. www. accessola. com/data/6/rec_ docs/677_ olatogetherforlearning. pdf.

PAVEYS. Mobile technology and the school library [M]. Swindon, UK: School Library Association, 2014.

PREDDY L B. School library makerspaces: grades 6-12 [M]. Westport, CT: Libraries Unlimited, 2013.

South Carolina Department of Education. South Carolina standards for school library resource collections [M/OL]. Columbia: SCDE, 2012. http://ed. sc. gov/agency/programs-services/36/documents/Standards_ School_ Library_ Resource_ Collections. pdf.

第5章 学校图书馆活动

"学校图书馆是教育过程中不可或缺的一部分。"(《学校图书馆宣言》)

5.1 引言

为圆满达成其教育使命,学校图书馆必须通过系列精心研究的教导和服务活动积极参与教育社群。因为需要与图书馆以及更广社群的目标相一致，世界各地学校图书馆所提供的活动各不相同。(参见 3.5.4 社群参与)。

用于描述学校图书馆活动的术语在世界各地亦各不相同。举例来说，发展具有阅读热情和阅读技巧的读者的活动，就有"阅读推广""广泛阅读""自主阅读""休闲或娱乐阅读"或"快乐阅读"等不同称法。但无论采用何种称法，培养积极且能流畅阅读的读者是世界各地所有学校图书馆活动的重要任务。

* *

示例

纳米比亚每年举行阅读马拉松，该活动使用母语向孩子们讲故事（纳米比亚有 13 种语言），从而促进阅读文化，它也成为为学校和图书馆出版母语少儿读物的动力。

* *

出现争议性术语的另一领域是关于信息的作用。那些曾被称为"书目指导"（指导如何使用图书馆的文本和系统）和"用户教育"（任何帮助用户了解图书馆及其服务的手段）的活动，现在更经常被称为"信息素养"和"探究"。多年以来，信息使用的图书馆指导范式不断变化：从 20 世纪 60 至 70 年代的来源路径；到 20 世纪 80 年代的探路路径；再到从 20 世纪 90 年代开始的过程路径（Kuhlthau，2004）。过程路径强调在问题解答的视角下思考信息和使用信息。这一路径并不抛弃通过来源路径或探路路径所积累的知识（如关于工具、来源和检索策略的知识），但同时又强调这种知识最好是在问题思考和解答的教学中通过探究加以发展。

5.2 活动

学校图书馆是学校教与学的重要组成部分，它还有助于实现学校的社会目标，如学生参与、有教无类以及更广泛的社群关系。学校图书馆的目标应与学校的目标（如基本素养、课程学习和公民权）保持一致。学校图书馆对实现学校目标所能做的贡献程度取决于学校图书馆的资源配置和人员配置。

* *

示例

在匈牙利，许多学生在城市里学习，却居住在城市附近的村庄，所以他们需要"穿梭"于学校和居住地之间。许多学生必须在课前和课后费时等待公共交通。对此，许多学校图书馆都延长了课前和课后的开放时间，以便让学生可以在安全且有文化氛围的社群场所中度过等待的时间。这也为加深教师图书馆员和学生之间的关系提供了机会。

* *

服务和活动必须由符合资质的学校图书馆员与学校的校长或首席教师、与部门主任和其他学习专家、与课堂教师、与后勤人员以及与学生密切合作，一道制定。如果没有符合资质的学校图书馆员通过专业知识选择适当的教育资源，并根据这些资源与任课教师合作设计教学，相关研究文献中所报告的学生成绩提升是无法实现的。

符合资质的学校图书馆员的教导工作应侧重于以下核心活动：
- 基本素养和阅读推广；
- 信息素养（信息技能、信息能力、信息通晓、媒体素养、跨媒体信息素养）；
- 探究式学习（问题导向学习，批判性思维）；
- 技术集成；
- 教师的专业发展；
- 文学和文化鉴赏。

学校图书馆关于核心活动的研究为其行动构建了框架。学校图书馆核心活动的重点取决于学校的计划与工作重心，并且应当体现随年级的递增而提升的课程期望。

5.3 基本素养培育和阅读推广

学校图书馆应在基本素养培育和阅读推广上为学生提供支持。研究表明，阅读水平和学习成果之间存在直接联系，培养热爱阅读且能熟练阅读的读者的关键因素在于阅读资料的获得（Krashen，2004）。在向读者提供阅读资料、支持读者的个人喜好、告知读者其阅读选择权利时，学校图书馆员应采用务实而灵活的方法。当学生有机会自主选择阅读时，他们的考试成绩会随着时间的推移逐步提高。自选读物有助于拓展词汇、提高语法测验成绩、提升写作和口语能力。当学生能够获得所学第二语言的高质量书籍时，学生第二语言的流利度和理解力将提升。当阅读困难者能够获得诸如有声读物等替代性阅读资料时，他们的阅读技能得到提升、阅读态度得到改善。

有阅读障碍的学生需要替代读物，在某些情况下还可能需要特殊的阅读设备。学校图书馆员应能够与为这些学生配备的专门教师合作，为这些学生的阅读需求提供支持。学校图书馆员还应支持教师的课堂阅读工作，使其符合地方和国家标准（如帮忙为阅读计划推荐适当的图书，推荐支持国家语言标准的图书）。

学校图书馆应该提供一个美观且具有启发性的环境，其中应配备各种各样的印刷资料和数字资料，并提供安静阅读、小组讨论和创意工作等一系列活动的机会。学校图书馆员应制定尽可能宽容的借阅政策，并尽量避免对于超期归还和图书丢失等的罚款或其他惩罚。

鼓励阅读、享受媒体的基本素养主题活动应包括社会文化和认知学习等方面。应努力确保学校图书馆对当地作品和国际作品兼容并包，其馆藏能够反映学校社群内所有成员的国籍、文化、种族的人口特征。学校图书馆员应带头确保学生无论是在教室还是在图书馆，都拥有自主选择读物和与他人讨论分享阅读的机会。新入藏的小说和非小说资料都应该通过书评、图书馆展览和图书馆网页信息等方式向教师和学生推广。还可以通过在图书馆或学校举办展览、作者见面会和国际扫盲日等特别活动来提高基本素养和阅读水平。这些特别活动能提供机会让家长参与到学校中来。家长也可以通过家庭阅读活动和朗读活动参与孩子的基本素养培育。

****

示例

在法国，Babelio 挑战活动利用社会文学网络（www.babelio.com）鼓励阅读和促进儿童文学。

示例

在英国，图书馆与信息专业人员协会（CILIP）的卡内基奖和凯特·格林威奖（Carnegie and Greenaway Medals）制定了一个完善的跟随计划，结合每年获得该奖项提名的图书，激励全英的阅读活动。（www.carnegiegreenaway.org.uk/shadowingsite/index.php）

示例

在意大利，由哈梅林文化协会（Hamelin Cultural Association）于 2004 年设立、由波洛尼亚"Sala Borsa"图书馆协办的 Xanadu 计划，面向意大利不同地区 13～16 岁的高中生，最近尤其面向 8 年级学生提供。计划范围包括启发性反思和批判性思维、人际沟通，以及书籍、漫画、电影和音乐欣赏。（www.bibliotecasalaborsa.it/ragazzi/xanadu2014/biblio.php）

****

5.4 媒体和信息素养教育

学校图书馆的第二大使命是将学生培养成为能以负责任、合道德的方式定位和使用信息，从而在不断变化的世界里过好其生活的学习者和公民。2007 年，由 Forest Woody Horton, Jr. 为政策制定者编写的联合国教科文组织文件《理解信息素养：初级读本》，对信息素养的概念和定义以及信息素养在正式和非正式学习中所扮演的角色进行了有用的概述。联合国教科文组织也推广媒体与信息素养（MIL）的概念，认识到媒体和信息源在我们个人生活和民主社会中的重要性。2011 年的联合国教科文组织文件《教师媒体与信息素养课程》解释了为什么要将媒体素养和信息素养放在一起考虑。这一课程框架主要面向教与学中的三个领域：

1）关于媒体和信息的知识和理解，以促进民主和社会参与；

2）关于媒体文本和信息来源的评估（特别关注谁是创作者、为谁创造、传递了什么信息）；

3）关于媒体和信息的生产和使用。

学校图书馆员认可系统性框架对于媒体与信息技能教学的重要性，他们通过与教师合作帮助提升学生的技能。以媒体和信息素养课程为基础的教学计划的目标，是将学生培养成负责任、合道德的社会参与者。具备信息素养的学生是有能力的自主学习者。他们能够了解自己的信息需求并在思想世界中积极参与。他们对自己解决问题的能力深信不疑，知道如何定位相关且可靠的信息。他们能够运用技术工具获得信息并交流所学。

他们能自如应对多解或无解的局面。他们对工作持高标准，能够创造高质量的成果。具备信息素养的学生能够灵活应对变局，在独立工作或团队协作中灵活发挥所长。

* *

示例

在法国，小学生接受培训以负责任地使用互联网。（http://eduscol.education.fr/internet-responsable）

示例

在法国，学校图书馆员的培训课程与实施《媒体和信息素养导向培训课程》的基准相关。（http://media.eduscol.education.fr/file/Pacifi/85/4/Reperes_Pacifi_157854.pdf）

* *

5.5 探究式学习

许多国家、地方当局和学校图书馆为教学设计制定了非常成功的模型，以在探究式计划的情境下培养媒体和信息素养技能。为探究式学习所制定的模型，经过多年的研究、发展和实践检验。在没有教育当局推荐模型的情况下，学校应选择一个与其目标和课程学习成果最匹配的模型，而非试图制定自己的模型。探究式学习的教学模型请参阅附录C。

以探究式学习为基础的教学模型通常使用过程路径，为学生提供一个学习过程，这一过程可以转而使用于不同内容领域，还可以从运用于学术环境转而运用于现实生活。这些模型共享以下几个概念：

- 学生从信息中建构意义。
- 学生通过过程路径创造高质量成果。
- 学生学习如何独立工作（自我指导）和团队协作。
- 学生以负责任、合道德的方式使用信息和信息技术。

探究式学习的教学模型包括必要的探究和终身学习技能：计划、定位和收集、选择和组织、处理、再现和分享，以及评估。基于过程的教学模型还提升自主学习技能（即元认知）以及协作技能。最好能在主题情景中，借由课程中的话题和问题逐渐强化这些技能。

任何研究任务、作业、项目、文章或话题都需要计划技能。在探究的最初阶段，计划活动包括框定适当的问题、识别可能的资源和可能的信息查询策略、制定合理的时间进度等。在整个探究过程中，学生将不断调整计划以应对预料之外的挑战和障碍。

定位和收集技能是信息查询任务的基础。这些技能包括了解字母和号码的排列顺序、在计算机数据库和互联网上使用多种信息查询策略、使用索引和参考资源。信息创造可能包括资源研究，以及调查、访谈、实验、观察等方法。

选择和组织技能需要批判和审视的思维。选择包括查找与所探究焦点相关和完全相关的信息。运用权威性、完整性、时效性、准确性和有观点等标准能够帮助学生就所找到的信息做出知情且合乎道德的决定。

处理信息指使用诸如从多种来源整合信息、推理、提出结论、建立与先验知识的关联等技能以建构信息的意义。通过这些技能，学生理解所收集的信息，将所收集的信息转化为个人知识。

信息的再现和分享指创造高质量成果，这些成果能够清晰沟通思想，能够反映所设立的目标和标准，能够根据不同受众采取有效的表达技能。

评估技能包括对探究过程和探究成果的评定。学生需要能够批判性地思考他们的付出和收获。他们应能将自己完成的成果与最初的计划进行比较，并判断他们的成果是否达到预期，从而辨别该学习计划的优点和不足，并思考在今后的任务中需要做出的改进以及这次学习对于未来学习的意义。

自主学习技能对于培养终身学习者至关重要。在整个探究过程中，需要引导学生思考他们思维活动和学习过程（即元认知），并利用这些自我认识建立学习目标且进而朝着目标管理探究过程。自主学习者能够使用媒体资源满足信息和个人需求、能够寻找问题的答案、能够考虑多种观点、能够分析观点之差异。他们认识到信息、信息源和图书馆具有复杂的组织和结构，他们能够在需要时寻求帮助。

学生在团队作业中习得协作技能，团队由不同的个体组成，需要处理不同的资源、使用不同的技术。学生学习如何捍卫主张以及如何对观点提出具有建设性的批评意见。他们认识观点的多样性，并尊重他人的背景和学习风格。他们共同制定既能反映个体差异又能融合个体任务最终完成作品的计划。

探究式学习的过程路径，远不局限于信息定位和具体问题解答，它还包括信息使用和具体话题求证。它是搜索信息的过程，同时也是搜索的成果。它呼吁人们了解从信息中学习的复杂性，从信息中学习不是一个常规的或标准化的任务，更牵涉情感表达和认知领域。

在决定使用过程路径进行探究式学习时，无论图书馆的规模、馆藏和技术如何，学校图书馆员和教师都面对着一个根本问题：如何通过能够激发好奇心、使人爱上学习的发现过程以影响、引导和鼓舞学生对于学习的追求。基于过程的模型支持一个观点，这一观点认为探究式学习是学生体验发现和个人成长的机会。如果有效加以实施，学生探究式的学习应伴随着探索和冒险、好奇心和积极性、批判性和创造性思维参与、与现实生活情况和现实受众的联系等诸多特征。

基于过程的模型以理论为基础，并立足于教育领域和图书馆与信息学研究领域。其中，学习理论来自教育领域，信息查询行为理论来自图书馆与信息学研究领域。举例来说，从教育领域，我们知道，学习者处理抽象的水平取决于他们的认知发展和他们的先验知识及经验。从教育领域，我们还知道建构主义理论——学习者主动建设或建构他们的知识，学习者在使用信息时经受着情感和想法的改变。从图书馆与信息研究领域，我们知道，信息用户在提问的明确性方面会经历不同层次，从关于信息需求的模糊概念至清楚界定需求或问题；我们知道，如果用户切实理解信息系统和信息问题，那么用户在搜索过程中将更加成功。

与学校其他学习项目一样，探究式学习活动的设计应能够促成学生学习的进步和连贯性。这意味着上述技能必须分阶段、按层次逐渐传授。学校图书馆员应承担主要职责，以确保探究过程教学的系统方法，这一方法应以基于学校的连续统一的媒体和信息技能与策略为指导。

如果没有地方或国家制定的探究式教学模型，学校图书馆员应与课堂教师和学校领导合作挑选模型。当教师和学生运用这一模型时，他们可能希望针对学校目标和当地需求修正模型。然而，修正模型应谨慎为之。如果对模型的理论基础缺乏深入理解，所做修正可能导致模型失效。

* *

示例

瑞典乌普萨拉的中学生通过阅读一本反乌托邦小说开始他们的探究计划。他们在阅读小组里讨论这本小说。学生们所关注的来自小说的探究主题各不相同，有关注监视的，有关注全球暖化的，有关注疾病的。他们先广泛而后深入地搜索信息，从而确定非常具体的个人探究重点（例如，从所有与监视有关的事情，发展为一个非常具体的探究——政府如何能监控人们的智能手机）。该计划的最终成果是一篇用作考试的课程论文，学生使用所收集和建档的资料来完成。

* *

5.6 技术集成

学校图书馆研究表明，图书馆在提供技术基础设施和工具以及提供信息技术使用之指导等方面具有重要作用。技术有助于将图书馆及其资源延伸至教室及教室以外的地方。学校图书馆员帮助学生学习对于使用互联网资源和数据库资源以及信息生产工具很重要的在线检索策略。学校图书馆员与学校的技术专家（若有）协作，确保清晰界定两个职位的角色，从而避免校内为教师和学生提供的技术服务和活动出现缺口或冗余。

5.7 教师的专业发展

学校图书馆通过提供教师专业发展（尤其与新资料和技术、新课程以及新的教学策略有关的）支持教师。学校图书馆员经常通过与教师同事在学习中协同工作，为他们提供非正式专业发展，具体方式包括：
- 为教师提供资源，以拓宽学科知识或改进教学方法；
- 针对不同的评估和评定策略提供资源；
- 成为工作伙伴，共同计划需要在课堂和/或图书馆中完成的任务；
- 通过馆际互借以及个人和数字网络，图书馆成为连接更广泛资源的节点。

5.8 学校图书馆员的教导职责

符合资质的学校图书馆员与教职同事协同工作,为学生提供最佳的学习体验。理想情况下,学校图书馆员应与其他教师合作教学,教学团队中的每一位成员在设计和实施教学活动中贡献各自的专业知识。

以下是四种合作教学的方法,学校图书馆员与课堂教师作为教员协同工作:支持、并行、互补和团队教学。

1) 支持教学——一名教员发挥主导教学作用,另一名教员在学习者身边,按需提供一对一支持。这种方法被称为"一人教学/一人巡视(one teaches/one drifts)"。

2) 并行教学——两名或两名以上教员同时在课堂或图书馆的不同位置负责不同的学习群体。这种方法被称为"分站式教学(station teaching)"。

3) 互补教学——一名教员采用一些方法加强另一名教员的教学效果。例如,一名教员可能补充解释另一名教员的陈述或示范笔记技巧。

4) 团队教学——两名或两名以上教员计划、教学和评估,并对教室或图书馆中所有的学生负责,他们平等分担责任、领导和义务。

上述各种合作教学方法的效用借由合作教员的协作计划而增强,计划中包括教学的内容、方式和评估。学校图书馆员和课堂教师的协作计划也提高教学的质量,另有一些情况是,学校图书馆员是学生在图书馆或教室中的唯一教员。协作对于那些融入课程或与学生的兴趣和需求相关联的媒体和信息素养的教学而言至关重要。

参考资源

ASSELIN M, DOIRON R. Linking literacy and libraries in global communities [M]. London: Ashgate, 2013.

GORDON C, LU Y-L. "I hate to read—or do I?": low achievers and their reading [J/OL]. School Library Research, 2008, 11. www.ala.org/aasl/slmr/volume11/gordon-lu.

HUGHES-HASSELL S, BARKLEY H A, KOEHLER E. (2009). Promoting equity in children's literacy instruction: using a critical race theory framework to examine transitional books [J/OL]. School Library Research, 2009, 12. www.ala.org/aasl/slmr/volume12/hughes-hassell-barkley-koehler.

KRASHENS D. The power of reading: Insights from the research [M]. 2nd ed. Westport, CT: Libraries Unlimited, 2004.

KUHLTHAU C C. Seeking meaning: a process approach to library and information service [M]. 2nd ed. Westport, CT: Libraries Unlimited, 2004.

MARKLESS S. The innovative school librarian: thinking outside the box [M]. London: Facet Publishing, 2009. [See Chapters 7, Becoming integral to teaching and learning, pp. 127-142.]

Eduscol [Ministry of Education, France]. Vademecum vers des centres de connaissances et du culture [Short guide to knowledge centres and culture] [EB/OL]. (2012). http://eduscol. education. fr/cid60332/-vers-des-centres-de-connaissances-et-de-culture-le-vade-mecum. html.

TRELEASE J. The readaloud handbook [M]. 7th ed. New York: Penguin Books, 2013.

VILLA R A, THOUSAND J S, NEVIN A I. A guide to co-teaching: Practical tips for facilitating student learning [M]. 2nd ed. Thousand Oaks, CA: Corwin Press/Council for Exceptional Children, 2008.

第6章 学校图书馆评估和公共关系

"学校图书馆对于所有与基本素养、教育、信息提供,以及经济、社会和文化发展有关的长期战略而言都是至关重要的。"(《学校图书馆宣言》)

6.1 引言

大量研究表明,资源充足且配备专业图书馆员的学校图书馆对于学生的成绩具有积极影响。例如,参阅 LRS 美国《学校图书馆影响研究》(www.lrs.org/data-tools/school-libraries/impactstudies),以及 Williams, Wavell, C., and Morrison (2013) 英国相关研究 (www.scottishlibraries.org/storage/sectors/schools/SLIC_RGU_Impact_of_School_Libraries_2013.pdf)。然而,这些研究并不为学校图书馆社群之外的人所熟知或了解,全球许多地方的学校图书馆一直面临着裁员危机。裁员经常导致学校图书馆专业人员的流失。如果没有符合资质的学校图书馆员,学校图书馆作为教育进步和学生成绩提高的推动力量的潜能将消失。

过去十年有关学校图书馆影响的主要研究不断证明,由全职且符合资质的学校图书馆员提供的学校图书馆活动对学生成绩的影响最大。研究发现学校图书馆对于学生学习的积极影响还包括帮助弥合在贫穷、少数民族和/或残障学生身上常见的成绩差距。除了拥有全职且符合资质的学校图书馆员之外,学校图书馆与学生成绩提高有关的其他因素还包括:协作、教导、日程安排、获取、技术、馆藏、预算和专业发展。由于资源充足的学校图书馆现在已经为学生和教师提供全天候的在线资源和服务,未来的研究需要评估空间、时间和使用等如何受到数字化可能性的影响。

评估是实施学校图书馆活动和服务的重要环节。评估可以帮助决策或问题解决(关注问责);它也可以影响人们对于学校图书馆的看法和发起人们对学校图书馆的支持(关注转变)。评估过程有助于确定前进方向,也可以启发关于学校图书馆未来的新愿景。

事实上,对学校图书馆的评估不能与对学校教育计划的评估相分离。评估也是计划过程的一部分,也应该是学校质量保障计划的一部分。

6.2 学校图书馆评估与循证实践

对学校图书馆和学校图书馆员的评估并没有统一系统的方法,但评估有助于确保图书馆活动和服务支持学校目标的实现。评估可以发现学生和教师对于从活动和服务中受益期望的实现程度。评估也有助于形塑这些活动和服务,增强图书馆工作人员和用户对于活动和服务的理解和承诺。

循证实践强调为改进实践而收集和分析数据。将评估作为循证实践的一个组成部分加以实施通常范围较窄,这种评估由学校层面的评估者操作,形成关于实践的建议。以循证实践为目的所收集和分析的数据来源多样,取决于所查询的实践的不同方面。有用于支持决策的实践中的数据,如在线流通与编目系统(OPAC)记录,又如教学模式,如分班、分年级或分科目教学;也有用于支持图书馆影响力证明的关于实践的数据,如学生的各种学习成果,又如针对学生、教师和/或家长的调查。

6.3 学校图书馆评估的方法

学校图书馆评估方法的选择取决于其所处的环境和情境。针对整体质量的学校图书馆评估通常涵盖较宽广的范围,由外部专家实施,并给出质量等级评定(参阅附录D:学校图书馆评估清单示例,以及附录E:学校图书馆评估清单——校长用)。大多数学校图书馆采用由学校图书馆员实施的自查。除了整体质量之外,其他学校层面的学校图书馆评估可能方法还包括利益相关方意见、活动内容和活动影响。学校图书馆评估的常用方法是循环实践。

6.3.1 活动质量

关注整体活动质量的学校图书馆评估通常是一个长期计划,耗时数年,涵盖各种活动。活动质量评估通常先有一个活动指导框架,如学校认证程序,或省、国家标准文件。实施综合性活动评估需要得到强有力的行政支持,还需配备外部专家,如学区顾问。然而,局部性的这类评估同样有其价值,可以仔细计划以减少资源需求。例如,通过自查可以了解一个学期或一个学年图书馆教导活动的范围,从而评估学生和教师在这些活动中的参与度。又如,可以将图书馆活动和服务的某一方面(如设施或馆藏)与相关标准比照。

6.3.2 利益相关方意见

调查研究提供了许多关于利益相关方意见的具有启发性和综合性的案例。如果大型调查研究所需资源超过了大部分学校和学区所能承担的范畴,那么不妨使用一些简单却有效的备案。例如学区满意度调查,又如学校层面的调查或者当一项重要研究超越了大多数学校或学区的资源范畴时,可以用一些简单且有效的方案予以取代,如学区满意度调查以及基于学校的调查或意见反馈组。

大部分学区或教育当局均有某些形式的针对学生、教师和家长的年度满意度调查。在这类调查中增加一至两个与图书馆活动和服务有关的问题是非常值得一试的做法。即使开始无法实现，这种尝试也是一种重要的游说方式，让学区管理层对学校图书馆活动和服务有更多的了解。

收集学生关于图书馆看法的一种方法，是在校长的支持下调查学校每一个班级，从一年级开始，询问学生诸如"我们的学校图书馆有什么令人满意的地方？"和"我们应做什么使图书馆更完善？"等问题。调查所得数据经过分析，可以与教师、教辅人员还有家长共享。适用于中学的一种方法则是组织学生代表会议，来自每一个班级的代表在会上就学校图书馆的服务和资源反馈意见。在由多个反馈环节组成的会议进行过程中，可以请学生指出关于学校图书馆他们想要和不想要的，以及提出能够使图书馆成为对于学习者来说更好的处所的其他意见。这两种方法也都适用于针对学校图书馆活动和服务的某些特定组成部分所做的评估。

6.3.3 活动内容

关注活动内容的学校图书馆评估，可以在或宽或窄的范畴内进行，可以是一次性的，也可以是持续性的。可以设计一项自查，分析通过一个学期或者多年的图书馆教导活动所取得的学习成果。通过图书馆教导活动所取得的学习成果可以与通过一门或多门课程取得的学习成果相比较。

另一种方法，是使用课堂教师和/或部门主任焦点小组，讨论什么样的学习成果是图书馆教导活动应该达成的。为了获得最好的效果（即充分讨论和如实观察），焦点小组最好由第三方（外部观察员，例如其他学校的图书馆员或者学区学习顾问）而非学校图书馆员来组织和协调。

6.3.4 活动影响

学校图书馆影响评估关注"增值"概念，它可以用以明确学校图书馆探究活动对学生学习所做的贡献。关键要从学生身上找到他们从中学到了什么。例如，探究项目应该促使学生深入了解一个话题，知道如何进行探究，并体会学习的重要性。例如，为了知道探究项目对于学生学习的影响程度，"图书馆的力量"项目（Oberg，1999）在项目结束时对1至6年级的小学生进行了访谈：

- 能给我讲讲你的项目吗？你是如何使用书籍和计算机的？哪方面比较顺利，哪方面存在问题？
- 你是如何开始的？中期你做了什么？你是怎样完成的？在每一个阶段你的感受是怎样的？
- 你学到了什么？什么使你记忆深刻？你在校外分享过你的项目吗？你的项目与人们在校外所做的事情有相似之处吗？

适用于中学生的一个类似方法是"学校图书馆影响测量（School Library Impact Measure）"，又称"学生学习影响测量（Student Learning Impact Measure）"，简称SLIM（Todd，Kuhlthau & Heinstrom，2005）。在探究过程中的三个节点上，学生们被要求完成由以下问题组成的反馈表：

- 花些时间思考你的话题，写下你对它的了解。
- 你对这个话题感兴趣吗？
- 你对这个话题了解多少？

- 回顾你的调查项目,你觉得什么是最容易完成的?
- 回顾你的调查项目,你觉得什么是最难完成的?
- 通过实施这个调查项目,你学到了什么?(这个问题只在项目结束时才提出)

学生学习的以下其他方面可以通过访谈、反馈表、学习日志或探究小组等方法加以检查:

- 判断信息来源、可靠性、有效性和相关性的能力;
- 创造可靠且知情的产品的能力;
- 可靠地管理个人数字身份的能力。

对于学校图书馆员和教师们而言,分析学生的访谈记录或反馈表将是一个艰巨且耗时的任务,但通过这项工作,这些专业人员将能够了解学生如何拓展他们关于课程内容以及信息处理和加工技能的知识和理解,而这些了解对于学校、工作等都具有重要意义。让学生参与他们探究学习过程讨论,也有助于学生认知、调节和适应他们自己的学习过程。

6.3.5 循证实践

循证实践是一种利用数据进行决策的整体性、综合性方法。学校图书馆的循证实践整合三类数据:a)为了实践的证据(将正式研究的结论用于指导实践);b)实践中的证据(使用自身数据以改变实践);c)关于实践的证据(使用用户报告和用户生成数据以显示学校图书馆员的工作成果)(Todd,2007)。学校图书馆员通过其专业教育和许多公开发表的学校图书馆研究总结获得为了实践的证据(例如,Haycock,1992;Kachel, et al., 2013)。学校图书馆员使用实践中产生的证据,例如流通记录和教导活动时间安排等,进行诸如与为阅读推广活动购买资源、制定确保所有学生均享有探究式学习体验机会的计划等决策。

6.4 学校图书馆评估的影响

评估是持续发展循环的关键。评估有助于学校图书馆的活动和服务与学校的目标保持一致。评估向学生、教师、图书馆工作人员以及更广泛的教育社群证明学校图书馆活动和服务的好处。评估为活动和服务的改进提供证据,帮助图书馆工作人员和用户理解这些活动和服务的价值。成功的评估带来活动和服务的更新,也带来新设计的活动和服务。评估对于公共关系和宣传相关行动的指导至关重要。

6.5 学校图书馆的公共关系

公共关系的概念聚焦于长期互动和战略沟通,从而在机构及其公众间(学校图书馆和相关利益者之间)建立利益关系(参阅3.5.4 社群参与)。

市场营销和推广聚焦于满足图书馆用户意愿和需求的即时产品和服务。那些能够满足图书馆用户需求的短期产品和服务。相比之下,宣传从根本上是关于改变的行动或是关于思想和问题的演进。长远来看,应与学校图书馆的利益相关群体和支持者建立相互支持的关系，这便是学校图书馆宣传。推广、市场营销以及宣传均需要以系统的方式加以计划和实施。推广和市场营销是学校图书馆员学校层面工作的一部分；学校图书馆员也参与宣传，但通常宣传由团队（如学校图书馆协会）计划和实施。学校图书馆的推广和市场营销主要面向图书馆用户，此间所关心的是图书馆的使用。学校图书馆的宣传主要面向决策者和能够影响决策者的人，此间所关心的是图书馆资金以及其他能让图书馆员开展工作的支持。

6.5.1 推广和市场营销

推广是一种面向用户关于图书馆能提供什么的单向沟通，而市场营销则是试图将图书馆的服务与潜在用户的需求和喜好相匹配的双向互动。学校图书馆所提供的服务和设施必须得到大力推广和市场营销，使得目标群体（学校及更广泛社群）能够意识到图书馆作为学习伙伴和理想服务及资源提供者的角色。

学校图书馆应与利益相关者合作制定一份书面的推广和市场营销计划。其中应包括：预期目标；关于如何实现目标的行动计划；可以评定推广和市场营销工作是否奏效的评估方法。推广和市场营销计划应每年进行评估、回顾和修订；学校图书馆员和学校行政管理者应至少每两年对完整的计划进行一次全面讨论。

6.5.2 宣传

宣传是通过有计划和持续性的努力逐渐增进理解和支持。宣传与推广和市场营销有关，但也有所不同。学校图书馆宣传是指加强主要决策者的理解和支持，是指提高意识和增进知识；它耗费时间，需要从长计议。学校图书馆宣传工作应关注决策者以及那些影响决策者的人，而非学校图书馆用户。

宣传是指建立关系。

宣传是指影响他人。研究已经确立了与影响他人有关的六项通用原则（Cialdini，2006）。这些关于说服的原则对于宣传能否成功至关重要，它们是互惠、喜爱、权威、社会认同、一致性/承诺和稀缺性。

互惠和喜爱是指建立关系。人们常常会因为他人施惠或是喜爱他人而施惠于他人。权威和社会认同是指在不确定的情况下做出决定。人们常常因为某些权威人士的建议或是因为他人喜欢其这样做而行事。一致性/承诺和稀缺性是指促使人们行动。如果人们认为行动与他们的价值观相一致或是认为行动可以使他们避免失去所珍视的东西，他们会更愿意采取行动。

应谨记这些通用原则以指导计划宣传项目。例如，学校图书馆员经常需要将全国性学校图书馆协会中的其他图书馆员作为目标群体，以获得他们关于一项学校图书馆政策的支持。以下指导性问题可能有助于计划一个宣传项目。

- 稀缺性：如果学校图书馆没有得到很好的支持，其他图书馆员可能因此而失去什么？
- 一致性/承诺：他们与你们共享的价值观是什么？
- 权威：他们尊重谁的意见？
- 社会认同：其他国家性协会如何支持学校图书馆政策？
- 互惠：在协会中其他图书馆员有关的问题上，你们能够如何予以支持？

·喜爱：你们喜爱其他馆员的哪些方面，又如何展示？

如果学校图书馆员和他们的盟友与其他人相联合，并有所计划地推进，宣传并非难事。国际图联在线学习平台（Online Learning Platform，www.IFLA.org/bsla）为希望为图书馆宣传、希望知道如何宣传的人们提供了相关资源。这个网站包括关于学校图书馆宣传的具体资料，如建设学校图书馆网络的案例、改变学校图书馆立法的案例、将学校图书馆建设成为教育改革的有生力量的案例等。宣传对于增强和维护学校图书馆的发展至关重要。宣传和评估均有助于建立对于能够改进学校所有人教与学的工作的理解和支持。

参考资源

American Association of School Librarians. Advocacy [EB/OL]. (2014). www.ala.org/aasl/advocacy.

CIALDINI R B. Influence：The psychology of persuasion [M]. Rev. ed. New York：Harper Business Books, 2006.

Department for Education and Office for Standards in Education, Children's Services and Skills [UK]. Improving performance through school self-evaluation and improvement planning[EB/OL]. (2006). http://dera.ioe.ac.uk/5986/1/Improving_%20performance%20through%20school%20self-evaluation%20and%20improvement%20planning%20 (PDF%20format).pdf.

Department for Education and Skills and the School Libraries Working Group [UK]. Self-evaluation model：school libraries resource materials[EB/OL]. (2004). www.informat.org/schoollibraries/index.html.

FADBEN. The FADBEN manifesto：teaching information-documentation and information culture[EB/OL]. (2012). http://fadben.asso.fr/2012-FADBEN-Manifesto.html.

HAYCOCK K. What works：research about teaching and learning through the school's library resource center [M]. Seattle, WA：Rockland Press, 1992.

KACHELD E, et al. School library research summarized：a graduate class project [M/OL]. Mansfield, PA：Mansfield University, 2013. http://sl-it.mansfield.edu/upload/MU-LibAdvoBklt2013.pdf.

LRS (Library Research Service, Colorado State Library, Department of Education). School libraries impact studies[EB/OL]. (2015). www.lrs.org/data-tools/school-libraries/impact-studies/.

MOLLARD M. Les CDI à l'heure du management [CDI on time management] [M]. Paris：École nationale supérieure des sciences de l'information et des bibliothèques, 1996.

OBERG D. Libraries in schools：essential contexts for studying organizational change and culture [J]. Library Trends, 2009, 58 (1), 9 – 25.

TODD R. Evidence based practice and school libraries：from advocacy to action [C] // HUGHES-HASSELL S, HARADA V H. School reform and the school library media specialist. Westport, CT: Libraries Unlimited, 2007: 57-78.

TODD R J, KUHLTHAU C C. Student learning through Ohio school libraries: part 1: how effective school libraries help students [J]. School Libraries Worldwide, 2005a, 11 (1), 63-88.

TODD R J, KUHLTHAU C C. Student learning through Ohio school libraries: part 2: faculty perceptions of effective school libraries [J]. School Libraries Worldwide, 2005b, 11 (1): 89-110.

TODD R J, KUHLTHAU C C, HEINSTROM J. SLIM Toolkit [M/OL]. New Brunswick, NJ: Center for International Scholarship in School Libraries, Rutgers University, 2005. http://cissl.scils.rutgers.edu/index.html.

TODD R J, KUHLTHAU C C, OELMA. Student learning through Ohio school libraries: the Ohio research study [M/OL]. Columbus, OH: Ohio Educational Library Media Association, 2004. www.oelma.org/studentlearning/default.asp.

WILLIAMS D, WAVELL C, MORRISON K. Impact of school libraries on learning: critical review of published evidence to inform the Scottish education community [M/OL]. Aberdeen, Scotland: Robert Gordon University, Institute for Management, Governance & Society (IMaGeS), 2013. www.scottishlibraries.org/storage/sectors/schools/SLIC_RGU_Impact_of_School_Libraries_2013.pdf.

术语表

该术语表的范围根据《指南》审阅者和编制者的建议确立。如欲了解更多图书馆相关术语，读者可参阅 Joan M. Reitz 编写、ABC-CLIO 出版的"图书馆与信息科学在线词典（Online Dictionary for Library and Information Science, ODLIS）"[www.abc-clio.com/ODLIS/odlis_l.aspx]。该词典的精装本和平装本均可通过 Libraries Unlimited 获得。

宣传：指通过有计划和持续性的努力逐渐增进理解和支持。

书目指导：指导用户如何使用图书馆的文本和系统，常用缩写为"BI"。（参见：图书馆利用指导、媒体与信息素养、用户教育）

编目：描述信息源和为目录创建条目的过程。通常包括书目描述、主题分析、分类号分配以及为上架所做的准备工作。

流通：借出与归还图书馆资料的过程。也可用于一个时间段内（通常为一年）外借的册数及外借的次数。

公民权：作为一个社群的成员（即公民）的法律和政治地位，以及作为公民的权利、义务和特权。除了个体的基本权利和责任外，还包括个体的品质以及他/她在社群中的行为。

公民参与：为明确和解决公众关心的问题而采取的个体和集体行为；为改变社群生活质量而发展所需的知识、技能、价值观以及积极性。

道德准则：一套治理图书馆员、图书馆工作人员以及其他信息专业人员在工作中的行为和判断的标准。通常包括与平等获取、智识自由、保密、尊重知识产权、精益求精、准确、完整性、公正、礼貌、和尊重同行及图书馆用户等有关的标准。

馆藏：图书馆收集、组织并且提供使用的所有资料。通常指实体资源，也可以指数字资源，有时称作"持有资产"。馆藏中的文献可能是实体或数字的，可能是印本或非印本格式的；可能支持本地或远程使用，可能为图书馆所拥有，或是可以通过图书馆以付费或免费的方式从其他机构获得。

信息文化：指一个的必需的知识体系，该知识体系使得学生能够了解信息的本质以及信息是如何创造的，能够开明理解信息和通信行业之机制，能够批判对待无止境的技术创新和因个人数据被使用而导致的人类文档化（"documentarisation" of human beings）。也包括培养关于信息使用的合道德、负责任的态度。（参见：媒体与信息素养）

策展（Curation）：对博物馆、艺术馆或其他展览空间以及存储、展览于其间的所有物品的建设、保护、组织和监管。也包括数字馆藏（如网站）建设。负责特色馆藏的人员（即馆长/策展人）需要具有选择有价值的物品、帮助用户找到并阐释馆藏物品方面的专门知识和经验。

数据库：大型、定期更新的相关信息文档，由统一格式的记录组成，借助数据库管理系统软件的管理，能够简易而快速地查询和检索。学校图书馆中经常使用的数据库包括书目、期刊索引、文摘服务和全文参考资源，通常采用许可协议进行年度租赁，供图书馆成员和工作人员使用。

土著（Indigenous）：用以识别全体土著居民的术语。当然，有些人更愿意选择使用自己的语言或特定的部落身份来定义和识别自己。有些人可能使用其他标签或名称，例如当地居民（Native）、美洲原住民（Native American）、土著居民（Aborigine）、第一民族（First Nation）等。

信息素养：有效、负责和有目的地获得、评估和使用信息所必需的一系列技能、态度和知识。通常包括在解决问题或做出决策的过程中知道何时需要信息的能力，清楚表达需求的能力，定位和使用信息的能力，在需要时与他人分享信息的能力，将信息运用于问题或决策的能力。也被称为"信息能力"和"信息通晓（information fluency）"。（参见：媒体与信息素养）

图书馆利用指导（探究式路径）：在教学中强调从问题解答的角度思考和使用信息，并将关于工具、来源和检索策略的知识融入关于思考和问题解答的教学中。这种路径自20世纪90年代开始受到重视。

图书馆利用指导（来源路径）：教授用户图书馆工具和来源的性质及其使用，尤其是用以查找信息的工具书和索引。这是20世纪60年代和70年代所强调的路径。

图书馆利用指导（探路者路径）：教授用户如何使用检索策略（即以专家实践为基础的逻辑模式）以获得图书馆的工具和资源。被推荐的检索策略在公开出版的指南中常被称为"探路者（pathfinders）"或"文献指南"。这种路径自20世纪80年代开始受到重视。

图书馆利用指导（过程路径）：用户为增长知识或解决问题而使用信息，教授用户通过调整使用信息时所涉及的情感、认知和生理因素（感觉、想法、行为），从而发展个人学习过程。这是一种以研究为基础的路径，立足于信息查寻过程（Kuhlthau，1985），自20世纪90年代开始受到重视。

图书馆活动：（参见：学校图书馆活动）

媒体素养：（参见：媒体与信息素养）

媒体与信息素养： 理解和利用各种信息交流载体和格式、理解和利用借由这些载体和格式所交流的信息所必需的一系列技能、态度和知识。包括诸如"信息和媒体是人类为了个人、社会、政治和经济目的而创造的，偏见与生俱有"之概念。

探路者（Pathfinder）： 使用图书馆工具和资源的推荐检索策略。有时被称为"图书馆指南"或"文献指南"。

活动：（参见：学校图书馆活动）

学校图书馆员： 接受过图书馆学教育、负责领导或开展学校图书馆活动和服务的教师。除管理日常运营外，学校图书馆员通过馆藏建设、相应年级媒体与信息素养技能教授、协助学生选择与其阅读水平相适应的阅读资料、帮助任课教师将图书馆服务和资料融入教学活动等方式支持课程教学。学校图书馆员可能有多种职业称号（例如，教师图书馆员、图书馆媒体专家、学习资源教师）。

学校图书馆： 公立或私立小学和中学内的实体和数字学习空间，用于满足学校学生的信息需求，以及教师和工作人员的课程教学需求。学校图书馆提供适合学校各年级水平的教学资料馆藏。学校图书馆由学校图书馆员管理，他/她致力于通过与阅读、探究和研究有关的活动和服务，增强学生和教师的认知发展、个人发展、社会发展和文化发展。学校图书馆有多种术语称谓（例如，学校图书馆媒体中心、文献信息中心、图书馆资源中心、图书馆共享学习空间）。

学校图书馆活动： 有计划而综合性地提供的系列教学活动，借以发展学生的媒体与信息素养技能、调查和探究技能、阅读参与、数字技术，以及其他素养相关能力和课程导向能力。

用户教育： 任何帮助用户了解图书馆及其文本、系统和服务的方法，包括引导标示、宣传册子、文献指南以及直接教学。（参见：书目指导、图书馆利用指导、媒体与信息素养）

参考书目

本指南各章节最后均罗列了与该章节主题相关的参考资源。本参考书目则包括了除前述各章已列资源之外，评论者和修订者在修订指南及相关资源的过程中所推荐的书目。

Alexandersson M, Limberg L. Textflytt och sökslump: informationssökning via skolbibliotek［Moving text and searching by chance: information retrieval through the school library］［M］. Stockholm, Sweden: Myndigheten för Skolutveckling, 2004.

American Association of School Librarians. Empowering learners: Guidelines for school library programs [M]. Chicago: American Library Association, 2009.

American Association of School Librarians. Learning 4 life: a national plan for implementation of Standards for *the 21st-Century Learner and Guidelines* for the School Library Media Program [M/OL]. Chicago: ALA, 2008. www.ala.org/aasl/learning4life.

American Association of School Librarians. Standards for the 21st-century learner in action [M]. Chicago: AASL, 2009.

ASSELIN M, DOIRON R. Linking literacy and libraries in global communities [M]. Farnham, England: Ashgate Publishing, 2013.

BARRETT H, et al. Skolbibliotekets möjligheter: från förskola till gymnasium [The possibilities of the school library: from pre-school to senior high school] [M]. Lund, Sweden: BTJ Förlag, 2010.

CAPRA S, RYAN J. Problems are the solution: keys to lifelong learning [M]. Capalaba, Australia: Capra Ryan & Associates, 2002.

CHAPRONF. Les CDI des lycées et collèges: de l'imprimé au numérique [CDI or school libraries in high schools and junior high schools: from print to digital] (nouvelle édition) [M]. Paris, France: Presses universitaires de France, 2012.

COATNEY S. The many faces of school library leadership [M]. Santa Barbara, CA: Libraries Unlimited, 2010.

CONNAWAY L, POWELL R. Basic research methods for librarians [M]. Westport, CT: Libraries Unlimited, 2010.

COOK D, FARMER L. Using qualitative methods in action research [M]. Chicago, IL: American Library Association, 2011.

COURT J. Read to succeed [M]. London: Facet Publishing, 2011.

CROWLEYJ D. Developing a vision: strategic planning for the school librarian in the 21st century [M]. 2nd ed. Santa Barbara, CA: Libraries Unlimited, 2011.

DAS L, WALHOUT J. Informatievaardigheden en de mediathecaris [Information literacy and the school media specialist] [R]. Rapport 30. Heerlen, Netherlands: Open Universiteit, Ruud de Moor Centrum, 2012.

ERIKSON R, MARKUSON C. Designing a school library media center for the future [M]. 2nd ed. Chicago: American Library Association, 2007.

FARMERL. Introduction to reference and information and services in today's school library [M]. Lanham, MD: Rowman & Littlefield, 2014.

FARMERL. Instructional design for librarians and information professionals [M]. New York: Neal-Schuman, 2011.

FARMER L, MCPHEE M. Technology management handbook for school library media centers [M]. New York: Neal-Schuman, 2010.

HUGHES-HASSELL S, HARADA V H. School reform and the school library media specialist

[M]. Westport, CT: Libraries Unlimited, 2007.

GORDON C. Information literacy in action [M]. Melton, Woodbridge, UK: John Catt Educational, 2000.

GULDÉR M, HELINSKY Z. Handbok för skolbibliotekarier: modeller, verktyg och praktiska exempel [Handbook for school libraries: models, tools and practical examples] [M]. Lund, Sweden: BTJ Förlag, 2013.

HARTG. The "tricky business" of dual use school community libraries: a case study in rural South Africa [J]. Libri, 2011, 61 (3), 211-225.

HARTG. Teacher-librarians leading change: some stories from the margins [J]. School Libraries Worldwide, 2012, 18 (2), 51-60.

HOEL T, RAFSTE E T, SÁTRE T P. Opplevelse, oppdagelse og opplysning: fagbok om skolebibliotek [Adventure, discovery and enlightenment: A textbook about school libraries] [M]. Oslo, Norway: Biblioteksentralen, 2008.

KELSEYM. Cataloging for school librarians [M]. Lanham, MD: Rowman Littlefield, 2014.

KIEFER B, TYSON C. Charlotte Huck's children's literature: a brief guide [M]. New York: McGraw Hill, 2009.

KUHLTHAU CC, MANIOTES . K, CASPARI A K. Guided inquiry design: a framework for inquiry in your school [M]. Santa Barbara, CA: Libraries Unlimited, 2012.

KUHLTHAU CC, MANIOTES L K, CASPARI A K. Guided inquiry: learning in the 21st century school [M]. 2nd ed. Westport, CT: Libraries Unlimited, 2015.

LESTER J, KOEHLER W. Fundamentals of information studies [M]. 2nd ed. New York: Neal-Schuman, 2007.

LIMBERG L. Skolbibliotekets pedagogiska roll: en kunskapsöversikt [The pedagogical role of the school library: A systematic review] [M]. Stockholm, Sweden: Statens skolverk, 2003.

LIMBERG L, HULTGREN F, JARNEVING B. Informationssökning och lärande: en forskningsöversikt [Information retrieval and learning: a research review] [M]. Stockholm, Sweden: Skolverket, 2002.

LIMBERG L, LUNDH A H. Skolbibliotekets roller i förändrade landskap. [The role of school libraries in changing landscapes] [M/OL]. Lund, Sweden: BTJ Förlag, 2013. www.kb.se/Dokument/Bibliotek/projekt/Slutrapport 2013/Skolbibliotekets roller slutrapport 2013.pdf.

LIQUETE V. Cultures de l'information [Cultures of information] [M]. CNRS editions. Paris, France, 2014.

MALMBERG S, GRANER T. Bibliotekarien som medpedagog eller Varför sitter det ingen i lånedisken? [The librarian as co-pedagogue, or why is nobody sitting at the library desk?] [M]. Lund, Sweden: BTJ Förlag, 2014.

MARKUSON C, European Council of International Schools. Effective libraries in international schools [M]. Saxmundham, UK: John Catt Educational, 2006.

MORRIS B J. Administering the school library media center [M]. 5th ed. Santa Barbara, CA: Libraries Unlimited, 2010. Available on the World Wide Web as an e-book.

NIINIKANGASL. An open learning environment: new winds in the Finnish school library [J]. Scandinavian public library quarterly, 1995, 4: 3-10.

PAVEYS. Mobile technology and the school library [M]. Swindon, UK: School Library Association UK. Series: SLA Guidelines Plus, 2014.

ROSENFELD E, LOERTSCHER D V. Toward a 21st century school library media program [M]. Lanham, MD: Scarecrow Press, 2007.

SARDAR Z, VAN LOON B. Introducing media studies: a graphic guide [M]. London, England: Icon Books, 2010.

School Library Association [UK]. Guidelineseries[EB/OL]. www.sla.org.uk/guidelines.php.

SCHULTZ-JONES B A, LEDBETTER C. Evaluating students' perceptions of library and science inquiry: validation of two new learning environment questionnaires [J]. Learning environments research, 2013, 16 (3): 329-348.

SHAPERS. The CILIP guidelines for secondary school libraries [M]. London, UK: Facet Publishing, 2014.

SCHLAMP G. Die schulbibliothek im zentrum: erfahrungen, berichte, visionen [The school library in the centre: experiences, stories, visions] [M]. Berlin, Germany: BibSpider, 2013.

THOMAS N P, CROW S R, FRANKLIN L L. Information literacy and information skills instruction: applying research to practice in the 21st century school library [M]. 3rd ed. Santa Barbara, CA: Libraries Unlimited, 2011. Available on the World Wide Web as an e-book.

TILKEA. The International Baccalaureate Diploma Program and the school library: inquiry-based education [M]. Santa Barbara, CA: Libraries Unlimited, 2011. Available on the World Wide Web as an e-book.

TOMLINSON C, LYNCH-BROWN C. Essentials of young adult literature [M]. 2nd ed. Old Tappan, NJ: Pearson, 2009.

WILSON C, GRIZZLE A, TUAZON R, et al. Education aux médias et à l'information: programme de formation pour les enseignants [Media education and information: a training program for teachers] [M]. Paris, France: UNESCO, 2012.

WOOLLS B, WEEKS A C, COATNEY S. School library media manager [M]. 5th ed. Westport, CT: Libraries Unlimited, 2013.

ZAMUDA A, HARADA V H. Librarians as learning specialists: meeting the learning imperative for the 21st century [M]. Westport, CT: Libraries Unlimited, 2008.

附录 A IFLA/UNESCO 学校图书馆宣言（1999）

参前文附录一。

附录 B 学校图书馆预算方案

学校图书馆员需了解与学校图书馆预算方案相关的内容，包括：
· 学校制定预算的过程
· 预算周期时间表
· 与预算程序相关的主要工作人员
· 明确的图书馆需求
· 预算问责流程

预算方案的组成部分包括：
· 采购新资源所需的费用（例如：图书、期刊、多媒体和数字资源）
· 日常用品和行政管理物资所需的费用
· 举办推广活动及购置所需物品的费用
· 维持服务运作所需的费用（例如：复印、维修）
· 使用 ICT（信息与计算机技术）设备、软件及许可费用的成本（如以上费用未被包含在学校的 ICT 总预算中）

一般来说，学校图书馆的物资预算不应少于每位学生为学校系统支出的 5%（不包括所有工资、特殊教育经费、交通费和资产改良基金）。

人员成本可纳入图书馆预算中，但某些学校可能更适合将其列入人员总预算中。不论如何，预估学校图书馆的人员成本是学校图书馆员的职责之一。用于配置人员的金额与学校图书馆的开放时间、提供的服务质量及范围等重要问题密切相关。而诸如新书架的配备、设施翻新等特殊计划和其他发展可能需要独立的资金支持。

附录C 探究式学习教学模型

部分成熟的探究式学习过程模型：

MichaelMarland 的九个问题（英国）

MARLAND M. Information skills in the secondary curriculum [M]. London: Schools Council Methuen, 1981.

Stripling 和 Pitt 的 REACTS 模型（美国）

STRIPLING B, PITTS J. Brainstorms and blueprints: teaching research as a thinking process [M]. Westport, CT: Libraries Unlimited, 1988.

信息处理（澳大利亚）

Australian School Library Association and Australian Library and Information Association. Learning for the future: developing information services in schools [M]. 2nd ed. Carlton South, Australia: Curriculum Corporation, 2001.

聚焦探究（加拿大）

ALBERTA L. Focus on inquiry: a teacher's guide to inquiry-based learning [M]. Edmonton, AB: Alberta Learning, Learning Resources Branch, 2003.

探究指导（美国）

KUHLTHAU C C, MANIOTES L K, CASPARI A K. Guided inquiry: learning in the 21st century [M]. Westport, CT: Libraries Unlimited, 2007.

KUHLTHAU C C, MANIOTES L K, CASPARI A K. Guided inquiry design: a framework for inquiry in your school [M]. Westport, CT: Libraries Unlimited, 2012.

SCHMIDT R. A guided inquiry approach to high school research [M]. Westport, CT: Libraries Unlimited, 2013.

附录D 学校图书馆评估清单示例(加拿大)

来源：《实现信息素养：加拿大学校图书馆活动之标准》（*Achieving Information Literacy*：*Standards for School Library Programs in Canada*，pp.74-77），由加拿大学校图书馆协会（The Canadian School Library Association）和教师图书馆学协会（The Association for Teacher librarianship in Canada）于2003年在加拿大渥太华共同出版。

评估内容	评估结果		
1. 关注于教授信息素养和阅读推广的活动	是	一定程度	否
a. 把探究式学习与连续统一的信息素养技能关联起来			
b. 将信息素养活动整合到课程中			
c. 教师、教师图书馆员、行政管理者、家长和社群成员共同合作			
d. 教师图书馆员参与评估和报告学生的成绩			
e. 图书馆项目向所有学生公平开放			
f. 发展、支持和实施阅读和基本素养活动			
2. 人员配置模型包括符合资质的、有能力的和积极性高的教师图书馆员，同时得到技术和文职人员支持	是	一定程度	否
a. 与课堂教师合作规划和教学，其课程目标和信息素养目标是由以资源为基础的探究项目来实现			
b. 教师图书馆员在探究项目中根据需求向工作人员和学生传授技术和信息素养技能			
c. 基于省级课程设置要求和地方利益建设各种资源馆藏			
d. 有效管理人力资源（文职人员、技术人员、学生网页、志愿者）			
e. 有效管理设备（借用、购置和维修）			
f. 有效管理设施（预约、布局、家具、维护）			
g. 文职工作流程（流通、采购、预算、订购、跟踪、编目、上架、报告、数据录入）			
h. 领导力（基于资源共享计划，在教授新技术的过程中融入新的学习理论）			
i. 学生的个人热情以及对学习的投入			
j. 专业发展（如基于网络的活动和机会）			

续表

评估内容	评估结果		
3. 涉及长期的包容性计划,且与学校目标有关的资金模型	是	一定程度	否
a. 教师图书馆员每年根据课程需要及全体人员和活动的利益编制活动预算			
b. 把基数加上每年学生人均数额作为长期规划的预算			
c. 预算包括正在进行的和新的学校计划			
d. 预算包括资源、用品、维修、设备、劳务合同、专业发展和资本支出			
e. 做预算时应明确并优先考虑学校的需求			
f. 预算能反映利益相关者投入			
g. 用于特别项目的资金,例如作者访问、自主阅读等			
4. 图书馆拥有广泛而合适的学习资源,这些资源经过专业且谨慎的挑选,以满足所有学习者的正式和非正式需求	是	一定程度	否
a. 有选择策略来反映学校的学习需求			
b. 各种载录格式的权衡(如印本、连续出版物、视频、音频、电子、在线数据库、互联网和其他)			
c. 权衡资源可获取程度			
d. 充足的计算机工作站和打印机			
e. 充足的视听设备			
f. 学生的人均馆藏量充足(定量)			
g. 资源与社群学习需求之间高度相关,即课程和爱好(定性)			
h. 馆藏资源是时新的(及时剔旧和补充)并且保持良好的状态			
i. 可访问中央联合数据库			
j. 可获取数字图书馆资源			
k. 可获取网站信息			
l. 获取、协调和共享资源的流程			
5. 图书馆有时新、易得且支持课程期望的技术	是	一定程度	否
a. 开展图书馆活动,以教导学习者有效而负责任地利用技术			
b. 有足够的工作站和软件,以帮助学生用有意义的新方式去寻找、分析、综合和交流信息			
c. 学校全体师生可随时获取最新的信息资源和访问部分数据库			

续表

评估内容	评估结果		
d. 通过自动化系统组织和管理图书馆日常工作			
6. 图书馆设施安全、灵活、宽敞、设计精良，可承办各种学习活动	是	一定程度	否
a. 有个人、小组学习和班级教学的工作空间			
b. 其设计适应新兴技术和应用的			
c. 允许灵活地重整和重新配置图书馆，以发挥传统和新兴功能、实现高效率、高质量和高增长			
d. 其声音、光线、温度、线路系统、家具是令人舒心的			
e. 不论教学日与否均可访问			
f. 视觉上有吸引力			
g. 安全			

附录E 学校图书馆评估清单——校长用

12条校长用学校图书馆活动评估（美国）。

来自：Doug Johnson 的 Blue Skunk 博客[http://doug-johnson.squarespace.com/blue-skunk-blog/2012/1/10]。

此评估工具不是用于图书馆员或图书馆活动的正式评估，而是帮助学校管理者了解可能需要额外资源和帮助的领域，从而对学校的整体活动产生深远的影响。

过去20年，技术、学习研究和图书馆行业的迅速变化使各类学校图书馆活动的有效性相差悬殊。您学校的图书馆是否紧随社会发展？下面的清单可用于快速评估。

1. 专业人员及其职责

- 您的图书馆是否配备符合资质的学校图书馆员？
- 他/她是否充分履行专业职责？图书馆所有的职员（包括文职人员、技术人员和专业馆员）是否配有成文的岗位说明？
- 图书馆员是否通过州和国家图书馆组织出版的专业出版物了解图书馆员当前的职能转变？
- 图书馆员是否定期向正式员工提供发展机会，提高他们的信息素养、信息技术并将这些技能融合到内容领域？
- 图书馆员是否是专业组织的活跃成员？
- 图书馆员是否被视为正式的教职人员？

2. 专业支持

- 图书馆员是否在文职工作上获得充足的帮助，使他可以履行专业职责而非执行文职工作？
- 图书馆员是否有足够的技术帮助，使他可以履行专业职责而不是技术任务？
- 是否有学区图书馆主管、领导团队或部门主任负责规划和领导？
- 图书馆负责人、场地领导委员会和员工发展小组是否鼓励图书馆职员参加研讨会、专业会议和其他会议来更新他们的技能和知识？
- 图书馆员是否参加该地区的专业学习社群和非正式的个人学习网络？

3. 馆藏规模和发展

- 图书馆书籍和视听资料是否满足课程的需求？是否建立了最基本规模的印本馆

藏？是否对馆藏有计划地进行剔除？

- 是否有不同的媒体满足不同的学习风格？
- 是否曾适时添加在线资源？有没有足够的计算机和互联网带宽以便学生群体利用这些资源？
- 最近有否以均衡印本馆藏和数字资源规模大小为目的而进行评估？是否有印本资料已被在线订阅资源取代？此前用于存放印本资料的空间是否被有效地重新利用？
- 是否从专业渠道挑选新资料？馆藏规划是否与课程设置有关联？

4. 设施

- 图书馆的位置是否便于用户从所有教室前往？是否有外部入口使其在晚上和周末也能发挥社群功能？
- 图书馆的氛围是否有利于学习（如耐用的家具、教学展示和资讯海报）？图书馆是否使用无静电地毯以减少噪声和保护电子设备？图书馆是否具有室内调控功能，以防止资料和设备因高温高湿而受损，且保证馆内在夏季也能正常开展活动？
- 图书馆是否包含一般教学区、故事区（小学）、演示区（中学）以及提供给个人、小群体和班级整体的工作空间？
- 图书馆是否配备计算机实验室或无线笔记本电脑供学生和教职人员在课堂上使用或在图书馆内独自使用，以及供图书馆员在教学中使用？图书馆是否设有可供用户使用的多媒体工作站和数字视频制作设备？
- 图书馆是否完全与充足的音频、视频和数据线路连接？图书馆是否为这些信息网络发挥"枢纽"作用，并为此配置路由器、文件服务器、视频前端系统和技术人员？
- 图书馆是否为学生、工作人员和家庭持续提供有用且最新的网络资源链接？

5. 课程和整合

- 图书馆员是年级和/或团队规划小组的积极成员吗？
- 图书馆员是否是课程内容编写委员会的积极成员？
- 图书馆员是年级或内容领域专业学习社群的一分子吗？
- 是否将图书馆资源作为内容领域课程审查周期的一部分来进行审查？
- 是否将图书馆和信息技术技能作为内容领域的一部分而非独立领域来授课？是否教导如何评估、处理和传达信息的信息素养技能以及如何获取这些技能？
- 是否把如何安全且适当地利用在线资源列入信息和技术素养课程中？

6. 以资源为基础的教学

- 图书馆员在学区领导的协助下，是否促进教科书以外的教学活动，并提供材料辅助差异教学？

•教职人员和学校管理阶层是否把图书馆员看作教学设计和真实评估的资源？图书馆项目是否能贯穿所有课程领域并支持探究学习活动和以学生为中心的学习活动？图书馆员是否与学生和教职人员合作创造广泛的机会来发展和培养数字公民的批判性思维及责任感？

•图书馆是否有弹性安排允许图书馆员与课堂教师组成教学团队，而不仅仅为教师备课服务？

•是否有明确且针对不同年级的信息素养和技术参考标准？标准是否由图书馆员和课堂教师共同评估？评估的结果是否与利益相关者分享？

7. 信息技术

图书馆是否向用户提供最新信息技术的访问途径，例如：

•图书馆馆藏的在线图书馆目录和流通系统

•访问学区在线联合目录，以及可进行馆际互借的公共图书馆、高校图书馆和特色图书馆的目录

•可完全在线访问互联网

•多种在线参考工具（如全文期刊索引、百科全书、地图册、词语索引、字典、辞典、读者顾问和年鉴）

•符合学生能力水平的多种计算机程序（如文字处理软件、多媒体和演示程序、电子数据表格、数据库、台式刊印程序、图形创作程序、静止和运动数字图像编辑软件）

•访问协作学习/网络工具（如维基、博客以及其他在线共享程序）和云计算资源（如在线生产工具和文件存储）

•可使用进行桌面会议的设备和软件

•有教育意义的计算机程序（包括有助于课程实践、模拟和指导的软件）

•使用这些资源所需的技能是否由图书馆员在教职人员的协同下教授？

8. 参考咨询、网络和馆际互借

•您的图书馆员是否具备专业知识能为学校学生和教职人员提供有效且及时的参考咨询服务？

•您的学校是区域多类型系统的成员还是图书馆联盟的成员？

•当本馆馆藏无法满足学生及员工的需求时，图书馆员是否利用馆际互借来弥补？

•图书馆员是否把握机会参与当地及区域内其他学校的合作规划。

9. 计划/年度目标

•图书馆的项目是否有面向全区的长期目标？

・图书馆员是否根据长期目标来设定年度目标，这个长期目标是否与图书馆和课程目标紧密相关？是与图书馆领导层共同合作的产物吗？
・是否有部分评估是根据图书馆员的年度目标完成情况来进行的？
・图书馆项目能否代表图书馆规划委员会或学区技术规划委员会的意愿？

10. 预算

图书馆的项目预算是采用零基预算法还是从实际需要出发？预算是否与项目目标相关？
・图书馆员是否为所需的材料、设备和用品写明缘由？
・预算是否有反映项目中的维护和发展部分？
・图书馆员是否坚持清晰准确的支出记录？
・图书馆员是否在有条件时提交经费申请？

11. 政策/交流

・关于选择和再议的出台政策是否是时新的且具有强制性的？图书馆工作人员是否了解智识自由和图书馆用户隐私的信条？这些政策是否扩展到了数字资源？
・对于互联网和技术的使用，该地区是否有符合CIPA安全要求且可行的使用政策（或可靠的使用政策）？
・图书馆员能否对版权法进行解读？图书馆员是否帮助他人明确他们希望享有的知识产权？
・图书馆员能否通过正式的途径向学生、工作人员、行政管理人员和社群传达图书馆的目标和服务？图书馆的网站是否专业、易于浏览、时新且有用？图书馆员是否利用社交网络工具与利益相关者沟通？

12. 评估

・图书馆员的决定和汇报是否显示图书馆项目的宗旨和目标正在得到满足，且正在帮助图书馆和学区实现目标？图书馆员是否为学校管理阶层、工作人员和家长编写年度图书馆报告（包括定性和定量分析）？
・是否对所有涉及图书馆和技术项目的新举措进行评估？
・该地区是否使用外部评估小组对图书馆项目进行定期评估，并把定期评估作为所有认证程序的一环？
・图书馆员是否应邀参与由学术研究人员领导的正式研究？